# 戦国武将列伝❖3

## 関東編【下】

黒田基樹 編

戎光祥出版

# 序にかえて

本書は、『戦国武将列伝3　関東編 下』と題した、戦国時代後期の関東武将についての列伝である。「関東編」は取り上げる武将が多かったため、おおよそ前期と後期に分けて収録することになった。後期を対象にした本書では、前巻を受け継いで、およそ永禄年間（一五五八〜七〇年）以降に主要な活躍がみられた武将を収録した。収録した項目は三七項目、取り上げた武将は四四人にのぼっている。戦国後期の関東武将について、これだけの人数を取り上げた列伝は、本書が初めてのものになる。これまで関東戦国史の展開において重要な存在であるにもかかわらず、単行本が出されていないため、詳しいことを知ることができなかった武将について、本書によってかなりの情報を得ることができることになろう。

とはいえ項目の選定は一筋縄ではいかなかった。取り上げたい武将はもっと多く存在したからである。しかし分量の都合から、すべてについて取り上げることはできない。そのため古河公方足利家当主、戦国大名家当主、有力国衆という政治史上における重要度、各地域における重要度を勘案して選択した。その過程で、北条家についてはすでに歴代当主について単行本が刊行されていることから、三代北条氏康のみを収録し、四代北条氏政・五代北条氏直については割愛した。それ以外の武将をできるだけ多く収録したいと考えたからであった。

関東戦国史の研究は、近年ますます進展をみるようになっている。そのためかつての通説は次々に塗り替えられるようになっている。またこれまで不分明であったことが、次々に解明されるようになっている。本書にはそうした最新の研究成果を反映させることに努め、そのため関連研究を実際に推進している研究者に執筆をお願いした。執筆者数は一五人にのぼっている。それら執筆者には、多忙にもかかわらず、執筆いただくことができた。あらためて御礼を申し上げます。

その甲斐あって本書には、各武将について最新の研究成果が集約されることになったといえる。そのため関東戦国史を愛好される方々だけでなく、関係する研究者、さらには他地域の研究者にも極めて有用な内容になっていると確信する。本書の刊行は、前巻から半年以上経ってからの刊行となったが、これによって、前巻とあわせて、戦国期の関東武将について九五人の略伝をまとめることができた。これから両書は多くの場面で活用されていくことであろう。両書が広くかつ長く愛読されていくことを期待したい。

二〇二三年七月

黒田基樹

# 目次

## 凡　例

一、本書では、戦国時代に主に関東（相模・武蔵・上野・下野・常陸・下総・上総・安房）で活躍した武将四四人を取り上げ、各武将の事蹟や個性、そして彼らは何のために戦っていたのかをまとめた。

一、各項目に掲載した系図のうち、特に注記がない場合、本書掲載の武将はゴチック体で表記している。

一、人名や歴史用語には適宜ルビを振った。読み方については、各種辞典類を参照したが、歴史上の用語、とりわけ人名の読み方は定まっていない場合も多く、ルビで示した読み方が確定的なものというわけではない。また、執筆者ごとに読み方が違う場合もあり、各項目のルビについては、各執筆者の見解を尊重したことをお断りしておきたい。

一、用語についても、それ自体が論点となりうるため、執筆者間で統一をしていない。

一、掲載写真のうち、クレジットを示していないものについては、戎光祥出版編集部撮影のものである。

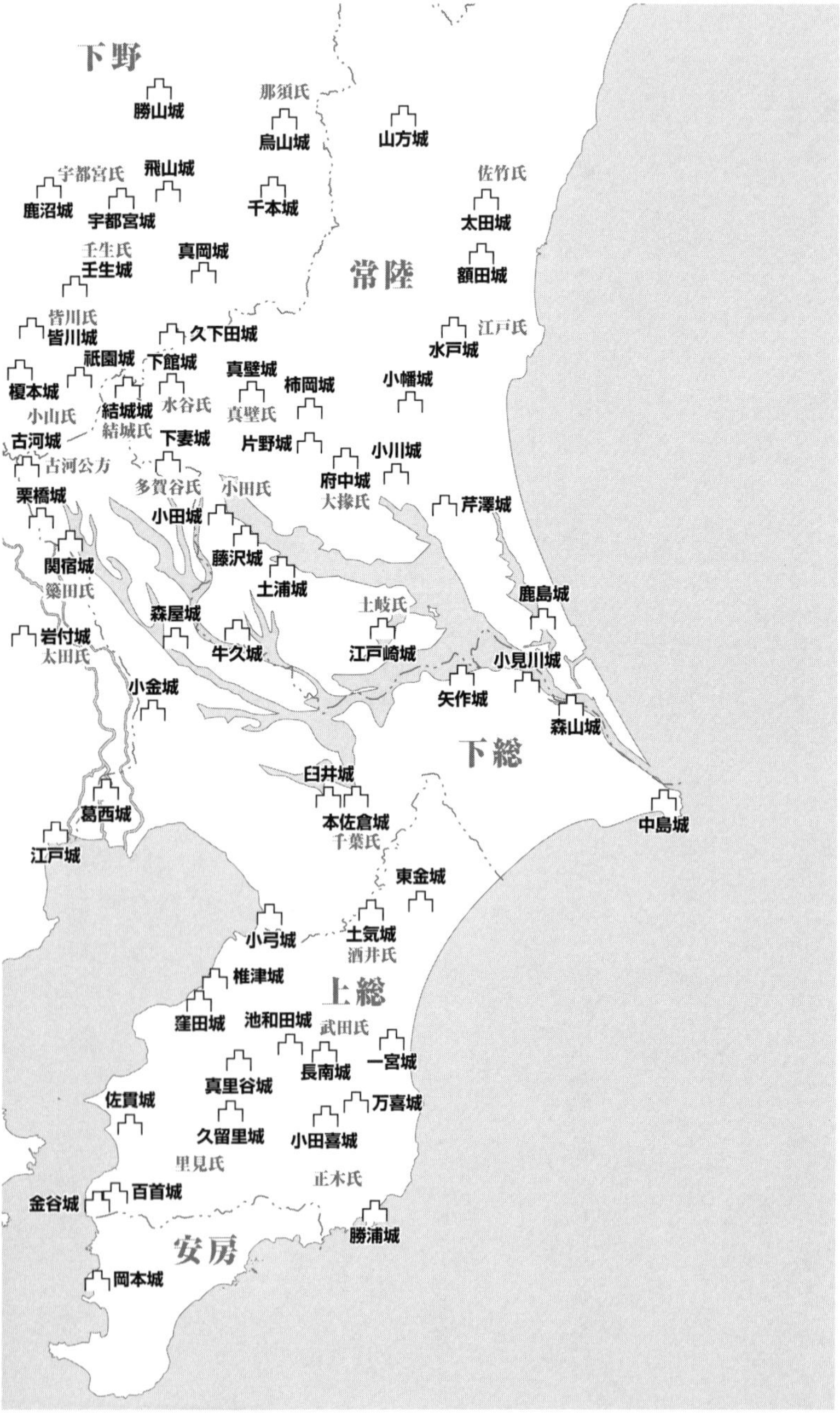
下野
勝山城
那須氏
烏山城
山方城
宇都宮氏
飛山城
鹿沼城
宇都宮城
千本城
佐竹氏
太田城
壬生氏
壬生城
真岡城
常陸
額田城
皆川氏
皆川城
久下田城
江戸氏
水戸城
祇園城
下館城
真壁城
榎本城
柿岡城
小幡城
小山氏
結城城
水谷氏
真壁氏
結城氏
古河城
下妻城
片野城
小川城
古河公方
府中城
多賀谷氏
小田氏
大掾氏
栗橋城
芹澤城
小田城
藤沢城
関宿城
土浦城
簗田氏
鹿島城
森屋城
土岐氏
岩付城
太田氏
牛久城
江戸崎城
小見川城
小金城
矢作城
森山城
下総
臼井城
葛西城
本佐倉城
中島城
千葉氏
江戸城
東金城
小弓城
土気城
酒井氏
椎津城
上総
窪田城
池和田城
武田氏
一宮城
長南城
真里谷城
佐貫城
万喜城
久留里城
小田喜城
里見氏
正木氏
金谷城
百首城
勝浦城
安房
岡本城

# 戦国時代の関東関係図

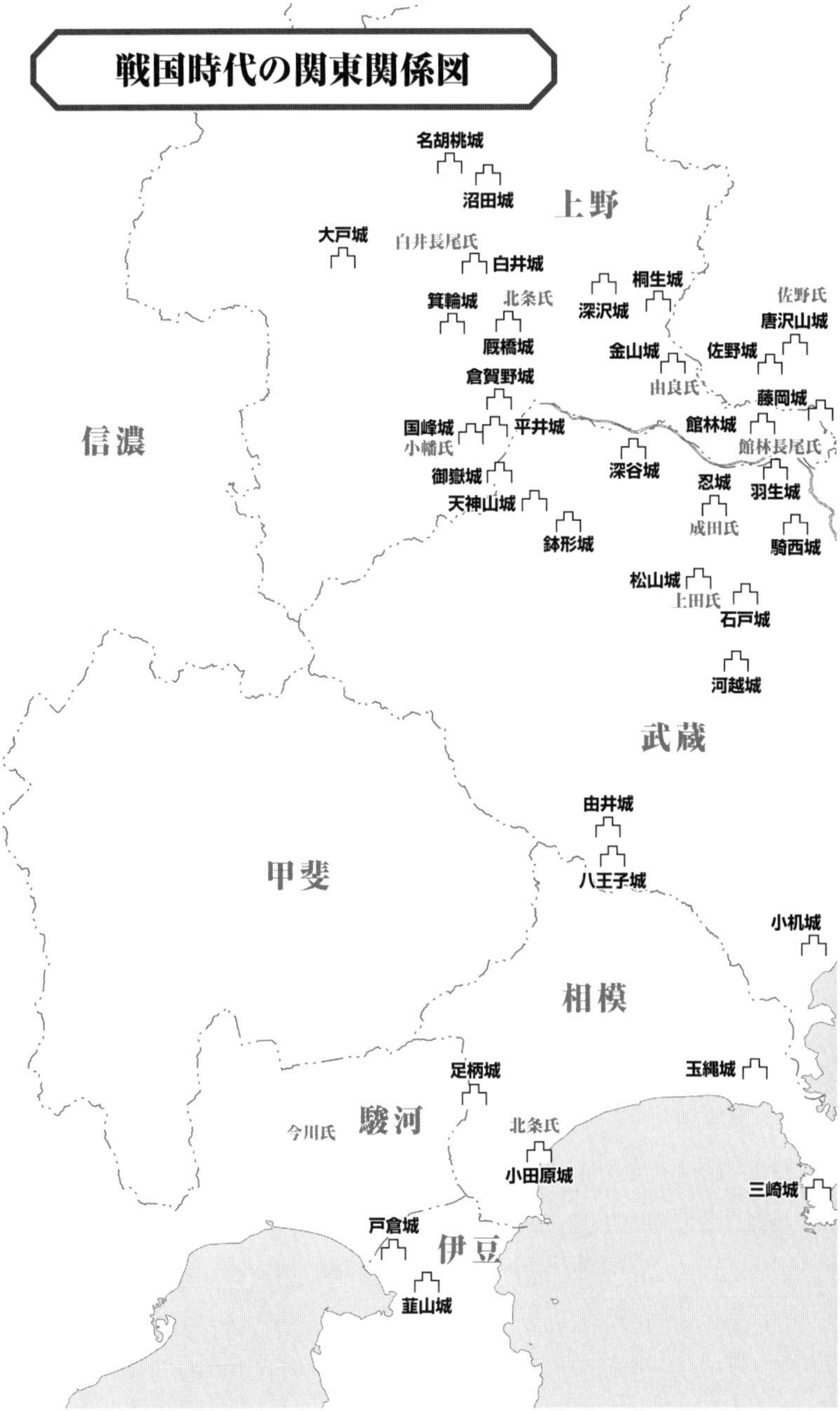

名胡桃城
沼田城
上野
大戸城
白井長尾氏
白井城
桐生城
深沢城
佐野氏
箕輪城
北条氏
唐沢山城
厩橋城
金山城
佐野城
倉賀野城
由良氏
藤岡城
国峰城
平井城
館林城
小幡氏
館林長尾氏
信濃
深谷城
御嶽城
忍城
羽生城
天神山城
成田氏
鉢形城
騎西城
松山城
上田氏
石戸城
河越城
武蔵
由井城
甲斐
八王子城
小机城
相模
玉縄城
足柄城
駿河
今川氏
北条氏
小田原城
三崎城
戸倉城
伊豆
韮山城

# 足利義氏——諸勢力に翻弄された最後の古河公方

## 足利義氏の独自な行動

古河公方《こがくぼう》家は、享徳《きょうとく》の乱による足利成氏《あしかがしげうじ》の古河入部にはじまり、小田原《おだわら》合戦での処分を受けて消滅し喜連川《きつれがわ》家となるまで、約一世紀半にわたり存続している。そのうち、五代目の公方であり、最後の男性当主となったのが義氏《よしうじ》である。義氏は、公方家が関東で超然としていた時代と異なり、母が北条《ほうじょう》家出身ということから、常に北条寄りの立場を取らざるをえない存在であった。そのため、周辺勢力から北条氏の傀儡と目されることも多かったが、独自に領国と家臣（奉公衆）を持っている以上、完全に言いなりになっていたというわけではない。血縁関係を梃子に規制されることも多かっただろうが、時には自身の判断で行動することもあり、北条氏康《うじやす》・氏政《うじまさ》らと同調しないこともあった。では、血縁関係による行動の規制とは、一体どのようなものだったか。義氏は、それをどのように解釈して、結果どのようにふるまったのか。

## 誕生と家督継承

義氏は、天文十二年（一五四三）三月二十六日に誕生した。父は四代目の古河公方晴氏《はるうじ》、母は北条氏綱《うじつな》の娘（芳春院殿雲岫宗怡《ほうしゅんいんでんうんしゅうそうい》）である。誕生と養育は古河城で行われ、幼名を梅千代王丸《うめちよおうまる》と名づけられた。晴氏の子息では末子であり、姉については不明だが、兄としては藤氏《ふじうじ》（幸千代王丸）・藤政《ふじまさ》がいる。同十七年三月に幸千代王丸が「御代始」を行った時、梅千代王丸はまだ六歳にすぎず、当時の政治動向にも関係していない。しかし八歳になった十九年、御座所を変更するという計画が氏康から持ち上がり、閏《うるう》五月には旧扇谷上杉《おうぎがやつうえすぎ》氏の城である岩付《いわつき》（さいたま市岩槻区）か葛西《かさい》（東京都葛飾区）が候補となった。芳春院殿は、周囲が戦場になる恐れがあると主張して、移座に難色を示している。そのためか、実際に移動したのは翌二十年の後半ごろとみられる。場所は葛西城に決定した。

葛西に在城する間、父晴氏と伯父北条氏康は、古河公方の家督に関する交渉を行っていた。すでに藤氏が後継者に定まっていたが、氏康側は上総における公方領の回復などを条件に、梅千代王丸への家督相続を要請したようだ。その効果があったのか、二十一年十二月に晴氏は梅千代王丸に当家相続を安堵した。藤氏とその周辺では動揺が走っただろうが、表面的には反発が起こっていない。藤氏は、一方的に公方家から排除されたのではなく、家督に準じたような権益を与えられていたのかもしれない。おそらく古河へ在城しつづけ、北下総から南下野地域では、ある程度政治的な影響力を持ったのだろう。藤氏に対し、梅千代王丸側も家督を絶対的なものとするため行動したようである。後年の動向から考えると、上総出身の奉公衆《ほうこうしゅう》と接触していたと思われる。

家督相続を承認された梅千代王丸は、すぐさま関係寺社や奉公衆へ所領安堵や新たな知行の授与を行い始めた。とはいえ、まだ十一歳である。実質的には母芳春院殿と、氏康が彼女に付けた禅僧である季《き》龍周興《りゅうしゅうこう》のような側近衆が、梅千代王丸派ともいうべき勢力を作って動かしていたのである。晴氏としては、領国北部の藤氏と南部の梅千代王丸を併置させ、その上位として君臨することを計画していたのだろう。しかし、奉公衆の多くは素早い行動力を見せた梅千代王丸側に従うようになった。晴氏は出仕しない医者を非難したり、下野の小山高朝《おやまたかとも》に期待を寄せたりするなど、焦りを見せ始めている。そして同二十三年七月、藤氏とともに古河で挙兵したが、奉公衆は集まらず籠城戦になったあげく、北条勢らの攻撃に耐えきれず十一月には開城した。晴氏は失脚し、梅千代王丸が唯一の家督となった。

## 義氏の元服と関宿移座

古河開城直後から翌天文二十四年（弘治元）初めにかけて、梅千代王丸は味方となった奉公衆へ論功行賞を行っていたが、北条家からは元服に関する要望が出たらしい。すでに氏康は近衛《このえ》家へ働きかけており、十月には将軍足利義輝《よしてる》から実名に偏諱を授与する回答が到来した。「義」の字を与えられ、名のりは義氏に決められている。同じ将軍の偏諱といっても、義藤《よしふじ》（義輝）の下の字を受領した藤氏よりも上位にあることを示している。官途名は授与されなかったようだが、位階は正五位下《しょうごいのげ》に叙された。梅千代王丸名の発給文書は十一月十一日付が最後であり、十一日後の二十二日には吉書始《きっしょはじめ》を行っている。

二十二日かその直前に元服したようだ。元服は葛西城で実施され、氏康が理髪《りはつ》役となり、祝言は三献行われた。その後に公方家宿老を中心に祝言があげられた。十二月には、各地の国衆や神社からの祝儀に礼状を出しており、翌二年からしばらくは奉公衆への論功行賞を行った。

つづいて同四年（永禄元）二月、義氏は従四位上《じゅしいのじょう》に昇り右兵衛佐《うひょうえのすけ》に任じられる。関東足利氏は伝統的に左馬頭《さまのかみ》・左兵衛督《さひょうえのかみ》に補任されるもので、大叔父義明《よしあき》が任じられたと伝える系図があるものの、一門では正式に右兵衛佐になった例はない。これは、北条氏康の要望によるものとみられる。北条氏は、氏綱の代から鎌倉《かまくら》北条氏の得宗《とくそう》家と同じ官途名左京大夫《さきょうのだいぶ》を称していた。同じように鎌倉期にさかのぼれば、右兵衛佐は源頼朝《みなもとのよりとも》が叙任した官途名であることに気がつく。義氏・氏康は鎌倉将軍と執権《しっけん》になぞらえられることになる。これは、東国の正当な支配者たることを大名・国衆らへ知らしめる思想行為だろう。任官直後に鎌倉の鶴岡八幡宮寺《つるがおかはちまんぐうじ》へ参詣したのも同様のことである。翌三月には、早くも鶴岡参詣が公表された。四月四日、義氏・芳春院殿らは葛西城を出て八日の午後には鎌倉へ到着し、十日に鶴岡を参詣した。その後、鎌倉と周辺の寺社をめぐり、十三日にもう一度鶴岡へ赴いている。

鶴岡参詣を済ませた義氏は、そのまま葛西へは戻らず小田原へ向かった。四月二十八日に氏康の私宅で祝言が行われているので、その直前に到着していることになる。小田原への滞在というのは、単に北条家との宴席を設けに来たのではなく、ある交渉を進めるためのものであった。氏康は義氏の葛西在城時から、新たな居城への移動を検討していたとみられ、鎌倉・小田原在留中に使者の往来をさせていたらしい。氏康の交渉相手は、公方家宿老である簗田晴助《やなだはるすけ》だった。氏康は、晴助に居城関宿《せきやど》（千葉県野田市）を進上させ、代わりに主君のいた古河城へ入ることを勧めていた。晴助は氏康の提案を承諾したが、義氏・芳春院殿への説明は後になったようで、芳春院殿とその側近は反対している。氏康は、五月下旬に関宿在城の有利さを示して、説得に努めている。周興へは、関宿を取ることは「一国を取らせるにも替えられない」と主張するよう命令しており、なんとしても関宿移座を実現させようとしていた。結局芳春院殿も納得し、関宿城下の屋敷を義氏側近へ授与することを氏康へ依頼している。そして八月十四日より少し前のころ、義氏らは葛西へ帰還することなく関宿へ御座所を移した。

関宿へ移座したことにより、葛西城に付属していた周辺の所領は北条氏へ返還されたようだが、公方家には他にも所領があった。翌二年二月に作成された『北条家所領役帳《しょりょうやくちょう》』の御家中に関する項目の筆頭に「葛西様御領」と記されている。そこには、江戸《えど》・小机《こづくえ》両城周辺に三九六貫文あまりの所領が存在したことが記されている。「葛西様御領」は芳春院殿の化粧料として婚姻時に渡された所領、もしくは北条家との取次役の給分といわれる。どちらにせよ義氏の所領と思われてきた。しかし、「葛西様」は『役帳』で北条一門の冒頭にあること、芳春院殿も「葛西様」と呼ばれていることからすると、この所領群は永禄二年でも芳春院殿の所領だったかもしれず、今後より深い検討が必要である。

## 御座所を転々と変更する

関宿移座後、義氏は周囲から「関宿様」と呼ばれるようになった。今後は、関宿で公方領国を支配する予定だったが、実際に居城としたのは三年間程度になってしまった。永禄三年（一五六〇）八月、越後の長尾景虎（上杉謙信）が本格的に関東進攻を開始したためである。この年の十二月、義氏は関宿への籠城を決定したものの、簗田晴助・一色直朝《いっしきなおとも》ら一部の奉公衆は義氏を裏切って長尾方となり、藤氏の擁立に動いた。時間の経過とともに周囲は敵方となっていくが、義氏は関宿を動かない。芳春院殿が関宿退去に反対したのか、あるいはすでに病床に伏していたのだろう。七月九日、芳春院殿は死去する。義氏は葬儀を済ませると、一部の奉公衆を残して小金城《こがね》（千葉県松戸市）へ移った。

関宿を退去したならば、通常は江戸城へ入るのがもっとも安全であろう。小金城は江戸とは遠くないが太井川《ふといがわ》の東岸に所在するので、本来の北条領国ではない。北条氏も江戸入りを勧めたようだが、義氏は小金に固執した。小金に隣接する北条領は葛西ということから、義氏は幼いころに在城した葛西城入部を計画したのだろう。葛西城は上杉方に占拠されていたが、同五年四月に氏康が奪回した。八月、葛西城攻撃に尽力した本田正勝《ほんだまさかつ》に、葛西領内の所領が授与されたとき、小金の義氏から非難があった。それでも氏康は本田に、所領支配を行うよう命じている、つまり、氏康は義氏を葛西へ入部させる気はなく、あくまでも江戸への移座を要請したのだろう。それでも義氏が江戸へ赴くことはなく、十二月には奉公衆を上総佐貫《さぬき》（千葉県富津市）へ派遣することを計画している。そして翌六年四月以前に、佐貫へ御座を移してしまっている。

佐貫は、中世東京湾を渡れば対岸の三浦《みうら》半島にすぐ上陸できる地だが、北条方との敵対を強めている里見義堯《さとみよしたか》の本拠にも近い。それでも御座を移したのは、義氏に従う奉公衆の意見によるものだろう。関宿籠城戦では、簗田・一色家など下総北部を本拠にする奉公衆は、義氏へ敵対行動を取り、藤氏を支持した。上総に在国する奉公衆は、これに同調せず義氏を擁立したようだ。彼らの目的は、藤氏に代わる人物として義氏擁立を決め、上総移座を勧めたのだろう。上総の奉公衆で、誰が中心となったかはわからないが、代表的人物の一人は皆吉修理亮《みなよししゅりのすけ》だろう。このころ、義氏が出した安堵状・宛行状のなかで、もっとも多くの所領を授与されているのが皆吉修理亮だからである。しかし佐貫城には、小金城ほど軍勢を収容できる面積はなかったらしい。義氏に随行するすべての奉公衆が移動することはできず、一部は氏康の意向に従い江戸へ置くこととなった。

佐貫へ移座した義氏に対し、里見義弘《よしひろ》が直接攻撃を加えることはなかったが、年が改まると状況は一変する。里見勢は下総市川方面へ軍勢を進めていたが、永禄七年正月に第二次国府台合戦が起こり、里見勢は大打撃をこうむる。この合戦には、江戸へ移っていた奉公衆も北条方として参戦していたため、義氏と里見方との間は急速に悪化する。そのため、佐貫城が攻撃される可能性が出てきた。義氏は七月には相模へ渡って鎌倉を御座所とする。義氏は、「鎌倉様」と呼ばれるようになった。そして、鎌倉へ入った直後に鶴岡八幡宮寺へ願文を捧げている。その内容は八州静謐というものだが、房総が本意になることを特筆していることから、房総地域へかなり執着していたことがわかる。花押形もこのときに変更している。なお、鎌倉では晴氏の籠もる古河城の攻撃から活動しつづけ、関宿籠城戦後もつねに随行してきた野田左衛門大夫《のださえもんのたいふ》が死去している。

義氏が佐貫へ御座所を置いていた時期は、北条方軍勢による上杉方への反撃が継続しているころである。義氏が鎌倉へ入部した段階では、岩付城の太田氏資《おおたうじすけ》が北条方になっており、氏康は奉公衆中最大の反北条方である、簗田晴助らへ直接攻撃ができるようになった。そして八年三月には、太田勢を先陣に関宿城攻撃に踏み切っている。この攻撃で関宿城は落とせなかったが、義氏は晴助や北条氏政と交渉し、森谷《もりや》城（茨城県守谷市）への移座を予定すること、晴助が古河城を返還した後には、森谷から古河へ移り森谷を渡すことを主張した。北条・簗田間の交渉は行き詰ってしまうが、晴助は義氏の古河移座については承諾したらしい。十年五月以降、義氏は古河の寺院へ安堵状を出し、その後に奉公衆の戦功をねぎらうための安堵状・宛行状を発している。義氏による古河支配が進められたことがわかる。そして、十一年八月上旬までには古河へ戻っている。この前後には氏康の娘、つまり従姉妹にあたる女性（浄光院殿円桂宗明《じょうこういんでんえんけいそうみょう》）との婚姻もあり、古河公方家は北条家と二重の血縁関係を持つことになった。

## 古河での晩年

十七年ぶりに古河へ戻った義氏が実現しなくてはならないのは、簗田家を従属させることだった。義氏は古河へ帰還したものの、森谷城は晴助へ渡されておらず、北条・簗田間の対立は継続している。義氏は関宿攻撃には直接関わっていないようだが、北条勢では氏政の弟氏照《うじてる》が先方となり、関宿の対岸に砦を造り上げている。しかし、年末に武田信玄《たけだしんげん》が今川《いまがわ》領国に進撃したことから、事態は急変する。北条氏は上杉方との同盟交渉を進めるため、関宿攻めの砦は破壊することになった。その代わり、藤氏が死去したことを知らされた上杉謙信は、やむなく義氏が公方であることを承認した。同盟は、三年ほど結ばれたものの、元亀二年（一五七二）十月に氏康が没すると決裂することになる。これがひとつの契機となったのか、野田左衛門大夫の弟景範《かげのり》は簗田家に同調して上杉方となった。翌三年十二月、氏政らは景範の籠もる栗橋《くりはし》城（茨城県五霞町）を攻め落とす。これに対抗してか、翌年早々に簗田晴助らは岩付城を攻撃したが、北条氏繁らに迎撃されている。関宿城包囲網は、少しずつ形成されている。

天正二年（一五七四）は正月から北条勢による関宿攻撃が開始された。四月には氏政が着陣、七月には本格的に攻撃が始まった。義氏は、三月から上野の由良成繁《ゆらなりしげ》に対し、逐一関宿周辺の情勢を伝えている。上杉・佐竹氏らも、北条勢の動きを止めるべく出兵したが、共同作戦を進められず、ついに関宿は閏十一月十六日に開城した。晴助らは、関宿城を退去して水海《みずみ》城（茨城県古河市）へ移された。この後、関宿は北条氏の管轄になり、公方家へ返還されることはなかった。

関宿での合戦は、周辺地域に大規模な荒廃をもたらしたらしい。義氏は奉行人を通じて北条方に対し、百姓還住を進め横合狼藉を禁止する制札の発給を求めている。その数は六六通におよんだ。さらに、一部の奉公衆へは義氏自ら制札を出している。義氏奉行人の作成した名簿には、古河や関宿周辺の所領を支配する奉公衆の人名が書き上げられているが、天正二年段階の特徴としては上総に在国していた奉公衆が多いということがあげられる。上総衆は、佐貫へ義氏を呼び寄せただけではなく、鎌倉移座以降にも近侍していたのである。義氏の側近は、一部の有力者以外は上総閥によって占められていたようだ。

関宿開城後、古河周辺では大規模な合戦は起こらない。房総方面では変化があり、同五年後半に北条勢が進攻し、十一月に里見氏と和睦する。義氏は房総静謐を願っていただけに、北条勢の活躍を祝しているが、単に喜んでいるのではなかった。和睦以前の十月、かつて芳春院殿の仲介により氏康から上総で所領を与えられた奉公衆名を、北条氏へ伝えているのである。義氏は、里見氏に奪われていた所領の返還要求を忘れてはいなかった。

天正五年というのは、房総だけではなく東関東全域に新たな動きが起きている。六月に結城《ゆうき》晴朝《はるとも》が反北条方となったのがきっかけだった。反北条勢にとっては、古河も攻撃対象になる。六年以降は常陸・下野での合戦が激化した。七年の九月からは実際に佐竹氏の軍事行動が活発化し、十月には古河城が攻撃された。この時は簗田晴助・持助《もちすけ》らが撃退している。

とはいえ、合戦のみに追われていたわけではない。義氏の身辺の変化としては、子供の誕生が続いている。天正二年前後に長女（徳源院殿《とくげんいんでん》）、同四年に長男梅千代《うめちよ》王丸《おうまる》、七年に次女が生まれている。三人とも浄光院殿の実子と思われる。残念ながら梅千代王丸と次女は早くに亡くなったが、徳源院殿は健在だった。生母の浄光院殿は、天正九年六月十五日に死去している。このころから、義氏も体調を崩すこ

古河公方足利義氏墓所　茨城県古河市

とがあったのかもしれない。

天正十年三月、甲斐武田氏が滅亡すると、滝川一益《たきがわかずます》が上野へ入部する。一益は関東の諸勢力と交信し合っているが、義氏へは何の連絡もなく、北条家からも報告がない。義氏は簗田父子と密談して対策を練ったようだ。やがて本能寺《ほんのうじ》の変が起こり、一益も上野を退却するが、義氏はその後の動静を充分に探れなかった。徳源院殿ひとりを残し、同年閏十二月二十日（京暦十一年正月二十一日）に死去する。翌十一年正月十三日（京暦閏正月十二日）、甘棠院《かんとういん》（埼玉県久喜市）で葬儀が行われ、香雲院殿長山周善《こううんいんでんちょうざんしゅうぜん》と諡された。墓所は徳源院跡（茨城県古河市）と伝えられている。

（長塚孝）

【主要参考文献】
北区史編纂調査会編『北区史』資料編古代中世2（北区、一九九五年）

黒田基樹『北条氏年表』（高志書院、二〇一三年）
黒田基樹『戦国北条家一族事典』（戎光祥出版、二〇一八年）
黒田基樹「『今代天下無双の覇主』五十七年の生涯」（同編著『北条氏康とその時代』戎光祥出版、二〇二一年）
古河市史編さん委員会『古河市史』資料中世編（古河市、一九八一年）
佐藤博信『古河公方足利氏の研究』（校倉書房、一九八九年）
佐藤博信『戦国遺文』古河公方編（東京堂出版、二〇〇六年）
長塚孝「戦国武将の官途受領名―古河公方足利氏と後北条氏を事例にして―」（黒田基樹編著『北条氏康』戎光祥出版、二〇一八年、初出一九八八年）
長塚孝「鎌倉御所に関する基礎的考察」（広瀬良弘『禅と地域社会』吉川弘文館、二〇〇九年）
長塚孝「葛西公方府の政治構想」（葛飾区郷土と天文の博物館辺『葛西城と古河公方足利義氏』雄山閣、二〇一〇年）
長塚孝「浄光院殿――足利義氏の室」（黒田基樹・浅倉直美編『北条氏康の子供たち』宮帯出版社、二〇一五年）
長塚孝「関東足利氏と小田原北条氏」（天野忠幸『松永久秀』宮帯出版社、二〇一七年）
長塚孝「氏康と古河公方の政治関係」（黒田基樹編著『北条氏康とその時代』戎光祥出版、二〇二一年）
野田市史編さん委員会『野田市史』資料編古代・中世1（野田市、二〇一〇年）
三浦勝男『鎌倉志料』第一巻（鎌倉市教育委員会・鎌倉国宝館、一九九一年）

# 北条氏康

## ——北条家を全国屈指の戦国大名へ押し上げた立役者

### 家督継承後の危機を乗り切る

北条《ほうじょう》氏康《うじやす》は、北条氏二代氏綱《うじつな》の嫡子で、永正十二年（一五一五）に生まれた。母は氏綱の正妻養珠《ようじゅ》院殿《いんでん》とみられる。幼名は伊豆千代丸《いずちよまる》と称し、大永三年（一五二三）六月の「箱根権現宝殿造営棟札銘《はこねごんげんほうでんぞうえいむなふだめい》」に、父氏綱に続いてその名がみえている。当時、氏綱は伊勢《いせ》名字を称していた。氏綱はこの年の九月までの間に、伊勢名字から北条名字に改称するが、氏康は同五年八月の時点でも、「伊勢伊豆千代丸」とみえていて、いまだ伊勢名字を称している。北条名字への改称は、当初は当主氏綱のみであり、一族に対しては、順次、北条名字を与えていったようだ。氏康はおそらく元服などを機に、北条名字を称するようになったのだろう。

元服時期は明確ではないが、享禄二年（一五二九）末頃のことのようで、歴代の仮名《けみょう》新九郎《しんくろう》を称した。なお、その後では天文二十年（一五五一）末頃に、嫡男新九郎氏親《うじちか》の元服にともなって左京大夫《さきょうのだいぶ》に任官し、永禄九年（一五六六）五月頃に、四代氏政《うじまさ》の左京大夫任官にともなって相模守《さがみのかみ》を称している。

氏康は、天文十年七月に父・氏綱の死去をうけて家督を継承した。この頃の北条氏は、関東管領《かんとうかんれい》の地位にあるとともに、伊豆・相模・武蔵南部・駿河河東《かとう》（富士川の東側）・下総の一部を領国とした、関東随一の戦国大名になっていたが、周囲を敵対勢力に囲まれていたという状態にあった。氏康は家督継承直後から、扇谷上杉《おうぎがやつうえすぎ》氏や安房里見《さとみ》氏との抗争を展開したが、同十四年八月、駿河今川義元《いまがわよしもと》が駿河河東に侵攻、九月には義元の要請をうけた甲斐武田《たけだ》晴信《はるのぶ》（信玄《しんげん》）も進軍してきた。さらに、この今川・武田両軍の侵攻に合わせて、関東では山内《やまのうち》上杉憲政《のりまさ》・扇谷上杉朝定《ともさだ》の両上杉氏が河越《かわごえ》城（埼玉県川越市）を攻めてきた。氏康は、両面で大軍による侵攻をうけ、家督継承後における最初の大きな危機を迎えた。

北条氏康画像　神奈川県箱根町・早雲寺蔵　写真提供：箱根町立郷土資料館

これに対して、氏康は義元とは晴信の調停をうけて和睦し、河東地域を義元に割譲した。これは駿河からの明確な撤退であった。一方、河越では、古河《こが》公方《くぼう》足利《あしかが》晴氏《はるうじ》が両上杉氏の要請を受け入れ、氏康と断交して同城包囲に加わってきた。氏康は河東地域から帰陣すると、晴氏に対して翻意を促したが、受け入れられなかった。そして翌十五年四月中旬、氏康はついに河越城の後詰めのために出陣し、二十日に両上杉軍を攻撃、三〇〇〇余人を討ち取る大勝利をおさめた。いわゆる河越合戦である。

山内上杉憲政や足利晴氏はそれぞれ本拠に退却し、扇谷上杉朝定は戦死して、扇谷上杉氏は滅亡した。こうして氏康は、最初の危機にあたって、河東地域の放棄と引き換えに、扇谷上杉氏を滅亡させ、またかつての関東管領山内上杉氏に軍事的勝利をおさめたことにより、同氏の衰退を決定付けるという、大きな成果を得たのである。

## 関東両上杉氏を打倒

河越合戦後の九月末、扇谷上杉氏旧臣の太田資正《おおたすけまさ》が武蔵松山城《まつやま》（埼玉県吉見町）を奪取、さらに翌天文十六年には岩付城《いわつき》（さいたま市岩槻区）を攻略した。こうして扇谷上杉氏勢力が復活したが、氏康は同年十二月に松山城を攻略、翌十七年正月に太田資正を服属させて、旧扇谷上杉氏領国をすべて併合した。

つづいて、氏康は山内上杉氏領国の経略をすすめ、天文十七年（一五四八）には上野国峰城《くにみね》（群馬県甘楽町）の小幡憲重《おばたのりしげ》を、同十八年には武蔵天神山城《てんじんやま》（埼玉県長瀞町）の藤田泰邦《ふじたやすくに》を旗下に従えている。さらに、同十九年八月には軍勢を山内上杉氏の膝元にあたる西上野まで進軍し、十一月初めには山内上杉氏の本拠平井城《ひらい》（群馬県藤岡市）を攻めている。

そして同二十年冬、氏康は再び山内上杉氏攻略のための軍備を整えて、翌二十一年二月に入って武蔵北西部へ進軍した。山内上杉氏の武蔵における唯一の拠点であった御獄城《みたけ》（埼玉県神川町）を攻撃し、三月初めに攻略した。御獄城落城は山内上杉氏に大きな動揺をもたらし、西上野の国衆《くにしゅう》や東上野赤石《あかいし》城（群馬県伊勢崎市）の那波宗俊《なわむねとし》らが氏康に応じてきた。さらに、上杉憲政の馬廻衆《うままわりしゅう》のなかからも離叛者が続出することとなった。

そのため、憲政は本拠の平井城から退去し、味方の新田金山《にったかなやま》城（同太田市）の横瀬成繁《よこせなりしげ》や、家宰《かさい》筋の下野足利《しもつけあしかが》城（栃木県足利市）の長尾当長《ながおまさなが》を頼った。しかし、彼らも氏康に応じた周辺の国衆から攻撃をうけたため、両城に入ることができず、重臣筋の白井《しろい》長尾憲景《のりかげ》の本拠、北上野の白井城（群馬県渋川市）に逃れた。

さらに、五月初めに長尾景虎《ながおかげとら》を頼って越後に没落した。憲政は景虎に関東侵攻を要請し、景虎はその要請を容れて、五月には越後勢を関東に侵攻させ、さらに七月から十月頃まで、景虎自身も関東に進軍してきた。これに対して、氏康も九月上旬に上野に進軍し、味方の館林《たてばやし》城（同館林市）の赤井《あかい》氏の救援を図っている、氏康は十二月頃まで在陣を続けていたらしい。結局、景虎は憲政復帰を果たせず、氏康は、関東管領職を歴任してきた山内上杉氏をついに没落させたのである。

この後、氏康は上野を領国化していった。弘治二年（一五五六）には、横瀬氏・足利長尾氏など山内上杉氏与党勢力の抵抗はほぼ終息し、いずれも氏康に服属している。永禄元年（一五五八）閏《うるう》六月には、氏康は北上野の吾妻谷《あがつまたに》に向けて進軍しており、同二年十月には、吾妻郡岩下《いわした》城（同東吾妻町）の斎藤《さいとう》氏の領国までが氏康の勢力下に入っている。こうして、この頃には上野の国衆はすべて氏康に従属し、氏康はほぼ上野一国を勢力下におさめて、山内上杉氏領国の併合を果たした。

## 外甥を関東公方とし三国同盟を締結

天文十五年（一五四六）の河越合戦後から、妹・芳春院殿《ほうしゅんいんでん》の婿にあたるにもかかわらず、古河公方足利晴氏との関係は良好ではなくなっていた。氏康は徐々に晴氏に圧力をかけ、同十九年七月頃に、芳春院殿所生の梅千代王丸《うめちよおうまる》（のち義氏《よしうじ》）を氏康支配下の下総葛西《かさい》城（東京都葛飾区）に移している。そのうえで、同二十年十二月に公方宿老の簗田晴助《やなだはるすけ》と起請文《きしょうもん》を交換した。ここで氏康は、上意（晴氏）を無沙汰にしないこと、晴助は氏康に対して無沙汰にしないことなどを互いに誓約した。そして山内上杉氏の没落後は、氏康はさらに晴氏に対して圧力をかけたようで、ついに同二十一年十二月十二日、晴氏の嫡子藤氏《ふじうじ》を廃嫡させ、わずか十歳の梅千代王丸に公方家督の地位を委譲させた。

ここに、氏康の外甥が古河公方を継承した。以後において、氏康はこの公方を全面に立てながら、関東の武家勢力全体に対峙していく。そして、翌弘治元年（一五五五）十一月、梅千代王丸は氏康の計らいのもと葛西城で元服し、足利義氏と称した。さらに永禄元年（一五五八）二月二日に従四位下《じゅしいのげ》・右兵衛佐《ひょうえのすけ》に叙位・任官され、同年四月には鎌倉鶴岡八幡宮《かまくらつるがおかはちまんぐう》へ参詣した。そして同年八月に、公方領国の下総関宿《せきやど》城（千葉県野田市）に御座所を移した。こうして義氏は、名実ともに関東公方としての立場を確立した。

しかも古河公方にとって、右兵衛佐任官と鶴岡八幡宮参詣は初めてだった。これは、武家政権の始祖・源頼朝《みなもとのよりとも》を強く意識したものであろう。一方、氏康も天文二十年末頃に、父氏綱と同じ左京大夫に任官していた。この官途は鎌倉幕府執権《しっけん》北条氏歴代のものであった。ここに頼朝に擬された関東公方義氏と、執権北条氏に擬された関東管領氏康による、新しい政治秩序が形成された。氏康は、これまでの古河公方の段階とは異なる、新たな政治秩序の構築をめざした。

その一方で、天文二十年からは、駿河今川氏・甲斐武田氏との三国同盟交渉を開始している。そして同二十三年七月に、氏康の娘早河殿《はやかわどの》が今川義元の嫡子氏真《うじざね》に嫁ぎ、同年十二月に氏康の嫡子氏政が武田晴信の娘黄梅院殿《おうばいいんでん》を娶って、互いに婚姻関係で結ばれた強固な攻守軍事同盟が成立された。天文十四年の河東一乱の際における和睦により、氏康と両氏とは停戦していたが、かといって積極的な味方でもなかった。天文十九年に今川氏と武田氏との間で婚姻関係の再形成がすすめられたのをきっかけに、これに北条氏をも加えた三者間同盟が構想された。この同盟は、駿河（今川氏）・甲斐（武田氏）・相模（北条氏）のそれぞれ一字をとって、駿甲相《すんこうそう》三国同盟と称されている。この同盟形成により、氏康は今川・武田両氏をバックとすることによって、関東経略に専心できるようになった。

## 上杉謙信との戦い

永禄二年（一五五九）十二月二十三日、氏康は家督を嫡子氏政に譲り隠居した。氏康は四十五歳、氏政は二十一歳であった。もっとも隠居とはいっても、氏康はけっして政治の第一線から退いたわけではなく、小田原城の本城に居住して「御本城様」と称されつつ、実質的に北条氏権力を主導しつづけた。そして、次第に氏政への領国支配の実権を移譲をすすめ、永禄九年頃には、氏康はその補佐の立場を徹底していくことになる。

氏康の隠居の背景には、飢饉と疫病の流行という、深刻な領国危機の展開があった。氏康はこの危機に十分に対応できなかったため、天道（天と人の感応）に適うもののみが大地を支配できるという天道思想と、社会的危機に対する民衆の世直しへの期待に従って、まずは自ら北条氏当主の地位から退位して、新当主のもとでそうした社会状況の再建を図ったのである。そして翌永禄三年二月に、新当主氏政の名により、領国全域にわたって徳政令《とくせいれい》が発布され、領民の債務の一部を破棄し、彼らに対する救済が行われた。

しかし、その年九月から越後上杉謙信《けんしん》（当時は長尾景虎）が関東へ侵攻してきた。かつて氏康に関東から追放されていた関東管領上杉憲政を擁し、その政治復権を名目にしていた。謙信が関東に侵攻してくると、それまで北条氏に従属していた上野や北武蔵などの国衆はあいついで服属、あるいは滅亡させられ、北条氏の勢力圏は一気に武蔵中部まで後退した。そして翌四年三月には、本拠の小田原城まで攻められた。本拠まで進軍を許したのは、北条氏にとって初めてのことだった。謙信はすぐに退陣するが、その帰途に上杉憲政から名跡を継承し、関東管領山内上杉氏の当主になった。これにより謙信は、同じく関東管領にあった北条氏と、関東支配において同等の立場になった。

謙信が越後に帰国すると、北条氏は反撃に出て、寝返った国衆らの服属をすすめた。また、同盟者の武田信玄に支援を要請した。そうして信玄は西上野に侵攻していき、関東支配をめぐって、北条氏・武田氏と上杉氏との攻防が繰り広げられることになった。謙信との攻防は、互いに離叛した国衆を服属させ直すかたちですすんでいったが、次第に北条氏の優勢に展開していった。決定的となったのは、永禄九年三月・四月における謙信の下総小金《こがね》城（千葉県松戸市）・臼井《うすい》城（同佐倉市）攻略の失敗だった。その後、雪崩をうったように関東の国衆は北条氏に従属してきた。また、西上野では武田氏の領国化が遂げられた。

これらによって、謙信の関東における勢力は同十年末には上野の一部までに縮小し、そのため同十一年には、関東への出陣そのものがみられなくなる。謙信の関東支配は大きく頓挫した。氏康・氏政は、上杉謙信という関東外来勢力の侵攻に対し、武田信玄との同盟をもとに対抗し、その侵攻を跳ね返すことができたのである。

## 武田信玄との新たなる抗争

ところが、永禄十一年（一五六八）十二月の武田信玄による三国同盟破棄により、情勢は急展開する。駿河に侵攻する信玄に対し、北条氏はすぐさま今川氏に援軍を派遣、同十二日には氏政も小田原城を出陣した。翌十三日に今川氏真は本拠駿府館（静岡市葵区）を攻略されて、遠江懸川城《とおとうみかけがわ》（静岡県掛川市）に後退した。翌十四日、北条軍は富士川を越えて蒲原城《かんばら》（同蒲原町）に入城し、河東地域一帯を制圧した。一方、氏康・氏政は、外交政策を大転換させ、上杉謙信との同盟を図った。

上杉氏からは、年内のうちに同盟成立の条件が提示されてきたらしく、翌十二年正月二日に、小田原在城の氏康が、条件の受諾の旨を上杉方の沼田《ぬまた》在城衆に宛てて書状を送っている。これ以後、両氏の同盟交渉が展開していく。そして六月には両者間で起請文が交換されて、同盟が成立した。この同盟を、越後（上杉氏）・相模（北条氏）から一字をとって越相《えっそう》同盟と称している。翌元亀元年（一五七〇）三月には、氏康・氏政は謙信との同盟の実効化のために、氏康の末子三郎《さぶろう》（のちに上杉景虎）を謙信の養子として送っている。しかし謙信からは、援軍を得られることはなかった。

信玄との抗争は、当初は北条氏の優勢にすすんだ。永禄十二年二月、駿河河東に在陣していた氏政は、薩埵山の武田勢を撃退して、同陣に布陣した。その後、興津《おきつ》城（静岡市清水区）在陣の信玄と対陣したが、四月に信玄が甲斐に帰国すると、今川氏真が籠城する懸川城を包囲していた三河徳川家康と交渉して、氏真の救出を工作した。五月に和睦が成立し、氏真は同城を開城して、北条氏に引き取られた。これをうけて氏政は相模に帰国した。

しかし、その後は信玄が反撃し、十月には小田原を攻められ、退陣後の相模三増《みませ》合戦（神奈川県愛川町）でも、信玄を止められなかった。年末には駿河への侵攻をうけ、駿府を再占領されている。その後は、駿河御厨・伊豆、あるいは武蔵北部への侵攻をうけていった。そして駿河御厨を経略されて、北条氏の駿河における勢力は駿東郡南部に限定された。また、御獄城の平沢政実が武田氏に経略されるというように、信玄の勢力は武蔵北部にも及んできていた。明らかに北条氏にとっては劣勢の展開だった。

そうしたなか氏康は、元亀二年十月三日に死去した。享年は五十七、法名は大聖寺《だいしょうじ》殿《でん》東陽《とうよう》宗岱《そうたい》大居《だいこ》士《じ》とおくられ、菩提寺の早雲寺《そううんじ》に葬られた。なお、この氏康の死去により、氏政は信玄との同盟再締結をすすめていくのである。氏康は、関東の両上杉氏を滅亡させて、その領国を併合し、関東での覇権を確かなものとした。その後は、上杉謙信・武田信玄という関東外の戦国大名と互角の抗争を繰り広げていった。そうして北条氏を、全国でも有数の戦国大名に成長させた立役者であったといえよう。

（黒田基樹）

**【主要参考文献】**

黒田基樹『関東戦国史』〈角川ソフィア文庫〉（ＫＡＤＯＫＡＷＡ、二〇一七年）
黒田基樹『戦国大名の危機管理』〈角川ソフィア文庫〉（ＫＡＤＯＫＡＷＡ、二〇一七年）
黒田基樹『戦国関東覇権史　北条氏康の家臣団』〈角川ソフィア文庫〉（ＫＡＤＯＫＡＷＡ、二〇二一年）
黒田基樹編『北条氏年表　宗瑞・氏綱・氏康・氏政・氏直』（高志書院、二〇一三年）
山口博『北条氏康と東国の戦国世界』〈小田原ライブラリー13〉（夢工房、二〇〇四年）

# 北条綱成

## ——北条氏康からの信任あつかった三代玉縄城主

### 父九郎と母養勝院

北条綱成《ほうじょうつなしげ》は、小田原《おだわら》北条氏三代当主の氏康《うじやす》と同じ永正十二年（一五一五）に誕生した。父は、今川《いまがわ》家臣福島《くしま》氏出身ながら北条氏一門であった伊勢《いせ》九郎《くろう》とみられている〔石川忠総留書〕。九郎は、北条氏初代宗瑞《そうずい》の家臣となり（宗瑞家臣となったのは、あるいは九郎の先代）、重用されて大永五年（一五二五）の武蔵白子原《しらこばら》合戦で大将を務めたが、戦死している〔黒田二〇一〇〕。仮名で見られるところから、亡くなったとき、二十代後半であったとみられる。

九郎に伊勢名字が与えられた理由として、宗瑞の娘婿であったなどの特別な事情が考えられる。綱成の母は北条家臣朝倉《あさくら》氏出身の養勝院《ようしょういん》であることが判明しているので〔大長寺所蔵寿像銘〕、先妻の宗瑞娘が死去したのちに養勝院を後妻に迎え、その後も一門待遇をうけていたのだろう〔黒田二〇二〇〕。

従来、綱成の父については、今川家宿老・遠江土方城《ひじかたじょう》（高天神城、静岡県掛川市）の城主である福島上総介正成《かずさのすけまさしげ》であり、大永元年（一五二一）飯田河原《いいだがわら》における武田氏との合戦で戦死したため、幼少であった綱成は家臣に伴われて氏綱《うじつな》のもとへ赴き保護を受け、氏綱の娘との婚姻により北条姓を与えられたといわれてきた。これは、「寛永諸家系図伝《かんえいしょかけいずでん》」および『関八州古戦録《かんはっしゅうこせんろく》』の記事に基づいた通説である。しかし、福島上総介正成という人物は同時代史料に確認できず、飯田河原の戦いで戦死したのは福島左《さ》衛門尉助春《えもんのじょうすけはる》であり、戦後に遺児を氏綱が保護する点は想定されないため〔見崎一九八三〕、明らかに後世の創作である。

母の養勝院について、以前は北条為昌《ためまさ》の妻とされていたが、現在では否定されている。同じく養勝院を母とする弟に刑部少輔綱房《ぎょうぶのしょうつなふさ》、妹に松田盛秀《まつだもりひで》の正妻があり〔大長寺所蔵寿像銘〕、父の九郎が討ち死にしたとき、養勝院は十一歳の綱成をはじめ幼い子供たちを連れて、実家の朝倉氏のもとに身を寄せたとみられる。

その後、元服にあたり仮名孫九郎、氏綱の偏諱をうけて綱成と名乗った。氏康の元服が享禄二年（一五二九）末と推測されている〔黒田二〇一八A〕ので、同年生まれの綱成の元服も享禄二年末、あるいは翌年のことと考えられる。綱成が孫九郎で確認される初見は天文二年（一五三三）十月であり〔快元僧都記〕、元服のときに氏綱娘との婚約が決められていたのだろう。

なお、天文十三年（一五四四）に玉縄衆を中心に江島遷宮に寄進した際の注文には、「孫九郎殿（綱成）」と弟の「孫次郎殿（綱房）」をはじめ、妹の「松田殿御内儀」や「孫次郎殿御内（綱房の妻）」が確認され、養勝院は「孫九郎殿ゐんきょ（隠居）」と記され、「松田殿ゐんきょ」「朝倉藤四郎殿ゐんきょ」「朝倉弥四郎殿ゐんきょ」とともに寄進者に名を連ねている〔岩本院文書〕。

## 先妻大頂院

綱成の正妻は氏綱の次女の大頂院《だいちょういん》で、氏綱の妾《しょう》を母として大永元年（一五二一）に生まれ、綱成元服の年には九歳とみられる〔浅倉二〇二二〕。婚礼は、綱成元服ののち、嫡男康成《やすしげ》（のち氏繁《うじしげ》）が生まれた天文五年（一五三六）までの間で、天文四年（一五三五）であれば綱成が二十一歳、大頂院は十五歳であろう。

氏綱次女の夫に綱成が選ばれたのは、氏康を支える一門衆として、伊勢九郎の嫡男で同い年の綱成に期待してのことと推定される。しかしながら、元服前に父九郎を喪って実母が朝倉氏である綱成が、当主の娘大頂院の夫となりえた理由は、綱成自身が北条家臣の中でも特別な立場であったからだろう。

戦国大名の娘の夫は、より家格が高い相手や、従属する有力国衆の当主・嫡子、あるいは最も信頼できる親族の従兄弟・又従兄弟である例がみられる。この点で綱成については、父の九郎と大頂院の実母が兄妹で、綱成が大頂院の従兄弟である可能性が高いであろう。大頂院の母（氏綱の妾）が、大頂院誕生の大永元年に十七歳位の永正初年頃の生まれであれば、伊勢九郎（大永五年の死没時に二〇代後半）の妹として、年の差に矛盾はない。

綱成には数々の武勇伝があり、当人の力量が北条一門における主要な立場をもたらしたであろうが、なによりも、氏康妹の大頂院が正妻であることが綱成にとっては重要であった。この点で、父九郎は伊勢名字のままで、綱成が大頂院との婚姻によって北条姓を与えられた可能性が高い。

氏綱による鶴岡八幡宮《つるがおかはちまんぐう》再建造営について記した「快元僧都記《かいげんそうずき》」には、綱成のことは「北条庶子 左衛《さえ》門大夫《もんのたいふ》」と記されていて、北条家中において、綱成は一門に準ずる立場と認識されていたことがわかる。

大頂院は永禄元年に没し、法名は大頂院殿光誉耀雲大姉。享年三十八とみられる。玉縄《たまなわ》領岩瀬《いわせ》（神奈川県鎌倉市）に菩提寺大頂寺（現・大長寺）が建立された。

### 後妻花木殿

大頂院の死没後、綱成は北条家臣の花木《はなのき》氏出身の女性を後妻に迎えている。天正十五年（一五八七）十一月二十一日に逆修供養している「相州小田原北条上総《（綱成）》殿御内方花木殿　春誉馨林禅定尼」が、その人で〔高野山高室院所蔵月牌帳〕、この年の五月六日に綱成が亡くなった後、出家したうえで生前供養をしていることが知られる。

この花木殿の母（花木隠居）は、豆州《ずしゅう》梅名《うめな》に一〇〇貫文の所領を持っているが、この地はもともと朝倉平次郎《へいじろう》の知行地であったものを花木隠居が買得し、その知行役は綱成が負担している〔小田原衆所領役帳〕。花木隠居も綱成母養勝院と同じく朝倉氏の出身の可能性が高いとみられる。綱成は永禄元年（一五五八）に大頂院が死去した後、母方の親族（従姉妹か又従姉妹か）を後妻に迎え、その母も綱成が庇護していたことになる。

綱成と花木殿の婚礼については、永禄元年に大頂院が死去して三回忌があけるまでに婚礼が執り行われたとは考えられないことから、同四年以降であろう。同四年のことであれば、綱成は四十四歳である。玉縄北条氏の家政を取り仕切ってきた大頂院が死去し、嫡男康成の正妻である新光院《しんこういん》（氏康の長女、永禄四年に二十二歳か）が若年なので、家政を任せることのできる正妻として迎えられた花木殿は、それほど綱成と年齢差がなかったであろう。

永禄二年段階の花木氏としては、小田原衆に属する「花之木」（実名不詳、知行高七八七貫六百文、『小田原衆所領役帳』）が確認される。嫡男や嫡女の婿が家督を継承していれば、花木隠居（前当主の正妻）を娘婿の綱成が庇護する必要はないはずで、花木氏の家督が庶流に継承されたということであろう。このことから、綱成後妻の花木殿は、花木氏の嫡女として婿を迎えて家督を継承したが、嫡男の早世により家督を庶流（叔父あるいは、その子である従兄弟）に譲り、綱成の後妻となったと理解できるか。

天文二十年（一五五一）に真哲恵玉《しんてつけいぎょく》の供養をしている「小田原花木兵部卿《ひょうぶのきょう》」（高野山高室院所蔵月牌帳）が花木隠居の夫、花木殿の父で、兵部卿と称されていることから僧侶とみられる。小田原城下の花木には山号花木山の蓮上院《れんじょういん》が所在し、同院は箱根権現社《はこねごんげんしゃ》の管轄下にあり、花木氏は同社別当であった小田原大森《おおもり》氏一族と推定される（黒田二〇一九）。

また、「相州久野御前方宮内殿」（前出の月牌帳）が、花木殿と同じ天正十五年十一月二十一日に逆修供養している（「月牌帳」には花木殿に続いて記載）。同日の逆修という点で、両者が親しい間柄であったとみることができよう。天正十五年（一五八七）の久野北条氏の当主は宗哲《そうてつ》（宗瑞弟）嫡孫の氏隆《うじたか》で、その正妻である宮内殿は、氏隆と同じ頃の生年であるとすると永禄末から元亀年間の生まれで、花木殿の孫の世代にあたる。久野北条家の正妻に、玉縄北条家に縁ある女性がえらばれたと想定される。

なお、綱成の子供たちのうち、嫡男康成と次男の康元《やすもと》（のち氏秀《うじひで》）の実母は大頂院であり、永禄初年の生まれとみられる娘の高源院《こうげんいん》（北条氏規正妻）は、三〇代後半となっている大頂院の所生である可能性は低く、当然、後妻花木殿が実母ではありえないので、高源院の母は綱成の妾と考えられる。

## 玉縄城代から玉縄城主へ

北条氏の領国支配は、主要な支城を中心とする支配単位による支城領制をとっていて、相模東部に位置する玉縄城（神奈川県鎌倉市）は、氏綱が山内《やまのうち》・扇谷《おうぎがやつ》両上杉《うえすぎ》氏との抗争を展開するのに重要な軍事拠点であるとともに、相模東郡と武蔵久良岐《くらき》郡を管轄する最も主要な支城の一つであった。

大永六年（一五二六）に両上杉軍によって玉縄城が攻撃されたことをうけて、享禄二年（一五二九）頃に氏綱弟の氏時《うじとき》が初代玉縄城主となり〔相州文書所収二伝寺所蔵〕、防衛強化が図られた。しかし、氏時は同四年に死去したため、氏綱次男で一三歳の為昌が、急遽翌年に二代玉縄城主となった〔光明寺文書〕。

為昌は氏綱の嫡出次男として玉縄領をはじめ三浦《みうら》郡・小机《こづくえ》領も管轄する立場で、幼少であったことから、はじめ小田原に在城していた。このため、玉縄領支配については、一門衆のなかから、為昌の五歳年上である綱成が城代として選ばれ、玉縄に在城した〔内閣文庫所蔵里見家永正元亀中書札留抜書〕。

天文十一年(一五四二)五月、為昌が死去したため、代わりに綱成が三代玉縄城主となり、玉縄領支配(公事の賦課・収奪、衆の軍事指揮)と三浦郡支配の一部(公事の賦課・収奪のみ、衆の軍事指揮は氏康が管轄)を担当した。綱成は為昌の菩提を弔う立場〔神奈川県立歴史博物館所蔵本光寺文書〕であったが、のち、氏康四男の氏規《うじのり》にその立場を譲った。氏規は、綱成の娘である高源院を正妻として迎えている。

綱成が仮名孫九郎を名乗っていたのは天文十三年閏《うるう》霜月〔岩本院文書〕までで、のち官途名左衛門大夫を称した。左衛門大夫は、同十七年五月〔大長寺旧蔵銅雲板銘〕から元亀二年(一五七一)七月〔岡本貞烋氏所蔵文書〕まで確認される。

綱成が仮名孫九郎から官途名へ改めた変化は、嫡子康成の元服と相俟ったもので、玉縄北条氏の家格向上の第一段階と把握されている〔佐藤一九八六〕。

外交面において、国衆との取次を務めることも一門衆の役割の一つで、綱成が取次を務めていたのは、陸奥の白川《しらかわ》氏、岩付《いわつき》の太田資正《おおたすけまさ》〔白川文書〕、会津の蘆名《あしな》氏〔会津四家合考四〕であった。なお、取次の任は、当主氏政《うじまさ》兄弟の成長にともなって、永禄十年(一五六七)頃から氏照《うじてる》・氏邦《うじくに》らに交代している。

## 北条軍の中心的存在

天文十三年(一五四四)に安房へ出陣し〔妙本寺文書〕、弘治三年(一五五七)には甲斐武田氏への援軍を務める〔市川文書〕など、各地に出陣して北条軍における中心的役割を果たした。

北条家の北条五色備（黄赤青白黒に分かれた部隊編成）では、黄備えを担当したといわれる〔小田原旧記〕。綱成軍が使用したのは、黄色地に「八幡《はちまん》」としるした旗指物〔直《じき》八幡〕で、現在、真田宝物館（長野市松代）に所蔵されている黄八幡旗は、真田信尹《さなだのぶただ》（昌幸の弟）が、武田信玄《たけだしんげん》の家臣として綱成を攻め落としたとき、その戦利品として奪い取ったものと伝わる。

また、綱成は最前線に在城して防衛拠点を死守した。天文十四年秋から同十五年（一五四五）四月にかけては、河越《かわごえ》城（埼玉県川越市）の守備にあたり、半年に及ぶ籠城戦のうえ、山内・扇谷両上杉軍の攻撃に対して、北条軍の勝利に貢献した〔異本小田原記〕。永禄十二年（一五六九）六月から元亀二年（一五七一）には、駿河深沢《ふかさわ》城（静岡県御殿場市）で武田軍との激しい戦闘を繰り広げ〔上杉家文書〕、その後、足柄《あしがら》城（神奈川県足柄市）に在城する〔岡本文書〕など、最前線の防衛を担当した。

黄八幡旗　真田宝物館蔵

永禄十二年、武田信玄が小田原城を包囲したのち帰国する際、三増峠《みませとうげ》（神奈川県愛川町）の戦いで、上野箕輪《みのわ》城代であった浅利信種《あさりのぶたね》を討ち取ったのは、綱成が指揮する鉄砲隊であったという（『甲陽軍鑑』）。

## 嫡男氏繁に家督譲渡

綱成は、元亀二年（一五七一）末に隠居して、家督を嫡子に譲ったのち、入道して道感、上総入道と称した。出家の動機は、当主氏康の死去（同年十月三日）であったと考えられる。

嫡男康成は、大頂院殿を母として天文五年（一五三六）に生まれ、弘治元年（一五五五）頃、氏康の娘新光院殿を正妻に迎えている。康成は、綱成からの家督相続の時に官途名左衛門大夫を称し、当主氏政から通字「氏」を与えられて氏繁と改名し、氏康の甥で、かつ娘婿であったため、氏康の子息に準じる立場であった。康成から氏繁への改名によって、玉縄北条氏の家格はより上昇し、家格向上の第二段階と捉えられている。

綱成は隠居後の天正五年九月、六十三歳にもかかわらず、上総の一宮《いちのみや》城（千葉県一宮町）に在城し（上総国古文書）、信濃の小諸《こもろ》城（長野県小諸市）に在城している天正十年には六十八歳であった（田中文書）。引き続き晩年まで最前線の防衛の任にあたっているのは、天正六年に氏繁が死去したことと無関係ではないであろう。

北条氏三代当主氏康と同じ年に生まれた綱成は、主要支城玉縄の城代・城主として、また、北条軍の中心的存在として、氏康の義弟として北条家を支えつづけ、氏康の死去から十六年後の天正十五年

（一五八七）五月六日に没した。享年七十三。墓所は玉縄の龍宝寺《りゅうほうじ》である。

（浅倉直美）

【主要参考文献】
浅倉直美「玉縄北条氏の研究」（同編『玉縄北条氏〈論集 戦国大名と国衆9〉』岩田書院、二〇一二年）
浅倉直美「北条氏との婚姻と同盟」（黒田基樹編著『今川義元とその時代〈戦国大名の新研究1〉』戎光祥出版、二〇一九年）
浅倉直美「北条家の繁栄をもたらした氏康の家族」（黒田基樹編著『北条氏康とその時代〈戦国大名の新研究2〉』戎光祥出版、二〇二一年）
小和田哲男『今川氏家臣団の研究〈小和田哲男著作集第二巻〉』（清文堂、二〇〇一年）
黒田基樹「北条綱成の父母」（前掲『玉縄北条氏』、初出二〇一〇年）
黒田基樹・浅倉直美編『北条氏康の子供たち』（宮帯出版、二〇一五年）
黒田基樹『戦国北条家一族事典』（戎光祥出版、二〇一八年A）
黒田基樹『北条氏康の家臣団―戦国「関東王国」を支えた一門・家老たち―』（洋泉社、二〇一八年B）
黒田基樹『戦国大名・伊勢宗瑞』（角川選書642〉（ＫＡＤＯＫＡＷＡ、二〇一九年）
黒田基樹『北条氏綱―勝って甲の緒をしめよ―〈ミネルヴァ日本評伝選〉』（ミネルヴァ書房、二〇二〇年）
見崎闋雄「今川氏の甲斐侵攻」（黒田基樹編著『今川氏親〈シリーズ中世関東武士の研究第二六巻〉』戎光祥出版、二〇一九年、初出一九八三年）
佐藤博信『中世東国足利・北条氏の研究』（岩田書院、二〇〇六年）

# 北条氏照
## ——一門筆頭として当主氏政を支えた嫡出の弟

### 北条藤菊丸から大石源三氏照に

北条氏照《ほうじょううじてる》は、小田原《おだわら》北条氏三代当主氏康《うじやす》の三男で、幼名は藤菊丸《ふじきくまる》（鈴鹿明神社棟札銘写）、生年は天文十一年（一五四二）である（宗閑寺記録）。氏康正妻瑞渓院《ずいけいいん》を母として、氏親《うじちか》（天文六年生まれ）・氏政《うじまさ》（同八年）についで誕生し、弟に氏規《うじのり》（同十四年）、妹に蔵春院《ぞうしゅんいん》（早川殿、同十六年）がいる。

氏照が十一歳になった天文二十一年、氏親が死去した（享年十六）。このため、翌二十二年に氏政が嫡男として元服し、翌年に武田《たけだ》家から黄梅院《おうばいいん》を正妻に迎えた。これは、北条氏と駿河今川《いまがわ》氏・甲斐武田氏との甲相駿三国同盟《こうそうすんさんごくどうめい》の成立にともなう婚姻である。

氏政が嫡男になったことにともなって、氏照が嫡男に次ぐ地位となり、弘治元年（一五五五）十一月には、古河公方足利義氏《こがくぼうあしかがよしうじ》の元服式に「氏康次男」として参加した（足利義氏元服次第）。次男の地位とは、当主・嫡男につぐ北条家一門の順列で三番目である。嫡男に万が一のことがあった場合に備えて、次男も嫡男と同等に養育されるため、地位向上により氏照には、急遽次男にふさわしい環境が整えられ、あらたに氏康側近の中から養育係が選ばれたはずである。

しかし、次男の地位は、三年余りで弟の氏規に譲ることとなった。氏照が武蔵の有力国衆大石《おおいし》氏の養子となることが決定したためである。氏照の大石氏継承は、かつて、武蔵進出をはかる氏康が強引に養子として送り込んだと理解されてきた。しかし、近年の国衆論の展開のなかで、当主の急死、継承者の不在・幼少という理由から、国衆家中が北条氏一門による継承を望んだと、見直されている。大石氏の場合も、綱周《つなかね》に男児がなかったなどの理由で、嫡女の婿に氏照を迎えることが決められたと理解される。

養子入りの決定は、弘治元年（一五五二）十一月以降、氏規が「北条次男」と認識さている翌二年二月〔言継卿記〕までの間である。弘治二年（一五五三）に氏照は十五歳になっているので、年末までに小田原城で元服式が行われ、大石綱周と同じ仮名源三《げんぞう》を称したとみられる。綱周の嫡女（豊《とよ》あるいは比左《ひさ》）の生年は天文十六年（一五四七）といわれ〔宗閑寺記録・大石系図〕、この年に十歳なので、婚約は成っても祝言はまだであったかもしれない。由井領（大石氏旧領）支配開始の永禄二年（一五五九）十一月まで、氏照は小田原にいたとみられ、あるいは綱周嫡女も小田原にいて、祝言は彼女が十三歳、氏照十八歳の永禄二年の可能性も考えられる。

## 由井領支配開始と滝山城への本拠移転

氏照が大石家婿養子に決まると、駿河今川家のもとにあった氏規が次男となり、北条家では氏規の相模帰国を望んでいたが、氏規は永禄元年（一五五八）に関口氏純《せきぐちうじずみ》嫡女との婚姻で今川家御一家となった。

滝山城本丸跡　東京都八王子市

氏規の帰還は諦めざるをえなくなった北条家では、早急に氏規に代わる次男を選ぶ必要に迫られることになる。

当主正室の所生である氏照をおいて、嫡男につぐ地位にふさわしい人物は他にいないが、大石氏の家督継承者と決まっている。そこで、氏政正妻（武田信玄娘、黄梅院）所生の男児が成長するまでの間、氏照が大石氏当主のまま、次男同等の地位におかれたと考えられ、北条家次男同等の氏照による大石氏旧領支配であることを明確にするため、北条家と同様の朱印使用がとられたと理解できる。

永禄二年から使用された氏照朱印（A型朱印）の印文「如意成就」は、「意の如くに何事も成し就げてやろう」という意味〔下山一九七〇〕、あるいは、仏教用語の如意輪《にょいりん》や仏道成就《ぶつどうじょうじゅ》に起源を持つもの〔加藤二〇一四〕と提唱されてきた。しかし、北条家嫡男につぐ地位にある氏照が、領支配開始に当たって用意した朱印である点からは、本城の意のごとく北条領国としての支配を成就させましょう、という氏照の決意が表された四文字であったといえよう。

由井領支配開始にあたり氏照は、大石氏の本拠であった由井城に入城した〔斎藤二〇〇六〕。翌永禄三年秋、関東に出陣してきた越後長尾景虎《ながおかげとら》（上杉謙信《うえすぎけんしん》）は、上野・武蔵の国衆をつぎつぎ従属させ、由井領の北部に位置する三田《みた》氏も北条氏から離叛した。氏照は越後軍の来襲に備えて籠城の準備を命じ〔落合文書〕、家臣と領内の郷村に抗戦について指示している〔佐野家蔵文書〕。

同四年六月に越後軍が撤退すると、北条軍は反撃に転じ、本城氏康の指揮のもと三田氏への攻撃が行われ、三田氏は滅亡した。三田氏旧領は本城による直接支配ののち、氏照の支配領に併合された。

この後、氏照は本拠を滝山《たきやま》城に移した。この点は、軍事的緊張が甲斐国境から北関東情勢対応に変化したため、永禄六年（一五六三）四月～同十年（一五六七）九月に移転〔斎藤二〇〇六〕、三田氏滅亡を契機に、本城小田原から重要支城河越に向かう幹線道路沿いに移った〔八王子市史〕、三田氏旧領を接収して領域が広がり、由井では南に偏りすぎているため多摩川沿いの滝山に移った〔黒田二〇一八〕など見解が分かれる。

また、氏照は永禄七年（一五六四）にA型朱印を改刻している。これ以前、氏規は今川家一門から北条家一門に復帰し、三崎領支配を開始した。氏規朱印状の初見は永禄七年六月で〔狭山朝比奈文書〕、庶弟氏邦も同時期に鉢形領支配を開始している〔久米文書〕。このことから、氏照A型朱印の改刻は、氏規・氏邦の朱印使用開始とともに、本城の主導のもとで行われたものであり、氏照は、A型朱印の改刻と同時期に花押型に変化を加えている〔加藤二〇一四・清瀬市史〕。

さらに、氏照は、同十年から古河公方への取次を務め〔簗田家文書〕、翌十一年に公方家宿老野田《のだ》氏の本拠であった栗橋城《くりはし》（茨城県五霞町）を管轄下に置くこととなった〔野田家文書〕。

## 越相同盟・三増合戦と管轄地域の拡大

永禄十一年十二月、武田信玄《しんげん》が駿河に進軍し、長年にわたり東国の平和を保ってきた三国同盟が瓦解した。北条家は外交政策を大きく転換させ、越後上杉謙信との同盟締結をめざし、厩橋（前橋市）の北《きた》条《じょう》氏を仲介とする氏照の「北条手筋」と、新田金山《にったかなやま》（群馬県太田市）の由良氏を仲介とする氏邦の「由良手筋」の二つの窓口を設けた。氏照は、交渉参加に先立ち、北条姓にあらためている〔上杉家文書〕。

従来、越相同盟《えっそうどうめい》交渉で氏照が独自の行動をとったという理解があるが、氏照の一存や独断による交渉はありえない。上杉方へ送られた書状は、基本的に氏政の右筆が作成したもので、すべて氏政の了解のもと交渉が進められていたことが確認されている〔黒田二〇一九〕。

それまで敵対してきて交渉窓口のない上杉氏に対して、確実な交渉ルートの確立を求めて併存していた窓口は、交渉の本格化とともに、翌十二年三月に「由良手筋」に一本化された。氏照が進めていた「北条手筋」は廃止されたが、氏康は以後の交渉にも氏照の関与継続を求めている〔歴代古案三〕。北条家の秩序にてらせば本来、庶出の氏邦ではなく、嫡出の氏照が交渉に加わるべきという理論が、北条家一門の秩序の根幹をなしていたとみられる〔浅倉二〇二一〕。

武田軍との抗争に苦慮した北条氏は、援軍を求めて上杉謙信との同盟交渉をすすめたが、ついに越後からの援軍を得られることはなく、同年十月には武田軍が小田原まで迫る状況となり、帰国する武田軍を追撃した三増《みませ》合戦において大敗した。三増合戦は氏政の本隊が到着する前に開戦となり、信玄を討ちもらしたと、氏照が上杉家臣山吉豊守《やまよしとよもり》らに報じている〔神奈川県立公文書館所蔵山吉文書〕。

この間、氏規の北条家一門筆頭への復帰に対して、氏照本人はもとより彼を支える宿老・重臣らは、地位挽回につとめるために奔走したが、三増合戦の敗北が氏照の立場を厳しいものにしたとみられる。武田軍による小田原包囲は北条家にとって一大危機であり、さらなる武田軍との本格的な対戦を覚悟させるもので、この困難な状況を切り抜けるため、氏政は御一家衆の序列を改め、当主氏政の兄弟衆は年齢の順とし、一門・家臣の結束を確認した。これにより氏照は、氏政につぐ地位となった〔岩本院文書〕。

こうした序列改めにより北条家一門筆頭への復帰が契機となって、氏照はA型朱印をB型（印文未詳）へ改印した。ただし、氏照の地位上昇にあたっては、三増合戦敗北などの責任の所在を明らかにする必要があり、氏照の由井領支配開始当初を支えた横地吉信《よこちよしのぶ》と布施兵庫大夫《ふせひょうごのたいふ》が引退し、代わって狩野一庵《かのういちあん》宗円《そうえん》を中心として氏照政権を再構築するという大幅な改編が行われた。狩野宗円は実名泰光《やすみつ》で、小田原本城の奉者・評定衆を務め、永禄十二年（一五六九）十一月七日〔新編武蔵国風土記稿〕以降、本城から移って氏照政権を支えた重臣筆頭である。

この後、元亀二年（一五七〇）十月に氏康が死去すると、氏政は再び武田信玄との同盟締結をすすめ、武田氏との抗争の最前線であった氏照の滝山領も戦闘態勢を脱することができた。そのうえで氏照は、天正二年（一五七四）から古河公方家の後見を務め、同四年に小山城（栃木県小山市）を管轄、同城に大石照基、榎本城（同栃木市）に近藤綱秀、栗橋城に布施景尊を、城代として任命した。

## 陸奥守受領と一門筆頭としての外交

氏照は、天正二年十二月末〔簗田系図〕から同四年九月下旬〔武州文書〕までの間に、名乗りを仮名源三から、受領名陸奥守《むつのかみ》に改めた。氏照の陸奥守受領は、弟氏邦の安房守《あわのかみ》（山内上杉氏当主の官途）、従兄氏秀の治部少輔《じぶのしょう》（扇谷上杉朝良の官途）とともに、古河公方足利義氏と北条家が確立しようとした東国の政治秩序における支配の方向性をあらわす思想的表現である〔長塚一九八八〕。

また、氏照（陸奥守）・氏邦（安房守）・氏規（氏綱弟氏時と同じ左馬助）、氏政の弟三人が揃って天正三年四月から翌四年三月までの間に受領名・官途を改めているのが確認できるのは、氏政嫡男である氏直の元服（天正四年の末か、翌五年の初め）に先だってのことで、氏政は、氏直への家督譲渡を見据えて、北条家が目指す支配の方向性と御一家衆のあり方への想いを弟たちの受領名・官途名に込め、若き嫡男を支える体制強化をめざしたといえよう。

氏照は、古河公方家をはじめ、北関東および陸奥の国衆への取次をつとめ、北条家の外交を担った。氏照が取次をつとめた国衆は、永禄年間から下野佐野《さの》〔涌井文書〕、上総勝浦正木《かつうらまさき》〔長沢氏所蔵文書〕、武蔵成田《なりた》〔吉羽文書〕、下総の簗田《やなだ》〔簗田文書〕・野田《のだ》〔野田家文書〕、陸奥芦名《あしな》〔名古屋大学所蔵文書〕、天正年間から下総結城《ゆうき》（高橋義彦氏所蔵文書）、下野壬生《みぶ》（小田部庄右衛門氏所蔵文書）、上野那波《なは》（色部文書）、常陸の岡見《おかみ》（岡見文書）・佐竹《さたけ》（奈良文書）、上野の北条（江口文書）、陸奥の白川《しらかわ》（白河証古文書）・伊達《だて》（伊達家文書）の諸家があげられる。

天正六年に越後の上杉謙信が急逝し、翌年にかけて家督相続を争う景勝《かげかつ》と景虎《かげとら》の間で御館《おたて》の乱が勃発した。実弟景虎を支援する氏政は、景勝と同盟を結んだ武田勝頼《かつより》に対して不信感を募らせ、北条・武田双方が徐々に国境警備を強化して甲相同盟《こうそうどうめい》が崩壊すると、氏政は、武田氏と敵対していた徳川《とくがわ》氏との同盟を考え、さらに天下人織田信長《おだのぶなが》への接近を始めた。氏照は一門筆頭として、徳川氏との連絡の先に、織田氏との交渉を見据えて、まずは家康に初信とともに太刀・馬・青鷹を贈り（天正七年正月二十八日付、「静嘉堂集古文書ア」）、八ヶ月の準備期間をへて、氏照は信長に鷹を贈った（信長公記）。さらに六ヶ月の後、氏政の使者笠原康明と氏照の使者間宮綱信《まみやつなのぶ》が、多くの贈答品を伴って上洛し、信長に対面のうえ、安土《あづち》を訪れた（同）。信長に対面する目的は、姻戚関係をむすび北条家が天下人信長に従属するという氏政の意向を表明することで、信長側もこれを受け入れ、氏直と信長娘との婚姻が約束された。

## 八王子築城と小田原合戦

天正十年（一五八二）三月、信長が武田家を滅ぼすと、北条家をはじめとする関東諸氏は信長に従属することとなったが、六月に起こった本能寺《ほんのうじ》の変ののち、甲斐・信濃をめぐり北条家は、徳川家康《いえやす》と対

八王子城御主殿跡　東京都八王子市

立した。戦況は膠着状態がつづき、十月に和睦が成立し、家康の次女が氏直《うじなお》の正妻として迎えられた。その後、新たな天下人となった羽柴秀吉《はしばひでよし》との対戦を見据え、北条家では領国内の諸城の普請をすすめ、郷村への出陣命令を発して惣国《そうこく》臨戦態勢を整えていく。

　とくに氏照領では、天正十年頃から八王子《はちおうじ》に築城が進められ、羽柴政権との対戦に備え氏照は、本拠を八王子城に移して戦闘態勢を整える。八王子の築城構想は、家臣の間宮綱信自身が得てきた安土城の築城に関する見聞がいかされたはずである。綱信はさらに西国の先進的な築城技術の情報収集も行ったことであろう。近年の発掘調査によって明らかになっている遺構・遺物は、八王子城が戦国時代を代表する城郭であったことを物語っている。御主殿虎口の石垣をはじめ、要所に石垣が築かれ、城下の整備も進められていたことが判明している。

　羽柴政権との対戦にむけ、氏照は居城八王子の防備を固め〔金剛寺所蔵土方文書〕、天正十七年夏以降は小田原城の防備も一部請負い、上方の儀についての際限なき御用に多忙を極めていた〔東京大学史料編纂所所蔵猪俣文書〕。

天正十八年の小田原合戦では、氏照は小田原に籠城し、城の南西部にあたる早川口を守備した〔毛利家文書〕。八王子城には家臣の狩野宗円はじめ横地監物《けんもつ》（吉信の嫡男）・中山家範《なかやまいえのり》らが中心となって籠城し、氏照の留守を守った。城主不在の八王子城は降服開城できずに、前田《まえだ》軍・上杉軍をはじめとする総攻撃をうけて六月二十三日に落城した。八王子落城での戦死者には多くの女性も含まれていた。狩野宗円と中山家範の首は、小田原城下の河原に置かれたという〔太閤記〕。

小田原開城後、氏照は兄氏政とともに七月十一日に自害。二人の首は、京の聚楽第の橋にさらされた〔兼見卿記〕。氏照が自害させられた理由は何であろう。氏照は主戦論者として語られることがあるが、それを裏づける史料は見あたらない。当主氏直は家康の婿であるため助命となったことで、大掛かりな遠征の代償が氏政のみ切腹では済まされないとして、次弟氏照が処罰の対象となったということであろうか。氏照享年四十九。法名は青霄院殿透岳宗関大禅定門。

（浅倉直美）

**【主要参考文献】**

浅倉直美「総論 北条氏照の研究」（『北条氏照〈シリーズ中世関東武士の研究第三一巻〉』戎光祥出版、二〇二一年）
加藤哲「北条氏照文書考」（前掲浅倉『北条氏照』、初出二〇一四年）
清瀬市『清瀬市史3資料編 古代・中世』（二〇二〇年）
黒田基樹「北条氏康の子女について」（黒田・浅倉編『北条氏康の子供たち』宮帯出版、二〇一五年）
黒田基樹『北条氏康の家臣団―戦国「関東王国」を支えた一門・家老たち―』（洋泉社、二〇一八年）

黒田基樹『北条氏政―乾坤を截破し太虚に帰す―〈ミネルヴァ日本評伝選〉』（ミネルヴァ書房、二〇一八年）
黒田基樹「総論 北条氏政の研究」（『北条氏政〈シリーズ・中世関東武士の研究24〉』戎光祥出版、二〇一九年）
齋藤慎一「戦国期「由井」の政治的位置」（『中世東国の道と城館』東京大学出版会、二〇〇一年、初出は二〇〇六年）
佐藤博信『中世東国足利・北条氏の研究』（岩田書院、二〇〇六年）
佐藤博信『古河公方足利氏の研究』（校倉書房、一九八九年）
下山治久『武州滝山・八王子城主北条氏照文書集〈後北条氏研究会研究史料 一輯〉』（近藤出版社、一九七〇年）
長塚孝「戦国武将の官途・受領名―古河公方足利氏と後北条氏を事例として―」（黒田基樹編著『北条氏康〈シリーズ・中世関東武士の研究23〉』戎光祥出版、二〇一八年、初出は一九八八年）
則竹雄一「北条氏照」（前掲『北条氏康の子供たち』）
八王子市『新八王子市史 通史編2中世』（二〇一六年）

# 北条氏規
## ――今川一門から戻り北条家を支えた嫡出の末弟

### 妹の婚姻に先立ち母の実家今川家に

北条氏規《ほうじょううじのり》は、小田原北条氏三代当主氏康《うじやす》の四男で、生年は天文十四年（一五四五）である（北条家過去帳）。氏康正妻瑞渓院《ずいけいいん》を母とする嫡出の兄に氏親《うじちか》（天文六年生まれ）・氏政《うじまさ》（同八年）・氏照《うじてる》（同十一年）、妹に早川殿《はやかわどの》（蔵春院《ぞうしゅんいん》、同十六年）がいる。江戸期以来、氏邦《うじくに》も嫡出の兄とされてきたが、氏邦の生年と実母が見直され、氏規が嫡出の四男で氏邦が庶出の五男であることが確認されている。

氏規が八歳になった天文二十一年（一五五二）、北条・今川《いまがわ》・武田《たけだ》の三氏による同盟成立にともなう婚礼の準備が進められた。今川家嫡男氏真《うじざね》の正妻として、北条家から早川殿が嫁すことが決められたが、彼女がまだ六歳であったため、氏規が妹の代わりに証人として駿府入りした（長谷川二〇一五）。

今川家は母瑞渓院の実家であって、駿府での氏規は、祖母寿桂尼《じゅけいに》（氏親正妻・公卿中御門宣胤《なかみかどのぶたね》娘）の庇護のもと過ごし、今川氏を頼って駿河に下向していた公卿山科言継《やましなときつぐ》の日記『言継卿記』には、氏規が寿桂尼に連れられて湯治に出かける記事が見える。今川家御一家同様の待遇をもって不自由ない生活を送っていたといえる。

『言継卿記』に、氏規を「相州北条次男」と記しているのは、長兄氏親の死去後、武蔵国衆大石《おおいし》氏の養子と決められた兄氏照に代わり、氏規が嫡男氏政につぐ次男の地位に置かれたことによる。なお、『言継卿記』に登場する「賀永《がえい》」を氏規の幼名とする説があるが、誤りである。

今川家当主の義元《よしもと》は、幼少で駿府入りした甥の氏規のために、重臣朝比奈《あさひな》氏の一族のなかから、藤一《とういち》郎泰之《ろうやすひで》と甚内泰寄《じんないやすより》の二名を、近習として付した。泰之は氏規の六歳年上（天文八年生まれ、狭山朝比奈文書）、泰寄は三歳年上（同十一年生まれ、水戸朝比奈文書）で、両名が氏規の駿府入りした天文二十一年（一五五二）に近侍することになったとすれば、泰之は十四歳から、泰寄は十一歳から氏規に仕え、両名は晩年まで近臣として氏規を支えた存在であった〔浅倉二〇一七〕。

## 今川家での元服と婚姻

天文二十三年（一五五三）に早川殿が嫁して以降は、北条家では氏康次男という立場である氏規を戻すことを求めたであろうが、しばらく氏規が相模に返されることはなかった〔尊永寺文書〕。

氏規は、氏真の従弟で、氏真正妻の兄として今川家御一家同様の処遇をうけ、永禄元年（一五五八）十四歳のとき、今川義元のもとで元服し、今川家一門関口氏純《せきぐちうじずみ》の嫡女との婚姻がなり、仮名は氏純と同じ助五郎を称した。実名の「規」の字は、今川家歴代の実名「範」の字と同音による命名であろう。この婚姻は、この年、氏真が今川家当主としての文書を発給し始めていることにともない、氏規に従兄の氏真を支える有力一門衆となることが期待されてのことといえよう。

関口氏純には男子がなかったか早世していたとみられ、氏純の後継者に氏規を迎え、もう一人の娘（築山殿《つきやまどの》）の婿には、有力国衆の松平元康《まつだいらもとやす》（家康《いえやす》）が選ばれた。のち、氏規が徳川氏との同盟交渉にあたった点について、氏規と家康が、ともに人質として駿府にあったとき、屋敷が隣で旧知の間柄であったからといわれている点は、徳川《とくがわ》中心史観が生み出した話である。家康は人質ではなかったことが明らかにされているうえ、屋敷が隣であったとすれば、それは、ともに関口氏の女婿であったためとみられ、隣家であったこと以上に、両者の別懇な間柄は、関口氏純の相婿であったことによる。

その後、永禄三年（一五六〇）の桶狭間《おけはざま》合戦により義元が戦死したとき、当主になったばかりの氏真は二十一歳で、国衆の離叛に動揺する領国の安定化に務めたが、三河における今川氏の勢力後退は避けられなかった。これまでは江戸初期の編纂史料から、家康の離叛にともない、関口氏純が失脚、築山殿と嫡男信康《のぶやす》の岡崎入りにより氏純は同五年に自害したという通説で、これにより氏規と関口氏嫡女との婚姻は解消となったとみてきた。しかし、新出史料が確認され〔臨済寺文書〕、同六年閏《うるう》十二月まで氏純の存在が明らかになったことにより、氏規の養子縁組解消の理由については、妻である関口氏嫡女の死去、永禄元年以降に氏純の男児誕生なども想定すべきで、何よりも次男の立場としての氏規を取り戻したい北条家側の働きかけに、氏真夫妻が応じた結果であった点が大きかったということであろう。

## 北条家復帰と三崎領支配

養子縁組が解消となった氏規は北条家に復帰し、永禄七年（一五六四）五月頃までに相模に帰還した。北条家復帰後における初見は、同年六月八日付朝比奈泰之の知行を宛行った氏規朱印状〔狭山朝比奈文書〕である。今川義元によって近習とされた朝比奈泰之と泰寄は、氏規の帰国に従って相模入りし、のち、天正年間（一五三七〜一五九二）に氏規政権を重臣として支えている。

氏規朱印の印文は「真実」で、縦横四五ミリメートルの方形である。初見の氏規朱印状発給と同じ永禄七年の六月、氏規の弟で武蔵藤田《ふじた》氏の名跡を継いだ氏邦も朱印状〔久米文書ほか〕の発給を開始している。その四年半前の永禄二年（一五五九）暮に家督を相続した氏政の政権をささえるため、すでに由井領支配を開始している氏照につづいて、氏規・氏邦の当主弟三人が揃って朱印状を発給して支城領支配を行う状況が整えられた。

氏規は、北条家復帰にあたり、当主につぐ地位の一門として本光院《ほんこういん》殿の遺領の一部と本光院殿衆を引き継いだ。本光院殿とは、氏康弟の為昌《ためまさ》のことで、天文十一年に二十三歳で没した。為昌の管轄地域であった相模《さがみ》の玉縄《たまなわ》領・三浦《みうら》郡、武蔵の小机《こづくえ》領は、小田原本城領（相模西郡・中郡）につぐ重要地域である。為昌没後、嫡男がなかったため為昌の遺領は分割され、玉縄領は城代として玉縄領支配を補佐してきた北条綱成《つなしげ》が引き継ぎ、三浦郡については綱成に公事賦課・収奪が任され、三浦衆の軍事職は氏康が管轄していた。本光院殿の菩提者は綱成であった。このうち、氏規は三浦郡（三崎《みさき》領）と三浦衆の支配を担当し、三崎城（神奈川県三浦市）を本拠とした。

氏規の家臣筆頭としては、小田原本城から、為昌家臣であった南条昌治《なんじょうまさはる》が付され、天正元年（一五七三）までの氏規政権確立期には、昌治が政権の中心となり、この時期の氏規朱印状の奉者は、昌治がほぼ九割を占める。あわせて、家臣筆頭となった昌治の娘と、側近朝比奈泰之との婚姻〔狭山朝比奈文書〕により、氏規家臣団の結束が図られている。

三崎城跡三曲輪の土塁　神奈川県三浦市

氏規の正妻としては、北条綱成の娘である高源院《こうげんいん》が迎えられた。高源院の没日は寛永五年（一六二八）六月十四日〔北条家過去帳〕で、その所生と考えられる嫡男氏盛《うじもり》誕生の天正五年に十九歳くらいと仮定すると、高源院の生年は永禄二年（一五五九）頃、死没は七十歳頃で、氏規とは十四歳ほどの年齢差があり、氏規が駿河から戻った頃は五〜六歳と想定される。

永禄九年七月に氏規が発給した朱印状〔神奈川県立歴史博物館所蔵本光寺文書〕は、為昌菩提寺である本光寺の施餓鬼銭請取《せがきせんうけとり》について定めたもので、氏規が為昌の後継者としての立場になったことを意味している。これが氏規の相模帰国直後ではない点は、高源院が婚礼可能年齢の八歳になるのを待って氏規との婚礼が執り行われ、そのうえで、本光院殿菩提者としての立場が、綱成から娘婿の氏規に継承されたと理解できる。

氏規は、三崎領支配をすすめるなかで江戸湾の海上防備も固め、あわせて、永禄十一年（一五六八）末からの武田氏との抗争では、伊豆の韮山城《にらやま》（静岡県伊豆の国市）の守備も担当し、同城には、以後しばしば軍事防衛のために城将として在城した。また、北条家の外交面における一門として、同十二年に北条氏が徳川家康と初めて交渉した際、奔走している〔致道博物館所蔵酒井文書〕。

一方、氏規政権を支える家臣の世代交代もすすみ、政権確立期に政権の中心であった南条昌治は天正三年に没し〔北条家并家臣過去帳抜書〕、天正年間には、四十代になる氏規と同世代の朝比奈泰之・同泰寄らが、政権の中枢を担っていく。

## 左馬助から美濃守へ

天正四年（一五七六）、北条・武田・上杉の和睦を望んだ足利義昭《あしかがよしあき》からの御内書は氏規を宛名としていて〔神奈川県立歴史博物館所蔵北条文書〕、これは氏規が将軍義輝の直臣として名を連ねていたことによる〔永禄六年諸役人附〕。

氏規は、かつて大伯父の氏時《うじとき》（祖父氏綱の弟）が称していた官途名左馬助《さまのすけ》を、天正四年九月二十七日までに継承した〔堀内久勇氏所蔵文書〕。左馬助の継承は、兄氏照の陸奥守《むつのかみ》受領（天正二年十二月～同四年三月）、弟氏邦の安房守《あわのかみ》受領（元亀三年正月～天正四年三月）と同時期に行われ、これは、氏政がめざす支配の方向性と御一家衆のあり方への想いを弟たちの受領名・官途名に込めたと評価され、その時期は、天正四年の暮あるいは翌五年初めの氏政嫡男氏直の元服に先だってのことだろう。

この前年の天正三年から北条軍は房総《ぼうそう》の里見《さとみ》氏を攻略し、同五年に氏政率いる本隊が東上総に進軍し、氏規の軍は海路から西上総に侵攻した。

さらに、二年後の天正六年正月から、氏規は美濃守《みののかみ》を称している。敵対する佐竹方への対抗のため、氏政が南陸奥の諸氏と外交を進めるにあたり、伊達輝宗あての書状の取次を務めたものが、美濃守の初見である〔仙台市博物館所蔵遠藤文書〕。氏照・氏邦とともに外交の一翼を担わせるため、氏規の受領をととのえたとみられ、美濃守が選ばれた理由は、隣国武田・徳川の領国の西方、すでに天下人となっていた織田信長《おだのぶなが》を意識しての選択であったのではなかろうか。

天正十年には、再び家康と同盟をめぐる交渉に際して取次をつとめ〔酒井家旧記五〕、天正年間後半の徳川氏・羽柴《はしば》氏との緊張関係においても、引きつづき最前線にあたる韮山城の守備を任されたのが氏規であった。同じく最前線である上野の館林《たてばやし》城にも、天正十五年ころから城代として在城し、館林領における知行安堵および軍事指揮を担当している。

同十四年、家康が羽柴秀吉《ひでよし》に従属する際、氏政と家康が両国の国境域で会談し、その折に家康への取次を務めたのも氏規である。さらに、同十六年の春、北条家は天下人秀吉に服従を表明し、八月に一門の氏規が御礼言上のため上洛し、秀吉と対面した。

## 小田原合戦とその後

天正十八年（一五九〇）の小田原合戦では、氏規は韮山城に在城した。『北条五代記』には、韮山城は守備堅固であったが、家康の説得を受けて開城。その後、降服するよう説得のため氏規が小田原城内へ赴いたとき、同じくして氏直が降服。小田原落城の後、氏政の切腹にあたって氏規が介錯し、その場で自害しようとして警固の武士に止められたと見える。これらの点を確実な史料で確認することはできず、開城を家康が説得したことはありうるであろうが、氏規が介錯ののち自害しようとしたという話は、後世に添えられた悲話であろう。

氏政と氏照が切腹したのが七月十一日で、十日後の二十一日に氏直・氏規らは高野山《こうやさん》に向け、小田原を出立した。高野山での隠棲は高室院《たかむろいん》において半年間に及び、氏直と一門衆が赦免された後、氏規は氏直弟の氏房とともに、秀吉の直臣に取り立てられ、河内国で二〇〇〇石が与えられた（神奈川県立歴史博物館所蔵北条文書）。天正十九年に氏直が死去すると、氏直の所領（河内六〇〇〇石・関東四〇〇〇石）のうち、河内の所領約五〇〇〇石が氏規に継承された。

秀吉の直臣として、秀吉の朝鮮出兵では、嫡男氏盛とともに肥前名護屋《なごや》（佐賀県唐津市）に在陣し、氏盛の陣所は名護屋城本陣から三キロメートルほどの岬先端部、氏規の陣所は本陣から半径一キロメートル圏内に位置した。

小田原を離れてから十年後、慶長五年（一六〇〇）二月八日に五十六歳で没した。法名は一睡院殿勝誉宗円大居士。墓所は大阪市中央区の専念寺。家督は嫡男の氏盛が継承し、子孫は狭山《さやま》藩北条家として近世大名として存続した。

（浅倉直美）

【主要参考文献】

浅倉直美「北条氏規家臣朝比奈氏について」（『小田原北条氏一門と家臣』岩田書院、二〇二三年、初出は二〇一七年）
浅倉直美「天文～永禄期の北条氏規について」（前掲『小田原北条氏一門と家臣』、初出は二〇一八年）
石渡洋平「北条氏規」（黒田基樹・浅倉編『北条氏康の子供たち』宮帯出版、二〇一五年）
大阪狭山市教育委員会編『狭山藩北条氏―戦国大名小田原北条五代の末裔―（大阪狭山市立郷土資料館図録）』二〇一六年
黒田基樹「北条氏規による三浦郡支配の成立」（同著『戦国大名北条氏の領国支配』岩田書院、一九九五年）
黒田基樹「北条氏規の考察」（『戦国大名領国の支配構造』岩田書院、一九九七年、初出は一九九一年）
黒田基樹『戦国北条家一族事典』（戎光祥出版、二〇一八年）
黒田基樹『戦国大名・北条氏直』〈角川選書645〉（ＫＡＤＯＫＡＷＡ、二〇二〇年）
黒田基樹「北条氏規・氏盛の動向」（『狭山池シンポジウム２０２０記録集　北条氏と豊臣政権―狭山藩の成立過程を追う―』大阪狭山市教育委員会、二〇二一年）
長塚孝「戦国武将の官途・受領名―古河公方足利氏と後北条氏を事例として―」（黒田基樹編著『北条氏康〈シリーズ・中世関東武士の研究23〉』戎光祥出版、二〇一八年、初出は一九八八年）
長谷川幸一「早川殿――今川氏真の室」（前掲『北条氏康の子供たち』）
静岡市教育委員会『臨済寺文書調査報告書』（静岡市教育委員会、二〇二一年）
八王子市『新八王子市史 通史編2中世』（二〇一六年）

# 北条氏邦

## ——当主氏政から最前線を任された庶出の弟

### 母三山氏と正妻藤田氏

北条《ほうじょう》氏邦《うじくに》は、小田原《おだわら》北条氏三代当主氏康《うじやす》の五男で、生年は天文十七年（一五四八）である。幼名は乙千代丸《おとちよまる》、仮名は新太郎《しんたろう》を称した。

氏康正妻瑞渓院《ずいけいいん》を母とする兄に氏親《うじちか》（天文六年生まれ）・氏政《うじまさ》（同八年）・氏照《うじてる》（同十一年）・氏規《うじのり》（同十四年）、姉に早川殿《はやかわどの》（蔵春院、同十六年）がいる。江戸期以来、氏邦も嫡出で天文十年生まれ（つまり氏規の兄）とされてきたが、生年と実母の見直しにより、氏規が嫡出の四男で氏邦が庶出の五男であることが確認されている。

母は氏康の妾《しょう》で、氏邦の筆頭家老三山綱定《さんやまつなさだ》の妹とみられる。三山綱定は御馬廻衆で北条家朱印状の奉者（そのうち一点は秩父高岸文書）をつとめる藤田綱高《ふじたつなたか》の弟と考えられ、兄弟は武蔵藤田氏の出身と想定される〔浅倉二〇二二〕。氏康・氏政の信頼厚く〔平沼文書〕、氏邦にとって綱定は単なる重臣にとどまらない存在であった。それは、綱定が氏康妾の一族、氏邦の血縁者であったからと考えられる。また綱定は、氏邦政権確立期における朱印状の八割近く奉者を務め、綱定の存在なくして氏邦の領支配確立は成しえなかったといえる。

弘治元年（一五五五）武蔵国衆藤田氏の当主泰邦《やすくに》が死去した。その後、藤田一族は、泰邦嫡女（大福御前）に氏康子息を婿として迎えることを選択し、三年後の永禄元年（一五五七）、十一歳の氏邦と嫡女との婚約が成立した〔市ヶ谷八幡宮文書〕。藤田氏の菩提寺正龍寺の寺伝通り泰邦嫡女が天文十年生まれとすると、泰邦死没時の十五歳までに婚姻相手が決まっていなかったとは考えにくいうえ、泰邦没後すぐに婚約となっていないのは、彼女の成長を待ったとみるのが自然である。生年の十二支（丑年）の伝承により江戸期に氏邦の生年推定に合わせて天文十・丑年の生まれとされたとすれば、十二年後の同二十二・丑年が生年と考えられる。そうであれば、婚約の永禄元年に六歳、氏邦の藤田領支配開始の同七年に婚礼とすると十二歳、嫡男東国丸《とうごくまる》（元服前の天正十一・一五八三年に死去）の出産が同十二年の十七歳以降となり、十分に想定できる。なお、婚礼までの氏邦の居所は小田原であったとみられる。

## 乙千代判物・朱印状発給と天神山城

永禄三年（一五六〇）九月から、越後の長尾《ながお》景虎《かげとら》（上杉謙信《うえすぎけんしん》）が関東に侵攻した。戦況は初め北条氏側が劣勢で、上野沼田地域まで広がっていた北条氏の勢力圏は武蔵南部まで後退となり、武蔵北西部に位置する藤田領では、前当主泰邦の遺児を擁立して、天神山《てんじんやま》城（埼玉県長瀞町）・日尾《ひお》城（同小鹿野町）を拠点に、藤田一族と飯塚・桜沢・猪俣らの家臣が長尾氏に従属した〔上杉家文書〕。

これに対する北条氏方は、藤田氏庶流の用土新左衛門尉《ようどしんざえもんのじょう》を中心に反撃し、氏邦も藤田氏後継者として、越後上杉軍に対抗する家臣に宛てて幼名で文書を発給している〔埼玉県立文書館所蔵斎藤文書ほか〕。越後軍の帰国後、北条氏は勢力を挽回し、秩父郡では翌四年九月に日尾・天神山両城、十二月には高松城（皆野町）の攻略に成功し、藤田領から反北条氏勢力は一掃された。

その後、氏邦は同七年までに元服して新太郎氏邦を名乗り、朱印状《しゅいんじょう》を発給して領支配を開始した。氏邦の居城としては鉢形《はちがた》が著名であるが、最初から鉢形を本拠としていたわけではない。越後軍の撤退の後、秩父郡を北条領国に戻したとはいえ、なお同郡の掌握が最重要課題であったことは間違いなく、氏邦が最初の本拠として選んだのは、秩父の北の入り口を押さえる天神山城であったと考えられる。永禄十一年に氏邦領外への兵粮持ち出しを禁止した朱印状〔井上文書〕に記された兵粮小屋は、天神山城からの距離が二・五キロメートルの金尾・風布、七キロメートルの鉢形・西ノ入と一定の距離に配置されている点は、このときまでの本拠が天神山城であったことを意味しているといえよう。

氏邦は朱印を三種使用し、Ⅰ・Ⅱ型は北条家虎朱印（縦九三ミリメートル・横七五ミリメートル）に擬えて正方形の印文上部、左側に象、右側に獅子を置く。印文はいずれも「翕邦挹福」といわれてきたが、永禄七年六月〜同十一年十二月に使用されたⅠ型（縦八七ミリメートル・横六七ミリメートル）は「翕邦挹法」であることが、二〇一七年度埼玉県立歴史と民俗の博物館の展示で確認されている〔新井二〇一八〕。

### 越相同盟「由良手筋」と鉢形移城

永禄十一年（一五六八）十二月、武田信玄《たけだしんげん》が駿河に進軍し、北条氏と駿河今川氏《いまがわ》・甲斐武田氏との間の三国同盟が瓦解した。北条家は外交政策を大きく転換させ、越後上杉謙信との同盟締結をめざし、交渉ルートの確立を求めて、新田金山《にったかなやま》（群馬県太田市）の由良氏を仲介とする氏邦の「由良手筋」と、厩橋《まやばし》（前橋市）の北条《きたじょう》氏を仲介とする氏照の「北条手筋」の二つの窓口を設けた。

併存していた窓口は、交渉の本格化とともに、由良氏本拠の新田金山が両国の中間地点という点が重視され〔遠藤二〇〇四〕、翌十二年二月に氏邦が担当する「由良手筋」に一本化された〔歴代古案三〕。氏邦は、越相同盟《えっそうどうめい》締結に向け、小田原本城の氏康・氏政父子の意向を踏まえて上杉氏との交渉にあたり、何度も小田原へ出向き、また、上杉氏の使者の饗応には相応の費用と手間をかけて奔走した。

この間の二月、武田氏との戦闘に対して、氏邦は二〇〇キロメートル離れた駿河興津《おきつ》まで鉢形衆とともに遠征し〔井上文書〕、駿河在陣中に重臣の本郷越前守《ほんごうえちぜんのかみ》が戦死している〔小田原城天守閣所蔵文書〕。武田軍との抗争に苦慮した北条氏は、上杉謙信に援軍を求め続けたが、ついに越後からの援軍を得られることはなく、同年十月には武田軍が小田原まで迫る状況となった。帰国する武田軍を、氏照・氏邦の軍が追撃したが、三増峠《みませとうげ》（神奈川県愛川町）で大敗した。

三増合戦では鉢形衆の多くを失うなど、氏邦と鉢形衆にとっても存亡のかかる正念場であった。また、武田領国と境を接する氏邦領では激しい武田軍の攻撃を受け、二月までに防備強化のため、荒川南岸の要害である鉢形城に本拠を移している〔鈴木敬基氏所蔵文書〕。

越相同盟交渉は、氏邦にとって北条家を代表しての外交の初舞台であり、これを契機に、花押型を改め、朱印もⅡ型（縦六八ミリメートル・横五六ミリメートル）に改印した。Ⅱ型印の使用時期は、永禄十二年九月から天正八年閏三月までである。

氏邦の奔走もあって締結された越相同盟であったが、元亀二年（一五七一）十月三日の氏康死去の後、武田家との甲相同盟が締結され、上杉氏との同盟は解消された。小田原本城の外交方針の変更にともない、氏邦の鉢形領は、一転して越後上杉氏に対する前線地域となった。

## 安房守受領と沼田城代用土氏の離叛

氏邦は、天正四年二月までに安房守《あわのかみ》を受領した〔黒沢文書〕。氏邦の安房守受領は、氏照の陸奥守《むつのかみ》受領、氏規の官途名左馬助《さまのすけ》（祖父氏綱弟氏時の官途名を継承）と同時期で、同年の氏直の元服に先立って、氏政が弟たちの官途・受領をさだめたらしい。安房守は山内《やまのうち》上杉氏の受領名で、襲用することで上野進出の正当性を示すものである〔長塚一九八八〕。

天正六年三月、上杉謙信が死去したのち、越後御館《おたて》の乱における景虎《かげとら》（氏康六男）支援軍の派遣、さらに、甲越同盟《こうえつどうめい》締結で敵対することになった武田軍に対する防備のため、鉢形領では再び軍事的緊張が高まった。翌七年三月、景虎は破れて自害し、北関東および駿河・伊豆国境地域では、北条軍と武田軍との交戦が展開された。景虎の死去により上野への侵攻を再開すると、氏邦は上野の国衆への取次役に奔走するとともに、沼田《ぬまた》城（沼田市）に重臣の猪俣邦憲《いのまたくにのり》・用土新六郎《しんろくろう》（のち藤田信吉《ふじたのぶよし》）を派遣した。

北関東では、佐竹氏が武田氏と連携した動きをみせ、徐々に北条氏に不利な情勢となった。とくに上野国衆の多くが武田氏に従うなか、翌八年六月には、氏邦重臣の用土新六郎も武田氏に従属し〔松代古文書写〕、鉢形領内の秩父《ちちぶ》郡小鹿野《おがの》近辺と日尾城まで武田軍の侵攻を許した〔黒沢家文書ほか〕。こうした危機的状況において、この年八月十九日、氏政から氏直へ家督継承が行われた〔神奈川県立歴史博物館所蔵北条文書〕。劣勢打開のため織田信長《おだのぶなが》に従属することを選んだ氏政が、信長の娘を氏直《うじなお》の妻に迎える前提として、氏直への家督交代を急いだのである。ただし、このとき婚姻は成立せず、氏直正妻には、のち徳川《とくがわ》氏との同盟にともなって、家康《いえやす》次女の督姫《とくひめ》が迎えられた。

氏政が隠居し、新当主氏直のもと、あらたに北条一門・家臣の結束を図ろうというなか、最前線の守備を担当する氏邦としては、上野方面の状況挽回の先鋒になるべきところ戦況は好転しないうえ、重臣用土氏が離反までする最悪の事態であった。

こうしたなか、氏邦が天正八年閏三月から十二月の間に印判をⅡ型からⅢ型〔縦五五ミリメートル・横五七ミリメートル〕へ改めた。印上部に据えていた象・獅子を取り除き印文のみと改め、氏邦朱印と虎朱印の大きさの差をより大きくすることに、北条宗家への忠誠を示そうとしたものと考えられる。

## 神流川合戦と上野侵攻

天正十年（一五八二）三月十一日、織田軍の攻撃をうけて武田勝頼《たけだかつより》と正妻桂林院《けいりんいん》（氏政たちの末妹）が自害し、上野は織田領国となり、上野国衆は滝川一益《たきがわかずます》に従属することとなった。しかし、六月二日に本能寺《ほんのうじ》の変で信長が死去し、同月十八・十九日に武蔵・上野国境域で北条氏と滝川氏が衝突する神流川《かんながわ》合戦となった。

十八日の初戦は、先陣をつとめる鉢形軍と上野国衆軍が対戦し、氏直率いる本隊が到着する前に戦いを仕掛けた鉢形軍が敗戦して、討ち死には二〇〇〜三〇〇といわれる〔北条五代記〕。翌十九日の決戦は、氏直を総大将とする北条軍が勝利し、滝川一益は碓氷峠《うすいとうげ》を越え、信濃小諸《こもろ》を経て伊勢に戻り〔滝川一益事書〕、東国における織田分国は崩壊した。

氏邦は、氏照とともに、撤退する滝川軍を追って信州へ進軍し、西上野・北信濃の国衆の多くは北条氏からの働きかけに応じて従属する意向を示した。その後、甲斐をめぐり十月まで徳川軍と対峙することとなったが、同月下旬には和議が成立し、上野は北条領国、信濃・甲斐は徳川領国と国分となった。氏邦は西上野支配を管轄することとなり、箕輪城《みのわ》（群馬県高崎市）を拠点として箕輪領支配を進め、同十五年には箕輪城に猪俣邦憲、大戸城《おおと》（同東吾妻町）に齋藤定盛《さいとうさだもり》を城代として任命した。

この間、天正十一年に嫡子の東国丸が死去し、氏政五男直定《なおさだ》が氏邦の養子として迎えられた。直定は、兄の氏房《うじふさ》（氏政三男）と同じ母（氏政の妾）の所生で〔松野文書〕、氏房生年の永禄八年の数年後の生まれならば、天正十一年には十七～十八歳になっていたとみられる。

氏政は実子直定を氏邦の養子とするとともに、四男の直重を氏照養子とし、同十三年に直重《なおしげ》が下総千葉《ちば》氏の婿養子となると、六男源蔵《げんぞう》が氏照養子となった。氏政は一門の氏照・氏邦との養子縁組によって、氏直政権を確固たるものにすることをめざした。小田原本城の意向は、氏直の書状や北条家朱印状によってもたらされ、それを補足するように御隠居様氏政から事細かな書状が頻繁に届き、氏邦も随時氏政に書状を送っている〔三上文書ほか〕。

## 名胡桃城事件と小田原合戦

天正十年北条氏に従属を表明した西上野・北信濃の国衆の一人が、信濃小県《ちいさがた》郡真田《さなだ》領・海野《うんの》領、上野吾妻《あがつま》郡・沼田《ぬまた》領を領国とする真田昌幸《まさゆき》であった。昌幸は北条・徳川の対陣の時期に、北条氏から離叛して徳川氏に従属したが、北条・徳川間の同盟成立により決定した吾妻領・沼田領の北条氏への割譲には従わなかった。真田氏が領有していた上野の両郡は、北条氏が手柄次第に領有できるという約定となり、これ以降、北条軍が攻略を展開し、同十二年には大戸城を接収・改修した。翌十三年に昌幸が上杉景勝に従属したため、北条・徳川両軍が真田領国を攻撃したが、攻略することはできなかった。昌幸が安房守を称したのは、氏邦への対抗心の表明とみられる。

同十四年には上杉景勝《かげかつ》と徳川家康、真田昌幸も天下人羽柴秀吉《はしばひでよし》に従属し、秀吉の命により昌幸は家康の与力と決められた。北条氏も家康の勧告に従い、秀吉に従属することを表明し、同十六年八月に氏規が上洛した。こうしたなかでも、沼田領をめぐる北条・真田間の対立は続いていたため、秀吉による裁定がくだされ、沼田城を含む三分の二が北条領、三分の一が真田領と決められた〔北条文書〕。ただし、現状の領有を考慮して、北条領のうち名胡桃《なぐるみ》（群馬県みなかみ町）は真田分、真田領のうち中之条《なかのじょう》（同中之条町）は北条分と保留され、現地に紛争の火種が残されることとなった。

翌十七年七月下旬に沼田領が北条氏に引き渡されると、氏邦が同領を管轄した。氏邦は猪俣邦憲を沼田城主に任命し、これまで邦憲が管轄していた箕輪領は、再び氏邦の管轄するところとなった。沼田領受け取りにともない北条領国では、十二月の氏政上洛に向け、家臣への上洛費用分担が割り当てられるなど準備を進めるなか、十月二十七日に名胡桃城代をめぐる内紛、いわゆる「名胡桃城奪取事件」が起こった。名胡桃在城衆の中山が、城代の鈴木主水《すずきもんど》に代わって同城を乗っ取ろうとし、沼田城の猪俣邦憲が加勢要求に応じて軍勢を派遣した。

北条氏は秀吉への従属を表明した後、軍事行動を行わず、氏邦も上野における停戦を命じている〔狩野文書〕。しかし現地では、それまでの対立から必ずしも停戦が守られたわけではなく、これが秀吉の裁定に背く行為と認定され、猪俣による派兵が小田原合戦の原因といわれている。しかし、秀吉が問題としたのは、この裁定違反行為よりも、氏政の出仕が遅いことで、しかも秀吉が出仕すべき時期を一月前のことと勘違いしていて、この誤解を解くことのできる取次が十分に機能しなかったことで、秀吉による「征伐」となったという解釈が示されている〔黒田二〇二〇〕。

北条家は秀吉軍に対する臨戦態勢を整え、御一家衆をはじめ重臣が小田原城の守備にあたるなか、氏邦のみが本拠の鉢形在城となった。鉢形城は、東山道《とうさんどう》からの進軍を阻止する防衛拠点として重要視されていたためであろう。

北条氏邦と夫人の墓　埼玉県寄居町・正龍寺境内

東山道軍は前田利家《まえだとしいえ》を大将に三万五千にのぼり、天正十八年の五月下旬には上野を攻略した。この後、大軍に包囲された六月十四日、氏邦は鉢形を開城して身柄を利家にあずけた。

その後、氏邦は利家に従い加賀に赴き、鹿島《かしま》郡太田《おおた》村（石川県七尾市）などに所領があたえられ、慶長《けいちょう》二年（一五九七）に死去した。享年五十。鉢形を後にしてから十年後のことであった。

なお、猪俣邦憲については、小田原落城後に捕えられて処刑されたとされてきたが、実際は氏邦とともに加賀において利家の家臣となっていることが同時代史料により明らかである〔猪俣文書・北爪右馬助覚書〕。


（浅倉直美）

【主要参考文献】

浅倉直美編『北条氏邦と猪俣邦憲』（岩田書院、二〇一〇年）
浅倉直美「北条氏邦」（黒田基樹・浅倉編『北条氏康の子供たち』宮帯出版、二〇一五年）
浅倉直美「北条氏邦の生年について」（『小田原北条氏一門と家臣』岩田書院、二〇二三年、初出は二〇一七年）
浅倉直美「北条家の繁栄をもたらした氏康の家族」（黒田編著『北条氏康とその時代〈戦国大名の新研究2〉』、戎光祥出版、二〇二一年）
浅倉直美「北条氏邦と藤田綱高」（『戦国史研究』八四号、二〇二二年）
新井浩文「（寄稿）鉢形領主北条氏邦の朱印の変遷 その意義について」（秩父歴史文化研究会・鉢形領内における武将の調査研究会『シンポジウム「北条氏邦の鉢形領を支えた人びと」資料集』、二〇一八年）
遠藤ゆり子「越相同盟にみる平和の創造と維持」（藤木久志・黒田基樹編『定本 北条氏康』高志書院、二〇〇四年）
黒田基樹・浅倉直美編『北条氏邦と武蔵藤田氏』（岩田書院、二〇一〇年）
黒田基樹『真田昌幸』（小学館、二〇一五年）
黒田基樹『北条氏政―乾坤を截破して太虚に帰す―〈ミネルヴァ日本評伝選〉』（ミネルヴァ書房、二〇一八年）
黒田基樹『戦国北条家一族事典』（戎光祥出版、二〇一八年）
黒田基樹『戦国大名・北条氏直』〈角川選書645〉』（ＫＡＤＯＫＡＷＡ、二〇二〇年）
長塚孝「戦国武将の官途・受領名―古河公方足利氏と後北条氏を事例として―」（黒田基樹編著『北条氏康〈シリーズ・中世関東武士の研究23〉』戎光祥出版、二〇一八年、初出は一九八八年）

# 太田資正・梶原政景
## ——さまざまな知略で戦国を渡り歩いたキーパーソン

### 河越合戦と資正の登場

太田資正《おおたすけまさ》は幼名を源五郎《げんごろう》、のちに三楽斎道誉《さんらくさいどうよ》と号した。岩付《いわつき》城（さいたま市岩槻区）の城主太田資頼《すけより》の二男として大永二年（一五二二）に生まれ、太田道灌《どうかん》の曽孫にあたる。彼が戦国時代の表舞台に登場するのは、岩付太田氏の主君である扇谷上杉《おうぎがやつうえすぎ》氏が滅亡した河越《かわごえ》合戦に始まる。まずは、そこからこの話をスタートさせよう。

天文六年（一五三七）四月、これまでの劣勢を挽回し、北条氏綱《ほうじょううじつな》に攻略された岩付城などの拠点城郭を取り返した扇谷上杉朝興《ともおき》が河越城内で死去し、朝定《ともさだ》が新たな当主となった。その三か月後の七月、北条氏綱・氏康《うじやす》父子は朝定が拠る河越城を攻めて奪取した。このとき十六歳の資正は、松山《まつやま》城（埼玉県吉見町）でのちに岳父となる難波田善銀《なんばだぜんぎん》（弾正《だんじょう》・憲重《のりしげ》）とともに追従する北条軍を撃退した。河越城は、扇谷上杉氏にとって持朝《もちとも》以来の居城だったため、上杉方の諸将にとって衝撃は大きかっただろう。

天文十年七月十九日に北条氏綱が没すると、上杉朝定はすぐさま河越城を奪回すべく兵を動かすが失敗した〔諸州古文書〕。その後、天文十五年四月に古河公方足利晴氏《こがくぼうあしかがはるうじ》や関東管領山内《かんとうかんれいやまのうち》上杉憲政《のりまさ》とともに

浮世絵に描かれた太田資正　「太平記拾遺四十六 太田三楽齋」　東京都立中央図書館特別文庫室蔵

朝定は北条氏綱の娘婿・綱成《つなしげ》が守る河越城を大軍で包囲したが、援軍の氏康軍に敗れた。公方晴氏は古河城へ戻り、のちに公方後継問題で北条氏から譴責されて秦野《はたの》（神奈川県秦野市）に幽閉された。上杉憲政は関東から最後は越後へと敗走し、上杉朝定は戦死して扇谷上杉氏は滅亡した。その結果、北条氏康が妹・芳春院《ほうしゅんいん》と晴氏との間に生まれた梅千代王丸《うめちよおうまる》（のちの義氏《よしうじ》）の後見人となり、古河公方の地位は梅千代王丸が継いだ。ここに上杉・古河公方両勢力は大きく後退し、代わって北条氏の勢力が伸張した。

河越合戦で資正の兄・全鑑《ぜんかん》は北条方として、当時二十五歳だった資正は扇谷上杉方として戦い、明暗を分けた。合戦の際に資正は、敵と鑓を合わすこと二十四度に及び、難波田善銀をはじめとする味方はことごとく討ち死にし、なんとか松山城まで敗走したという〔太田資武状〕。河越合戦での敗北による主家扇谷上杉氏の滅亡は、岩付太田氏にとって大打撃となっただけでなく、その後も反北条氏の立場を貫く資正の政治的位置を確立させたといっても過言ではない。

### 資正が岩付城主となる

天文十五年（一五四六）九月頃、上野高林城《たかばやしじょう》（群馬県太田市）へ逃れていた資正は、松山城を攻めて北条氏から同城を奪回した。翌年、天文十六年に兄全鑑が死去する。全鑑には実子もなく、養子もいなかったため、岩付城は城主不在となっていた。こうした状況をみた資正は、同年十二月九日に岩付城へ討ち入り、奪取して岩付太田氏の事実上の当主となった〔太田資武状〕。新たな城主となった資正は、当初、反北条氏の立場を貫くが、天文十七年頃には北条氏の圧力に屈し、一時的に講和したとされる。この点は、北条氏によって永禄二年（一五五九）に作成された「小田原衆所領役帳《おだわらしゅうしょりょうやくちょう》」で、資正と資房《すけふさ》（源五郎、道也、のちの氏資《うじすけ》）が「他国衆」に位置づけられていることからもわかる。

また、この頃、資正の長男資房と氏康の娘長林院《ちょうりんいん》との婚約が成立したとみられる。北条氏は、関係諸将と血縁関係を結ぶことで主従関係を拘束し、「国衆」として掌握したが、資正も北条組織の一員に組み込まれたのである。資正はこの頃から家臣や城下の慈恩寺《じおんじ》などの寺社勢力に対して文書を発給している。資正が支配した寺社や村々の範囲は、城下やその周辺の埼玉《さきたま》郡にとどまらず、足立《あだち》郡・比企《ひき》郡・入間《いるま》郡の広範囲に及んでいる。

## 二男梶原政景の政治的位置と足利義氏の元服

弘治三年（一五五七）三月、資正の次男資晴《すけはる》が葛西城《かさい》（東京都葛飾区）で元服し、梶原源太《かじわらげんた》政景《まさかげ》を名乗った〔年代記配合抄〕。葛西城には資正の姉の葛西城主大石石見守《おおいしいわみのかみ》室がおり、資晴の母も大石氏の出身であった。梶原政景は、父太田資正が北条氏と同盟関係にあったことから、当時、葛西城にいた足利義氏と行動を共にするなど、幼少より古河公方の奉公衆《ほうこうしゅう》として岩付太田氏から派遣されていた。太田氏の古河公方奉公衆としての出仕はこの段階で始まったことではなく、すでに太田道灌の時代から行われており、その子資康《すけやす》が元服直後に古河公方足利成氏のもとに出仕している〔赤城神社年代記録〕。両者の関係はこの頃から政治的に密着しており、当時は梶原政景がその関係を繋いでいた。

なお、梶原源太の改名については、これまで上杉謙信《けんしん》（長尾景虎《ながおかげとら》・上杉輝虎《てるとら》。以下、上杉謙信に統一）の命によるとされてきた〔関八州古戦録〕。しかし、元服が謙信の関東襲来以前であることや、足利義氏の元服が同じく翌年に葛西城で実施されたことから、北条氏との関係が示唆されている〔新井二〇一二〕。また、「太田三楽斎家系纂考《さんこう》」は、次のようなエピソードを載せている。道誉が鶴岡八幡宮《つるがおかはちまんぐう》に参詣したときに、夢の中に鎌倉幕府の重臣梶原源太景季《かげすえ》が現れ、道誉の子にしてほしいと語ったところで、夢から覚めた。不思議なことなので、岩付に帰って持仏堂《じぶつどう》の過去帳に記録しておいたところ、道誉の側室も同じ夢を見て懐妊した。というもので、出産後に恵那《えな》（胎盤）を埋めた場所から太刀と弓が出土したという後日談も記されている。

## 上杉謙信の越山

河越合戦で敗れた上杉憲政は、一時、上野国平井城《ひらい》（群馬県藤岡市）に避難していたが、北条氏の追撃に耐えられず、天文二十一年（一五五二）に上杉謙信を頼って越後に敗走した。憲政は謙信に山内上杉氏の家督と関東管領職を譲り、北条氏討伐を懇願した。謙信は永禄二年（一五五九）に二度目の上洛を果たし（初回は天文二十二年九月）、将軍足利義輝《よしてる》から関東出兵の大義名分を得た〔上杉家文書〕。次いで、翌永禄三年に入って常陸の佐竹義昭《さたけよしあき》や安房の里見義堯《さとみよしたか》らが関東への出兵を求めてきたのに応じ、同年九月上旬、上野国に入り、同国の諸将を次々に服属させた。十二月には厩橋城《まやばし》（前橋市）に入り、そのまま越年した。

河越合戦後、北条氏に服属していた太田資正や成田長泰《なりたながやす》ら旧上杉氏勢力は謙信に呼応し、旧領回復をめざして北条領内に侵攻した。その足跡が広範囲にわたっていたことは、永禄三年十二月に北条領国内である越生《おごせ》最勝寺《さいしょうじ》（埼玉県越生町）・石浜宗泉寺《いしはまそうせんじ》（東京都台東区）・品川《しながわ》妙国寺《みょうこくじ》（同品川区）・本光寺《ほんこうじ》（同）などに出された太田資正の制札（謙信軍の乱暴狼藉の禁止を保証する文書）が物語っている。

謙信は、このときに味方となって北条攻めに参加した武将の名前とその家紋を記した「関東幕注文《かんとうまくちゅうもん》」を作成している〔上杉家文書〕。その総勢は、上野・下野・常陸・武蔵・下総・上総・安房の七ヶ国二五五名に及び、そのなかに「岩付衆」の筆頭として大石石見守をはじめとする一三名とともに、資正の名前と家紋がみえる。

られた。

### 松山城争奪戦

上杉謙信が越後に帰国すると、関東では今回の戦乱で失った旧領を回復する北条氏の動きが活発となり、各地で上杉方の諸将と戦闘が繰り広げられた。とくに、太田資正との抗争は松山城周辺で顕著にみられた。

今回の謙信の侵攻で反北条氏の立場を鮮明にし、筆頭的な役割を果たした資正は、永禄四年（一五六一）九月、機に乗じて北条方に属していた松山城を城主の上田安独斎朝直《うえだあんどくさいともなお》から奪取した。上田氏は太田氏同様、扇谷上杉氏の有力被官だったが、直朝の系統は惣領家ではなく庶子家であり、このため上杉方との結びつきが弱かったらしい〔太田資武状〕。よって、河越合戦後はいち早く北条氏に属し、謙信の関東侵攻に際しても一貫して北条方の姿勢を崩さず、資正に対抗していた。資正は、攻略後に松山城主として扇谷上杉定正《さだまさ》の弟・朝昌《ともまさ》の末裔となる七澤七郎《しちざわしちろう》を探し出し、城主に山内上杉氏の一族である上杉憲勝《のりかつ》を入れた〔太田資武状〕。一方、資正の松山城奪取に対して、北条氏康は武田信玄と連携して松山城奪回の動きを見せたため、再び上杉謙信に関東への出陣を要請し、謙信は同年十一月二十七日に二回目の関東出兵を行った。

翌五年年十一月、武田信玄と氏康・氏政父子が松山城を取り囲んだ〔武州松山捨書〕。資正はこの危機を、軍用犬を活用して知ったという〔太田資武状〕。これは、岩付城と松山城の双方で飼いならした犬五〇疋《ひき》を入れ換えて置き、有事で交通が遮断した際に伝書犬として利用したというもので、この合戦で使用されたのが始まりという〔甲陽軍鑑〕。

このとき、謙信は越後帰国後の越中における合戦で疲弊しており、資正らの関東出馬要請に対応できる状況になかった。それでも十一月下旬に関東に向けて出陣したが、豪雪に阻まれたため到着が遅れていた。翌六年二月四日、岩付城からの援軍がないままに松山城が開城したことを石戸城《いしと》（埼玉県北本市）に到着した謙信が聞くと、行き場のない怒りをこめて、北条方の小田朝興《おだともおき》が城主の騎西城《きさい》（同加須市）を攻撃した。松山城は再び上田朝直の居城となり、北条氏の支城として機能することになった。

## 資正、危機一髪

永禄七年（一五六四）正月七日、下総国府台《こうのだい》（千葉県市川市）で北条氏と里見氏の合戦が起こった。里見氏からの援軍要請を受けた資正も江戸太田氏の康資を伴って出陣した。合戦の前半戦は里見・資正軍が優位だったが、夜になって北条軍による背後と台地下からの攻撃で打撃を受け、大将の里見義弘が落馬し、家臣安西氏の助けを借りてなんとか落ち延びた。また、北条氏康に向かって力戦した結果二か所の手傷を負った資正も、敵方の清水又太郎《しみずまたたろう》に組み伏せられ、あやうく首をとられるところを、家臣の舎人・野本両名に救出され、まさに九死に一生を得た。さらに、太田康資も手傷を負ってともに岩付城へ敗走している〔関八州古戦録〕。なお、このとき資正は、清水が自分の首を取ろうとしてとまどっている際に、喉輪が邪魔しているので外すよう指南したという。資正の豪気さが知られるエピソードである。

永禄七年七月二十三日、資正が出張先から戻ると長男氏資が小田原からの援軍を受けて岩付城を固めて、資正の入城を拒否するクーデターが起こった。原因は、資正が長男氏資でなく次男政景を寵愛したことで、家臣が氏資派と政景派（資正派）に分かれたことにあるという〔太田家譜〕。岩付城の入城を拒まれた資正は、こののちに太田三楽斎道誉と名乗った（以下、道誉とする）。クーデター後、娘婿である成田氏長の忍城へ移った。道誉は、十一月になると宇都宮広綱を頼って宇都宮城に移っていることが同月二十七日の道誉宛上杉謙信書状〔上杉家文書〕からわかる。この書状のなかで道誉は謙信から黄金百両を贈られている。この謙信からの配慮に対する礼状で、道誉は、宇都宮移住とこれまでと変わらぬ忠孝を述べるとともに、自らの隠居と二男梶原政景の引き立てを願い出ている。

## 道誉、常陸片野城主となる

永禄九年（一五六六）二月の常陸小田城攻撃の勝利とその後の下総臼井《うすい》城（千葉県佐倉市）での上杉軍の敗退は、常陸太田《おおた》城主の佐竹義重《さたけよししげ》にとって一つの決断を迫ることになった。すなわち、今後も離反する可能性が高い小田城の小田氏や今回の勝利で勢いを増す臼井城の原氏への対抗策として、道誉父子を客将として常陸に招聘することである。同年と思われる六月二十八日付の書状で義重は道誉に対して、道誉を常陸片野城《かたの》（茨城県つくば市）、政景を柿岡城《かきおか》（同）の城主とすることを確約する旨を伝えた〔古文書雑集〕。

常陸への移住は、道誉父子にとっても、謙信の関東取次役としての役割を果たすことができ、かつ城主として再び岩付城から従ってきた家臣らへの知行宛行と支配が可能となるメリットがあった。道誉父子が佐竹氏から与えられた両城は、いずれも小田氏の居城である小田城に近い常陸国北郡に位置しており、小田城を監視するには好位置にあった。道誉は、片野城で地元の八田氏の娘との間に資武と景資をもうけている。のちに資武は天正十八年以降、結城秀康《ゆうきひでやす》に仕えて越前へ赴き、越前太田氏の祖となった。一方の景資は佐竹氏の家臣となり、佐竹氏の移封にともない秋田へ移っている。

## 越相同盟と太田資正

永禄十一年（一五六八）十二月六日、突如として武田信玄《たけだしんげん》が駿河に侵攻して、甲斐武田・相模北条・駿河今川三氏による三国同盟を断交した。同月二十七日には、佐竹義重が上杉謙信に関東出陣を要請している。武田氏による甲相駿三国同盟の破棄を受け、北条氏康は上杉謙信へ和平交渉を呼びかけ、氏照《うじてる》・氏邦《うじくに》の兄弟がそれぞれのルートで交渉を担当した。北条・上杉の越相同盟締結に際しては、関東で反北条の立場をとる「味方中」、とくに太田道誉を説得することが必須であった。道誉は、この同盟に関しては消極的であり、むしろ北条氏が対武田氏対策に翻弄されている間に、北条方に奪われた関東の領地回復に専念すべきとの立場だった〔山吉文書〕。

交渉で最大の問題となったのが領土問題である。とくに武蔵国に関して謙信は、松山城の引き渡しと道誉の岩付復帰を望んでいた。この間、四月二十一日には太田父子からも同盟についての条件に関する条書が提示され、そのなかに父子の進退についても盛り込まれていた〔歴代古案〕。なお、この正式な条書提出に先立ち謙信と太田父子との間でも覚書が交わされており、和睦推進の謙信と北条討伐を願う道誉の考えの乖離が明らかとなっている〔専宗寺文書・新井二〇一二〕。

年が変わって永禄十三年（元亀元年、一五七〇）元日、謙信は北条氏の意に反して下野唐沢山城《からさわやま》（栃木県佐野市）へ進軍、同月十日に佐野の陣中で道誉と対面した後に、佐竹義重の参陣を要請した〔太田文書〕。佐野陣での謙信と道誉の対面で話された内容は、道誉への岩付城返還に関する具体的な内容であったことが、その後の両者のやりとりからわかる。二月六日には、北条方の使者である遠山康光から由良《ゆら》成繁《なりしげ》へ岩付城返還の条件が伝えられた〔上杉家文書〕。さらに、北条氏康父子から起請文が謙信に送られ、佐野陣で岩付城を返還する代わりに、梶原政景を人質として小田原城へ渡すことや、養子（国増丸）を送ることが盟約された〔上杉家文書〕。

しかし、その後の道誉の軽率な行動によって謙信の怒りを買い、状況が一変してしまう。三月九日付の大石芳綱宛上杉謙信書状のなかで、謙信は道誉に内々で送った密書を東方（佐竹家中）に公開しただけでなく、由良氏や河田氏にその写しを送ったことに立腹している。また、道誉を「天罰者」と厳しく批判し、これまで「頼もしき者」と信頼していた道誉に対する不信感を顕わにした。その旨を、梶原政景にも伝え、誓詞を提出するよう求めている〔歴代古案〕。

元亀二年になって、謙信からの参陣要請の書状が数度、道誉に送られたものの、両者の関係は改善されなかった。この年の十月三日には、越相同盟を推進してきた北条氏康が死去し、同盟に対する存続意義が北条氏政などから問われ始めていた。謙信は十一月十日の書状で、越相同盟の感想を述べるとともに里見・佐竹・太田と手切れになったことを後悔している〔三上文書〕。最終的に、この年の十二月二十七日、北条氏政は謙信との越相同盟を破棄し、武田氏との甲相同盟を復活させた。その後も道誉と謙信との関係は改善されぬまま、天正二年（一五七四）に謙信最後の砦である羽生城・下総関宿城が落城し、関東への越山は終焉を迎える。

## 織田信長と道誉父子

太田道誉宛て織田信長《おだのぶなが》書状の初見は天正五年（一五五七）十一月二十日付のもので、小笠原貞慶《おがさわらさだよし》を使者として同月二十三日に梶原政景に到着した後に、同月二十八日に道誉に届けられた。注目されるのは、道誉がその前年天正四年段階で京都や安土の信長のもとへ使者を送っていた点である。この行為は、天正三年の佐竹義重に対する信長からの信書の返書と義重の官位奏上に関わるものとも考えられるが、信長の上洛があると聞いたので京都へ一筆送ったと述べており、それ以前から京都と道誉、さらには信長とを繋ぐ仲介者の存在が考えられる。それは、上杉謙信の関東侵攻に際して謙信に同行し、関宿《せきやど》城逗留中に道誉と交流があった近衛前久《このえさきひさ》との説がある〔新井二〇一九〕。

天正九年六月になると、太田父子に新たな動きがみられる。それは、武田勝頼から里見義頼への同盟取次依頼である。天正七年段階になると、それまで対立していた北条氏直と徳川家康《とくがわいえやす》が和睦し、これに織田信長が加わった対武田氏包囲網に対抗する動きが起こる〔武州文書〕。同年六月二十一日に、梶原政景は勝頼の使者である跡部昌忠《あとべまさただ》に自分の家臣である三橋宗玄《みはしそうげん》を添えて、里見義頼《よしより》家臣の岡本元悦《おかもとげんえつ》・氏元《うじもと》父子に書状を送っている。その書状では里見義頼への仲介を求めるとともに、跡部昌忠を自らの小田城に逗留させている〔武州文書〕。また、梶原政景が安房の岡本元悦・氏元父子に、武田氏の伊豆侵攻に対する北条氏の動きや佐竹氏の上野新田表への出陣を伝えた書状では、房・甲・佐竹同盟に対する返答を求めている。

なお、この時期、太田父子と信長との直接的なやりとりはみられないが、追伸には佐竹義重からの情報として、織田信長と武田勝頼との「江甲一和」が落着したとの情報が伝えられており、佐竹―武田ラインを通して動静が伝えられていたことがわかる。梶原政景からの要請を受けた岡本父子は、同年九月二十九日に北条方の上総小田喜城主正木憲時《のりとき》を攻め、これを落城させているほか、十一月には佐竹義重の上野出陣と伊豆戸倉《とくら》城主笠原政尭《かさはらまさたか》の武田勝頼への内応などがあり、武田・里見・佐竹の三氏による北条包囲網は功を奏しつつあった〔武州文書〕。また、房甲同盟成立の背景には、太田道誉と、関東公方の後裔である足利頼淳《よりあつ》も関わっていたことが明らかにされている〔潮田文書・新井二〇一九〕。

## 天正壬午の乱と太田父子の動向

天正十年（一五八二）三月十一日、武田勝頼《かつより》・信勝《のぶかつ》父子が甲斐天目山《てんもくざん》の戦いで討ち死にし、武田家が滅亡した。その首級を挙げたのは織田信長家臣滝川一益《たきがわかずます》であった。同年三月二十三日に、信長は一益に上野国と信濃二郡を与えるとともに、関東八州の警固を申し付けた〔信長公記〕。一益は上野箕輪《みのわ》城に入った後、五月には厩橋城に入る。なお、四月八日には信長から太田父子へ印判状が出された。太田父子を信長の直参とし、滝川一益と相談して粉骨するよう命じ、天下の大義に対して背信する者はすぐに朝敵として捕えるべきことを申し付けている〔太田文書〕。

天正十年六月二日、信長が本能寺《ほんのうじ》の変で死去すると、安房の里見義頼から、その情報が太田父子にも伝えられた。義頼は本能寺の変とその後の北条方の動きを伝えるとともに、上州の状況や信州・甲斐・駿河の状況、上杉景勝《かげかつ》の動向などを尋ねている〔温故知新集〕。注目されるのは、この情報が家康から北条氏を経由して里見氏にもたらされたことである。また、氏直の出陣に対して義頼が応じている点も注目される。同年六月十一日付で北条氏政から滝川一益に宛てた書状では、深谷《ふかや》にいた狩野一庵《かのういちあん》から本能寺の変に関する第一報がもたらされ、続いて家康からも連絡があった旨が述べられている〔高橋家文書〕。北条氏はこの書状の後、同月十六日には北条・織田同盟を破棄して上州へ侵攻して上野倉賀野城を落とし、さらに十八日から翌十九日にかけて繰り広げられた神流川《かんながわ》合戦で滝川一益に勝利した。ここに、関東の織田政権支配はわずか三か月で終焉を迎えた。いわゆる天正壬午《じんご》の乱である。

## 豊臣政権と太田父子

織田政権の関東仕置の崩壊とその後の北条・徳川《とくがわ》同盟の成立により、再び関東は北条氏による支配が推し進められた。織田政権の関東直参として、その任にあたるはずであった太田父子にとっては大きな誤算であり、信長に代わる新たな統師が必要だった。もちろん、北条・徳川同盟の背景には、織田信雄《のぶかつ》ら信長遺児が関わっており、家康が関東仕置の継承者として委任されていた点は重要である。しかし、反北条氏の立場をとる太田父子にとって、北条と同盟を結ぶ家康とは相容れなかったとみられる。そのような状況下にあって、道誉が関東からの北条勢力討伐に期待したのが秀吉《ひでよし》であった。

その秀吉から道誉に、本能寺の変以降の自らの戦績を十一ヶ条で列記し、今後の交流を約した書状が届いた。このなかで秀吉は信長時代からの交流に触れているが、秀吉は道誉が信長へ宛てた書状の取次文書を天正九年（一五八一）二月九日付で出しており〔太田文書〕、両者の直接のやりとりはこのときから始まったといえる。以後、秀吉と太田父子との交流が頻繁にみられるようになる。秀吉は、本能寺の変の約一ヶ月前の天正十年四月二十八日に梶原政景に対して使僧を送り、道誉からの書状の意図を汲み、今後の交流と協力の旨を伝えている〔潮田文書〕。この家康から秀吉への外交政策転換によって道誉は、はからずもその後の家康と秀吉との対立構造の中に巻き込まれていくことになる。

天正十二年二月になると、氏直が宇都宮国綱《うつのみやくにつな》を攻めたため、援軍要請を受けた佐竹義重は皆川広照《みながわひろてる》・壬生義雄《みぶつなかつ》・多賀谷重経《たがやしげつね》・結城晴朝《はるとも》らとともに下野に出陣した。一方、氏直は四月に入って皆川氏の居城長沼城を攻めるため下野藤岡（栃木県藤岡市）に出陣した。その兵力は佐竹側だけで七千騎ともいわれている〔関八州古戦録〕が、史料によりばらつきがある。

天正十二年六月十八日の岡本兵部少輔《ひょうぶのしょう》（氏元の子か）宛て太田道誉書状写〔藩中古文書十二〕は、由良・長尾・富岡《とみおか》氏による小泉城攻撃に端を発する、北条と佐竹・宇都宮・結城氏との「沼尻《ぬまじり》の戦い」の状況を報告し、同合戦の長期化にともない、里見氏へ参陣を要請したものである。道誉は、里見氏に対して佐竹氏への誓紙を求め参戦を促し、直後に起こっていた小牧・長久手の戦いに家康が苦戦している様子と三月に京都の秀吉宛てに佐竹義重が多賀谷重経を使者として送った書状が届いた旨を伝えており、里見氏の参陣によって「三方弓矢」が成立し、北条勢を挟撃できる旨を述べている。この里見氏参戦に向けた調整を道誉が担当したのは、岡本氏と接点があったからだろう。なお、梶原政景も同年五月十五日付で、佐竹義久とともに沼尻における戦況報告を秀吉に行っており、秀吉からは同年七月八日に返事が届いている〔潮田文書〕。

ところが、この書状が出された直後の六月二十一日付北条氏照書状によると、梶原政景が佐竹氏から離反して北条方に帰属する事件が報告されている〔色部文書〕。理由は諸説あるが、いずれにせよ、佐竹側にとって梶原政景の謀反は〝寝耳に水〟だったようだ。実際のところ、梶原政景は沼尻の戦いに参陣しなかったようで、その後、同年九月に佐竹義重から小田城を攻められて開城している〔賜廬文庫文書〕。膠着状態が続くなか、沼尻の戦いが単に北条と北関東の反北条連合との合戦ではなく、双方の調略戦となっていたようである。その後、沼尻の戦いは佐竹氏の岩船山陣が北条氏に攻め落とされた七月十五日を契機に解陣・終結する〔田島文書〕。なお、梶原政景も十二月二十一日に、佐竹義重家臣の大山孫次郎に起請文を提出し、再び義重への帰参を許されているが〔秋田藩家蔵文書〕、これには父太田道誉の口添えもあったのだろう。

## 秀吉の「関東惣無事」と太田父子

天正十三年（一五八五）に出された太田道誉宛て羽柴秀吉書状〔潮田文書〕は、秀吉の近況を述べるとともに、来春三月「富士為一見」＝北条討伐を行う旨を伝えた書状である。この「富士一見」文言が記された文書は、この時期に他の武将にも秀吉から出されていることが確認される。なお、この年の十一月六日には滝川一益も梶原政景に、秀吉の「小田原追討」の出馬は必ずなされるので疑心なきようにと述べている〔太田文書〕。しかし、翌三月になっても秀吉の北条討伐は実施されなかった。それは、それまで上洛を拒否していた徳川家康が上洛し、家康と同盟関係にある北条氏の討伐が困難になったことが影響している。この政情について、太田道誉は秀吉に対して質問状を二通送っている〔佐藤行信氏所蔵文書・専宗寺文書〕。

天正十六年（一五八八）九月二日、秀吉は太田父子に朱印状を送り、北条家の赦免と氏規の上洛を告げ、課題となっていた関東の領土問題（「境目」）について使節を送って確定する旨を伝えた〔潮田文書〕。また、太田父子の上洛も期待していることから、先の領土問題をはじめ関東における情報窓口としての太田父子は秀吉にとって、きわめて重要な地位にいたことがわかる。

一方で、家康の媒介で氏規の上洛が実現したことにより、道誉が秀吉に懇望していた北条討伐の期待は遠のいたかにみえた。しかし、その一年後、沼田城代猪俣邦憲《いのまたくにのり》の名胡桃《なぐるみ》城攻略により事態は急変する。沼田領をめぐる境目問題は、沼田城を北条氏に、名胡桃城を真田《さなだ》氏に与えるとした秀吉の決定を翻す行為であり、北条氏の協定違反は決定的だった。天正十七年十一月二十八日、秀吉は北条氏の名胡桃城攻略を受けて、北条氏討伐を決意した旨を道誉に伝えている〔太田文書〕。文中には、氏直への宣戦布告状の写が「覚悟」として道誉に送られたことが記されている。この内容を受けた梶原政景は翌天正十八年二月二十日に、小田喜城主正木頼時に書状を送り、秀吉の北条討伐決定と先の宣戦布告状の写が送られてきた旨を伝えている〔武州文書〕。北条方に与した過去がある正木氏にとっては、秀吉の対北条宣戦布告城は、謀反を抑止するのに十分な効果があったことだろう。

同年三月一日に京都を出陣した秀吉は、四月五日に小田原に着陣した。この後、北条の各支城は東海道の浅野軍と中山道の上杉軍の二手から次々と撃破されていった。かつて道誉が城主であった岩付城も攻撃対象となっていた。激戦の末、岩付城は五月二十二日に落城した。

なお、同年五月二十七日に佐竹義宣・宇都宮国綱一族・道誉らは石垣山の陣城で秀吉に謁見した（道誉は、当時病気のため、代わりに資武が同行したとの説もある）〔佐竹文書〕。その際に、秀吉は遠路小田原へ参陣した道誉に対して、自らの陣羽織を与え饗応したが、秀吉との小田原城攻めに関する問答で失言し、退席したとする逸話が残る〔関八州古戦録・奥羽永慶軍記ほか〕。

その内容は諸記録によって異なるが、他の武将が圧倒的な秀吉軍の軍事力による総攻撃論を称えるなか、小田原城が地理的にも優れ、兵粮も大量に蓄積されていることから、籠城戦ではなく「計略戦にもちこむべき」と主張した道誉に対して、秀吉が「三楽は数年北条と戦って打ち負けているので臆病神につかれている」と怒ったという。はたして、小田原城は道誉の進言通り、なかなか落城しなかった。結局のところ、小田原城は籠城の末、秀吉の謀略により七月六日に無血開城した。この逸話は、大軍をもって力で相手を屈させる秀吉に対する批判であり、味方の兵力を失わずにいかに勝利するかを至上とする道誉の智将としての一端が紹介されている。

### 道誉と武州本意――常陸片野に死す

天正十八年（一五九〇）四月二十日に、道誉が高野山《こうやさん》における扇谷上杉氏の塔頭《たっちゅう》である清浄心院《しょうじょうしんいん》に対して送った書状〔清浄心院文書〕には「武州本意」の文言があり、これこそが道誉の北条討伐の真意であると述べている。では、「武州本意」とは何か。それは第一には自らの岩付城復帰であり、さらに太田一族が深く関与した江戸・河越両城を中心とする旧扇谷上杉氏領国の再興を意味していると思われる。

永禄七年に岩付城を氏資に逐われて以降、道誉の念願「武州本意」は、秀吉の北条討伐によって天正十八年に達成された。しかし、道誉はついに岩付に戻ることなく、翌天正十九年に七十歳で常陸片野にて死去する。法名は「智正院殿獄雲瑞庵主」（養竹院位牌）。その墓は、片野城の一部にひっそりとたたずんでおり、かつての名将の墓としては悲壮感は否めない。『関八州古戦録』に「埋もれ木の花咲かずして……」と揶揄された道誉の生涯は、まさにときどきの情勢に左右された戦国時代そのものを象徴している。

太田資正の墓　茨城県石岡市・浄瑠璃光寺境内

## その後の梶原政景

梶原政景は、小田原合戦後も小田城主として佐竹氏配下にあった。慶長七年（一六〇二）五月、佐竹義宣の秋田転封にともない秋田に移住したが、なんらかの理由で職を辞したとされる。その後、武蔵片野原に隠居した。家康へ直参を願い出たが叶わず、剃髪して高野山に入山する途中で、弟で越前藩士となっていた資武を尋ね、そのまま結城秀康の客将として二千石で迎えられた。政景には実子がいなかったため、資武の二男を養子に迎え梶原家を嗣がせた（名は父と同じ政景）。のちに福井の梶原家は断絶したが、二代目政景は大久保忠長《おおくぼただなが》に仕え千石を与えられている〔太田家譜〕。なお、梶原政景は元和九年（一六二三）十月十八日に福井で没した。法名は東光院殿悦窓道喜大居士。墓は福井県越前市禅林寺にある。

（新井浩文）

**【主要参考文献】**


新井浩文『関東の戦国期領主と流通』（岩田書院、二〇一一年）

新井浩文「織豊政権と太田三楽斎道誉父子―発給・受給文書を中心に―」（橋詰茂編『戦国・近世初期西と東の地域社会』岩田書院、二〇一九年）

# 上田朝直
## ――松山城を守り抜き、一族繁栄の礎を築く

### 謎の多い武将

上田朝直《うえだともなお》、号して上田案独斎《あんどくさい》は、戦国期における武蔵国松山《まつやま》城主として知られる。関東の戦国動乱を記したさまざまな軍記物語にも描かれていることから、すでに明治時代から地元の好古家らによって研究が進められ、古くからよく知られた人物ではあった。

しかし、その実態はなかなかつかみにくい。『東松山市史』の編纂に携わった中世史研究者の藤木久志氏は、市史を編纂するなかで、上田朝直の動向を明らかにしていった。だが、その過程で「松山城主の案独斎を攻めあぐんで、いま私は途方に暮れている」と記している〔藤木一九八〇〕。中世史研究の大家をして途方に暮れさせるほど、朝直の実態をとらえることは、一筋縄ではいかなかったのである。

とはいえ、朝直が生きた時代は、北条《ほうじょう》氏が関東一円に勢力を伸ばしていく時代であり、関東における戦国時代の盛期にあたる。朝直をとりまく環境も、北条氏と上杉氏が鎬を削る狭間に位置し、関係する武将には、難波田善銀《なんばだぜんぎん》や太田資正《おおたすけまさ》など、個性的な武将が多い。朝直は武蔵国の戦国史において重要な人物といいえる。

朝直の生年は、永正十三年（一五一六）とみられる。それは、朝直が法華経《ほけきょう》一千部真読成就を記念して建立した、元亀二年（一五七一）の板石塔婆《いたいしとうば》に、「施主上田能登守源朝臣朝直入道案独斎桑門宗調生年七八」〔清正大神境内所在板石塔婆〕とあることから導かれる。かつてはこの「生年七八」を七十八歳とする理解もあったが、今は七×八の五十六歳とみるべきと理解されている。生年はここからの逆算である。また、没年は天正十年（一五八二）十月三日で〔浄蓮寺過去帳ほか〕、享年は六十六歳ということになる。

## 扇谷上杉氏家臣上田氏

朝直の家である上田氏は、関東において扇谷《おうぎがやつ》上杉《うえすぎ》氏重臣として存在した家であった。上田氏では、永徳二年（一三八二）に甲斐国岩殿山円通寺《いわどのやまえんつうじ》に施入された「大般若経《だいはんにゃきょう》」巻三九七の奥書に、「沙弥希道《しゃみきどう》俗名上田源《みなもとの》蔵人《くろうど》〈ママ〉源親忠《ちかただ》」とあることが今のところの初見である。円通寺に施入された大般若経の奥書には、鎌倉府《かまくらふ》の有力者の名前がしばしばみられるから、上田親忠は鎌倉府に出仕していたらしい。次いで応永二十三年（一四一六）十月の上杉禅秀《ぜんしゅう》の乱では、十月六日に「上田上野介《こうずけのすけ》貴道《きどう》」という人物が戦死している〔妙本寺回向帳〕。法名の読みが共通することから、先にみた親忠と同一人物とみられる。上杉禅秀の乱では、貴道と同日に扇谷上杉氏の当主氏定《うじさだ》も自刃しているから、貴道は氏定と命運を共にしたことがうかがえ、この頃にはすでに上田氏は扇谷上杉氏の家臣であったことがわかる。

その後、扇谷上杉氏が関東の有力者となっていく過程で、上田氏もその重臣として地位を高めていった。とりわけ、鎌倉府での年中行事や儀礼などが記された『鎌倉年中行事』（『殿中以下年中行事』などとも称される。享徳三年（一四五四）頃に成立）によれば、永享十二年（一四四〇）には、山内《やまのうち》・扇谷両上杉氏被官の代表として「長尾《ながお》・大石《おおいし》・太田《おおた》・上田」への書札礼が取り扱われているから、上田氏は両上杉氏家臣筆頭の四家に数えられていたことがわかる。

享徳の乱を経て、関東一円が戦国時代へと突入すると、上田氏も扇谷上杉氏のもと、各地で軍事活動をみせている。『鎌倉大草紙』（関東の室町時代から戦国時代の状況を記した軍記物語）によれば、この頃、江戸・河越《かわごえ》の城が、「太田・上田・三戸《みと》・萩野谷」らによって築城されたと記している。一般的に、江戸城や河越城は太田氏の築城として著名だが、それには上田氏らの扇谷上杉氏重臣も関わっていたのであろう。

上田氏と比企《ひき》地域との関わりがみられるのも、十五世紀後半の頃である。「太田道灌状《どうかんじょう》」によれば、文明《ぶんめい》六年（一四七四）、太田道灌は「上田上野介在郷之地小河」へ泊ったという。ここから、上田氏が比企郡小川郷《おがわ》（埼玉県比企郡小川町）を拠点としていたことが知られる。そして両上杉氏による抗争（長享《ちょうきょう》の乱）のなかで、明応三年（一四九四）に扇谷上杉方が「松山」に要害を築き、この地をめぐって山内上杉氏方と戦っている。後世の軍記物語ではあるが、『関八州古戦録《かんはっしゅうこせんろく》』（十八世紀前半に成立）によれば、松山城は「上田左衛門大夫《さえもんのたいふ》」が築いたという。上田氏は扇谷上杉氏重臣として各地の築城に関わっていたから、小川を拠点としていた上田氏が松山築城に関わった可能性はあるだろう。

ただし、上田氏の本拠地はこの頃も相模国にあった。文亀二年（一五〇二）七月、連歌師の宗祇は、鎌倉にあった上田氏の館で没している〔再昌草〕。このときの上田氏は相模国守護代《しゅごだい》だったという。以降も相模国での活動がみられ、永正元年（一五〇四）十二月には「上田上野守《こうずけのかみ》」の守る相模国実田要害が山内上杉方に攻略されている〔松陰私語〕。さらに永正七年（一五一〇）には、「上田蔵人」が新興勢力であった伊勢宗端《いせそうずい》に与し、神奈川権現山に籠もって扇谷上杉方と戦っている〔上杉憲房書状・武家事紀など〕。その後は扇谷上杉方に戻ったらしく、享禄三年（一五三〇）六月、扇谷上杉朝興《ともおき》が「難波田弾正《だんじょう》・上田蔵人」を率いて、武蔵国小沢原《おざわがはら》（神奈川県川崎市）で北条氏康の軍勢と戦っている〔鎌倉九代後記・相州兵乱記〕。相模国では扇谷上杉氏と北条氏との争いが続くなか、上田氏もその狭間で揉まれていたのである。

## 扇谷上杉氏の拠点・松山城

駆け足で扇谷上杉氏重臣の上田氏の動向をみてきた。のちに上田朝直が城主となる松山城と上田氏との関係は、築城に関わった可能性の指摘に留まる。大永四年（一五二四）正月、扇谷上杉朝興《ともおき》は、北条氏綱《うじつな》の攻撃によって江戸を逐われ、河越を経て松山城に至った〔石川忠総留書〕。扇谷上杉氏の軍事拠点として松山城が存在していたことがうかがえるが、このときの城主は不明である。

天文六年（一五三七）七月、扇谷上杉朝定《ともさだ》（朝興の子）が再び北条氏綱に河越城を攻められ、松山城に退いた。このときの城主は難波田善銀であった（鎌倉九代後記・北条記など）。同月には、北条方の攻撃で「難波田人数卅余人」が討ち取られたという（快元僧都記）。その後、扇谷上杉朝興はしばらく松山城を居城とする。

難波田善銀は、武蔵国入間《いるま》郡難波田郷（埼玉県富士見市）を名字の地とする一族である。難波田氏の活動は南北朝期から知られるが、その具体的な動向は明らかではない。扇谷上杉氏の家臣としてみられるのは、先に述べた享禄三年（一五三〇）の小沢原合戦で、「難波田弾正・上田蔵人」が扇谷上杉朝興と共に北条氏康《うじやす》と戦った記録である。これは軍記物語の記述であるが、この頃、難波田氏が扇谷上杉氏の重臣となっていて、その後、善銀が松山城主となったのだろう。

天文十五年（一五四六）四月、扇谷・山内両上杉氏は、古河公方《こがくぼう》の足利晴氏《あしかがはるうじ》を動かし、北条方に奪われていた河越城に攻撃をしかけるが、大敗北する。いわゆる「河越夜戦」である（ただし、近年この戦いは夜戦ではなかったとも考えられている）。この戦いの過程で、扇谷上杉朝定が死去し、難波田善銀も戦死、扇谷上杉氏は事実上の滅亡を迎えた。そもそも古河公方足利晴氏を動座に導いたのは善銀で、北条氏康はこの合戦の張本として善銀を名指ししていた（歴代古案一）。この戦いでの上田氏の動向は定かではないが、「上田小三郎《こさぶろう》」という人物が戦死しており（浄蓮寺過去帳）、上田一族も少なからず関わっていたとみられる。

これによって松山城も北条氏が接収することとなった。しかし、天文十五年（一五四六）八月、松山城を扇谷上杉氏の旧臣太田資正が奪取した。翌年に岩付城も奪取した資正は、松山城の留守居に上田朝直を置き、岩付に移ったという〔太田資武状〕。ここに朝直が登場する。

## 朝直の登場

「太田資武状」は、江戸《えど》時代初期に太田資正の三男資武《すけたけ》が、資正から聞き置いたという一族の動向を、江戸太田氏の子孫太田資宗に対し書き綴ったものである。そのため、太田方の主張が強く含まれていることに十分考慮する必要がある。

それによれば、朝直は「檜皮山之上田《ひわだやま》」という、上田氏の庶流の出であったという。実際に、鎌倉の比企谷妙本寺《みょうほんじ》の過去帳によれば、上田氏一族は十五世紀前半と、十五世紀後半の朝直以下の一族で、大きな二つのグルーピングができる。このことからは、十五世紀半ばに上田氏のなかで一つの断絶があり、十五世紀前半に相模国守護代として扇谷上杉氏重臣だった上田氏（惣領家）が中頃に衰退し、かわって庶流の上田氏から朝直が台頭したと考えられている。

最初に述べたように、朝直は永正十三年（一五一六）の生まれとされる。明確な史料上の初見は、天文十七年（一五四八）に池上本門寺《いけがみほんもんじ》（東京都大田区）の三解脱門《さんげだつもん》の仁王像胎内修理銘《におうぞうたいないしゅうりめい》に「発起旦那《ほっきだんな》上田左近大夫《さこんのたいふ》朝直」とみえるものである〔柳庵随筆〕。上田氏と日蓮宗との関係は、すでに十四世紀頃からみられるもので、朝直も上田一族として日蓮宗に帰依していたことがわかる。

天文十六年、朝直は太田資正の留守居として松山城の主になった。ところが朝直は、すぐに太田氏から離反して北条氏に与して松山城を北条氏の手に明け渡し、これにより、北条氏から上田氏惣領家の家督を与えられたという〔太田資武状〕。天文十八年頃に北条方が松山城を奪還していたことは史料からもうかがえる〔浄法寺文書〕。その背景には朝直の活躍があったのだ。

天文十九年以前の朝直発給文書の懸紙には、「自山（山より）」と書かれている。ここでいう「山」とは松山のことと考えられるから、天文十八年頃に朝直は北条氏のもと、松山城に在城していたことがわかる。

## 松山城と朝直・資正

さて、松山城をめぐっては、のちに朝直と資正が、互いにその由緒を主張していくこととなる。その背景を知るには、上田朝直と難波田善銀・太田資正の関係性をみる必要がある。

三者の関係は、軍記物などの諸記録からうかがうことができるが、それらは、主に太田資武状と、それを参照したとみられる後世の記録であることには注意しなければならない。まず、朝直は善銀の甥であったという〔太田資武状〕。つまり、善銀の兄妹の子が、朝直であったということになる。一方、太田資正は善銀の娘聟であった。すなわち、朝直と資正は善銀を通じて婚姻関係にあったのである。三家

松山城跡遠望　埼玉県吉見町

とも扇谷上杉氏の家臣であったから、その家同士で姻戚関係が結ばれていても不思議ではない。先述したように、十五世紀前半に善銀が台頭し、松山城の主となった。

諸記録によれば、資正は善銀の婿養子として善銀の跡を相続したともいう。それを根拠として、資正は松山城の領有を主張していく。一方、朝直の上田氏は、以前から比企郡に所領をもち、おそらく松山城の築城とも関わりがあった。

太田資武状では、天文十五年に資正が松山城を奪取した後、資正は朝直を「留守居《るすい》」に置いたと記す。だが、太田氏と上田氏はあくまでも扇谷上杉氏家臣として対等な関係にあったはずである。資正の生年は大永二年（一五二二）であるから、朝直のほうがやや年齢が上の、ほぼ同世代となる。朝直が「留守居」であったという主張には、太田氏の由緒を強調する傾向が強いように思われる。おそらくは、資正と朝直は協力して松山城を奪取したのではないだろうか。なお資武状では、朝直が庶流の出であると記したのちに、そもそも太田氏と上田氏では太田氏が格上なのだと記しているのである。

はたしてどれが真相を伝えているのかはわからないが、朝直が北条氏を頼って松山城を明け渡したことで、その地位を固めていったのは確かだろう。それゆえにこそ、この後、上田氏は一貫して北条氏に属し、その滅亡まで運命を共にするのである。

## 国衆としての上田氏

永禄二年（一五五九）、『小《お》田《だ》原《わら》北《ほう》条《じょう》氏《し》所《しょ》領《りょう》役《やく》帳《ちょう》』（以下、『所領役帳』）が成立する。上田朝直の名は、そのうち「他《た》国《こく》衆《しゅう》」のなかに、「案独斎」としてみえる。朝直は天文十九年頃に出家し、「案独斎宗調《そうちょう》」と号していた（以下、案独斎と記す）。

『所領役帳』には、案独斎の知行分として、相模国東郡粟船《あわふな》郷（一一六〇貫三四文）・武蔵国比企郡野本《のもと》京方《きょうかた》（一一八貫八八〇文）・同所一間在家（一四貫六八〇文）・同所鎌倉方（三一貫六三七文）・同郡福《ふく》田《だ》塩《しお》川《かわ》分（四六貫二三九文）・江《え》戸《ど》廻《まわり》平《ひら》塚《つか》之《の》内《うち》中《なか》里《ざと》を載せる。朝直が知行していたとみられる比企郡西部地域は載せられていない。これは、案独斎が「他国衆」（北条氏譜代の家臣ではなく、外様として扱われた勢力）としてそれらの地域を実力で支配していたことを示す。一方で注目されるのが、相模国の粟船郷（神奈川県大船市）が、案独斎の知行分としてみられることである。これはかつて相模国守護代だった上田氏の名跡を朝直が継ぎ、それを北条氏から保障されていたことを示す。

また、永禄三年（一五六〇）十二月、案独斎は家臣の木《き》呂《ろ》子《こ》新《しん》左《ざ》衛《え》門《もん》に「松山領之内」大屋《おおや》郷（埼玉県東松山市）を給与し、下細谷《しもほそや》（同吉見町）の代官に任命している〔岡谷家譜〕。こうしたことは、松山領の管理が北条氏から案独斎に委ねられていた可能性を示している。

しかし、案独斎は北条氏からまったく独立した城主だったわけでもなかった。永禄三年（一五六〇）、越後国の長尾景虎《ながおかげとら》（のちの上杉謙信《うえすぎけんしん》、以下「上杉謙信」で統一）が、山内上杉憲政《のりまさ》を擁して関東に攻め込んできた。それにより翌年に松山城も太田資正の手に落ちることとなった。詳しくは後述するが、後年に北条氏康が上杉謙信に松山城をめぐって上田氏の由緒を主張した書状によれば、このとき案独斎父子は小田原《おだわら》城に在城していたという。裏を返せば、案独斎は北条氏の大規模な合戦にあたって、北条氏の本拠である小田原城に参陣を求められるほど、北条氏への従属度合いが高かったともいえる。

この謙信の侵攻により、永禄四年（一五六一）三月には小田原にまで攻められた北条氏だったが、越後勢が後退すると一気に北武蔵まで勢力を盛り返し、松山城をめぐって激しい戦いが繰り広げられた。その戦いには案独斎も従軍していた。永禄四年十一月、案独斎は関口帯刀助へ在所への立ち帰りを認める書状を出している〔関口文書〕。在所の場所は明確ではないが、この書状が松山城をめぐる戦いと無関係とは考えにくく、案独斎の再びの松山領への進出と関係しよう。さらに永禄五年（一五六二）七月には、赤浜（埼玉県寄居町）で案独斎の軍と太田資正の軍とで戦いがあり、上田方の山田直定《やまだなおさだ》が討ち死にしている〔道祖土文書〕。

松山城の戦いは、軍記物にも詳細に描かれるほどし烈なものだった。だが永禄六年（一五六三）二月、北条氏とそれを支援した武田《たけだ》氏の攻撃により、松山城は開城する。松山城を救援するために上野国まで進軍していた上杉謙信は、これに激怒したという。そして、松山城の城主には上田案独斎がもとのごとく復帰したのであった。

## 松山城をめぐる越相の争い

その後も、上杉謙信のたびたびの越山により、北武蔵では上杉氏と北条氏による戦いが続いていく。しかし、松山城は戦乱の舞台とはなっておらず、案独斎が城主として安定していたものとみられる。

こうした事態に変化をもたらしたのが、永禄十一年(一五六八)の北条・武田の同盟決裂と、それにともなって成立した翌年の北条・上杉との間での同盟、いわゆる越相同盟《えっそうどうめい》である。同盟の締結にあたっては、北条・上杉両勢力の境となる、上野国から北武蔵の国衆の帰属が問題となった。ここに松山城の領有が懸案となる。

四月、上杉方は同盟の条件の一つとして、「松山早々御落着《そうそうごらくちゃく》」を挙げた〔上杉家文書〕。これは松山を上杉領とするよう求めたもので、北条氏は同盟の早期実現のため、はじめはこれらの条件を受け入れる姿勢をみせていた。しかし、四月二十三日の北条氏康・氏政連署の条書で、松山は上田の「本地」として紛れなく、永禄三年に上杉方に松山城を奪われたとき、案独斎父子は小田原城に参陣していただけだと述べている〔同〕。これは領土割譲を永禄三年の謙信越山時点の領有関係に戻したい上杉方の要求に対し、北武蔵を確保したい北条方にとって、松山城と上田氏の由緒を主張するための重要な争点だったとみられる。その後、謙信は太田資正・梶原政景父子に対し、盛んに岩付・松山の回復を計る旨を述べているから〔歴代古案ほか〕、松山城の引き渡しは、越相同盟に反対していた資正を引き留め、太田氏の旧領を回復しようとするものであったとみられる。それゆえ、ここで問題とされたのは、上田氏の帰属ではなく、松山城の領有だったのだ。

しかし、北条方は松山が上田氏の本地本領であることを主張しつづける。これは、軍事的にも重要な地であった松山の地を、上杉方に引き渡したくない北条方の方便だったのかもしれない。また、北条氏はこれ以上引き渡し問題を続ければ、上杉・北条両氏の討伐対象になることを恐れ、上田氏が宿敵武田氏に従う選択肢を選ぶ可能性もあると、上杉氏へ妥協を求めている〔上杉家文書〕。

結局、謙信は松山城を接収することはできず、上田氏が松山城主として存在しつづけることとなった。永禄十三年（元亀元年）六月、北条氏は岩付《いわつき》衆の内山《うちやま》氏が知行していた比企郡大串郷《おおくしごう》（埼玉県吉見町）を松山領に編入する〔内山文書〕。これは北条氏による松山領の再構築であったり、武田氏と上田氏との関係性への考慮であったりと、さまざまな理由が想定されている。そしてこれ以降、上田氏は松山領に対して多様な権限をもって支配していくこととなる。北条・上杉による松山城の帰属問題という危機で、ほかならぬ北条氏が松山における上田氏の由緒を主張したことにより、上田氏は北条氏から松山領の支配者、支城主としての権限を認められたのであった。

## 上田氏の松山領支配、そして長則へ

元亀四年（天正元年、一五七三）四月、松山の本郷町人岩崎与三郎《いわさきよさぶろう》に対し、諸役を免除した朱印状《しゅいんじょう》が出された〔新編武蔵国風土記稿比企郡十〕。文書が写しのため朱印の印文は不詳だが、これは上田長則《ながのり》（案独斎の子）の発給した朱印状と推定されている。それは、後年、岩崎氏が「上田能登守《のとのかみ》」に願い出て特権を得たと記していること、長則の発給文書には印文「長則」とする朱印状がみられることなどから導かれる。そうだとすれば、長則の発給文書の初見となり、上田氏が松山の城下へ特権を保障しうる主体となっていたことがわかり、と同時に案独斎は家督を長則に譲っていたことがわかる。

天正二年、越相同盟の崩壊で上杉謙信が越山し、北武蔵に進軍した。その際、謙信は「鉢形《はちがた》城下・成《なり》田《た》・上田領」をことごとく放火したと戦果を誇っている〔那須文書〕。上田氏の蒙った被害の程度は定かでないが、松山の周辺は、敵方の謙信が「上田領」と認識するように、上田氏の支配が進んでいたらしい。

その後、天正三年十二月十一日、案独斎は比企郡岩殿（埼玉県東松山市）の護摩堂《ごまどう》に、八王子《はちおうじ》山（同）での草木の刈り取りを禁止する制札を出している〔正法寺文書〕。家督を譲ったとはいえ、まだ対外的には案独斎が前面に立つことがあったのだろう。ただし、十二月二十三日には、長則が岩殿山衆徒の統制についての判物を出しており〔武州文書比企郡〕、当主は長則だったとみてよい。

この制札を最後に、案独斎の発給文書はみられない。なお案独斎には、いずれも年未詳ながら北条氏政から宛てられた書状がある。一点は、正月廿日付で、案独斎からの新年の挨拶〔「改年之祝儀」〕に対する氏政の礼状である〔武州文書入間郡〕。もう一点は、案独斎が氏政の妻〔「太《(大)》方」〕の病を見舞ったことを感謝し、「甲州無仕合之儀」〔武田氏の悪い出来事〕について仕方ないとしつつも、武田氏分国との境目については問題がないと述べているものである〔大野文書〕。こちらは氏政の花押型から、天正期の前半のものと推測され、武田氏の「無仕合」とは、天正三年五月の長篠《ながしの》合戦での敗北と考えられるから、天正三年のものであった可能性がある。とすれば、案独斎は長則に家督を譲った後も、北条氏当主の氏政に書状を送り、周囲の情勢についてのやりとりもする存在だったのである。

## 松山上田三代

天正十年〔一五八二〕十月三日、案独斎は六十六歳で没した。晩年の様子はわからない。案独斎の生前に上田氏の跡を継いでいた長則は、領内の寺社や町人衆に法度や条書を発給し、領内の支配に努めた。しかし、父を追うように、天正十一年三月五日にこの世を去っている〔浄蓮寺過去帳ほか〕。その跡を継いだのは憲定《のりさだ》〔初名は憲直《のりなお》〕である。憲定は案独斎のことを「亡父」と呼んでいるから〔浄蓮寺文書〕、案独斎の子、長則の兄弟とみられる。この憲定は、「上野介」を名乗る。この官途は、十四世紀の扇谷上杉氏の重臣だった上田氏が名乗った由緒ある官途名であった。憲定の時代に、上田氏による松山領の支配は確立する。そして天正十八年の豊臣秀吉《とよとみひでよし》による小田原合戦で、松山城を豊臣軍に包囲され開城するに至るまで、上田氏は北条氏に属する国衆として松山領を支配したのである。
上田朝直、号して案独斎は、北条氏と上杉氏との狭間でしばしば戦線の最前線となりつつも、終始一貫して北条氏に属することで、松山領をその領国とすることに成功し、松山上田氏繁栄の礎を作ったのである。

（駒見敬祐）

**【主要参考文献】**

伊藤拓也「戦国期北条領国における武蔵松山領」（『日本歴史』七九〇、二〇一四年）
梅沢太久夫『改訂版 武蔵松山城主上田氏』（まつやま書房、二〇一一年）
黒田基樹編著『武蔵上田氏』（岩田書院、二〇一四年）
大圖口承「国人難波田氏の研究―その存在形態を中心に―」（黒田基樹編著『扇谷上杉氏』戎光祥出版、二〇一二年。初出は一九九一～一九九二年）
藤木久志「松山城主案独斎のこと」（黒田基樹編『武蔵上田氏』岩田書院、二〇一四年。初出は一九八〇年）
『東松山市史 資料編第二巻』（東松山市、一九八二年）

# 成田氏長——外交と領域支配に長けた武蔵国衆

## 成田氏の出自

忍《おし》城（埼玉県行田市）の城主である成田氏長《なりたうじなが》は、天文十一年（一五四二）の生まれ。成田氏とその一族は、御家人として源頼朝《みなもとのよりとも》に従い、治承《じしょう》・寿永《じゅえい》の内乱や奥州《おうしゅう》合戦などで活躍したが〔吾妻鏡〕、鎌倉時代の末頃、安保《あぼ》氏が姻戚関係を通じて成田氏の名跡を継ぎ、「成田郷成田・箱田・平戸村」（埼玉県熊谷市）の地頭《じとう》職を継承した〔安保文書〕。

成田氏は、はじめ上杉《うえすぎ》氏に属したが、やがて古河公方足利成氏《こがくぼうあしかがしげうじ》に従った。長尾景春《ながおかげはる》の乱の際には、景春に加担したようで、景春はたびたび成田御陣に逃げ込んでいる〔太田道灌状〕。その後、氏長の祖父親泰《ちかやす》の代に忍城を奪取したというが、時期は明らかでない。以後、成田氏は忍城を拠点として、氏長の父・長泰《ながやす》、そして氏長と地域支配を展開していく。

## 上杉謙信の関東侵攻と成田氏

永禄三年（一五六〇）、越後国守護《しゅご》の長尾景虎《かげとら》は、河越《かわごえ》合戦に敗れて越後へ敗走した関東管領上杉憲《かんとうかんれいうえすぎのり》政《まさ》の依頼を受け、上野国に侵攻した。これにより、北条《ほうじょう》・上杉両者による抗争が激化した。長尾景虎の関東侵攻は、旧勢力に従っていた関東諸将に大きな影響を与え、北条氏の麾下に甘んじていた旧上杉方の武将は景虎に従った。形勢不利となった北条氏は、小田原《おだわら》城への籠城策をとった。そのため、景虎は小田原攻略を諦め、鶴岡八幡宮《つるがおかはちまんぐう》で関東管領の就任式を執行し、名も上杉政虎《まさとら》と改めた。

成田氏長の父・長泰は、長尾景虎の動きに即応した。永禄三年十一月には小田原城攻めの先鋒として、鎌倉の妙本寺《みょうほんじ》（神奈川県鎌倉市）に制札〔妙本寺文書〕を出しているほか、長尾景虎に味方した武将名を家紋とともに記した「関東幕注文《かんとうまくちゅうもん》」にも、「武州之衆」として成田長泰以下、一門と家臣一七名が列記されている。なお、この頃に出された北条氏康《うじやす》書状には、北条氏と成田長泰・太田資正《おおたすけまさ》両名とは「誓句血判」する間柄であったこと、故に今回の寝返りは容赦できないと恨みを切々と語っている〔箱根神社文書〕。

## 北条氏と上杉氏との狭間で

北条氏と上杉氏の間で揺れる成田氏のこうした動向は、上杉政虎にも伝わっていた。上杉政虎とともに越後から関東に来ていた関白近衛前嗣《かんぱくこのえさきつぐ》が同年六月に政虎に送った書状〔上杉家文書〕では、厩橋《まやばし》城（前橋市）内に成田氏の人質がいたことが伝えられており、成田氏謀反の可能性はすでに上杉方に知られていた。永禄五年三月に北条氏照《うじてる》が佐野《さの》城（栃木県佐野市）の天徳寺宝衍《てんとくじほうえん》に送った書状〔涌井文書〕では、

忍城跡の土塁　埼玉県行田市

上杉輝虎《てるとら》と改名した政虎の攻撃に対して、佐野城の防備が堅固であったこと、後詰めとして成田長泰が働いたことなどを伝えている。また、同年六月の皿尾《さらお》城主河田谷忠朝《かわたやただとも》（のちの木戸忠朝《きどただとも》）は、成田氏と合戦に及び勝利したことを上杉輝虎に伝えており〔上杉家文書〕、この頃、成田氏は再び北条方についていたことがわかる。

永禄六年（一五六三）二月、北条氏康は、前年に太田資正に奪われた松山《まつやま》城（埼玉県吉見町）を取り戻すため、武田信玄《たけだしんげん》の支援を受けて同城を包囲し、陥落させた。一方、上杉輝虎は太田資正からの救援要請を受けて関東に出陣したが、間に合わずに救援は失敗、松山城が陥落したため、鬱憤晴らしに騎西《きさい》城（埼玉県加須市）を攻撃した。騎西城が攻撃の対象となったのは、同城主が「逆心」した成田長泰の弟・小田朝興《おだともおき》の城だったからという〔伊藤本文書〕。しかし、成田長泰は騎西城が陥落すると同年十二月には太田資正の仲介もあり、再び上杉方となっている〔伊藤本文書〕。なお、これ以降、成田長泰の動向は文書から見えなくなる。同年閏《うるう》十二月、松山城を攻略した北条・武田軍が利根川を越えて金山《かなやま》城攻撃に向かうと、成田氏長と太田資正は羽生に陣を移し、後詰めの救援部隊を務めている。この頃に氏長は父長泰と異なる反北条の立場をとり、忍城主となったのだろう。

永禄七年九月になると、北条氏は簗田《やなだ》氏の関宿《せきやど》城（千葉県野田市）攻撃から忍城攻撃に転じ、忍と久下《くげ》（埼玉県熊谷市）の間の清水《しみず》（同行田市清水）に陣を張った〔河田文書〕。これに対し、翌永禄八年二月、成田氏長は上杉輝虎に救援を要請すると、輝虎は越山を決め、到着までに関東の味方中は厩橋城に参集して調議しておくよう命じている〔中山文書〕。同年三月には、成田氏長が北条氏に攻略された深谷《ふかや》城（同深谷市）を攻撃をしており、戦功のあった正木図書助を賞している〔知心帖三〕。

## 『長楽寺永禄日記』にみる成田氏の動向

永禄八年三月から九月にかけての、北条氏による深谷・成田周辺での動向が、長楽寺《ちょうらくじ》（群馬県太田市）の僧賢甫義哲《けんぽぎてつ》によって作成された『長楽寺永禄日記』に伝えられている。

北条氏による成田周辺の合戦は翌九年まで続いたようで、同年八月には北条氏政から浜野氏宛に感状が出されている〔武家雲箋〕。なお、この間、同年二月には上杉輝虎が常陸の小田城攻めのため、氏長に二〇〇騎の参陣を命じている〔贈従一位上杉輝虎公記〕。城下が攻撃されているさなかでの出陣は、氏長にとって決して容易ではなかっただろう。その後、同年三月に上杉輝虎が下総国臼井《うすい》城（千葉県佐倉市）攻撃で大敗すると、四月には金山城主の由良《ゆら》氏が北条方となるなど、輝虎の求心力は急速に衰えていった。同年閏八月の北条氏照書状から、ついに成田氏長も北条方となったことがうかがえる〔荻野研究室収集文書〕。

## 越相一和と成田氏長

永禄十二年（一五六九）十一月、武田氏・北条氏・今川氏によるいわゆる甲相駿《こうそうすん》三国同盟が、武田氏の駿河侵攻によって崩壊した。この政情により、北条氏康・氏政《うじまさ》父子は上杉輝虎との和睦を進め、越相《えっそう》一和《いちわ》が成立した。締結に際しての条件として、上杉方の領地として上野国をはじめ、藤田《ふじた》・秩父《ちちぶ》・松山《まつやま》・深谷・岩付《いわつき》ほか、成田氏の領地も含まれていた。深谷城の上杉憲盛《のりもり》はそれまで謙信から離反していたが、羽生城の広田直繁《ひろたなおしげ》や木戸忠朝の仲介もあって、一和の条件に賛同し、再び上杉輝虎の麾下となった。一方で、成田氏長は一和に反対の立場であり、上杉輝虎の手島佐馬助《てじまさまのすけ》を介しての再三の要請を断り、ついに謙信の麾下に戻ることはなかった〔歴代古案〕。なお、越相一和に反対の立場をとる忍の成田氏と松山の上田氏からは人質をとることも北条・上杉両者から検討されていた〔上杉家文書〕。

「越相一和」は、紆余曲折を経て元亀元年（一五七〇）三月に成立したが、同盟の推進者であった北条氏康が翌年十月に没すると、まもなく北条方から一方的に破棄された。その後、北条氏政は武田氏と改めて「相甲同盟」を締結している。

## 羽生落城と反北条勢力の衰退

越相同盟の崩壊によって、再び関東は北条対上杉謙信を核とする反北条勢力の対立抗争が開始された。しかし、武蔵における謙信の拠点は羽生城と関宿城の二カ所のみとなっていた。成田氏は、そのうち羽生城攻撃の最前線に位置し、同城攻撃の鍵を握る立場にあった。

天正元年（一五七三）になると、成田氏長は岩付城代である北条氏繁《うじしげ》に対して羽生城の攻撃を進言した〔結城寺文書〕。一方、上杉謙信は翌天正二年十一月には武蔵に入り、成田氏の忍領をはじめ、鉢《はち》形《がた》・松山領内に次々と放火した〔那須文書〕。羽生城攻撃は、成田氏が北条氏に進言して開始されたこともあり、正木丹波守ら成田氏家臣たちの活躍も成田氏からの感状で確認できる〔知心帖三〕。なお、正木氏はこのときの戦功により、栢間《かやま》（埼玉県久喜市）・郷地《ごうち》（同鴻巣市）・笠原《かさはら》（同）の三カ所を成田氏長から与えられている〔同〕。

再び羽生城周辺が戦火に包まれたのは、同年十一月に入ってからである。謙信は、羽生城とともに北条氏の攻撃を受けていた関宿城救援のため、関東に出撃した。しかし、翌閏十一月十九日に関宿城は開城し、謙信は羽生城を自らの手で開城させた。謙信の敗因は、救援部隊である常陸の佐竹義重《さたけよししげ》軍が動かなかったことによる〔賜蘆文庫文書〕。謙信は、戦で北条氏に敗れたのではなく、佐竹氏ら北関東味方諸将の工作に失敗して敗北したのであった。

その後、天正四年（一五七六）二月になると、館林《たてばやし》城主長尾顕長《あきなが》・忍城主成田氏長・深谷城主氏盛《うじもり》が北条氏政に引き続き服属する誓約書を提出している〔黒澤文書〕。また、金山城の由良氏は、上杉謙信の羽生城攻撃の際に失った所領回復のため、上杉方の膳《ぜん》城（前橋市）へ出陣している。さらに、羽生落城は由良氏だけでなく、北条方として戦った成田氏にとっても忍領を拡大する契機となった。実際、同年九月十九日には、成田氏長が栢間郷の福田氏に対して、本領地以外に新たな畠地を旧領主の長沢氏《ながさわ》から再配分して与えている〔福田家文書〕。

## 古河公方足利義氏と成田氏

天正二年の羽生城の攻防を経て、成田氏は北条氏の勢力下で戦国領主としてさらなる発展を遂げていくことになり、それは古河公方足利義氏《よしうじ》に対する儀礼的な面でも確認することができる。「喜連川《きつれがわ》文書」のなかには、「御年頭中上衆御返祝之模様之事《ごねんとうもうしあげしゅうおかえしいわいのもようのこと》」という天正五年〜十年にかけて足利義氏へ新年の挨拶に伺候《しこう》した武将名とその際の進物等を記録した文書がある。成田氏長とその弟である小田氏は、天正五年以降ほぼ毎年、同記録で年頭挨拶に代官を奉じて伺候していることが確認される。

## 沼尻の戦い

天正十二年（一五八四）三月、佐竹氏・宇都宮《うつのみや》氏らの反北条連合によって執拗に攻撃されていた小《こ》泉《いずみ》城（群馬県大泉町）を支援するため、北条氏は軍勢を同地に進めた。一方、佐竹義重と宇都宮国綱《くにつな》は、三月下旬に下野国小山《おやま》に出陣した。五月上旬、北条軍と佐竹・宇都宮連合軍は下野国沼尻《ぬまじり》（栃木県栃木市）で対陣し、八月下旬まで膠着状態となった（沼尻の戦い）。この際、北条方の忍城は城への兵站基地としての役割を担っていた。天正十二年六月十四日付の北条家印判状〔図司文書〕には、小泉城へ運ぶ兵糧を忍領から対岸の巨海《こかい》（古海）に移送するよう、北条氏が冨岡秀高《とみおかひでたか》に命じている。巨海は現在の群馬県大泉町古海にあたり、対岸に位置する忍領の妻沼《めぬま》（埼玉県熊谷市妻沼）との渡河点にあたっていた。

同年七月二十三日、沼尻の戦いは両軍にとって決定的な戦果がないままに開陣した。同年十二月になると、北条氏は沼尻の戦いの契機となった由良・長尾両氏の金山・館林城攻撃に転じ、十日には、藤岡《ふじおか》に移陣した。なお、その際に忍衆の軍勢の過半も藤岡に移ったことが伝えられている〔色部文書〕。成田氏は、その後も利根川流域で展開される北条軍と佐竹軍との戦いに際して、たびたび派兵を余儀なくされている〔秋田藩家蔵文書〕。成田氏長にとって利根川流域は境目の地であり、最前線に位置していたため、たび重なる合戦に多くの犠牲を払っていたのである。

## 成田氏長の遠交政策と織田氏・徳川氏・伊達氏

北条氏に属する成田氏は、北条氏の合戦に参加する傍ら、外交政策も展開していた。天正十年（一五八二）三月二十八日の周玄《しゅうげん》書状〔来田文書〕には、織田信長《おだのぶなが》が成田氏長に朱印状を出したことが伝えられているほか、天正十四年（一五八六）四月二十日には、成田氏長が伊達政宗《だてまさむね》に北条氏直《うじなお》の関東経略の状況を伝えるとともに、政宗の仙道《せんどう》制圧を祝している〔伊達家文書〕。また、年未詳六月晦日付の成田氏長書状〔荻野三七彦旧蔵資料〕では、北条氏規《うじのり》からの使者が氏長へ遣わされ、徳川家康《とくがわいえやす》から多くの進物があったことを伝えている。これらの動きは、いずれも北条氏の外交政策における成田氏長の役割の重要さを裏付けていよう。

## 成田氏長の領域支配——忍領の範囲と支配の特徴

羽生落城前後から、北条氏に麾下した成田氏長は独自の領域支配に乗り出した。成田氏の支配領域は、忍城下を中心とする利根川と荒川《あらかわ》に挟まれた忍領と、隣接する騎西領のほか、羽生落城後は、羽生領・菖《しょう》蒲《ぶ》領・本庄《ほんじょう》領と、深谷領の一部にも広がっていた。

忍領は、現在の行田市・熊谷市・鴻巣市・久喜市・加須市にまたがる広大な地域で、その中心に忍城が位置する。成田氏の本拠地である成田郷（埼玉県熊谷市）と忍城は星川《ほしかわ》で繋がっており、成田氏は、こうした水系を足掛かりとして忍城に進出し、段階的に領域を広げていったと考えられる。

騎西領は、騎西城主小田氏の支配領域で、城主小田顕家《あきいえ》のときに成田長泰《ながやす》の弟である小田朝興《ともおき》が養子となったことから、忍城との連携が強まった。その後、氏長の弟である泰親が小田氏に代わって騎西城に入ると、同城は忍城の支城として機能するようになり、騎西領は忍領と一体化した支配が展開されたようだ。

騎西領と隣接する菖蒲領は、古河公方家臣である菖蒲佐々木氏の領域であり、大永五年段階では、岩付城との関係から渋江《しぶえ》氏の一族である金田氏が菖蒲城に入っている〔上杉家文書〕。また、先述したように天正二年（一五七四）六月二十九日の成田氏長朱印状〔知心帖三〕では、羽生城攻めに戦功のあった正木丹波守に栢間と笠原・郷地が与えられている。また、天正四年には、栢間郷の土豪の福田幸十郎《ふくだこうじゅうろう》に対して、本領地のほか畠地を加えた二〇貫七七五文を与えているが、これは羽生落城によって成田氏に麾下となった福田氏に対する、菖蒲領再編に伴う恩賞地であろう。

羽生領は忍領と接している地域で、上杉謙信が羽生城に木戸氏を配置したことから、忍城と羽生城は常に敵対関係にあった。天正二年に羽生が落城すると、羽生領は北条氏による恩賞として、功績のあった成田氏が忍領に接収した。

本庄領と深谷領は、ともに山内上杉氏家臣であった本庄氏や深谷上杉氏が上杉謙信に麾下していた際に、成田氏の支配領域に一部組み込まれた地域である。しかし、その後の深谷上杉氏の動向や鉢形領の範囲拡大とともに、境界や範囲をめぐっては後述するようにトラブルに発展することもあった。

成田氏による領内支配の特徴として、独自の印判を用いた朱印状を発給していた点があげられる。現在、その印判は印文「徳光」の朱印と印文未詳朱印二種の計三種類でいずれも方形のものが確認されている。このうち「徳光」朱印は、大きさが縦・横五・四センチメートルの方形で、初見は元亀二年の成田氏長朱印状〔武州文書〕である。なお、その使用範囲と時期は、他領域へ成田氏が支配を展開していく時期と重なっている点にも特徴がある。

## 成田氏と領内の流通

永禄八年五月、成田氏長は、藤田甘糟《あまかす》（埼玉県寄居町）の商人である長谷部《はせべ》源三郎《げんざぶろう》を忍領内の足軽《あしがる》として認め、五匹五駄の荷馬の通行を認める手形を出している〔町田家文書〕。長谷部源三郎は、鉢形城主北条氏邦《うじくに》の家臣で、同文書の写本が小前田衆の長谷部家にも伝存している。この後、天正八年（一五八〇）十二月一日に、北条氏邦が塩荷を扱う商人の長谷部備前守《びぜんのかみ》に対して塩を荷止めする範囲を申し付けている〔長谷部家文書〕。その範囲は、西は神流川《かんながわ》、北は利根川、東は小山川《おやまがわ》を境としている。前述したように、この前年にはそれまで北条方だった北関東の諸将が次々と離反して佐竹氏に従っており、この間、北条氏邦と武田勝頼《かつより》の軍勢が倉賀野《くらがの》（群馬県高崎市）で激突するなど、上武国境付近における武田勝頼との攻防も激化していた。

さらに、この年の九月には武田勢による金山城攻撃により、小泉・館林・新田領内の民家が焼き払われるなど、忍領の対岸まで武田勢が迫る状況下にあり、そのようななかで、氏邦は上州方面へ渡河する塩荷を停止する措置に出たものと考えられる。なお、この印判状には「猶以《なおもって》、半手《はんで》者《は》、忍御領分にて少も不可致狼藉《ろうぜきいたすべからず》候《そうろう》」と追記があり、「半手」すなわち領境の半分は忍領であるため氏邦が忍領内における狼藉を禁じており、当時の忍領の範囲が深谷領内にも含まれていたことを伝えている。

この年の十二月十二日と十五日、成田氏長は熊谷《くまがや》の長野喜三《ながのきぞう》に印判状を発給し、木綿《もめん》売買の宿と小間物店等の上・下中通りへの開設を命じている〔長野文書〕。長野家は伊勢《いせ》出身で、商人としてだけでなく、伊勢連歌師《れんがし》とも交流を持っていた〔同〕。成田氏は、長野氏ら伊勢商人を招致することで新たな商業都市として熊谷宿の整備を進めていたことがうかがえる。

## 成田氏長と治水

年未詳卯月晦日の成田氏長書状〔百家系図所収文書〕では、神流川《かんながわ》から本庄へ落とす用水の両口と九《く》郷堰用水《ごうぜきようすい》を一方的に止水することに対して、氏長が北条氏邦家臣の薗尾《そのお》氏に対して工事の経過説明を求めている。用水をめぐる争いは、近世以降もたびたび起こっており、忍領側にとって用水の権理が重要な課題であったことが知られる。

なお、『新編武蔵風土記稿《しんぺんむさしふどきこう》』の「熊谷町」の項には「熊谷堤」が天正二年に北条氏によって築堤されたことが記されているほか、地元では熊谷堤が「北条堤」とも呼ばれていたことが伝えられている。近世後期の地誌からの記述だが、あながち無視できない内容をこの記事は含んでいる。

まず、天正二年が、羽生落城年であり、前者については、羽生城攻撃の兵站地となっていた忍城への軍事物資移送に際しての交通路確保である。この点は、前述した築堤後の天正八年になって熊谷宿の整備が成田氏によって行われていることとも関連する。

また、和田吉野川《わだよしのがわ》と荒川が交錯する氾濫源に位置する熊谷に築堤することで忍領を洪水から守る目的もあったのだろう。この点は、家康関東入国後、天正十九年に忍城に入った松平家忠《まつだいらいえただ》が熊谷堤を一〇間ほど増築修固して「熊谷西堤」と呼んだことと伝えている〔家忠日記〕。いずれにせよ、本格的な荒川の治水工事は後の関東郡代伊奈《いな》氏による荒川瀬替えまで待たねばならないが、その前提としての築堤工事がすでに戦国期に行われていた可能性があることは注目に値しよう。

## 豊臣軍の小田原進撃による忍城開城と氏長のその後

天正十七年（一五八九）十月末、沼田《ぬまた》城代猪俣邦憲《いのまたくにのり》による真田《さなだ》方の名胡桃《なぐるみ》城（群馬県みなかみ町）奪取事件に端を発した秀吉《ひでよし》による北条氏討伐が決定した。翌年三月、秀吉は二〇万の大軍を擁して進軍し、北条方の支城を次々と撃破し、四月三日には小田原城を包囲した。そして六月二十五日には、残った城は忍城と小田原城のみとなった。

その小田原城も七月六日に開城し、残るは忍城のみとなる。このとき、忍城主である氏長は小田原に籠城しており、忍城代は氏長の叔父泰季《やすすえ》であったが、七月六日に城内で死去した。この後は、その息子長親《ながちか》以下、五〇〇余の侍・足軽と三〇〇〇余の百姓・町人・女子が立て籠もった〔忍城戦記〕。忍城の攻撃は、石田三成《いしだみつなり》が総指揮をとり、方策は備中高松城《びっちゅうたかまつ》と同様に水攻めが選ばれた。水攻めに際し、三成は総延長一四キロメートルにも及ぶ大規模な堤を築いた。「石田堤」と呼ばれるこの堤は、現在もその一部が残っているが、土中から埴輪《はにわ》片が確認されており、付近の埼玉《さきたま》古墳群の一部を崩すなど手荒な工法で短期間に構築されたことがうかがえる。

ところが、七月六日の小田原開城後も一向に埒《らち》のあかない忍城攻撃に、秀吉は上杉景勝《かげかつ》ら四人に対し堤修築を命じ、自らも七月十四・五日頃に堤の視察に出向く旨を述べている〔上杉家文書〕。この秀吉による石田堤見学予定日の翌十六日に忍城は開城し、秀吉による北条討伐は完了する。忍城が小田原開城後も抵抗した理由は、坂東武者としての系譜をひく成田氏の忍城と忍領を守り抜く意志が強かったからだとされる。

小田原開城後、氏長は蒲生氏郷《がもううじさと》の預かりとなり陸奥会津《あいづ》で知行を与えられたのち、九戸《くのへ》政実《まさざね》の乱鎮圧等に参陣している〔福島県立博物館所蔵文書〕。その後、秀吉から下野国烏山《からすやま》城三万七千石を与えられるが、これは娘の甲斐姫《かいひめ》が秀吉の側室になったことによるという。文禄二年（一五九三）三月、秀吉の朝鮮出兵にともない、増田長盛《ましたながもり》の支配下に属して那須資晴《なすすけはる》とともに釜山《プサン》城の普請にもあたった〔浅野家文書〕。その後、氏長は晩年を京都で過ごし、文禄四年十二月十一日に死去し、紫野《むらさきの》で荼毘《だび》にふされたという。法名「無関宗鉄居士」。

（新井浩文）

**【主要参考文献】**

第21回企画展『忍城主成田氏』図録（行田市郷土博物館、二〇〇七年）
『行田市史』資料編古代・中世（行田市、二〇一二年）
『行田の歴史』（行田市、二〇一五年）

# 由良成繁・国繁
## ――大敵と戦い続けた境目の領主

### 由良成繁の出自

由良《ゆら》氏は、元を横瀬《よこせ》氏といい、小野篁《おののたかむら》の流れをくむ小野氏の末裔とされる武蔵七党の横山《よこやま》氏・猪俣《いのまた》氏の一族とされる。上野新田《にった》郡横瀬郷（埼玉県深谷市横瀬）を名字の地とし、岩松《いわまつ》氏の重臣であった。やがて新田子孫を称するようになるが、室町幕府に出仕した岩松家純《いえずみ》が新田入部する際に、関東にやってきたようだ。次第に実権を握り、主家・岩松家を圧倒し、屋裏《おくり》の内乱を契機に岩松氏に代わって金山《かなやま》城主となった。成繁《なりしげ》の代に、横瀬姓から由良姓に改めている。

由良成繁は、永正三年（一五〇六）に上野国新田金山城主横瀬泰繁《やすしげ》の子として生まれた。横瀬良順（貞国）から数えて由良（横瀬）家六代目にあたる。江戸中期の『前橋藩松平家記録《まえばしはんまつだいらけきろく》』に載る由良氏の家譜には、その母を「泉中務大輔《いずみなかつかさのたいふ》基胤女《もとたねのむすめ》」と記す。「関東幕注文《かんとうまくちゅうもん》」（永禄四年〈一五六一〉成立）〔上杉家文書〕には、新田衆の一員として「泉中務大輔殿」とみえ、これは泰繁の弟泉基繁《もとしげ》に比定されている。また、別系図は「基繁　泉中務大輔、金山西城殿、泉伊予守《いよのかみ》基国一子《もとくにいっし》無之故《これなきゆえ》、養子家督令相続《そうぞくせしむ》、山英良海居士」と伝えることから、基繁は泉基国と養子縁組を行い、泉氏の家督を継いだことになる。泉氏の名字の地は足利荘《あしかがのしょう》南西部の泉郷（栃木県足利市和泉）といわれ、足利長尾《ながお》氏と新田領の旧領主・岩松氏の間に成立した家であることが指摘されている。成繁の外祖父（泰繁の舅）とされる「基胤」は、時代的に考えて基国かその先代とされる。なお、成繁の叔母（泰繁の妹）は足利長尾氏に嫁いでいる。足利長尾氏と惣社《そうじゃ》足利氏の対立のなかで由良氏が足利長尾氏方に立った調停を行っていることも鑑みると〔安川由良文書〕、両毛地域における政治的連携を、姻戚関係によってより強固にしていったのだろう。

### 成繁の家督継承と政治的地位の確立

天文十四年（一五四五）九月、成繁は父泰繁の死去をうけて家督を相続した。この年の四月には河越《かわごえ》城（埼玉県川越市）の戦いが起こっており、小田原《おだわら》の北条氏康《ほうじょううじやす》が、山内《やまのうち》・扇谷《おうぎがやつ》両上杉《うえすぎ》氏の攻撃を受けた武蔵国河越城の救援に向かい、これを撃破している。この後、北条氏による北関東への進出が顕著になり、その圧迫に耐え切れなくなった山内上杉憲政《のりまさ》は、同二十一年春、本拠としていた上野国平井《ひらい》城（群馬県藤岡市）を放棄し、越後国の長尾景虎《かげとら》（以後、上杉謙信とする）を頼った。関東管領《かんとうかんれい》上杉氏の事実上の没落である。当初、憲政は由良成繁と足利長尾景長《かげなが》（当長《まさなが》）を頼みとしたが、両氏とも憲政の入城を断っている。足利長尾氏とともに、由良氏が上杉方の有力者であったことがわかる。

この頃、小泉《こいずみ》城（群馬県大泉町）の城主冨岡《とみおか》氏に対し、北条氏康が佐野《さの》・新田領に放火を行う旨を伝えているが〔原文書〕、弘治元年（一五五五）八月には足利梅千代王丸（のちの義氏）から用水相論の調

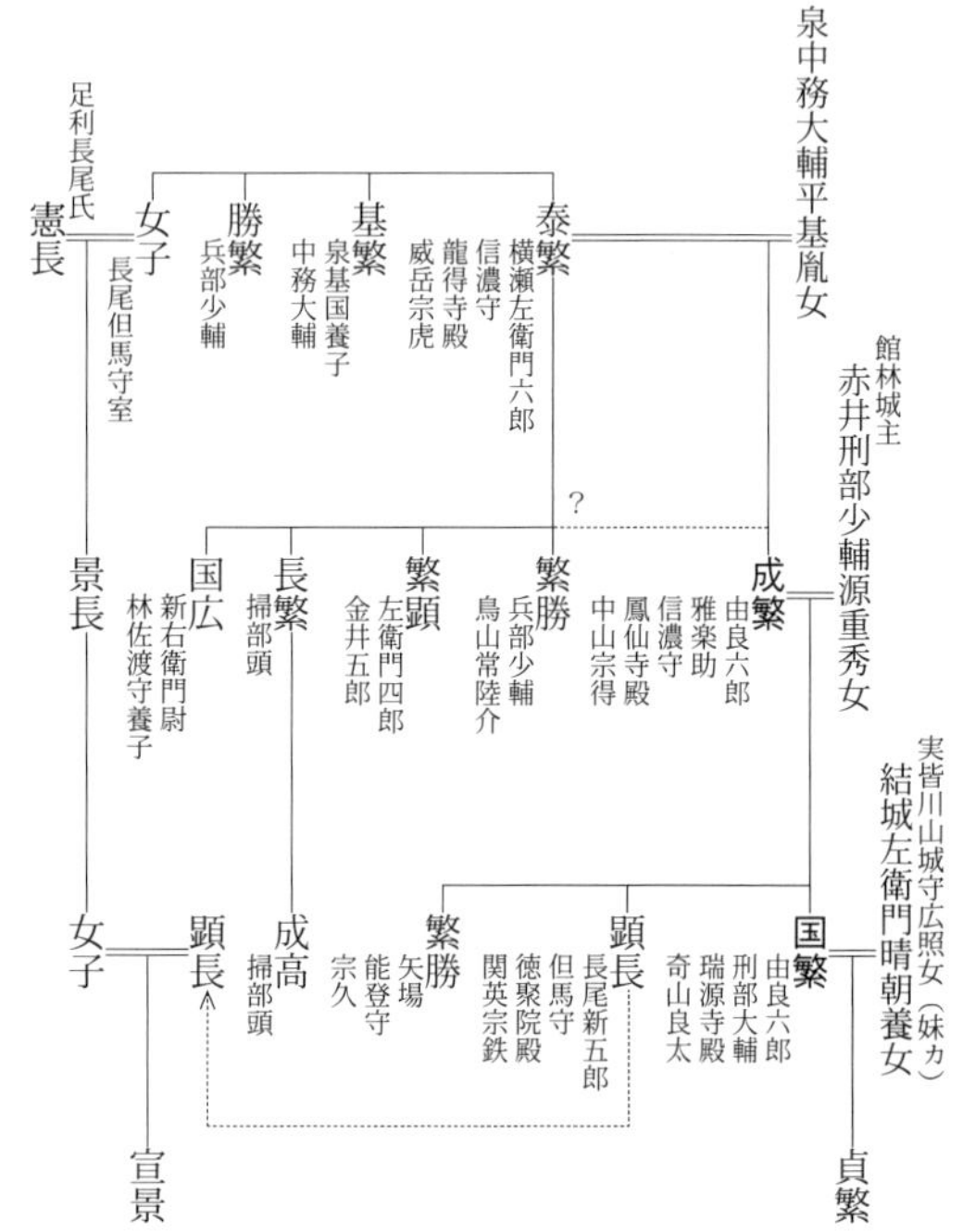


由良氏略系図　※『金山城と由良氏』所収峰岸純夫「金山城とその時代—横瀬・由良氏と一族・家臣—」掲載系図に、「松平家記録」所収系図等をもとに加筆。

停を受けているため、成繁は弘治元年夏以前に小田原北条方に従属したことになる。また、足利の長尾景長についても、翌二年には北条氏に従っている〔小野寺文書〕。北条氏は上野国の攻略を進め、永禄二年（一五五九）には沼田（群馬県沼田市）をはじめとする北上野をその手中に収めた。この間、成繁は北条氏への従属の意を示すために、人質を提出している〔世古文書〕。

さらにこの頃、成繁は室町幕府との交流も再開している。天文二十年、大舘《おおだち》常俊《つねとし》を通じて、新たに将軍となった足利義輝《よしてる》に従属の意を伝え〔集古文書〕、弘治三年には義輝から御内書を得ている。将軍義輝は、甲斐武田《たけだ》氏・越後上杉氏・小田原北条氏の連携を図り、山内上杉憲政の復帰を実現させようとしたが、実現しなかった。

永禄二年に上杉謙信が義輝に謁見し憲政の後見となったことで、翌年八月末、謙信は憲政を擁して上野国に進出した。上野国の諸将を従属させ、由良氏もその旗下に属した。永禄四年にも謙信は再度越山《えつざん》し、翌年にかけて東上野の小泉城主冨岡氏や館林《たてばやし》城主赤井《あかい》氏を攻略した。赤井氏没落に際して、成繁はその処遇について謙信への詫言を丁重に述べている。諸系図は、成繁の室を館林城主「赤井刑部少輔重秀《ぎょうぶのしょうしげひで》のむすめ女」と伝えることから、赤井氏の助命を謙信に願ったのだろう。しかし、赤井氏は館林城から追放され、代わって城主となったのが足利の長尾景長であった。成繁自身も、赤石城《あかいし》（群馬県伊勢崎市）城主・那波《なわ》氏が謙信に攻略された結果、那波氏旧領一円を新恩として与えられ、従来の所領である新田領に加え、西庄・那波郡を領し、その支配領域は一気に拡大した。

この謙信越山が行われた永禄四年に作成されたのが、先に触れた「関東幕注文」である。謙信越山の過程で従った諸将を「衆」ごとに、その幕紋とともに記載したものである。「横瀬雅楽助《うたのすけ》」（由良成繁）を筆頭とする新田衆は、「雅楽助親類」（由良氏一門）や「家風」（成繁被官）のほかに、「新田殿御一門衆」（主家である岩松氏一門）、「傍輩」（岩松氏家臣）、「同心」（従属する在地領主）などを含め三十名の武将で構成された軍事集団であった。

永禄六年七月、成繁は、正親町天皇の口宣案によって信濃守《しなののかみ》に任じられた〔集古文書〕。信濃守は横瀬氏（由良氏）代々の受領名《ずりょうめい》であり、この任官は関白近衛前久《かんぱくこのえさきひさ》が関東在国中に、懇意にしたことへの謝意によるものであった。また、この頃、成繁は将軍義輝の御供衆《おともしゅう》に加えられて、刑部大輔にも任じられている〔由良文書〕。これにより、室町将軍家の有力直臣衆の立場を得ることとなったのである。このとき、成繁は新田岩松氏の家臣として称していた横瀬姓から由良姓へと改めた。そして、その始祖を新田義宗《よしむね》の末子貞氏《さだうじ》と称して、新田領の領主たるべき家格を主張したのである。ここに、新田岩松氏の執事という立場から脱し、政治的に確立した地域権力となった。

なお、永禄六年の「光源院殿御代当参衆并足軽以下衆覚」には、足利義昭《よしあき》に従う近習衆として「横瀬信濃守〈由良〉」と名が見える。この「覚」には、上野国では成繁のほかには館林（足利）の「長尾但《たじ》馬守《まのかみ》」（景長）を載せるに過ぎないため、幕府において上野国の有力者としての由良氏の政治的地位が高まったことをも意味するのであろう。永禄七年、成繁の次男顕長《あきなが》（熊寿丸《くまじゅまる》）が長尾景長の婿養子となった。同十二年の景長の逝去を受け、顕長は館林長尾氏を継承する。かねてより政治的な繋がりを血縁的な繋がりでより強固にしてきた由良氏と長尾氏の関係をさらに推し進め、両毛地域（上野・下野国境地域）の一体化を大きく促進することとなった。

### 越相同盟成立

永禄八年（一五六五）十一月の六度目の越山後、上杉謙信が越後に帰国すると、翌九年閏八月、由良成繁は上杉方から離反し、北条氏に従属した〔三浦文書〕。この由良氏の離反は、下野国宇都宮《うつのみや》氏・皆川《みながわ》氏、武蔵国成田《なりた》氏といった関東の大名が北条方に与《くみ》するなかで行われ、この影響を受けた東上野の国衆《くにしゅう》もあいついで北条方に属した。また当時、北条氏と同盟関係にあった甲斐武田氏によって、同年九月に箕《みの》輪《わ》城（群馬県高崎市）が攻略されたことにより、西上野は武田氏の支配下に入った。つまり、上杉氏は上野国の拠点のほとんどを失ったことになる。

しかし、永禄十一年十二月、情勢が大きく動く。北条氏と武田氏は、駿河国の今川《いまがわ》氏を交えて甲相駿三国同盟を結んでいた。にもかかわらず、武田氏が駿河国に侵攻したのである。ここに甲相駿三国同盟は破綻した。すぐさま今川氏を支援した北条氏康は、上杉謙信との同盟締結を模索することとなる。同盟交渉において、厩橋北条高広《まやばしきたじょうたかひろ》とともに両者間の取次《とりつぎ》を担ったのが、成繁であった。翌十二年正月には上杉方の沼田在城衆を通じて上杉家重臣・河田長親《かわたながちか》に和睦の斡旋を依頼している〔歴代古案〕。北条氏康は和睦交渉を氏照《うじてる》・氏邦《うじくに》に任せ、両者は成繁の交渉ルート（「由良手筋」）で動いていたことがわかる〔上杉文書〕。成繁が交渉において大きな役割を担ったのは、北条氏への従属以前に上杉氏との政治的関係が深かったからであろう。

翌十二年六月には北条方から謙信に起請文が提出され、越相同盟が締結された。同盟に際して、北条・上杉両氏による領地分割が行われた。つまり、それまで抗争の場となった上野国をどちらが支配するかという問題である。結果、「上野国は上杉氏の本国である」という理由で上杉氏の領国となり、由良氏の支配領域は上杉氏の領国内となった。元亀元年（一五七〇）、北条氏政《うじまさ》の弟三郎（のちの上杉景虎）が謙信の養子となり、同盟は本格的に成立するものの、完全なる平穏が訪れたわけではなく、火種は燻っていた。

### 由良国繁の家督継承

成繁の嫡子である由良国繁《くにしげ》は、天文十九年（一五五〇）の生まれとされる。前述の通り、母は旧館林城主赤井重秀の娘と伝えられ、館林長尾氏の養子となった長尾顕長を弟に持つ。越相同盟の成立後まもなく、成繁から家督を継いだらしい。元亀二年（一五七一）十月、越相同盟を推し進めた北条氏康が死去すると、氏政は同盟を破棄し、年末には武田氏との同盟を復活させた（甲相同盟）。この交渉過程で、成繁・国繁父子は状況をまったく知らされておらず、翌三年正月十五日に氏政は改めて父子に経緯を説明し、以後の従属と忠節を求めた。これを受け、二月には氏政と国繁の間で起請文が交換されている。国繁はこのとき由良家当主として血判したことになる。こうして、越相同盟が崩壊し、上野国は再び上杉氏と北条氏の抗争の場となり、その勢力の境目に由良氏は位置することとなった。天正元年（一五七三）三月、国繁は上杉方の桐生城《きりゅう》（群馬県桐生市）を攻略し、桐生領を併合する。

従属先をかえた由良氏は、上杉謙信の攻撃対象となる。天正二年には、新田領は謙信の大規模な侵攻を受けている。五月、赤石・新田・館林領に侵攻した謙信は田畠を「七尺返し」にし、渡瀬川から新田・足利に向かう用水（現、待・矢場用水）を切り落として「亡郷」とした（田中文書）。これが謙信最後の越山であった。同六年三月、謙信は居城である春日山城内で倒れ、急死した。この後、越後国は謙信亡き後の後継者をめぐる「御館《おたて》の乱」によって混乱を極める。謙信の養子二人のうちの一人、上杉景虎は北条氏政の実弟であったため、北条氏は景虎を支援したが、武田勝頼が突然、上杉景勝の支援に転じたことにより、甲相同盟は決裂した。上野国の諸将の大部分は景虎方につき、由良氏もこれに漏れずに北条氏に属して行動し、同七年五月には氏政から国繁に深沢・五覧田などの所領を得ている。

この間の天正六年六月には由良成繁が死去している。すでに家督を継承していた国繁は、信濃守に任官された。

## 境目の領主として

甲相同盟の決裂により、甲斐の武田勝頼は上野国攻略にのぞむ。勝頼は、北条氏に対抗する常陸国佐《さ》竹《たけ》氏・下野国宇都宮氏らと連携を図った。武田軍は善城を攻略するなどその影響力を拡大し、厩橋北条氏をも従属させた。一方、佐竹氏に対する最前線に位置した由良・長尾両氏は、佐竹氏の侵攻と懐柔を頻繁に受けることになった。

天正十年、織田信長政権によって、甲斐武田氏が滅亡した。関東の情勢は大きな転換期を迎える。武田氏の旧領は国分けが行われ、上野国は織田家重臣である滝川一益《たきがわかずます》の支配するところとなった。織田領国に組み込まれたのである。一益の一連の動きについて、国繁は、東北の雄・伊達《だて》家重臣の遠藤基信《えんどうもとのぶ》に伝えている〔遠藤文書〕。国繁は弟顕長とともに一益に属したが、同年六月に起こった本能寺《ほんのうじ》の変を機に織田政権による上野国支配も終わりを告げた。織田氏との国分けで上野国を失った北条氏が進軍してきたのである。滝川軍と北条軍は西上野における上武国境の神流川で合戦し、一益は敗れて上野国から退くこととなった。北条氏は敗走する一益を追うかたちで信濃国に進軍し、武田氏の旧領をめぐって上杉景勝・徳川家康らと抗争する（天正壬午の乱）。この戦いは、同年十月には終息し、北条・徳川両氏の間で協定が結ばれて、関八州を北条氏、甲斐・信濃を徳川氏が領有することとなった。上野国の諸将は北条氏の支配下に再び入ったが、北条氏に対抗する佐竹氏はたびたび軍勢を遣わし東上野に侵入することとなる。

同年十一月、厩橋北条高広が北条氏から離反し、上杉景勝に従った。そのため、高広は北条氏の攻撃を受け、翌十一年九月に厩橋城を開城した。この北条氏の厩橋城獲得を祝う場で一つの事件があった。「石川忠総留書」によると、由良国繁・長尾顕長兄弟は北条方から金山・館林両城の明け渡しを命じられたが、これを拒否したことにより捕らわれの身となったというのである。国繁・顕長は小田原城に護送された。主不在の両城は、それぞれの嫡子を立てて、国繁・顕長の母である妙印尼《みょういんに》を中心に守ったとされる。とくに、下野国皆川広照《ひろてる》を介して、北条氏と同盟関係にあった徳川家康に支援を呼びかけた。

由良国繁の室について、国繁の嫡子貞繁の項に「母結城《ゆうき》城主結城左衛門佐晴朝養女《さえもんのすけはるともようじょ》」とみえる。さらに、『前橋藩松平家記録』所収の系譜には「母結城左衛門佐晴朝養女、実皆川山城守《やましろのかみ》広照女」とあることから、国繁の室が皆川家から結城家に養女に入った女性であったことがわかる。年齢的なことに鑑みると、「広照女」が「広照妹」の誤記である可能性はある。いずれにしても、皆川氏による徳川氏を通じての城主返還の依頼は、国繁室の出自に基づくものであったと考えられるのである。

天正十二年三月、北条氏は武蔵国から利根川を越え、足利城の近くにまで軍勢を進めた。一方、反北条方の中核である佐竹氏・宇都宮氏も四月に出陣し、両軍は進軍して、五月上旬、沼尻（栃木県栃木市）で対峙した。両軍の膠着状態は続き、七月には雌雄を決せないまま開陣となった。この沼尻合戦は、ほぼ同時期に尾張国で起こった徳川家康と羽柴秀吉による小牧・長久手の戦いと連動しているとされる。つまり、北条氏と同盟関係にあった徳川氏に対して、秀吉が佐竹氏ら関東の反北条勢力と結んで二つの戦いが展開したのであった。小牧・長久手の戦いも同年十一月に終結する。

すると、北条軍は新田・館林に向け、軍を進めた。十二月には、館林領内において北条方の禁制が多く発給されているので、この時期に北条軍が館林領内に入ったのであろう。翌十三年正月には、北条氏照が金山・館林両城を請け取っている。この両城引き渡しの交換条件として、小田原に拘束されていた由良国繁・長尾顕長は領地への帰還を遂げたとも考えられている。こうして金山・館林両城は、北条氏の直轄となった。同年十一月には、金山北曲輪に宇津木下総守、根曲輪には大井豊前、西城へは高山《たかやま》遠江守《とおとうみのかみ》といったかたちで、周辺の国衆らに在城が申し付けられている。天正十五年には、北条氏の重臣清水太郎左衛門尉《しみずたろうざえもんのじょう》を金山城の城将として配置した〔宇津木文書など〕。国繁・顕長はそれぞれ桐生城・

足利城に移ったが、天正十六年八月に再び北条氏から離反した。翌十七年二月には降伏し、両城を破却され、妻とともに小田原在城が命じられている〔相州文書〕。

### 北条氏滅亡後の由良氏

天正十八年四月二十日、天下統一を進める豊臣秀吉《とよとみひでよし》は、北条氏の本拠である小田原城を攻撃するとともに、碓氷峠《うすいとうげ》を越え、関東に侵攻した。同月二十四日には金山城が豊臣方の前田利家《まえだとしいえ》に明け渡されているので、五月には桐生領も同様だったのだろう。このとき、国繁は小田原城に籠城しており、総構内西南を顕長とともに守っている〔小田原陣仕寄陣取図〕。地元の桐生領で豊臣軍を迎えたのは、嫡子貞繁と母妙印尼であった。その際に妙印尼は、利家を通じて秀吉に息子たちの助命嘆願を行っている〔金谷文書〕。

同年七月、小田原城は落城した。関八州は徳川家康に与えられ、桐生・新田・足利・館林といった由良・長尾両氏の所領も家康の知行となった。この際に、妙印尼は秀吉から朱印状を受けている〔由良文書〕。秀吉は、過去に国繁・顕長を北条氏に捕らえられながら城を守った功績を認め、常陸国牛久《うしく》（茨城県牛久市）の地を当知行に任せ「堪忍分《かんにんぶん》」として与えた。慶長三年（一五九八）の知行目録において五四〇〇石余が国繁に宛がわれている〔由良文書〕。以後、国繁は、家康に与し、同五年の関ヶ原《せきがはら》の戦い後には新恩として下総《しもうさ》国相馬《そうま》郡一六〇〇石を与えられた。

由良国繁は慶長十六年正月三日に死去した。由良氏は、清和源氏新田氏の嫡流として家を存続させ、幕府内においても高家《こうけ》の職を保持し続けたのである。

（青木裕美）

**【主要参考文献】**

黒田基樹『戦国大名と外様国衆』（文献出版、一九九七年）、のちに『増補改訂 戦国大名と外様国衆』（戎光祥出版、二〇一五年）
齋藤慎一『戦国時代の終焉―「北条の夢」と秀吉の天下統一―』（中央公論社、二〇〇五年）
久保田順一『戦国上野国衆事典』（戎光祥出版、二〇二一年）
簗瀬大輔『小田原北条氏と越後上杉氏』（吉川弘文館、二〇二二年）
簗瀬大輔「主君と城を交換するということ―小泉・沼尼合戦における由良・長尾家中の動向―」（『國學院雑誌』一二二巻十一号、二〇二一年）
『金山城と由良氏』（太田市教育委員会、一九九六年）

# 長尾顕長 ――館林を拠点に乱世を生き抜く

## 足利長尾氏から館林長尾氏へ

足利長尾氏《あしかがながお》の成立は、寛正六年（一四六五）、鎌倉《かまくら》長尾氏の長尾景人《かげひと》が室町幕府《むろまちばくふ》から下野国足利荘代官に任命されたことにさかのぼる。当時、上野国に勢力を持った長尾氏は、良文流桓武平氏の流れを汲み、鎌倉権五郎景正《ごんごろうかげまさ》の後胤とされる。室町期に鎌倉へ下向した上杉《うえすぎ》氏に早くから従い、関東管領《かんとうかんれい》上杉氏の家宰として、その守護領国であった上野国の守護代として活躍した。やがて鎌倉・白井《しろい》・惣社《そうじゃ》長尾の三家が成立する。永禄五年（一五六二）、越後上杉氏によって上野国館林《たてばやし》城が攻略されたことにより、長尾顕長《あきなが》の養父である景長《かげなが》（当長《まさなが》）が、その拠点を足利から館林に移した。ここに館林長尾氏が誕生する。

## 顕長の出自と長尾氏との養子縁組

長尾系図（西宮長林寺蔵）によると、長尾顕長は金山《かなやま》城主由良成繁《ゆらなりしげ》の次男として生まれ、幼名を熊寿《くまじゅ》丸《まる》といった。由良氏から婿養子として長尾家に迎えられ、その後、家督を継いだことになる。

由良氏は、もともと小野篁《おののたかむら》の流れを汲む小野氏の末裔とされる武蔵七党横山《よこやま》氏・猪俣《いのまた》氏の一派、横《よこ》瀬《せ》氏である。上野国新田《にった》郡横瀬郷（埼玉県深谷市）を本領として新田岩松《いわまつ》氏の家臣として台頭した横瀬氏は、明応四年（一四九五）の屋裏《おくり》の錯乱《さくらん》で新田金山城主となり、新田領を支配した。そして、顕長の実父である成繁の代の永禄年間に、横瀬氏から由良氏に改姓した。成繁の叔母に当たる女性が景長の父憲長に嫁していることから〔清和源氏新田由良系図〕、顕長の養子縁組以前からすでに横瀬（由良）氏と長尾氏の血縁的結びつきは存在していた。

一方、顕長の母は、法名を妙印尼と称した女性で、赤井《あかい》刑部少輔《ぎょうぶのしょうゆう》重秀《しげひで》の娘とされる〔清和源氏新田由良系図〕。赤井氏は、室町時代中期に国人領主舞木《まいき》氏の被官として頭角を現し、足利長尾氏が入城する以前に館林城主として東毛地域（上野国東部）に勢力を持った一族である。赤井氏については伝承が多く、史実と混同されてきた。現在、その出自としては源姓と文屋姓の二系統の説がある。永禄五年（一五六二）二月九日、上杉輝虎《てるとら》による館林城攻撃を受けて城主・赤井氏は降伏する。そして、大石源左衛《おおいしげんざえ》門《もん》・由良成繁らの懇望により助命され、館林城を逐われた。その姿は「なかなか憐れなる様躰」であったと、上杉方の須田栄定は長尾政景に伝えている〔上杉家文書〕。滅亡した館林城主赤井氏の血を引く顕長が、館林長尾氏を継承したことになる。

顕長は幼少期を金山城で送った。上野国新田郡世良田《せらだ》（群馬県太田市）の古刹長楽寺《ちょうらくじ》の住職賢甫義哲《けんぽぎてつ》が記した「永禄日記《えいろくにっき》」（長楽寺蔵）のなかに、顕長は「熊寿丸」として登場する。

永禄八年（一五六五）、前年から佐貫《さぬき》（群馬県館林市）にいた熊寿丸は、ここで年を越している。熊寿丸の金山不在について、義哲は「留守」として表現しており、「館林当年越年」とあることから、限定的に捉えていたようだ〔正月四日条・二月十日条〕。また、折々の贈答品が金山城を通じて長楽寺から熊寿丸の元へ届けられていることから、熊寿丸は実家である由良家や新田地域との密接な関係がうかがえる。永禄八年にはすでに熊寿丸は金山城を離れ館林の地におり、景長との養子縁組は成立したばかりか、という時期だったと考えられる。顕長の養子入りについて、前年の永禄七年正月を想定する説もある。田沼長貞《たぬまながさだ》（長尾氏家臣）が鑁阿寺《ばんなじ》にいた長山雅楽助に宛てた十二月二十六日付書状〔鑁阿寺文書〕では、歳暮の祝儀とともに新五郎《しんごろう》（顕長）の元服についても一荷三種が披露されたことが述べられている。年次は未詳だが、家督を直前に相続していることから、館林に移って、そう遠くない時期に元服を遂げたといえる。実名「顕長」の「顕」の字は山内上杉氏からの偏諱と考えられている。

永禄九年には、金山城主の由良成繁が上杉方に反旗を翻し北条《ほうじょう》氏に属した。これにともない、東毛地域の国衆の多くと同様に、長尾氏も北条方に与した。上杉氏からの一字拝領を考えると、顕長の元服は、館林長尾氏が越後《えちご》上杉氏から離反する以前の永禄八年もしくは九年と考えられる。

## 上州河北根本足利領

天文二十一年（一五五二）二月二十六日、顕長の養父景長は御嶽《みたけ》城堅固の祈祷のために「上州浄法寺村（群馬県藤岡市）之内五百疋之所」を鑁阿寺に寄進した〔鑁阿寺文書〕。ちょうどこの頃、御嶽城（埼玉県神川町）が、北条氏の攻撃を受けていた。御嶽城は、武蔵七党丹党の一族であった安保《あぼ》氏の居城であり、浄法寺村は神流川《かんながわ》を挟んだ対岸にあたる。永禄三年（一五六〇）に越後上杉氏によって作成されたとされる「関東幕注文《かんとうまくちゅうもん》」（上杉家文書）には、「長尾但馬守《たじまのかみ》（景長）」を旗頭とする足利衆の多くが下野国足利周辺の地名を名字に持つ武士であることがわかる一方、西毛地域や武蔵国北部の上野国との国境地域に拠点を持つ武士が含まれている。「安保次郎」として名がみえる安保氏は、代々古河公方足利氏の家臣だったが、天文二十一年三月には北条軍によって御嶽城を陥落され、安保中務大輔《なかつかさのたいふ》が北条氏に降った。以後、安保氏は北条氏に属し行動している。

永禄六年（一五六三）五月十日に、安保中務大輔・同左衛門尉《さえもんのじょう》が北条氏康《うじやす》・氏政《うじまさ》から「上州河北根本足利領」と呼ばれる所領を与えられている（安保文書）。これは左衛門尉の家督継承にともなうものと考えられている。この地域を本来足利長尾氏が領有していたことになる。武蔵国守護代上杉家の家宰であった長尾氏の所領が、この地にあったと考えられる。これらの地名は、上武国境地域に跨るかたちで所領が所在している。これは、幕注文にみられる足利衆の所在と同様である。

同領が長尾氏の支配ではなくなった後も、長尾氏の影響力は残ったようだ。上武国境地域に点在する地侍に黒澤《くろさわ》氏がいる。武蔵国児玉《こだま》郡阿那志《あなし》村（埼玉県美里町）の千田《せんだ》氏の祖は、藤原宇合《ふじわらのうまかい》の嫡孫周防《すおうの》守長当《かみながまさ》を祖と伝わっている（新編武蔵国風土記稿）。その二六代目にあたる大塚加賀守俊行《おおつかかがのかみとしゆき》が鉢形《はちがた》城（埼玉県寄居町）の北条氏邦《うじくに》に属し、阿那志村に一一二〇貫を領した。俊行は、上野国甘楽《かんら》郡の国衆小幡《おばた》氏の浪人であった桐渕喜右衛門《きりぶちきえもん》（富岡黒澤氏か）を養子に迎えた。喜右衛門もまた氏邦に仕えて氏を黒澤と改め、日向守《ひゅうがのかみ》に任じられたという〔千田家文書〕。その継嗣である伊右衛門定勝《いえもんさだかつ》は、「上野国立林長尾新五郎」の家人である千田源右衛門の実子であり、のちに自らの実家である千田姓に改めたという。ここに見える「長尾新五郎」は館林城主・長尾顕長のことであろう。また、同姓で、同じく氏邦の重臣である黒澤繁信《しげのぶ》は、天正十一年（一五八三）頃に足利の鑁阿寺からの願を受け、大堂伽藍や禁制発給について取次を行っており、度々鑁阿寺への文書発給に関わっている〔鑁阿寺文書〕。上武国境地域と長尾氏との間には、依然として人的交流が確認でき、それは政治上の外交関係を裏打ちするものであったと想定できる。

### 境目地域の領主として

永禄十二年（一五六九）、越後上杉氏と小田原《おだわら》北条氏の間で越相同盟が成立した。甲斐武田《たけだ》氏に対抗するための軍事同盟である。館林領は上杉氏の領分となり、広田直繁《ひろたなおしげ》が館林城主を命じられ、元亀元年（一五七〇）二月末には館林に入った。これにより、永禄十二年に義父景長の死去にともなって名跡を継いだ顕長は、足利への退却を余儀なくされた。顕長の発給文書の初見は、元亀元年（一五〇七）十二月二十一日である。この翌年、元亀二年（一五七一）、北条氏康が死去すると越相同盟は破綻し、氏康の子氏政は甲相同盟を復活させた。北条方に属した顕長は、ここに館林城主へと復帰を遂げる。

一方、実家である太田金山城では、元亀三年に実父成繁が死去し、兄国繁《くにしげ》が家督を継いだ。天正元年（一五七三）には桐生《きりゅう》領を併合しており、ここに由良・長尾両氏の領国が両毛地域（上野・下野国境地域）に成立した。しかし、自らの領域を保全するために上部権力である戦国大名に服属しながら存続の道を切り拓いていく必要があった。

天正二年（一五七四）三月、越後の上杉謙信が上野国に侵攻し、東上野へと至った。この際に謙信は、渡良瀬川から新田・足利領へと流れる用水を切り落とし、新田・館林・足利の村々を「亡郷」にしたと伝えている〔田中文書〕。さらに、同年閏《うるう》十一月にも北条方の栗橋・館林など四・五か所の敵城を焼き払っている。

館林城跡の土塁　群馬県館林市

謙信が天正六年に死去すると、謙信の二人の養子による跡目争いの「御館《おたて》の乱」が起こった。その結果、この争いに勝利した上杉景勝が甲斐武田氏と同盟を結び、翌七年に東上野は武田軍の侵攻を受けることとなる。この武田氏の動きに、北条氏に対抗する姿勢をとる佐竹義重が同調した。しかし同十年三月、織田信長によって武田氏が滅亡したことにより、上野国の情勢は一変する。武田旧領は織田氏の領国となり、北条氏との同盟関係によって上野国には織田氏重臣の滝川一益が入り、武蔵国以南が北条氏の領国となったのである。由良・長尾兄弟は一益に従った。しかし、同年六月に発生した本能寺の変を受け、上武国境の神流川で滝川軍と北条軍が衝突。由良・長尾兄弟は北条方に味方した。敗れた一益は西国へと退去し、織田政権の上野国支配も終わりを告げる。以後、由良・長尾兄弟の身上は、小田原北条氏とそれに対抗する佐竹氏を中心とする反北条連合の間で大きく変動することとなる。

## 北条氏への離反と沼尻合戦

天正十一年（一五八三）九月十八日、城主北条高広《きたじょうたかひろ》は厩橋城《まやばし》（前橋市）を開城し、北条氏に明け渡した。このことが佐竹氏を中心とする反北条連合の動きに拍車をかけた。同年十月二十九日、天徳寺宝衍《てんとくじほうえん》は、敵対する由良・長尾両氏に使者を送り反北条連合への勧誘を行っている旨を、佐竹義重《さたけよししげ》に伝えている。十一月八日には、小泉城（大泉町）主の冨岡氏が、金山城が北条氏の支配下となった暁には反北条連合に寝返った由良氏の新田領と惣社領の一部を与えることを小田原の北条氏直から約束されているため、宝衍の勧誘直後に由良・長尾氏は北条方から離反したことがわかる。

この由良・長尾氏の離反について、「石川忠総留書《いしかわただふさ》」によると、由良国繁・長尾顕長兄弟は、父成繁から「北条家は無道の家であるので、用心して兄弟が代わる代わる御陣の御供をし、城を不在にすることがないように」という遺言を受けていたという。北条家当主氏直は、兄弟が一緒にいるときに金山・館林両城を借り受けようとしていたが、なかなか兄弟が一緒に参上することはなく、延引していた。しかし、北条氏が厩橋城を手に入れた際に、兄弟は父の遺言を失念し、祝儀を言上するために二人揃って厩橋城に赴いてしまったのである。氏直は、兄弟に対し、「佐竹へと軍を動かそうと思っている。佐竹退治の間、金山城と館林城を借り受けたい。北条譜代の家臣を両城に入れ、安心して利根川に船橋を掛けたい」と伝えた。しかしながら、兄弟は応じずに捕らえられてしまう。供奉していた家臣たちは、甲冑姿で領地に戻り、籠城の支度に入った。兄弟の母である妙印尼《みょういんに》はこの様子を聞き、金山城の大手へ出向いて家臣たちに言った。「北条殿のやりかたは酷いものである。このうえは、この尼の首を取って北条殿に捧げるか、国繁・顕長の子らを取り立てて両家中が団結し城を守るか」。両家の家臣たちは「仰せはもっともである。誰が背くことがあろうか」と皆々申した。由良国繁と長尾顕長は囚人となり、厩橋城から小田原へ連行され、座敷牢へ押し入れられた。氏直は、国繁・顕長さえ捕らえてしまえば両城は手に入ると思い、厩橋城から直に金山城へ軍を進めたが、由良家の家臣たちは「城を枕に」と堅固に守ったので、城を奪うこともできずに館林へ攻撃対象を変えた。しかし、こちらも堅く守備を行っていたので、小田原へ馬を納めた。

「留書」は同時代資料ではなく誤記や誇張表現もあるが、この記載によると、当主である国繁・顕長が捕らえられながらも、由良・長尾両氏の一族・家中は城を抱えて抵抗したことになる。こうして両毛地域は北条方と反北条連合の抗争の最前線となり、戦況は熾烈を極めていく。

天正十二年五月、下野国沼尻《ぬまじり》（栃木県栃木市）において、両軍の退陣は七月まで続いた（沼尻合戦）。この戦いは、豊臣秀吉《とよとみひでよし》軍と織田信雄《おだのぶかつ》・徳川家康《とくがわいえやす》の連合軍による長久手《ながくて》の戦い（愛知県）と連動していた。つまり、それぞれの対立軸にいた豊臣秀吉と反北条連合、徳川家康と小田原北条氏が手を組んでいたのである。遠く離れたこの二つの地域の戦は、お互いがより良い戦局に導くため、軍事的な結びつきを強めていた背景が存在する。

地元に残された由良・長尾家中の人々も手をこまねいて北条家の侵攻を待っていたわけではない。由良家が当主返還の頼りにしたのは、北条氏と同盟関係にあった徳川家康であった。家康と繋がりの強い皆川広照《みながわひろてる》に仲介を依頼し、兄弟の身上の保全を願い出た。皆川広照の娘は由良国繁の室であり〔結城御代記〕、金山にいたと考えられる。嫁いだ娘のために、広照は家康へと兄弟の身上保全を強く働きかけたのである。

天正十二年七月二十二日、沼尻合戦は勝敗がつかぬまま、終結を迎えた。その直後、北条軍は新田・館林領に進軍を開始する。反北条方へと離反し、戦局を悪化させた最大の要因である由良・長尾両家に対する軍事行動であった。決着がつかないまま終結した合戦の事後処理としては、ルールに反するものである。十二月二十五日には北条軍の先遣隊である北条氏照軍が利根川を渡り、館林領に侵攻する。これ以降、館林領において北条軍による禁制が発給されている。翌十三年正月四日、北条氏照によって新田金山・館林両城は没収され、由良・長尾兄弟はそれぞれ桐生城・足利城に拠点を移すこととなる。

## 館林長尾氏の家臣団

高野山《こうやさん》清浄心院《しょうじょうしんいん》で行われた供養のための名簿には、館林・足利に住んだ人々の名がみえる。天正三年六月十五日に「長尾但馬守」を供養した人物として二名の家臣名が記録されている〔清浄心院日月供名簿〕。「長尾但馬守」の法名を「心通禅空居士《しんつうぜんくうこじ》」と記していることから、長尾景長であると考えられる。景長は永禄十二年七月十五日に死去しており、七回忌を一月後に控えた祥月命日に供養を行ったのだろう。

景長の霊位供養の施主として名がみえる家臣のなかに、窪田若狭守《くぼたわかさのかみ》がいる。分限帳には「父出羽守《でわのかみ》　永三十八貫文　窪田村　窪田若狭守」と見える人物であり、窪田（久保田）村（足利市久保田町）を本拠としていたらしい。「永禄日記」五月一日条に「足利窪田殿コヘラレツル」と長楽寺への来訪が記されている人物は、この若狭守か、もしくはその父に比定できる。同日付で若狭守は自身の生前供養も行っているので、その法名が「全悦禅定門《ぜんえつぜんじょうもん》」であることがわかる。

もう一人、田沼孫右衛門尉《まごえもんのじょう》が供養の施主となっている。田沼氏については分限帳にはみえないが、本拠は現在の佐野市田沼町付近であろうか。鑁阿寺文書に田沼氏の発給文書が複数存在する。田沼長貞《ながさだ》（のちに長道《ながみち》）なる人物で、初め官途名の新右衛門尉で見え、元亀元年に受領名和泉守《いずみのかみ》を称し、天正八年に実名を長道と改名している。長貞の動向は永禄期から天正前期まで確認されることから、孫右衛門尉は長貞の息子の可能性が高い。孫右衛門尉は景長の供養と同日付で自身の生前供養も行っており、その法名が「海屋玄性禅定門《かいおくげんしょうぜんじょうもん》」であったことがわかる。また、同日で「田沼孫右衛門尉内女」である「安慶妙禅定尼《あんけいみょうぜんじょうに》」の逆修供養も行われている。

さらに「清浄心院日月供名簿」に見える長尾氏の家臣として、縣遠江守《あがたとおとうみのかみ》、江戸隼人《えどはやと》、柳田内匠助《やなぎたたくみのすけ》・与左衛門《よざえもん》・播磨守《はりまのかみ》・伊賀《いが》などが見受けられる。一部の家臣は天正十八年（一五九〇）以降の記載もみえることから、主君を離れて足利・館林土着したといえる。

### 豊臣軍の攻勢に直面して

この頃、すでに着々と天下統一を推し進める豊臣秀吉の脅威が関東にも迫りつつあった。天正十七年十一月二十四日、豊臣秀吉が北条氏直《うじなお》に宣戦布告し、十二月上旬には小田原征伐の陣触れが行われた。翌十八年正月六日に氏直は武蔵・上野両国の国衆へ動員令を出し、小田原籠城を命じた。一方、籠城戦に動員された以外の一族や家臣らは、国元にあり自らの城を守ることとなる。しかし、四月二十日には松井田城《まついだ》（群馬県安中市）が落城し、豊臣軍のうち前田利家らが指揮する東山道軍が上野国に侵攻してくる。四月下旬から五月初旬にかけて新田・館林・足利といった両毛地域の城が次々落城。この大軍侵攻のなかにあって由良・長尾両一族を守ったのは、兄弟の母、妙印尼であった。侵攻してきた前田利家を介して豊臣秀吉へ、由良・長尾兄弟の身上の保全を願い出ている〔金屋文書〕。これに対する秀吉から妙印尼に宛てた朱印状〔由良文書〕には、

先年、小田原へ捕らえられ、居城へ北条軍が取り懸かり「城を渡せ」と申しかけられたが、母（妙印尼）は覚悟して城を相抱え、（家康に）御届申し上げた。しかし、了簡に及ばず小田原へ城を渡し、今度（小田原征伐）籠城したことは忘れるものではない。本知行を宛がおうと思ったが、家康へ与えてしまったので、その堪忍分として常陸国牛久は当知行に任せて与えるので、母は覚悟して領知を全うするように。

とみえる。妙印尼は、天正十一年から同十二年の由良・長尾兄弟の小田原連行時に続き、小田原征伐という大きな局面でも家中を守ったことを賞されている。秀吉による兄弟の身上保全において、かつて当主不在のなかで北条軍に立ち向かった妙印尼の功績が大きく評価されたといえよう。

## 戦国の終焉と足利退去

常陸国牛久《うしく》領（茨城県）は、由良国繁が知行し、長尾顕長も同行し牛久に赴いた。八月二十二日、顕長も、江戸城に入った家康に対しての贈答品に対する礼状を家康から受け取っている。しかし、同地はあくまで由良氏の所領であり、新たな知行を持たず、顕長は元和七年（一六二一）に没する〔古河藩系譜略〕。墓所は足利市西宮町長林寺の足利長尾歴代当主の墓所内にある。一方で、慶長年間に顕長が牛久を離れ、

福井本多家《ふくいほんだ》に身を寄せたとする説が提示されている〔越前府中赤見家系図〕。今後の検討が必要であろう。
顕長の子息宣景《のぶかげ》は、まもなく浪人の身上となり上州に居住の後、慶長年間に土井利勝《どいとしかつ》に召し出され、大坂の陣で武者奉行として活躍した。以後、長尾家は古河藩土井家の家老職を務め、幕末に至る〔古河藩系譜略〕。

（青木裕美）

【主要参考文献】

赤見初夫「長尾顕長の書き替えられていた感状と最晩年考―越前府中赤見文書の紹介と検討―」（『群馬文化』三四八号、二〇二三年）
黒田基樹『戦国大名と外様国衆』（文献出版、一九九七年）、のちに『増補改訂 戦国大名と外様国衆』（戎光祥出版、二〇一五年）
齋藤慎一『戦国時代の終焉―「北条の夢」と秀吉の天下統一―』（中央公論社、二〇〇五年）
久保田順一『戦国上野国衆事典』（戎光祥出版、二〇二一年）
簗瀬大輔『小田原北条氏と越後上杉氏』（吉川弘文館、二〇二二年）
簗瀬大輔「主君と城を交換するということ―小泉・沼尻合戦における由良・長尾家中の動向―」（『國學院雑誌』一二二巻十一号、二〇二一年）
『金山城と由良氏』（太田市教育委員会、一九九六年）

# 小幡信真——武田・北条に対峙した西上野の領主

## 小幡氏という領主

小幡《おばた》氏惣領《そうりょう》家は戦国期の上野国甘楽《かんら》郡におけるもっとも有力な領主、すなわち戦国領主（国衆）であった。小田原北条《おだわらほうじょう》氏や甲斐武田《たけだ》氏といった広域を支配した戦国期権力との関わりについては評価が分かれるが、自らが支配した甘楽郡内などにおいては、国峰《くにみね》城（群馬県甘楽町）を拠点に判物《はんもつ》や印判状《いんばんじょう》を発給して軍隊を持つ公権力であったという評価は、おおむね共有されている。

このことを前提として、小幡氏の領主としての理解をさらに深めるために、以下の点に着目したい。すなわち、①判物や印判状などの権利を保証する文書は、その文書を入手することで権益を得る者が自ら手に入れた。②小幡氏はもともと武蔵国の児玉党系の武士であった。③小幡氏を「甘楽谷の領主」として捉えることで、見えてくる面と見えなくなる面がある、の三点である。

①について別の言い方をすると、判物や印判状などの権利を保証する文書は、その文書を入手する者によって、当事者主義的に機能したということである。したがって、こうした文書は発給者の立場から論じるのではなく、文書を手に入れて権益を得た者の立場から論じる必要がある。

②小幡氏の苗字の地は甘楽郡の小幡（群馬県甘楽町）だが、もともとは武蔵国の児玉《こだま》党系の武士であったと考えられている。西上野では、たとえば新屋《にいや》氏・白倉《しらくら》氏・片山《かたやま》氏・倉賀野《くらがの》氏などが該当する。戦国末期まで小幡氏と武蔵国児玉郡の所領との関わりがみられるのは、この点と密接に関係するのではないか。

③小幡氏が「甘楽の領主」であったと表現される場合、この甘楽とは鏑川《かぶらがわ》流域の現在の甘楽郡を支配した領主という意味になるのではないか。たしかに、史料中にも「甘楽谷」という表記はあるが〔内閣文庫所蔵 富岡家文書など〕、前近代の甘楽郡は多野山地よりも南側の神流川《かんながわ》流域における上山荘《かみやまのしょう》（群馬県上野村）や山中《さんちゅう》（近世の山中領、上野村・神流町）、すなわち現・多野郡《たのぐん》域も含む広域な郡であった。小幡氏惣領家が判物・印判状を発給した地域も参照すると〔黒田一九九七〕、小幡氏惣領家は、この広い意味での甘楽郡の領主であった。この点の認識は、小幡氏惣領家の本拠地が国峰にあったことを理解するうえでも重要だろう。

## 上信国境方面と小幡氏

小幡信真《のぶざね》は当初、信実《のぶざね》と称し、のちに信真に改名するが、以下では信真と記す。信真の父は尾張守《おわりのかみ》と考えられており、その実名は憲重《のりしげ》であったようだ。室町から戦国前期にかけて、小幡氏では憲重につながる右衛門尉《えもんのじょう》の系統と三河守《みかわのかみ》の系統が確認される。前者が惣領の系統と考えられており、いずれの系統も上野国守護の山内上杉《やまのうちうえすぎ》氏の配下の領主であった。憲重が活動していた天文年間初頭には、山内・扇谷《おうぎがやつ》両上杉氏は小田原北条氏に対して劣勢に転じた。天文十年（一五四一）以降には、山内上杉氏は上信国境で甲斐武田氏とも争うようになっていった〔黒田二〇一三〕。このような情勢に対して、小幡氏はどのように対応したのであろうか。

上信国境方面では信濃国佐久郡《さくぐん》と接するのが上野国甘楽郡であるため、甘楽郡で最大の領主であった小幡憲重の動向が確認できるようになる。すなわち、佐久郡まで勢力を伸ばした武田晴信《はるのぶ》がこの頃に南《なん》牧谷《もくだに》の市川《いちかわ》氏に宛てた書状や永禄四年（一五六一）に小林氏に宛てた書状に小幡尾張守（憲重）が記されているように、憲重は小林氏や市川氏といった小領主の所領を保証する立場にあった。

この頃の甲斐武田氏と小幡氏との関係は、『甲陽軍鑑《こうようぐんかん》』を除いた一次史料では、『甲陽日記《こうようにっき》（高白斎記）』天文二十二年九月二十八日条に「小幡父子出仕」とある。したがって、小幡憲重・信真父子が武田氏のもとを訪れたようであるが、だからと言って、これ以降に小幡氏が武田氏の家来のように行動したわけではなかった。

例えば、この頃の武田氏と小幡氏との関わりを知るうえで参考になるのは、年未詳四月十一日付で武田晴信（信玄）が小幡氏庶流の三河守に宛てた書状であろう〔陽雲寺文書〕。晴信の名乗りから永禄二年よりも前の書状であり、天文十八～十九年に比定されている〔黒田二〇一三〕。そこで晴信は年頭の祝儀として小幡三河守が太刀などを贈ったことに謝意を表し、「同名の尾張守（憲重）とは通じ合って

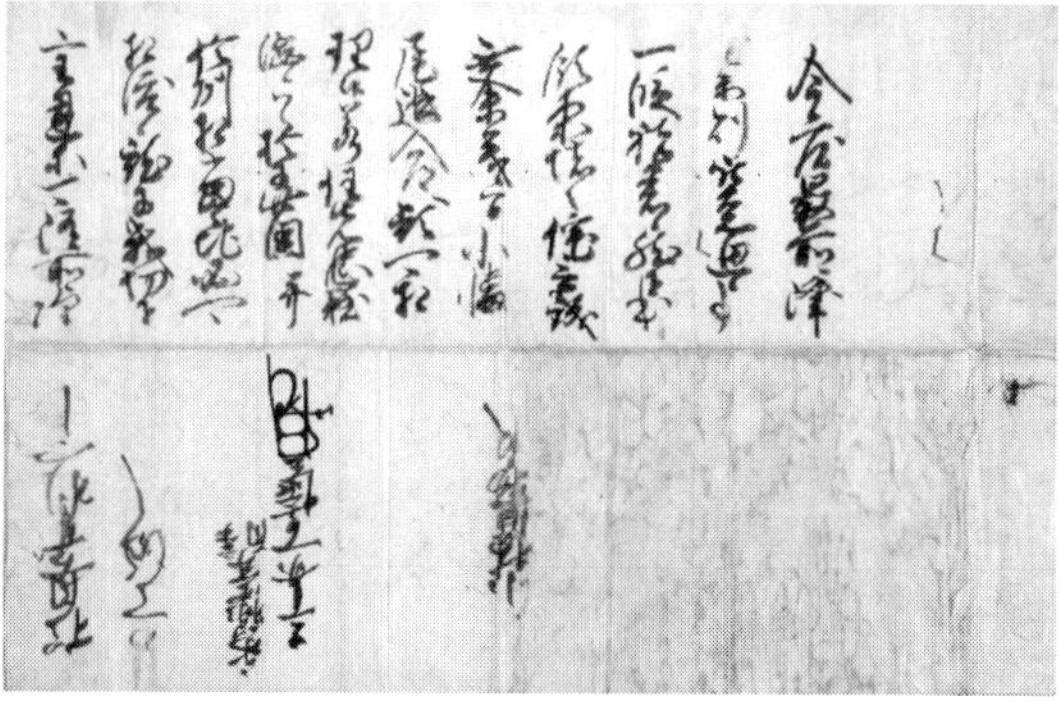
武田信玄判物　小林家文書　群馬県立歴史博物館寄託

いるので、今後は三河守と昵懇になることを望む」と記している。内容についてはともかく、本書状において晴信は「源晴信」と本姓を用いて署判しており、小幡三河守に対して丁重な書札礼《しょさつれい》であった。したがって、この段階において武田晴信は、小幡三河守に丁重に接しようとしたことがわかる。

この天文年間後半から永禄年間初頭にかけての小幡氏の確実な動向を知ることができるのは、正文の『小林家文書』である。たとえば天文十七年には、小幡尾張守（憲重）が山内上杉方から離れたため、山内上杉氏はその所領を小林氏に認めている。一方で、信玄《しんげん》が永禄四年十二月に小林氏の所領を保証した折紙の文書をみると、「小林氏が本領安堵について訴えているのは仕方のないことであるから、小幡尾張守（憲重）に相談する。もし、忠義があるからと言って尾張守が応じない場合は、上野国あるいは信濃国において小林氏の所領を保証する」と伝えている（写真）。すなわち、信玄の一存では小林氏の所領を保証することは難しく、小幡憲重の同意が重要であったが、それでも信玄が憲重と調整することは難しかったことがわかる。なぜならば、小幡氏は甘楽郡において独自に判物を発給する自立した領主でもあったからだろう。

## 上武国境方面と小幡氏

次に上武国境方面をみると、山内上杉氏が小田原北条氏の圧迫を受けていた天文十七年（一五四八）の文書によって、憲重が確認できる〔小林家文書〕。すなわち、上野守護で関東管領《かんとうかんれい》の上杉憲政《のりまさ》が、小幡尾張守（憲重）の当知行であった甘楽郡秋畑村《あきはた》（群馬県甘楽町）の所領を小林平四郎《こばやしへいしろう》に認めた文書である。この時期に山内上杉氏が所領を保証するために発給していた判物の様式をとっており、小林氏が山内上杉氏に求めた結果、発給されたものだろう。

注目したいのは、緑野郡《みどの》を拠点とした小林氏が秋畑の所領を求めていた点である。秋畑は鏑川流域の甘楽谷と神流川の上流域（明治十一年以降の南甘楽郡）との中間地として重要であった。さらに、秋畑から途中で鮎川《あゆかわ》に沿って日野《ひの》（群馬県藤岡市）を経由すれば、小林氏の本拠地の緑野郡の高山御厨《たかやまのみくりや》に到ることもできる。また、天正八年（一五八〇）六月に小幡信真が黒沢《くろさわ》氏に所領を保証している武蔵国秩《ちち》父郡《ぶ》小鹿野《おがの》（埼玉県小鹿野町）は、秋畑から神流川流域に到れば、峠を越えて数キロメートルの距離である〔黒沢文書〕。このような中世の多野山地とその周辺における交通と所領は十全に機能していたと想定され、その結節点に当たる秋畑は本来、小幡尾張守の当知行であった。

天文二十一年（一五五二）三月、小田原の北条氏康《うじやす》は御嶽城《みたけ》（埼玉県神川町）に数千騎で攻め寄せて落城させた。その後に北条方は山内上杉憲政の平井城《ひらい》（群馬県藤岡市）を攻め落とし、憲政は越後の長尾《ながお》景虎《かげとら》を頼って落ちて行った〔仁王経科註見聞私〕。

この争乱の最中、小幡憲重に宛てた北条家の印判状が三月十四日付で発給された〔鈴木弘氏所蔵文書〕。内容は、武蔵国児玉郡今井村《いまい》（埼玉県本庄市）の百姓等が逃散したが、元に戻るように北条氏が小幡氏に命じたものである。この後、戦国末期の天正十八年まで、今井村（今井郷）の小領主・鈴木《すずき》氏や百姓中に宛てた小幡氏の発給文書が残存しており、小幡氏と児玉郡との関わりを知る上で重要である。

その六日後の三月二十日付で、北条家は上野国緑野郡北谷（群馬県藤岡市）の百姓中に宛ててもほぼ同文の印判状を発給している〔飯塚文書〕。同文・同日付で宛所が異なる場合、文書や印判状は差出人が一斉に発給した場合もあるが、日付が異なるため一斉発給ではなかったのだろう。

鈴木弘氏所蔵文書には鈴木氏宛ての文書もあるので、先の三月十四日付で憲重に宛てた印判状は、今井郷の現地の武士である鈴木氏が自ら手に入れたと考えられる。おそらく、この後に鈴木氏はこの印判状を持って今井郷の領主である小幡尾張守のもとに赴き、百姓を元に戻すように訴えたに違いない。鈴木氏は今井村の百姓を元に戻すには小幡氏が重要と考え、小幡氏を動かすために、小幡氏宛の印判状を北条氏から手に入れたのだろう。鈴木氏・小幡氏・北条氏の三者の関係をこのように捉えることができる。

### 小幡氏と武田氏

永禄三年（一五六〇）九月、越後に逃れていた上杉憲政を奉じて長尾景虎は関東に出兵した。翌四年十一月になると、甲斐の武田信玄も西上野に出兵していった。

翌五年三月九日付で、信玄は小幡尾張守入道（憲重）宛に文書を発給している〔野口寛三氏所蔵文書〕。内容は、新田岩松《にったいわまつ》氏が抱えてきた知行地《ちぎょうち》と丹生《にゅう》（群馬県富岡市）の地については、在郷の被官以下まで、今後は小幡尾張入道が干渉してはならないと認めたものである。書止文書は「恐々謹言《きょうきょうきんげん》」と丁重で、年付が記されていて永続的な効力を期待される判物と考えられる。判物は、その文書を得ることで権益を得る人物が自ら手に入れた。したがって、本文書はおそらく新田岩松氏が手に入れたのであろう。岩松氏は丹生などの地を知行していたが、小幡氏の支配が及んでおり、それを排除するために信玄からこの判物を手に入れたと考えられる。なぜならば、実際に自らの知行地に小幡氏の支配が及ぶ場合、岩松氏はこの判物を小幡氏に見せる必要があったからであろう。それだけ甘楽郡内の丹生の地は、小幡尾張入道の影響が大きかったのである。

永禄十年八月、西上野の多くの武将が信玄への起請文を作成して、武田氏の奉行に提出した〔生島足島神社文書〕。同四年以降に武田氏は西上野に出兵しており、武田氏の影響力が広がっていた。起請文をみると、小幡信尚《のぶひさ》・小幡憲行《のりゆき》・小幡具隆《ともたか》・小幡信実《のぶざね》（信真）といった多くの小幡一族が別々に起請文を作成していたことがわかる。惣領の国峰小幡氏の信真のほかにも三河守系統の信尚、長根《ながね》（群馬高崎市吉井町）を拠点とした長根小幡氏がいたことなどが明らかにされている〔久保田二〇一一〕。したがって、信真以外は小幡氏の庶流であったと考えられる。起請文で興味深いのは、小幡信高《のぶたか》等連署《れんしょ》起請《きしょう》文《もん》・高瀬能業《たかせよしなり》等連署起請文・南牧衆小沢行重《おざわゆきしげ》等連署起請文では、連署者が「信玄様」ではなく「信実（信真）様」の御前を守ると誓約していた点である。すなわち、この三通に連署している総勢二十一名の小領主たちは、武田信玄ではなく小幡信真の御前を守ると誓約し、そのことを武田氏も認めていた。

後述のように、甘楽郡内などにおいて小幡惣領家は、判物などの所領を保証する文書を小領主から求められていた。そのため、起請文で信真の御前を守ると誓約した二十一名は、そのような文書を小幡惣領家に求める立場にあった小領主と考えられる。

## 憲重から信真、信定へ

憲重は永禄五年（一五六二）三月には、尾張守入道と記されている（信龍斎全賢《ぜんけん》）。その後、同十年八月には先にみた信真が武田氏に提出した起請文があるため、それまでに小幡氏惣領家の家督は信真が継いだようだ。永禄十二年二月までには、信真は上総介の官途を称するようになった〔信濃寺社文書〕。

その頃に父・信龍斎（憲重）は隠居してまったく現れなくなったのではなく、むしろ上総介（信真）と信龍斎の両名を宛所とする文書が複数確認できる。したがって、小幡氏惣領家では信真のみではなく、信龍斎も引き続き政務に関与したようだ。

また、元亀三年（一五七二）五月に確認できる小幡弁丸《べんまる》は一族の小幡信高の子で、のちに信真の養嗣子となって信定《のぶさだ》と称するようになった〔松本文書〕。したがって、小幡氏惣領家では家督が憲重・信真・

信定と継承されていった。

次に小幡氏惣領家の憲重・信真・信定の三代にわたって発給された判物と印判状に記された地名から、小幡氏の領主としての規模を確認すると、

天文十七年（一五四八）十月に山内上杉憲政が小林平四郎に宛てた判物における小幡尾張守当知行の秋畑（甘楽町）。

天文二十一年三月に小田原北条氏が小幡尾張守に宛てた印判状の武蔵国児玉郡今井村（埼玉県本庄市）。

永禄五年三月に武田信玄が小幡尾張入道に宛てた判物の丹生（群馬県富岡市）。

天正八年（一五八〇）六月に小幡信真が黒沢大学助に宛てた印判状の武蔵国小鹿野（埼玉県小鹿野町）。

天正九年二月に小幡信真が新居又太郎に宛てた印判状の高瀬（群馬県富岡市）。

同十七年十月に小幡信定が新井《あらい》市左《いちざ》衛門尉《えもんのじょう》に宛てた判物の中嶋（群馬県藤岡市）。

同じく十月に信定が黒沢《くろさわ》次郎八《じろうはち》に宛てた判物の佐久原。

同じく十月に小幡惣領家が新井治部少輔《じぶのしょう》に宛てた奉書式印判状の阿相《あそう》・飯嶋《いいじま》・大寄《おおより》（いずれも神流町か）。

翌十一月に信定が市河新七郎《いちかわしんしちろう》に宛てた判物の大桑原《おおくわはら》（下仁田町）・牧口宇萱。

翌十二月に信定が市河右近助《うこんのすけ》に宛てた判物の下仁田（下仁田町）・嶺小沢・勧能《かんのう》・桧沢《ひさわ》（いずれも南牧村）。

となる〔黒田一九九七〕。

このほかにも小幡氏庶流が発給した判物や逆に小幡氏庶流が武田氏などから受給した判物・印判状な

どをあわせて考えると、小幡一族は甘楽谷や南牧谷、神流川流域の上山荘や山中を含めた旧甘楽郡一帯から多胡郡・緑野郡にかけて、さらに武蔵国児玉郡や秩父郡の一部における領主であった。

以上の点に関係するのが、小幡氏惣領家の本拠地・国峰の甘楽郡における位置である。小幡氏惣領家が甘楽谷だけの領主であったならば、本貫地の小幡の地よりも鏑川流域に近い方へ本拠地を構えたのではないか。しかしながら、同家はそれとは逆に多野山地寄りの国峰を本拠地とした。国峰から秋畑を経て神流川流域や鮎川流域に到ることができる点は、既述の通りである。したがって、小幡氏惣領家は甘楽谷を含む広い意味での甘楽郡（旧甘楽郡）の領主であったため、国峰を本拠地にしたのだろう。

また、小幡氏が戦国末期まで武蔵国児玉郡の所領を保証していたのは、小幡氏が児玉党の系譜を引いたためと考えられる。同じ頃に作成されたらしい「児玉在所引旦那名字注文写《こだまざいしょひきだんなみょうじちゅうもんうつし》」をみると、児玉郡の在所の名字として「おはた（小幡）」が列挙されており、やはり小幡氏と児玉郡との繋がりがうかがえる〔米良文書〕。

## 武田方への派兵

小幡一族は甲斐武田氏や小田原北条氏の軍勢催促に従って、出兵することがあった。

永禄十一年（一五六八）十一月、甲斐国の武田信玄は今川《いまがわ》氏の駿河国（静岡県）へ出兵し、同国の今川氏や相模国の小田原北条氏とは敵対するようになっていた。そのため、同年と推測される十二月二十四日付で、信玄は小幡上総介（信真）・信龍斎（憲重）の両名を宛所とする次のような大意の書状を送った〔高橋弘二氏所蔵文書〕。すなわち、「以前に小幡氏に後詰の援軍を求めていたが、いまだに派兵されていない。今川氏と北条氏に調略を行おうと、分国の軍勢を整えて、この時期に敵方を征伐しようとしたのに、いまだに小幡氏が上野国に在国しているのは残念である。証人として馬場《ばば》美濃守《みののかみ》と春日弾正忠《かすがだんじょうのちゅう》がいるので、必ず派兵するように」というものである。

この書状を受けた小幡信真は出陣したらしく、翌十二年二月十一日付で、信玄は上野国に残った信龍斎に宛てて次のような大意の書状を再び送った〔信濃寺社文書〕。すなわち、「息子の信真がこちらに着陣した。すべてについて相談しているので、安心するように。準備を整えて北条氏政《うじまさ》の軍勢と戦い、早々に帰国する予定である」と伝えている。

小幡氏が武田氏からの軍勢催促にどのように応じたのか、その過程がわかる史料はあまりないので、この例は貴重である。とはいえ、小幡氏惣領家は信玄の軍勢催促にすんなりと応じたわけではなかった。信玄が証人を出すことで、ようやく出陣に応じたのであろう。

もちろん、小幡氏の庶流の中では武田氏の軍勢催促に応じて出兵し、討ち死にする者もいた。たとえば、永禄十三年三月に信玄は小幡弁丸（のちの信定）に宛てて感状（書状）を発給し、実父の弾正左衛門が駿河国蒲原《かんばら》で討ち死にしたことを賞している〔梅島文書〕。また、元亀三年（一五七二）から天正初年にかけて、小幡民部助《みんぶのすけ》が武田勝頼の軍勢催促に応じ、駿河国高天神城《たかてんじんじょう》（静岡県掛川市）で活躍している。

ただ、小幡氏惣領家の信真・信龍斎（憲重）に関していえば、武田氏からの軍勢催促やそれへの応対は全体として淡白な印象を受ける。たとえば、元亀三年正月に信玄は信真・信龍斎の両名に宛てた書状で上野国への自身の越山を記しているが、軍勢催促には触れていない〔中村不能斎採集文書〕。天正二年（一五七四）と推測される八月一日付の信真に宛てた武田勝頼《かつより》書状写〔同文書〕、天正八年と推測される七月二日付の信真・信龍斎に宛てた同じく勝頼書状は、あくまでも軍事要請をしているのであって、軍事動員という強制力のある内容とはいえないだろう。小幡氏惣領家とそれ以外では、同じ小幡一族であっても、武田氏からの軍勢催促やそれへの応じ方は異なっていたと捉えられよう。この点は、小幡氏惣領家宛の武田家の判物や印判状が原則的に残存しないこととも対応するのではないか。

信真の発給文書は天正九年三月まで確認されており、この前後に養嗣子の信定が小幡氏惣領家の家督を継承したと考えられる。なお、二年前の同七年においても信真の父・信龍斎全賢（憲重）の発給文書が確認できるように、小幡一族においては信龍斎が重要であった。

## 小幡氏の信仰

小幡氏の信仰をうかがうことのできる資・史料として、藤木《ふじき》（群馬県富岡市）の観音堂《かんのんどう》にある馬頭観《ばとうかん》音《のん》菩薩《ぼさつ》立像《りゅうぞう》の背面墨書銘《はいめんぼくしょめい》、妙義《みょうぎ》神社《じんじゃ》と菅原神社《すがわらじんじゃ》（いずれも富岡市）にそれぞれ奉納した鰐口銘《わにぐちめい》、小幡に所在する赤城《あかぎ》神社《じんじゃ》（群馬県甘楽町）の所蔵文書などがある。

永禄十年（一五六七）八月一日、僧都《そうず》清覚《せいかく》の本願として、大旦那の小幡右衛門尉（信真）と十方旦那らが馬頭観音菩薩立像を藤木の観音堂に奉納した。近世まで観音堂は普門寺《ふもんじ》に隣接し、観音堂は同寺の一部であったようだ。観音堂の本尊である本像は像高五十五センチメートルの三面六臂の忿怒像《ふんぬぞう》であり、戦国領主と馬頭観音信仰を知るうえで貴重な資・史料といえよう。

天正五年（一五七七）三月二十七日、小幡信龍斎全賢（憲重）・信真・高政《たかまさ》・信直《のぶなお》ら小幡一族は、子孫繁昌武運長久祈などのため「白雲衣山妙儀法印御宝前（妙義神社か）」に鰐口を奉納した〔八幡神社旧蔵〕。この鰐口銘で印象的なのは、武田勝頼が日を追って小幡氏を懇意にしていた、と記されている点である。実態はともかく、小幡氏は武田氏をこのように認識していた。また、「平全賢」と署名しているように、小幡氏は本姓として平を称したことが知られる。年次は未詳で後欠ながら、ほぼ同文の鰐口が菅原神社にも奉納されている。先の妙義神社の鰐口と同じ時期の製作と考えられており、小幡信龍斎全賢（憲重）や信真以下の小幡氏一族の名前が記され、隠居した後もやはり憲重が小幡一族の最初に記されている。

永禄十一年六月、小幡信真は小幡に所在した赤城神社の本社の上葺や鳥居を修復して、一族の繁栄などを赤城大明神に祈願している〔赤城神社文書〕。時期はさかのぼるが、文明元年（一四六九）十月に相州の刀工の廣正が上州甘楽郡額部庄小幡郷において作刀していたことが銘文から知られ、その刀には「赤城大明神」の彫物があった〔天正刀譜〕。この刀の注文主は記されていないが、地域の有力者と考えるのが妥当であり、少なくとも小幡の地で赤城信仰が広がっていたことは認められよう。先の永禄十一年の信真の赤城神社への祈願とあわせて考えると、小幡氏は赤城大明神を篤く信仰していたのではないか。そもそも小幡の地から赤城山が見えたのかという素朴な疑問も生じるが、もともと小幡氏は児玉党の武士であり、武蔵国児玉地方からであれば赤城山はよく見えたであろう。この点は、小幡氏の信仰を考えるうえで興味深い。

（森田真一）

**【主要参考文献】**


青木裕美「（史料紹介）黒澤文書とその伝来について」（『群馬県立歴史博物館紀要』四十四号、二〇二三年）
今井寛之『上野国小幡氏研究ノートⅣ』（国峯小幡会・研究会、二〇〇六年）
恩田登「戦国期西上野地域領主の史的考察」（『信濃』六十八巻七号、二〇一六年）
久保田順一『戦国上野国衆事典』（戎光祥出版、二〇二一年）
黒田基樹『戦国大名と外様国衆』（文献出版、一九九七年）
黒田基樹『戦国期山内上杉氏の研究』（岩田書院、二〇一三年）
簗瀬大輔『上野の戦国地侍』（みやま文庫、二〇一三年）

# 北条高広――上杉・武田・北条とわたり合った領主

## 刈羽郡の毛利一族

「北条」の読みは「ほうじょう」が一般的だが、高広《たかひろ》の場合は「きたじょう」と読んで、越後国刈羽《かりわ》郡の佐橋荘北条《さばしのしょうきたじょう》（新潟県柏崎市）を本貫地とした。先祖をさかのぼると鎌倉幕府の創設に尽力した大《おお》江広元《えのひろもと》にたどり着くらしく、後に相模国毛利荘《もうりのしょう》を由来とする毛利あるいは大江を本姓と称した。

高広は地元の北条に所在する神社の古文書において、天文三年（一五三四）に歴史上はじめて登場する〔五十嵐文書〕。のちに高広は関東の厩橋《まやばし》（前橋市）に派遣されて独自の支配を行うようになるが、その厩橋と本来的な本拠である佐橋荘のいずれの地でも、高広の発給した文書は寺社宛てのものが比較的多く残存している。これらは寺社の土地や権利を保証するための判物と呼ばれる文書が主体で、寺社側が当事者主義的に高広に求めた結果、発給されたものである。

天文二十四年（一五五五）正月、刈羽郡の善根《ぜごん》（新潟県柏崎市）付近で領主間の争いがあった〔越後文書宝翰集　毛利安田氏文書〕。近年に紹介された史料によって、善根には高広と同じ毛利一族がいたことが判明している〔正智院文書〕。そのため、この頃の刈羽郡には安田《やすだ》城の毛利安田氏、善根城の毛利善根氏、そして北条城の毛利北条氏（高広）の少なくとも三系統の毛利一族が広がっていた〔丸島二〇一八〕。

この善根での領主間の争いには毛利安田氏も関与していたように、これは毛利一族の争いであった。正月十四日付で長尾宗心《ながおそうしん》（景虎《かげとら》）が毛利安田氏に宛てた書状によって、宗心は毛利安田方であったこと、柿崎《かきざき》氏と思われる人物も毛利安田方で上条《じょうじょう》（新潟県柏崎市）に在陣していたこと、宗心は毛利安田氏に上条・琵琶嶋《びわじま》両氏へ意見をするように頼んでいたことがわかる〔越後文書宝翰集　毛利安田氏文書〕。

この毛利一族の争いの数年後には、高広と柿崎氏が長尾景虎の権力の中枢にみえるようになるため、両者は宗心が支持した毛利安田方だったのだろう。また、毛利安田氏が対立していたのは善根毛利氏であるが、それとは別に上条と琵琶嶋（いずれも新潟県柏崎市）が焦点となっていたらしい。したがって、毛利安田氏と対立した善根毛利氏が頼ったのは、上条・琵琶嶋両氏であったようだ。上条は越後上杉一門の上条上杉氏、琵琶嶋（枇杷島）はもともと京都の八条上杉氏と関わりの深い地であり、上杉一門である両者はこの段階では宗心よりも家格は高かった。そのため、宗心は二月には自らの権力の中枢であった本庄氏らに毛利安田氏宛ての起請文まで書かせ、この毛利一族の争いに介入したのだろう。

以上のように、北条高広の本拠地があった刈羽郡は、越後国の政治の中心地であった頸城《くびき》郡《ぐん》に隣接し、上杉一門と関わりの深い上条・琵琶嶋があり、郡内には少なくとも三系統の毛利一族が広がっていた。こうした特徴のある同郡を本拠地とした高広は、数年後に長尾景虎の権力の中枢で活躍していった。

## 長尾景虎権力の中枢

十六世紀半ばに越後国の支配者となった守護代《しゅごだい》の長尾景虎は、守護上杉《うえすぎ》氏によって重用された上杉家の年寄などではなく、長尾家譜代の者や自身が信頼する者を重く用いるようになっていった。このことは、文書のあり方から知ることができる。

永禄二〜三年（一五五九〜六〇）にかけて、長尾景虎の意を奉じた守護代長尾家奉書《ほうしょ》が発給されている。この時期の連署《れんしょ》奉書の連署者は決まっており、長尾藤景《ふじかげ》・柿崎景家《かげいえ》・北条高広・斎藤朝信《さいとうとものぶ》である。彼らは守護代長尾家という公的な奉書の発給に携わっており、その中の一人である高広は景虎の権力の中枢にあったと考えられる。また、四名のなかで北条高広・柿崎景家・斎藤朝信は、本拠地で判物《はんもつ》を発給する独立した戦国領主でもあった。景虎はこうした領主を政治に関わらせることになったのであり、高広などの領主の側も景虎の政治の中枢に参画することで、自身の立場を高めていった。

その後、北条高広ら四名が中枢にあった景虎の政治体制は、変化していった。すなわち、永禄三年八月に長尾景虎が関東に越山して以降、四名の連署奉書は確認できなくなる。すでにその直前の三〜四月にかけて短期間に越後勢は越中国を攻めており、その際に玉永寺《ぎょくえいじ》（富山市）に宛てた禁制で、四名の連署奉書の発給が難しくなっていたことがわかる。

写真を見れば明らかなように、日下《にっか》に北条高広、奥に斎藤朝信が連署しているが、両者の間に二人分くらいの空間があり、本来的には柿崎景家と長尾藤景も連署する予定であったのではないか〔玉永寺文書〕。しかしながら、おそらく出陣のために四名で連署するのは難しく、これ以降は連署者の顔ぶれも変わり、二名で連署した禁制や奉書が多く発給されるようになっていく〔片桐二〇〇五〕。

## 関東への越山

天文二十一年（一五五二）頃、関東管領《かんとうかんれい》の上杉憲政《のりまさ》が上野国（群馬県）から越後国の長尾景虎を頼って逃れてきた。そのため、長尾景虎は永禄三年（一五六〇）に憲政を奉じて関東に越山した。翌四年に景虎は憲政から山内《やまのうち》上杉氏の名跡と関東管領職を継ぎ、上杉政虎《まさとら》ついで輝虎《てるとら》を称した。この越山には高広も参陣しており、そのまま関東に残ったようだ。その後、厩橋城が上杉方の重要な拠点となり、当初は輝虎の寵愛を受けた河田長親《かわだながちか》が城代となった。同五年（一五六二）頃には長親に替わって、高広が厩橋城の城代となった〔栗原二〇一〇〕。

これ以降、高広は死去するまで基本的に上野国で活動していった。すなわち、もともと厩橋領・大胡《おおご》領と呼ばれる地域を支配していた厩橋長野《ながの》氏の統治範囲を引き継ぐように、高広は厩橋八幡宮《はちまんぐう》・三夜《みよ》沢赤城神社《さわあかぎじんじゃ》・善勝寺《ぜんしょうじ》（いずれも前橋市）から制札《せいさつ》や所領保証の文書を求められ、発給している〔久保田二〇〇六〕。

一方で、高広は輝虎によって厩橋城の城代を任せられており、輝虎から上杉家の権限を与えられて、それが高広の権力を拡大するうえで重要な役割を果したと想定することもできよう。実際、近年になって、輝虎が支配地域の管轄者ごとに黒印《こくいん》を与えていたことが明らかになっている〔片桐二〇〇六〕。なぜ輝虎から与えられたことがわかるかというと、たとえば高広が用いた黒印の印文は「藤原《ふじわら》」であり、北条氏の本姓の「大江」あるいは「毛利」とは異なり、これは上杉氏の本姓であったからである。

高広以外に単独で黒印状を発給した人物を輝虎期と続く景勝期において確認すると、常陸国（茨城県）・越中国（富山県）の河田長親、越中国・信濃国（長野県）の須田満親《すだみつちか》、出羽国（山形県）の甘粕景継《あまかすかげつぐ》である。したがって、上杉氏の支配地域を管轄する代官クラスの者のみが黒印を使用できた。高広は上野国を管轄する代官として上杉家の公権を有した黒印状を発給したのであり、他の武将とは別格の立場にあった。

厩橋城跡の土塁　前橋市

また、高広は黒印状だけではなく、印文「富貴」の朱印《しゅいん》状も発給していた。この時期に輝虎の配下の武将のなかで朱印状を発給した人物が他にいないことを踏まえると、これは当主の輝虎が発給した朱印状あるいは輝虎が朱印を捺した判紙を用いて高広が発給したと考えられている〔片桐二〇〇六〕。したがって、地域の領主や寺社は権利を保証してもらうために高広の判物や黒印状だけではなく、上杉家の当主の朱印状を求めていたのであり、高広はその発給に関与していた。
以上のように、黒印状・朱印状の両印判状の発給を通じて、高広は権力を拡大した。

## 北条高広の立場

高広は一貫して上杉方として関東で活動したわけではなく、与する立場を変えながら、自立して活動していった。たとえば、永禄九年（一五六六）に甲斐国の武田信玄《たけだしんげん》が西上野に勢力を伸ばすと、同年末には高広は上杉方から小田原《おだわら》北条・武田方に立場を変えている。これに対して輝虎は「妻子を捨て敵方についた」と記して、激怒している〔互尊文庫所蔵文書〕。

これが契機となって、高広は小田原北条氏から伊豆国賀茂郡《かものぐん》において片瀬郷《かたせごう》と稲取郷《いなとりごう》（いずれも静岡県東伊豆町）を与えられたらしい〔伊豆三嶋宮文書・伊豆在庁文書〕。ただし、のちの永禄十二年と天正四年（一五七六）に両郷からの祭礼銭が徴収されずに問題となっており、領主である高広は他国にいて代官による支配が行われたらしく、自らが深く支配に関わったわけではないようだ。

その後、同十二年に上杉方と小田原北条方の同盟である越相同盟が成立すると、高広は再び上杉方になっており、以降も状況によって立場を変えた。また、越後上杉方であろうと、甲斐武田方あるいは小田原北条方になろうと、高広が厩橋城あるいは大胡城（前橋市）を拠点に活動したことは変わらなかった。所領に関しては、たとえば小田原北条方になったことで高広に与えられた先の伊豆国賀茂郡の片瀬郷・

稲取郷は、高広が再び上杉方になった永禄十二年以降であっても、所領を与えた小田原北条氏の文書中に両郷の領主は高広であると記されている。

## 北条高広という権力者

では、高広が権力者としてどのように振る舞ったのか、もう少し具体的にみておこう。

元亀三年（一五七二）十二月十三日付で、三夜沢赤城神社（前橋市）の神官の奈良原《ならはら》氏に宛てられた三通の文書がある〔奈良原文書〕。この三通のなかで二通は高広が署判した文書、残りの一通は印文「藤原」の黒印を捺した制札である。いずれも奈良原氏の所領や権益に関わる内容で、高広がそれを認めたものである。三通は同日付であるため、奈良原氏は高広の判物だけでは不十分と考え、黒印状も同時に求めたのだろう。すなわち、奈良原氏は戦国領主として独自の支配を行った北条高広の判物とともに、上杉謙信《けんしん》（もとは輝虎、以下は謙信）の上野支配の代官を象徴する印文「藤原」の黒印状を高広に求めたのである。

天正二年（一五七四）三月十日、下野国の鶏足寺《けいそくじ》（栃木県足利市）から制札を求められた高広は、制札を発給できない弁明の書状を送っている〔鶏足寺文書〕。この書状を読むと、この時期の高広がどのように制札を発給していたのか次のように知ることができる。

同年正月、小田原北条氏と対立していた越後の上杉謙信は二十六日に陣触を行い、二月五日に上野国沼田《ぬまた》に着陣した（後藤文書）。三月十三日よりも前には、謙信は金山城《かなやまじょう》（群馬県太田市）の由良《ゆら》氏方であった善《ぜん》・山上《やまがみ》・女淵《おなぶち》の各城を攻め落とし、さらには桐生領の深沢《ふかさわ》城を攻撃した〔西沢徳太郎氏所蔵文書〕。このような状況のなかで、上野国境に近い下野国の鶏足寺は上杉軍の乱妨狼藉から寺や寺領を守るため、上杉方であった高広に制札を求めた。

鶏足寺は所領を記した書付を高広に送り、高広がそれを謙信に披露したところ、制札については承知してもらえた。しかしながら、謙信（上杉家）の制札を鶏足寺に与えること自体は延期になった。そのため、鶏足寺周辺で合戦になりそうであれば、その一日前に上杉家の制札ではなく、山吉氏と北条《きたじょう》氏が連署した制札を鶏足寺に与えるように、と謙信から仰せがあった。このように、高広はこの時期に上杉方であったから、寺院から謙信（上杉家）の制札を求められ、それを取り次ぐこともあった。そのことを謙信（上杉家）が承知したとしても、何らかの理由によって制札が発給できず（発給せず）、その代わりに山吉氏と北条氏が連署した制札が発給されることもあったようだ。小田原北条方になったこともある高広だが、この頃に上杉方であった高広は、山吉《やまよし》氏と連署して上杉方として制札を発給する立場にあった。

天正五年十二月十八日付で、上杉謙信は北条高広に宛てて書状を出した〔上杉家御書集成〕。同年九月に能登《のと》畠山《はたけやま》氏の七尾《ななお》城（石川県七尾市）を攻め落とした後に出したものである。その中で謙信は北条高広の息子の景広《かげひろ》が三十歳になっても独身でいるために、七尾城の能登畠山義隆《よしたか》の未亡人との縁組を持ちかけている。これにより、景広が天文十六年以前の生まれであることが知られる。未亡人は京都の三条家の出身であり、年頃もちょうどよく、未亡人の息子は自分が養子として引き取る、と謙信は記している〔福原二〇〇一〕。

注目されるのは、謙信が名門の能登畠山氏の未亡人を景広に嫁入りさせようとしていた点である。やはり能登畠山家から上杉一門の上条家を継いだとされる上条政繁《まさしげ》（宜順《ぎじゅん》）は、謙信の跡を継いだ上杉景勝権力の初期において、大きな発言力を有していたことがうかがえる〔上杉家文書〕。能登畠山家からの養嗣子と能登畠山家当主の未亡人では立場は同じではないが、同じ能登畠山家の血筋を引く人物として、いずれも社会的地位は高かったのだろう。この縁組が実現したか確証はないが、御館の乱後に関東の北条高広が越後上杉方との遣り取りの際に上条宜順に宛てて複数の書状を出していることから〔北条文書など〕、縁組は実現したのかもしれない。

永禄九年（一五六六）末に高広が上杉方から離れた際、謙信は高広のことを「妻子を捨てて小田原北条方になった」と痛烈に批判していた。しかしながら、今回は景広の縁組を取りなそうとしており、やはり謙信は北条高広・景広父子を重視していたのである。

## 謙信の死

天正六年（一五七八）三月、越後の上杉謙信が関東越山を控えながら急死した。同月に高広は芳林《ほうりん》（以下、芳林と記す）と称しているので、謙信の死去を契機として出家したようだ〔江口文書〕。謙信の側近として寵愛を受けた河田長親も同じく出家して、こちらは禅忠《ぜんちゅう》を称している。謙信の側近として取り立てられた禅忠（長親）と刈羽郡の佐橋荘を拠点とした戦国領主の芳林（高広）では、もともとの拠って立つ立場は大きく異なっていた。それでも、謙信の死を契機に出家していた点では両者は共通していた。

謙信は跡継ぎを明確にしていなかったとされ、跡継ぎをめぐって養子の景勝《かげかつ》と景虎《かげとら》が争いを始めた。越後一国に近隣の領主も巻き込んで展開したこの争乱のことを御館《おたて》の乱と呼んでいる。なぜならば、春日山城を追われた景虎が越後府中に所在した元関東管領の上杉憲政の館、すなわち御館（新潟県上越市）に拠ったためである。

さて、この御館の乱に際して北条芳林・景広父子は景虎方となり、七月には関越国境に近い越後国上田荘に移動した。景広とその軍勢のみは上田荘からさらに進んで、九月二日には自らの本拠地である北条城（柏崎市）に移り、十月上旬には御館に入った。天正二年頃に北条《きたじょう》家では家督が芳林から景広に譲られていたと考えられるので、景広は北条家の当主として越後に赴いたことになる。景勝方が優勢の状況で年が明けると、二月一日には御館の辺りで合戦があり、景広は景勝方の攻撃を受けて、それが原因となって死去してしまった。

もともと越後国刈羽郡北条を本拠としていた北条氏は、上野国を統治するために厩橋に派遣されて独自の支配を行っていた。一方で、御館の乱で景広が上野国から北条経由で御館へ移動しており、北条氏は上野国にありながら、やはり本拠である刈羽郡の北条ともつながりを持ち続けていたことがわかる。というのも、御館の乱よりも前の天正二年十月、景広は北条にある菩提寺の専念寺へ寺領について保証する判物を発給していたからである〔専念寺文書〕。景広が上野国という異国にいながら、専念寺は景広の文書を求めていた。

父の北条芳林は、本国から離れた地で自立的な支配を行った領主として知られている。その一方で、息子の景広は戦火の中を北条経由で御館までやって来て、景虎方として討ち死にしている。

## 武田方・滝川方としての芳林（高広）

御館の乱に敗れた景虎方として参戦し、息子の景広を失った芳林のその後の状況をみていこう。

御館の乱終息後の天正七年（一五七九）八月、芳林は甲斐国の武田勝頼《かつより》方となった〔北条文書〕。その後、十二月二十八日付で、高広（この文書では芳林ではない）は上野国玉村郷《たまむら》（群馬県玉村町）の宇津木《うつぎ》氏に判物を発給している〔宇津木文書〕。高広の署名のやや右下に下付《したづけ》の「奉《これをうけたまわる》之」があって、一見すると武田家の奉書式印判状《ほうしょしきいんばんじょう》の様式に類似している。高広が武田方となることを仲介したのが宇津木氏であり、その功績もあって同文書を発給したとも文中に記されている。しかし、そもそも武田家の朱印が捺されておらず、武田家の仰せをうけたまわった旨を記した文言もない。したがって、高広の花押が据えられている点も踏まえると、やはり高広の判物と判断される。この判物は高広に所領を保証してもらうために宇津木氏が求めたものであり、宇津木氏はこの判物のほかに十一月十六日付の武田家の印判状も手に入れていた。宇津木氏は所領を保証してもらうためには武田家と高広の両方から文書を手に入れる必要があると考え、実際に入手していた。

天正十年三月、織田信長《おだのぶなが》方によって攻められた甲斐の武田氏は滅んだ。そのため、長から上野国と信濃国の佐久・小諸二郡を与えられ、関八州の支配を命じられたのは、滝川一益《たきがわかずます》であった〔信長公記〕。一益は利根川の端に居住していると四月四日付の書状に記しているので、四月上旬には厩橋に入ったらしい〔畑柳平氏所蔵文書〕。その際に一益は芳林に使者を遣わし、東上野の仕置をするために厩橋の城を借り受けたいと伝えたところ、芳林は承知して、息子の千連を証人として差し出したという〔石川忠総留書〕。したがって、芳林から一益への厩橋城の明け渡しは、順調に行われたらしい。

ところが、わずか二カ月後の六月二日に本能寺の変が起き、織田信長は敗死した。織田方であった一益も小田原北条氏との争いである神流川合戦に敗れ、関東から落ちて行った。そのため、この後には芳林が周辺の領主や寺院に文書を発給しているように、厩橋の領主として振る舞っている。

## その後の芳林（高広）

滝川一益が厩橋から退去した後、小田原北条氏が上野国に勢力を広げていった。その一方で、この頃に高広（芳林と署名しない場合が多い）が発給した判物も比較的多く残ってる。高広は瀬下・宮里・後閑・

曽我・内藤といった武士に判物を発給しているが、どうしてなのであろうか。この点は、九月二十三日付で高広が内藤外記に宛てた印判状写に記されている〔上毛伝説雑記〕。すなわち、「甲斐と尾張の勢力が居なくなったから、心を寄せられている」と高広は自ら記している。これは、甲斐武田氏と尾張の織田信長の代官であった滝川一益が居なくなったので、地域の小領主や寺社は高広を頼って文書を求めたという意味であろう。北条高広は地域の小領主や寺社から頼られたために文書を多く発給し、そのために文書が残っていると考えられる。

天正十一年二月十九日付で、芳林は越後上杉景勝の重臣であった上条宜順に宛てて書状を書いた。関東への援軍を越後勢に要請したものであり、そのなかで芳林が自身の立場について述べている箇所がある。すなわち、「一度は越後国を守って、奔走したのであるから、わたしが逼迫しているのに援軍をよこさないのは、とんでもないことである」と主張している〔江口文書〕。もともとは越後国の領主であり、長尾景虎の権力の中枢にいた芳林であったが、天正十一年の時点では自身の立場をこのように認識していた。

同九月十八日、芳林は厩橋城を小田原北条氏に明け渡した〔藩中古文書〕。その後、芳林は大胡〔前橋市〕に退去したと考えられている。その二年後の天正十三年正月には、東上野の由良氏が金山城を小田原北条氏に明け渡して、柄杓山城《ひしゃくやま》〔桐生城〕に退去している。上野国における自立的な領主を象徴する北《きた》条《じょう》・由良両氏は、本拠の城を小田原北条氏に明け渡し、他の場所に移るという点で共通していた〔久保田二〇〇六〕。すなわち、両氏は小田原北条氏によって取り潰されることはなかったのである。それからわずか五年後の天正十八年、両氏を降した小田原北条氏も豊臣秀吉《とよとみひでよし》の小田原攻めによって敗れている。

（森田真一）

【主要参考文献】

片桐昭彦「長尾景虎（上杉輝虎）の権力確立と発給文書」（同著『戦国期発給文書の研究』高志書院、二〇〇五年、初出二〇〇一年）
片桐昭彦「十六世紀後半における上杉氏の分国支配体制と黒印状」（矢田俊文研究代表『室町・戦国・近世初期の上杉氏史料の帰納的研究』研究成果報告書、新潟大学人文学部、二〇〇六年）
久保田順一「越後北条氏の厩橋支配」（同著『室町・戦国期上野の地域社会』岩田書院、二〇〇六年、初出一九八六年）
栗原　修『戦国期上杉・武田氏の上野支配』（岩田書院、二〇一〇年）
福原圭一「書状からみる上杉謙信」（『よみがえる上杉文化』新潟県立歴史博物館、二〇〇一年）
丸島和洋「上杉氏における国衆の譜代化」（戦国史研究会編『戦国時代の大名と国衆』戎光祥出版、二〇一八年）

# 長尾憲景——大勢力の猛攻を耐え抜いた有力国衆

## 惣社から白井へ

長尾《ながお》憲景《のりかげ》は、総社《そうじゃ》長尾氏八代顕景《あきかげ》の三男とされる。長尾景春《かげはる》の嫡孫である景誠《かげのぶ》の後継者であり、「長林寺本長尾系図」は「想社左衛門子、景誠名代也、孫四郎、任左衛門尉」と伝える。また、「雙林寺伝記」は生年を永正八年（一五一一）とし、十七歳で景誠から白井《しろい》長尾家を継承し、左衛門尉・一井斎と称したと伝える。母は古河公方重臣簗田高助《やなだたかすけ》の娘とされ、憲景の「憲」の字は山内上杉憲政《やまのうちうえすぎのりまさ》の偏諱であると考えられる。

義父である景誠の死については、二つの説がある。「続本朝通鑑」は、享禄二年（一五二九）正月二十四日、白井長尾家内において殺害されたと伝える。長尾八郎が矢野《やの》氏に命じて景誠を殺害したというものである。大永五年（一五二五）、山内上杉憲房《のりふさ》が病死し、養子の憲寛《のりひろ》が家督を継承した。しかし、一方で憲房の実子憲政に家督を継がせようという動きがあり、家中で内訌が生じた。享禄二年八月には安中《あんなか》氏が憲寛に背き、憲寛が安中氏を攻めている。これに対して西《にし》・小幡《おばた》両氏が憲政を擁立して安中氏を支援し、憲寛方を攻撃する事態となった。結果、享禄四年九月には憲寛が上野国から退き、憲政が勝利して関東《かんとう》管領《かんれい》の職に就いた。一方の「雙林寺伝記」は、大永七年十二月五日に先代の景英《かげひで》が死去し、その四十九日法要の場で家臣によって景誠が殺害されたとする。景誠の叔父（実母の弟）にあたる箕輪《みのわ》城主長野業政《ながのなりまさ》が介入し、惣社長尾氏から憲景を迎えて後継とした。いずれにしても景誠の死が、山内上杉家内の内訌に少なくとも起因する不測の事態であり、その結果として憲景が養子として迎えられたと考えられる。

### 謙信の越山

天文二十一年（一五五二）三月、関東管領上杉憲政は小田原北条《おだわらほうじょう》氏によって居城である平井《ひらい》城（群馬県藤岡市）を攻められ、その後、越後長尾景虎《かげとら》（以後、上杉謙信《けんしん》とする）を頼った。この際に憲景は兄の惣社長尾景孝《かげたか》とともに憲政の供をしたとされる〔米沢藩古臣衆〕。永禄元年（一五五八）の憲政越後入国は、前古河公方足利晴氏《はるうじ》の意向を受けた重臣の簗田高助が仲介したとされ、白井・惣社長尾・箕輪長野の三氏もこれに同意したとされる〔雙林寺伝記〕。しかしながら、永禄二年までに上野国をほぼ席巻した北条氏の勢力を前に、憲景も他の国衆と同じように北条氏に従属せざるをえなかったようだ。

永禄三年八月に上杉憲政を擁した謙信は、越後国から関東に攻め入った。このとき、謙信の越山を支援した一人に足利長尾景長《かげなが》がいた。景長の姉は憲景に嫁いでおり、白井長尾氏と足利長尾氏が協調関係にあったことがうかがえる。謙信はまず沼田《ぬまた》城（群馬県沼田市）を攻略し沼田氏を復権させたが、一旦は北条氏に従属していた白井・惣社長尾および箕輪長野氏が上杉方として参陣している。憲景は、このとき謙信を白井城（群馬県渋川市）に迎え入れ、太刀一腰と馬を献上したという〔雙林寺伝記〕。

翌四年、謙信は小田原攻めを前に軍勢を集結させ、記録しまとめ上げた〔関東幕注文〕。このなかで「白井衆」を束ねる筆頭として、憲景は「長尾孫四郎」と記載されており、白井衆自体が幕注文の一番初めに記載されていることからも、その重要性が注目されている。憲景のほかに、高山御厨《たかやまのみくりや》の高山氏と小《こ》林《ばやし》氏、多古《たこ》荘の神保《じんぼ》氏、大胡《おおご》郷の上泉《かみいずみ》氏などが見られる。これらは白井長尾氏の直接の家臣ではなく、同氏に従属する近隣の地域領主である。彼らは常に白井長尾氏の旗下にあったわけではなく、この謙信越山の際に旗下にあったものである。しかしながら、このときに把握された白井衆が、地縁的な関係をもって構成されていたことは、「衆」の特徴の一つとして挙げられるのである。

白井城本丸跡　群馬県渋川市

謙信はこの後、小田原城を攻めたが、この陣中に憲景の姿はなく、嫡子憲春《のりはる》が名代として参陣したという。憲景が「脳病」を患ったためであるが、病状は一時重篤化し、意識混濁の状態にあったようである。しかしながら、小田原からの帰途に鶴岡八幡宮を参拝した際には「弓《きゅう》箭役《せんやく》」を担ったとされるので、病からは回復したようだ。

これ以降も謙信はたびたび上武国境の山々を越え、関東に攻め入った。甲斐武田《たけだ》氏・小田原北条氏との抗争のなか、憲景は上杉方として働いている。

## 白井城落城

甲斐の武田信玄による西上野侵攻は、永禄四年（一五六一）十一月から開始された。同盟関係にあった北条氏の支援が名目であったが、上野国進出への足掛かりを着々と築いていく。同年十一月に国峰城《くにみね》（群馬県甘楽町）を、翌五年二月には北条軍と連携して武蔵国松山城《まつやま》（埼玉県吉見町）を落城させた。また、北上野でも信玄《しんげん》の懐柔を受けた鎌原《かまはら》氏が、上杉方の羽尾《はねお》・斎藤《さいとう》氏を圧迫し、憲景は軍勢を出して斎藤氏を支援するものの、翌六年九月には岩下城が武田方の手に落ちた。

この動きに対抗し、謙信が軍を関東へと動かす。北条方の騎西《きさい》城（埼玉県加須市）を攻略した際には、憲景が功績をあげたと伝えられる〔雙林寺伝記〕。永禄六年閏十二月に再度越山した謙信は、翌七年四月まで上野国に在陣し、常陸小田《おだ》氏や下野佐野《さの》氏を攻め、その後、三月には和田《わだ》城（群馬県高崎市）の和田氏を攻撃したが、憲景は引き続き上杉方として活動している。四月に帰国すると、武田軍によって五月には倉賀野《くらがの》城（群馬県高崎市）が陥落した。信玄は、翌八年二月には西上野の要衝である箕輪城を落城させ、西上野を支配下に置いた。同年十一月には嶽山《たけやま》城（群馬県中之条町）が陥落した。憲景の白井城も武田軍の猛攻にさらされることとなった。

白井城は、永禄十年三月に落城した。このとき、憲景は利根川端の八崎《はっさき》城（群馬県渋川市）に居していたとされるが、小泉《こいずみ》城（群馬県大泉町）の冨岡《とみおか》氏に宛てた北条氏康《うじやす》の書状には「就中白井自落、景虎弥可失手候」と見えることから、憲景が白井城を開城し降伏したことが知られる。これに伴って、憲景は白井城から追われることとなった。

その後、憲長は越後上杉氏の被官として東関東での活動が見える。永禄十二年には上杉氏と北条氏の間で越相同盟が結ばれ、上野国における武田氏の影響力も低下していた。この年に比定される三月七日付け長尾憲景書状写〔歴代古案〕によると、憲景は常陸国に在陣していたと考えられ、佐竹氏らとともに小田氏治《うじはる》を攻めている。後世の史料には「同（上野）白井後小田城代」として憲景を記すものもあり〔謙信公御書六〕、憲景と小田城の関わりが指摘されている。また、同年七月二十一日には、実兄である惣社長尾景総《かげふさ》（長健）と連名で、足利長尾景長の死を越後上杉氏重臣河田長親《かわだながちか》に伝えていることから、景総も本拠を逐われて憲景とともに上杉方として活動していたことがわかる〔上杉家文書〕。

なお、この間より永禄十二年三月までに比定される憲景の発給文書は、差出の記名は「左衛門尉入道」としていることから憲景は剃髪して法躰であったと考えられ、同年七月以降は表記を「左衛門尉」に戻していることから還俗したものと思われる。

### 白井城復帰

元亀二年（一五六九）十月に越相同盟を推進してきた北条氏康が死去すると、氏政《うじまさ》は同盟を解消し、同年十月には武田氏と甲相同盟を結ぶ。憲景は、翌元年秋には上野国に戻ったと伝わる〔石川忠総留書〕。このとき、田留《たどめ》城（一説には大室《おおむろ》城〈前橋市〉とされる）に入り、その一・二年後に八崎城を新たに築城して、白井城回復をめざし在城したという。天正二年（一五七四）には、憲景は北条氏の厩橋《まやばし》城（前橋市）攻めについて沼田城との間で連絡を取っている〔双玄寺所蔵文書〕。

天正六年三月、上杉謙信の死去に伴い、御館《おたて》の乱が勃発した。謙信の養子二人、上杉景勝《かげかつ》（謙信の甥）と上杉景虎（北条氏康の実子）の間で起こった後継者争いである。この情勢に際して、厩橋北条氏や沼田城代河田氏は景虎方、つまり北条方の立場を明らかにし、五月七日、八崎城へと軍を動かした〔小野寺文書〕。この軍勢に「乗景自身」が後陣の衆へ指し遣わされ手柄を上げ相違なく軍勢を引き上げることができたと見える。元亀年間の憲景の築城からこの攻撃の間に、八崎城は憲景から武田方に移っていたことになる。六月八日付けの結城《ゆうき》氏宛由良成繁《ゆらなりしげ》・国繁《くにしげ》連署覚書写〔歴代古案〕には、憲景と連絡をとっていることが記されているとともに、同月三日に武田方が不動山《ふどうやま》城（群馬県渋川市）を乗っ取ったことが伝えられている。

六月十二日に上杉景勝と武田勝頼《かつより》の間で甲越同盟が締結され、翌天正七年二月一日、御館の乱は景虎の自害をもって終結した。再び上野国における北条氏と武田氏の抗争は激しくなっていく。同年五月には不動山城が北条氏より河田重親に与えられていることからも〔上杉家記〕、情勢は目まぐるしく展開していったことがうかがえる。そのなか、八月には厩橋北条氏や今村城（群馬県伊勢崎市）の那波氏が武田方に従属し、十二月には河田重親も武田方に従っている。翌八年三月、北条方の冨永助盛《とみながすけもり》（猪俣邦憲《いのまたくにのり》）に田留城を攻めて城主牧和泉守《まきいずみのかみ》の次男を討ち取っていることから、憲景もこのときには武田氏に従っていたものと考えられる。このとき、八崎城にいた憲景は牧和泉守に使者を送り、「世間のなミを見合、甲州勝頼をたのミ可申之旨被仰候、依之喜多条安芸守を頼、勝頼江申寄罷在候事」〔石川忠総留書〕と厩橋北条氏を介して武田氏に従属したことが知られる。しかし憲景は、翌九年五月には再び北条氏に従属している〔武州文書〕。

天正十年三月十日、甲斐武田氏が滅亡した。これを受けて、真田昌幸《さなだまさゆき》は北条氏への従属を願い出たとみられ、この仲介を憲景が行った〔正村正親氏所蔵文書〕。上野国の情勢は、織田家重臣滝川一益《たきがわかずます》の上野国入部とともに一変する。北条氏との国分け協定により、上野国が織田氏の分国となったのである。このとき、他の上野国衆と同様に憲景も一益に服属したものと思われるが、同年六月の本能寺の変勃発によって北条軍と滝川軍の間で神流川《かんながわ》合戦が勃発した。一益は敗走し、織田政権による上野国支配はわずか三ヵ月で終わりをつげたのであった。長尾憲景は早々に北条方への従属の意を示し、小田原参府に際しては三男の鳥房丸を「証人」（人質）として差出した〔上杉家文書〕。こうして憲景は三度北条氏に従うこととなった。この一連の北条氏への従属の動きのなかで憲景は、念願であった白井城への復帰をようやく叶えたのであった。

天正十年に史料上に初見する長尾輝景《てるかげ》は、憲景の次男と考えられている。「雙林寺伝記」によると、実名輝景の「輝」の字は室町将軍足利義輝からの偏諱であったという。所領支配に関わる文書を発給していることから、すでに憲景から家督を継承していたと考えられる。憲景自身、翌十一年以降は「一井斎」と号しており、以降、輝景が白井長尾氏歴代の官途である左衛門尉を称したとみられる。憲景の没年については、諸記録は天正十一年と伝えてきたが、翌十二年まで活動が確認できるため確定されてはいない。法名は雲林院殿梁雄玄棟庵主。

## その後の白井長尾氏

長尾輝景の白井城主としての活動は、天正十七年（一五八九）十二月まで確認できる。多病であったとされる輝景の跡を継いだのは、かつて小田原城に証人として遣わされた鳥房丸、政景《まさかげ》（景広《かげひろ》）であった。「雙林寺伝記」によると、憲景死去の折に、白井長尾氏の家臣らがその葬儀と老母の見舞いのために、鳥房丸を白井城に帰還させるよう願い出た。一時、白井城への帰還を果たして再び小田原に戻った鳥房丸に、北条家は家督と白井旧領の相続を認めたという。また、鳥房丸は元服に際して北条氏政から「政」の字を偏諱として受けて政景と名乗っている。こうした北条氏の後ろ盾を得て、天正十三年に政景は白井に戻った。このとき、政景は田留城をめぐった確執から輝景の重臣である大室城主牧弾正《だんじょう》らを謀殺したという（雙林寺伝記）。白井家中の緊張は高まっていた。天正十七年に至って、政景は領地経営に介入している。実際に政景が家督を継承したかは、疑問が呈されている。

天正十八年の豊臣秀吉による小田原攻めに際して、政景は白井城に籠もったという。北陸道を進んできた前田利家等の軍勢は、碓氷峠を越え、松井田城を落城させて、上野国になだれ込んできた。四月十四日、政景は家中の助命嘆願を願い出て、白井城を開城したという。その後は加賀藩前田利家《まえだとしいえ》に仕え、牢人の後、上杉景勝に仕えて景広と称したとされる（雙林寺伝記）。一方、政景の影に隠れるかたちとなった輝景であるが、諸記録では天正十九年に死去したとされてきたが、慶長三年（一五九八）まで生存が確認されている。輝景は小田原合戦後に上杉景勝に仕えたようである。天正十三年に使用されている輝景のものと同一の黒印状（仏法僧宝）が、越後国古志《こし》郡桐原《きりはら》（新潟県長岡市）の支配に関して発給されているのである。この黒印状で輝景は、在地の近藤新介《こんどうしんすけ》なる人物にその管理を任せ、年貢の納入を命じている。輝景もまた小田原合戦後に景勝に仕えていたのであった。

（青木裕美）

【主要参考文献】
黒田基樹『戦国大名と外様国衆』（文献出版、一九九七年）、のちに『増補改訂 戦国大名と外様国衆』（戎光祥出版、二〇一五年）
久保田順一『戦国上野国衆事典』（戎光祥出版、二〇二一年）

# 簗田晴助・持助
## ——要衝を守り続けた古河公方家の宿老

### 簗田晴助の登場

簗田《やなだ》氏は、下野足利庄《あしかがのしょう》簗田郷（栃木県足利市）を名字の地とする古河公方奉公衆《こがくぼうほうこうしゅう》である。当初は斯《し》波《ば》氏の被官で、上杉禅秀《うえすぎぜんしゅう》の乱以降に鎌倉《かまくら》公方足利持氏《もちうじ》に仕えるようになった。やがて簗田助良《やなだすけよし》の姪が持氏の妾《しょう》（側室）となり、足利成氏《しげうじ》の母となったことから、奉公衆の中でも中心的地位を築くようになる。享徳の乱以降は関宿《せきやど》（千葉県野田市）に在城し、古河公方の宿老として持助《もちすけ》・成助《しげすけ》・高助《たかすけ》と代を重ねた。

晴助《はるすけ》は高助の嫡男として大永四年（一五二四）七月二十四日に誕生した。母は館林《たてばやし》城主赤井重秀《あかいしげひで》の娘と伝わる。晴助の元服は十五～六歳ごろに行ったとすると、天文七年（一五三八）か八年だろうか。仮名は高助と同じ八郎、実名は主君足利晴氏《はるうじ》の偏諱《へんき》「晴」を授与された。天文七年といえば十月に第一次国府台《こうのだい》合戦があり、晴氏と対立していた叔父の小弓《おゆみ》公方義明《よしあき》が討ち死にしている。台頭していた小田原《おだわら》城主北条氏綱《ほうじょううじつな》は晴氏と急速に接近しており、翌八年八月には氏綱が自身の娘（芳春院殿《ほうしゅんいんでん》）と晴氏との縁組を計画、九年十一月に婚姻が行われている。高助は氏綱に取次役を依頼されている関係から、北条氏とのさまざまな交渉にかかわっていた。

ところが、天文十三年ごろから晴氏と北条氏の間は冷却化しつつあり、翌十四年には敵対してしまい、十五年四月には河越合戦《かわごえ》を引き起こす。合戦に勝利した北条氏康は、高助を通じて晴氏を非難している。この敗北に関する責任を取ったのか、高助は出家して道珊《どうさん》と名のり隠居した体をとった。晴助は、二十三歳から二十五歳の間に、思いがけず家督を継承することになったのである。具体的に晴助の行動がわかるのは同十七年になってからで、三月に晴氏の長子幸千代王丸《こうちよおうまる》の代始めについて、南奥の石川稙光《いしかわたねみつ》・晴光《はるみつ》父子の御礼申上を晴助が取り次いでいる。まだ晴助は経験が浅かったのか、父道珊や大叔父と思われる清助《きよすけ》に手伝われているが、これを契機に官途名中務大輔《なかつかさだゆう》を授与されたようだ。

## 足利晴氏の失脚と晴助

天文十九年九月、道珊が死去する。晴助は実質的にも簗田家当主となったため、北条家との取次も彼が担当することになる。北条家との間には、公方家の家督継承者をめぐる問題が起こっていた。天文十二年三月、晴氏と芳春院殿の間には梅千代王丸《うめちよおうまる》が生まれていたからである。晴氏はすでに、幸千代王丸を家督継承者と決め、将軍足利義藤《よしふじ》（義輝）の偏諱を授与してもらい藤氏と名のらせていた。しかし母の実家が関東管領北条家である以上、梅千代王丸の存在は藤氏の未来に不安を感じさせるようになったのである。そのなかで氏康は、芳春院殿・梅千代王丸母子を古河から移動させようと考え、十九年閏五月ごろには岩付《いわつき》（さいたま市岩槻区）か葛西《かさい》（東京都葛飾区）を御座所《ござしょ》として検討している。

晴氏・藤氏父子と、芳春院殿・梅千代王丸母子の別居は、奉公衆の間に大きな動揺を起こしたのだろう。晴助は北条氏に敵対する可能性があるとみなされたようで、芳春院殿は二十年七月に起請文を書いて、今後も申し合わせを行うと誓っている。通常、主君の妻が宿老に誓約することなどはありえない。芳春院殿の警戒心は強かったのだろう。十二月には氏康自らが起請文を発し、晴助の庇護を約束している。晴助は誓約に満足したらしく、北条方へ歩み寄ったようだが、結果的にこれは氏康による晴氏・晴助主従の離間策となった。

二十一年十二月、晴氏は梅千代王丸の相続を許可したが、奉公衆は多くが梅千代王丸に属して、晴氏が企図していた情勢の打開には結びつかない。二十三年七月、ついに晴氏は葛西を離脱して二十四日に古河へ戻った。さっそく小山高朝《おやまたかとも》・相馬整胤《そうままさたね》らに命じて城の普請を急がせたが、晴助はこれに応じず、逆に葛西からの要請に対して証人（人質）を送っている。同輩の一色直朝も同様だった。氏康の軍勢が古河へ進むなか、今度は梅千代王丸が起請文を出して、晴助の安全を保障した。古河城攻撃直前に、晴助の忠節を賞したのである。古河城陥落は、この直後のことだろう。晴氏は相模へ送られ、曽谷《そや》（神奈川県秦野市）で閑居の身となった。

## 足利義氏との協調と関宿進上

翌弘治元年（一五五五）十一月、梅千代王丸は元服して義氏《よしうじ》と名のる。翌十二月に行った元服の祝言には、一色《いっしき》・佐々木《ささき》・町野《まちの》・野田《のだ》・梶原《かじわら》・印東《いんとう》など公方家の宿老が列席しているなか、簗田家一門は晴助をはじめ右馬允《うまのじょう》氏助《うじすけ》・平二郎《へいじろう》（氏助の子息か）・平三郎《へいざぶろう》・平七郎《へいしちろう》・次郎など、六名が祝言での役割を与えられている。古河城攻めの協力を評価されたせいだろう。

その後しばらくして、森谷《もりや》（茨城県守谷市）の相馬《そうま》家中で内紛が起きたらしく、同二年九月には義氏の命により、小山秀綱《おやまひでつな》とともに森谷への出兵を命じられている。相馬家では義氏派と藤氏派の対立があったのだろう。晴助は明らかに義氏派として行動している。かつて、晴助は藤氏と血縁関係があったといわれているにもかかわらず、である。

関宿城本丸跡　千葉県野田市

そういえば、藤氏の母は簗田家出身と記している古河公方系図が一点あるが（古河御所之伝）、簗田家の系図類には同様の記載はない。晴助の行動を見ても、藤氏と血縁があるとは思えないので、藤氏は簗田家の血は引いていないのだろう。晴氏による古河普請命令に応じているところを見ると、藤氏の母は小山家か相馬家出身の女性ではないだろうか。晴助は、藤氏の近親ではないことから、無条件に支持してはいなかったとみられる。義氏・氏康と距離を置き始めるのは、まだ先のことであった。

永禄元年（一五五八）四月十日、義氏は芳春院殿とともに葛西城を出て鶴岡八幡宮寺《つるがおかはちまんぐうじ》（神奈川県鎌倉市）参詣を行った。随行したのは佐々木・梶原・一色家らで、晴助は鎌倉へ赴いていない。晴助は、関宿か葛西にいたのだろうが、参詣以前から北条氏政と折衝を重ねていたらしい。内容は関宿城進上にかかわるものだった。北条家は六月中に義氏の御座を関宿城へ移し、古河城を晴助へ譲るよう要請していたのだ。一門の簗田氏助は、謀書を作成してまで反対したが、晴助はこの交渉を拒絶していない。氏康は、関宿を入手することは一国を取るのに替わらないことであり、無双の明地に御座を移すのは、子孫まで長久疑いないと述べている。関宿の戦略的な重要性を見抜かれても、晴助は譲歩した。六月一日、義氏は関宿が無事に進上されたことを喜び、晴助の知行などを保全することを約束し、崎西の小田助三郎を与力とすることも認めた。晴助の影響力は拡大したのである。

## 義氏・氏康との対立と持助の活動

永禄三年（一五六〇）八月末、越後の長尾景虎《ながおかげとら》（上杉政虎《まさとら》、謙信《けんしん》）が関東へ進攻すると、義氏は上杉方の攻撃に備え十月ごろから籠城を計画する。晴助は、この時点では義氏に従っていたが、十二月頃には長尾方に接触している。そして、直接関宿城を攻めることはなかったものの、周辺に軍勢を配置したらしい。この軍勢は古河衆と呼ばれ、簗田一門五名に一宮《いちのみや》・二階堂《にかいどう》・相馬家と、簗田家の重臣七名で構成されていた。晴助は翌四年閏三月には上杉政虎から、公方家の家督などについて相談されている。

晴助の考えは藤氏擁立であった。関宿へ籠もっていた義氏は、七月に母芳春院殿が死去すると小金城（千葉県松戸市）へ退去する。晴助は関宿を奪回することができ、古河城へは近衛前久や藤氏らが入城した。関宿入りを契機にしたのか、晴助の嫡男持助の関係文書が見られるようになる。持助は、天文十八年（一五四九）八月十五日生まれの十三歳。仮名は父と同じく八郎といったが、実名には公方家当主の偏諱を受けていない。藤氏から授与されれば藤助となるので、元服は藤氏擁立よりも前、義氏との関係が悪化して偏諱が授与されないころだろう。持助は藤氏の取次を務めているので、古河で近侍していたのかもしれない。

関宿へ戻った晴助の方は、上杉方から知行を授与されたほか、家臣への知行宛行を実施し、周辺勢力と合戦を行うなど、勢力拡大に向かっていた。しかし、同五年になると形勢は逆転し始め、七月までに北条方が古河周辺を押さえ始める。晴助は輝虎《てるとら》（謙信）への協力を進め、七年初頭には相馬領を把握すべく行動するが、藤氏は周囲の圧力に耐えかねて里見《さとみ》氏のもとへ移座してしまった。晴助が孤立していくなかで、北条方の関宿攻撃が始まる。岩付城（さいたま市岩槻区）の太田氏資を味方にした氏康は、八年三月に関宿へ押し寄せた。からくも撃退したものの、小規模な戦闘は断続してあったようだ。

房総方面の上杉方は、里見・簗田勢がもっとも大きく、藤氏も両者の使節により外交戦を展開する。さらに同じ公方家宿老の野田景範《かげのり》も藤氏に味方した。氏康は方針を変更し、子息の氏政・氏照兄弟を通じて簗田・野田両家との和睦を図る。十年四月に和睦は成立し、義氏も晴助への相馬領引き渡しを許可することになった。ところが年末から、野田家などで知行の授受をめぐり混乱が起き始める。半年後の十一年五月には野田家の問題も解消したようだが、逆に知行の整理が進んだおかげで、義氏は関宿周辺に側近の知行を配置し始める。晴助の反発は必至であった。

## 関宿城の攻防戦

永禄十一年八月になると、北条方が進攻してきて関宿城と水海城《みずみ》(茨城県古河市)の間で合戦が行われた。感状《かんじょう》は持助が出している。晴助は、この月までに出家したらしく洗心斎道忠《せんしんさいどうちゅう》と名のっている。斎名は、『易経《えききょう》』繋辞上伝《けいじじょうでん》か『後漢書《ごかんじょ》』順帝伝《じゅんていでん》からの引用だろう。さらに十月以降は、北条勢が本格的に関宿城包囲を計画したので、年末から翌十二年三月にかけて、常陸佐竹《さたけ》氏ら北条氏に対抗する勢力が上杉輝虎へ救援を要請している。ところが、この間に氏康は甲斐武田《たけだ》氏へ対抗するため輝虎との和睦交渉を開始していたのである。輝虎は和睦を受け入れる方向で検討し、交渉の条件として関宿攻撃の中止をあげている。各地からの要請に応えての出兵ではなかったが、とりあえず簗田父子の救援を実現したかたちになった。氏康は、関宿の対岸に造った山王山砦《さんのうやま》(茨城県五霞町)を破却している。その直後、古河へは義氏が入城したが、晴助父子は義氏・氏康への従属を明示しなかった。

この不穏な状況を利用してきたのが武田信玄だった。すでに信玄は三月段階で、ひそかに晴助へ書状を送って通信を開始しており、元亀元年(一五七〇)十二月には相馬領の引き渡しに協力することを誓約している。持助も、足利藤政《ふじまさ》（死去した藤氏の弟）の使節として、北条方に反抗している岡本・太田・真壁・茂木などの里見・佐竹方諸将、つづいて小山秀綱らと連絡を取り合っている。しかし、同二年十月に氏康が死去して氏政が当主になると、北条・上杉両家は再び対立関係にもどった。

一年が経過した天正元年（一五七三）、本格的な関宿攻撃が再開される。二月には北条氏繁《うじしげ》、七月には同氏照の軍勢が北上して合戦となっているから、断続的に北条勢との戦いが続いたようだ。やがて北条勢は包囲網を縮めて、翌二年正月には関宿・水海周辺を封鎖した。四月、ついに氏政が出陣してくると、氏繁は水海城の北側に陣を移し、田畠を荒らす作戦に出た。晴助父子は武蔵国内の上杉方を通じて謙信へ出兵を求めている。謙信は八月に関東へ入り、上野・北武蔵を制圧しながら下野方面へ進み、十一月には晴助や小山秀綱と評定を行った。その後、関宿方面への出兵を計画したものの、同盟する佐竹勢が動かないために、再び武蔵方面へ軍勢を移動させる。水海や山王山が攻撃にさらされるなか、晴助父子はついに降伏を決定し、閏十一月十六日に関宿を開城した。これを聞いた謙信は、羽生《はにゅう》城（埼玉県羽生市）を破却して上野へ帰還していった。

### 水海城主簗田持助

天正二年十二月二日、義氏の奉行人は北条家へ六六通の制札発給を要請し、百姓還住を推進させた。関宿城は簗田家から取り上げられ、北条勢が入城するようになる。晴助父子は、命こそ奪われなかったものの、大量の知行を没収された。そして今後は水海城に居住し、関宿城に関しては北条家の命令で行動することと決められた。それでも義氏の怒りは収まらなかったらしい。氏政は持助らの赦免を申し上げていたが、十四日に弟氏照もその旨を願い出ており、以後の処罰は無いものとされた。公方家内での家格も大幅に下げられることはなかったらしく、四年九月二十四日に義氏の嫡子として梅千代王丸が生まれると、一色義直・月庵、梶原美作守に続いて晴助父子が御礼申上を行えている。

公方家の宿老に復帰した持助は、高助以来務めていた北条氏の取次役に就いており、氏政や氏照らの報告を義氏へ申し上げたり、仲介の労を取るようになった。七年十月以前に、父と同じ中務大輔に補任されている。また正月には、奉公衆の中でも特定の家しか行えない年頭申上衆《ねんとうもうしあげしゅう》に加えられており、一色・梶原・相馬・佐々木家とともに参加が許されている。ほかにも普請用材木の調達を命じられるなど、宿老としての立場だけではなく、義氏の腹心としての地位を得るようになっていった。十年四月、織田《おだ》信長《のぶなが》の宿老滝川一益《たきがわかずます》が上野へ入国すると、その対応について密かに晴助父子が呼ばれることもあった。

しかし、十年閏十二月に義氏は死亡する。翌十一年正月に葬儀が行われると、持助は行列の際に義氏の龕《がん》の脇に付いて歩んだ。その後の持助は、十二年七月に水海衆を率いて下野方面へ出陣したことしかわからない。そして十五年五月十四日に死去した。法名を祥久院殿財庵徳善《しょうきゅういんでんざいあんとくぜん》という。

水海城主としての持助は、宿老として活動する以外に、地域支配も本格的にかかわったことが知られる。まずは取りかかったのは、関宿合戦で荒廃した郷村の再興だった。周辺寺社への安堵をはじめ、天正三年には野田郷《のだ》（千葉県野田市）や吉川宿《よしかわじゅく》（埼玉県吉川市）に七年間の不入（諸役免除）、五年三月には重臣鮎川豊後守《あゆかわぶんごのかみ》の知行を不入と定めている。さらに洪水が多発した下川辺郷《しもかわべ》（埼玉県三郷市）でも五年間の不入を命じている。公方領の郷村復興には、主に免税措置を取って百姓らの環住を進めていたのだろう。

## 晩年の晴助

三十七歳で死去した持助には子供がいなかった。そのため、八月には道忠《どうちゅう》もしくはその後継者と思われる人物が、知行内に朱印状を出している。家督を継承したのは道忠の弟、つまり持助の叔父にあたる平四郎助縄《へいしろうすけつな》であった。助縄は、天正十六年初頭までには当主として活動を開始しており、二月には簗田家臣や郷村に朱印状を出している。しかし、道忠は持助死去の段階で六十四歳だったので、助縄も六十歳を越していたはずだ。晴助・助縄兄弟は、奉行人制度を確立して簗田家の基盤を固めたうえで、後継人事を検討していたらしい。選ばれたのは一門である簗田平七家の助利《すけとし》だった。

十八年正月、助利は簗田下野守助孝《しもつけのかみすけたか》へ籠城の用意を促しているので、小田原合戦直前には家督となったとみられる。助利は北条方として準備を進めたが、道忠は別の道も模索していた。五月、羽柴《はしば》方の浅野長吉《あさのながよし》（長政《ながまさ》）勢が下総へ進んでくると、馬を贈呈して取り成しを依頼している。さらに敵対していない姿勢を見せるため、水海城を破却したことを報告した。長吉は道忠の行動を賞して、そのまま待機することを命じている。つづけて道忠は、忍城《おし》（埼玉県行田市）攻撃に参加した長吉に医者を送るなど、終始協力する態度を見せていた。しかし結果的に、長吉による取り成しは却下され、簗田家は北条方の武将として改易処分となった。同じ公方家宿老の一色・野田家も改易になったが、その後、関東へ入部した徳川家《とくがわ》に仕えている。牢人となった道忠は、水海近くで閑居したとか、佐竹家の庇護を受けたなどと伝えられているが、真相はわからない。そして文禄三年（一五九四）九月二十四日に死去した。享年七十一歳。法名は性海院殿節叟徳忠《しょうかいいんでんせっそうとくちゅう》とされた。晴助の死後、助利は徳川家に仕えて一〇〇〇石を与えられ、家康の馬廻衆《うままわりしゅう》に抜擢される。

（長塚孝）

【主要参考文献】

池享・矢田俊文編『増補改訂版上杉氏年表』（高志書院、二〇〇七年）
黒田基樹「北条氏康の試練」（小田原城天守閣『没後四五〇年北条氏康伝』小田原市、二〇二一年）
古河市史編さん委員会『古河市史』資料中世編（古河市、一九八一年）
佐藤博信『古河公方足利氏の研究』（校倉書房、一九八九年）
佐藤博信『戦国遺文』古河公方編（東京堂出版、二〇〇六年）
館林市史編さん委員会『佐貫荘と戦国の館林　館林市史』資料編2中世（館林市、二〇〇七年）
千葉県立関宿城博物館編『簗田家文書』（千葉県立関宿城博物館、二〇〇二年）
長塚孝「氏康と古河公方の政治関係」（黒田基樹編著『北条氏康とその時代』戎光祥出版、二〇二一年）
野田市史編さん委員会『野田市史』資料編古代・中世1（野田市、二〇一〇年）

# 千葉胤富
## ――北条氏の後援を得て所領堅持に奔走した千葉氏当主

### 出生と官途

千葉胤富《ちばたねとみ》は千葉昌胤《まさたね》の三男であり、弘治から元亀における下総千葉氏の当主である。没年から計算すると、誕生は大永七年（一五二七）である〔本土寺過去帳〕。胤富は「千学集抜粋」に「三男胤富海上九郎《トム》」とあり、森山《もりやま》城の海上《うなかみ》氏の養子となったようだ。

佐倉《さくら》千葉宗家の家督は長兄の利胤《としたね》が継承した。その利胤が天文十六年（一五四七）に早死したものの、次男の胤寿《たねより》は臼井《うすい》氏に入嗣していたため、四男の親胤《ちかたね》が宗家を継いだ。しかし、親胤が弘治三年（一五五七）に死去したため、今度は胤富に白羽の矢が立ったのである。臼井胤寿はすでに滅亡していたようで、そのため胤富が選ばれたのかもしれない。妻は森山近辺の神島《かしま》氏の出身と思われる〔千学集抜粋〕。家督継承後の永禄二年（一五五九）十二月六日に出された文書〔千葉勝胤家文書〕が明確な初見である。

## 正木氏の香取占領と第二次国府台合戦

胤富が家督継承したときの千葉氏は、安房里見《さとみ》氏との抗争が大きな課題であった。

永禄三年の十月二十四日までには里見方の正木氏が香取《かとり》郡富田《とみだ》村（千葉県香取市）に侵攻し、占拠するという事件が起きた。この結果、同地を領有していた小見川《おみがわ》粟飯原《あいばら》氏が没落した〔秋山仙一家文書〕。この影響であろうか、十一月二十五日には、千葉家宿老の原氏に従っていた東金《とうがね》酒井《さかい》氏が原氏から離反し、里見氏に従った〔永禄之旧記勝劣一致和睦之次第案文〕。さらに小金《こがね》高城《たかぎ》氏や飯櫃《いびつ》の山室《やまむろ》氏も離反〔関東幕注文〕、八月には椎名《しいな》氏・三谷《みや》氏も里見方となり〔井田家文書〕、十二月には、胤富がかつて在城した中島《なかじま》城（同銚子市）は攻撃され〔宮内家文書〕、海上氏の森山城も占領された可能性がある。この時期、千葉氏・原氏ともに里見氏の攻撃による自領の喪失と味方国衆の離反に苦しんでいたのである。

永禄三年中には、香取に在留する武家が小田喜正木《まさき》氏時茂《ときしげ》から勝浦《かつうら》正木時忠《ときただ》に交代となった〔香取大禰宜家文書〕が、千葉氏の劣勢に変わりはなかった。また、正木氏が香取を占領したことで、翌四年三月には国分《こくぶ》胤憲《たねのり》の矢作《やはぎ》城（香取市）も里見氏の攻撃に晒された〔大蟲和尚語録〕。

これに対して同年六月には千葉氏に味方する北条《ほうじょう》方の反撃が行われ〔野田家文書〕、七月までには小金高城氏は原方に帰参した〔野田家文書〕。翌永禄五年（一五六二）正月には原方の土気《とけ》酒井胤治《たねはる》が里見氏の勢力圏である上総《かずさ》真里谷《まりやつ》領に侵攻した〔上総国古文書〕。これらを受けて、胤富もいよいよ里見氏に支配された香取の奪還に乗り出した。三月十九日、森山城（香取市）の原親幹らと共同で香取の小見川城（香取市）に攻撃を仕掛けたのである。合戦は三日間続き、敵味方が三百人以上討ち死にするという激戦であったが〔海上年代記〕、その後も香取は正木氏が支配しているから〔正木武膳家譜〕、胤富は押し返されたのであろう。ただ、同年九月には原氏配下の酒井胤治が二宮庄《にのみやのしょう》茂原《もばら》に勢力を有していたことが確認できるので〔藻原寺仁王像銘〕、各所での反撃が功を奏していたことも間違いない。さらに、同年と思われる十二月二十五日には胤富は原・村上《むらかみ》・高城・土気酒井などの軍勢に参陣を要請しているので、攻撃は断続的に続いていたらしい〔慶増家文書〕。これらの動きに対して、里見氏は永禄六年九月に小田喜《おたき》正木信茂《のぶしげ》（時茂の子）が海上長谷《うなかみはせ》に新たに城郭を築いた。ここには一宮《いちのみや》正木時定が入城したようだ〔海上年代記〕。

千葉胤富木像　千葉県香取市・西音寺蔵

しかし、翌永禄七年正月八日には、この情勢が大きく変化する事件が起きる。北条氏康《うじやす》と里見義堯《よしたか》が下総国市川近辺で激突し、里見氏が敗北したのである。里見氏は前年上杉《うえすぎ》氏と連携し岩付《いわつき》（さいたま市岩槻区）まで軍勢を派遣したが、この年、江戸《えど》城（東京都千代田区）の城代太田康資《おおたやすすけ》が里見氏と気脈を通じ、葛西《かさい》まで出てきた里見氏方に寝返った〔楓軒文書纂五十三〕。里見方に寝返ったということは、北条氏の宿敵上杉氏方に付いたということである。太田康資は北条一門であり、離反を重く見た北条氏康も正月一日・四日に胤富に対して対応を指示している〔楓軒文書纂五十三・西原一夫家文書〕。その後、北条方は里見氏が張陣している市川まで到着し、合戦が始まったらしい。江戸城代遠山綱景《とおやまつなかげ》をはじめとして一千人以上の戦死者を出したのに対し、里見氏は小田喜正木信茂をはじめとして二千人が戦死、一宮正木氏は長谷新地から退却し、一宮に戻った〔海上年代記〕。

これらの情勢を受けて、房総の戦局は一気に北条氏と結ぶ千葉・原方の優位に展開した。とくに機を見るに敏な国衆の動きは象徴的であった。里見方にいた東金酒井胤敏や高木胤吉らが五月の段階で千葉方に帰参〔西山本門寺文書〕したうえ、翌月には里見氏の中枢勢力の一つである勝浦正木氏も北条氏に通じたのである〔反町英作氏所蔵文書〕。また、一宮正木氏は勝浦正木氏と北条氏によって没落し〔反町英作氏所蔵文書〕、土気酒井氏は東金酒井氏との対立関係もあり里見氏方に転じたものの、北条氏・原氏・東金酒井氏らに攻撃されている〔早稲田大学図書館所蔵河田文書〕。里見領国であった上総真里谷も原氏によって攻略されたらしい〔八鈬神社文書・黒田二〇一二〕。

とくに千葉氏にとっては、香取を占領していた勝浦正木氏を味方にしたことが大きかった（ただ、この時点では香取から撤退したわけではなく、その支配は続いていた）。これにより、里見氏に支配されていた森山城周辺の所領が再び胤富のもとに帰したようだ。胤富は早速、永禄八年四月から七月にかけて本領を家臣たちに返し与えている〔千葉市立郷土博物館所蔵原文書〕。

## 上杉謙信の襲来

こうして、所領の一部を敵勢力の正木氏が占領し続けているという危機的な状況は解消した。しかし、里見氏自体が没落したわけではなく、また反北条氏の盟主である上杉謙信《けんしん》も健在であり、胤富にとって決して油断できる状態ではなかった。実際に永禄八年十二月には海上郡が、里見氏方と思われる東金からの軍勢に攻撃されている。この記録は長禅寺《ちょうぜんじ》(千葉県旭市)の仏像の胎内銘に見られ、当時の合戦の様子が種々読み取れる〔長禅寺仏像銘〕。翌九年には上杉謙信が越山を敢行し、二月には高城氏の小金城(同松戸市)、三月には原氏の臼井城(同佐倉市)を攻撃した〔本土寺過去帳〕。原氏の守護する臼井城は本城部分を囲む堀は一重のみにされ、上杉軍や里見軍・土気酒井軍に取り囲まれながら、昼夜隙なく攻撃されたという〔鑁阿寺文書〕。

ところが、城主原氏は同月二十三日の総攻撃に対し、上杉方に五千人ともいわれる死者を出して撃退したのである。その日のうちに里見氏や土気酒井は撤退し、二十五日には上杉軍の敗北が確定的になった〔諸州古文書十四・松戸市立博物館所蔵間宮家文書〕。ここでの千葉氏の動向は不明だが、本佐倉城と臼井城の距離を考えると、当然ながら守備のために軍勢を派遣したのだろう。上杉方が臼井攻めに失敗したことは、謙信の威信を凋落させ、上杉方国衆の離反を招いた〔正木武膳家譜〕。

一方、香取を支配していた勝浦正木時忠は同年七月七日に撤退した〔香取大禰宜家文書〕。撤退の理由は明確ではないが、香取神宮や国分氏との関係が悪く、里見氏との抗争も抱えていたため、しだいに香取における勢力が弱体化し、退却につながったとの見解がある〔黒田二〇〇六〕。胤富と香取社は、正木氏撤退後と思われる時期に仮殿の造営について音信を交わしているが〔香取大禰宜家文書〕、勝浦正木氏が香取社に対して資金援助をしうる余裕はなかったことも、香取に定着しなかった遠因であろうか。勝浦正木氏の撤退を受けて、閏《うるう》八月七日には常陸に没落していた粟飯原氏が小見川に復帰した〔畑田旧記〕。

永禄十年（一五六七）七月には北条氏が里見氏攻撃に乗り出したため、千葉氏も動員をかけられている〔千葉市立郷土博物館所蔵原文書〕。北条氏政《うじまさ》の中山《なかやま》着陣が決まったことをうけて、胤富は森山城の海上氏らに軍備の指示をしている。そのなかには「少しも油断なく支度をすることが大切である」「夜を日に継いで」などの文言が飛び交い、北条氏に最大限気を遣う様子がうかがえる〔千葉市立郷土博物館所蔵原文書〕。ところが、北条方は八月二十三日の上総国三船山《みふねやま》合戦で里見方に敗北を喫した。同年十二月、里見氏はさらに土気酒井氏の属城本納城を攻撃した。しかし、北条方がすばやい反応を見せ、北条氏規と遠山政景を下総船橋まで派遣したため、里見氏は撤退した〔小田原編年録首巻下〕。

千葉氏と里見氏は一進一退の攻防を続けていたのである。もちろん双方、他の周辺状況の目まぐるしい変化に対応しながら合戦を繰り広げており、必然的に関東に大きな影響力を持つ上杉と北条にそれぞれ結びついていったのである。胤富も北条氏の勢力に内包されることで、自領の平和状態を実現できた。領内が平和であることで国衆は所領の健全化や文化振興が図れるのである。勝浦正木氏の味方化による本領再安堵や、香取奪還後に見られる山室氏における仏像再興などはその好例であろう。ただし、従属する戦国大名の関係する合戦に動員がかけられることで、これまで全く関係してこなかった地域の紛争に介入することもあった。国衆は、所属する戦国大名の勢力が拡大するごとに、麾下の遠方に派遣されることになるなどの負担も負っており、千葉氏も永禄末期よりそのような状態にあった。自領の平和維持に手を尽す胤富の苦労が偲ばれる。

## 越相同盟後も続く房総の動乱

永禄十一年（一五六八）八月に里見義堯・義弘親子は、下総関宿城（千葉県野田市）の簗田氏を救援すべく下総に侵攻している。両酒井氏は里見氏と戦ったようだが、千葉氏も迎撃に出た可能性がある〔簗田家文書〕。十二月に入り、武田《たけだ》・北条・今川《いまがわ》の三国同盟が破綻すると、里見氏はこれを狙ったかのように葛西（東京都葛飾区）に侵攻したため、北条氏は千葉氏らとも連携を取って防衛体制を整えた。北条氏政は里見氏が葛西から南東に攻め込むことを警戒し、胤富に千葉氏領国の玄関口ともいうべき松戸《まつど》小金城への在陣を指示し、小金城主の高城氏には江戸城への在番を命じた〔早稲田大学図書館所蔵遠山文書〕。里見氏はそのまま年が明けて永禄十二年も葛西に留まり、二月に市川に移動する気配を見せたため、北条氏政は江戸衆に葛西への攻撃を命じた〔穴八幡宮文書〕。この結果、里見軍は壊滅して松戸・市川方面へ退却し、さらに臼井近辺の郷村に放火して椎津（千葉県市原市）に退却した。胤富はこのことを早速、古河公方足利義氏《こがくぼうあしかがよしうじ》の側近である豊前氏に報じている〔松戸市立博物館所蔵間宮家文書〕。

三国同盟が破られたことで始まった今回の合戦であったが、同盟破綻の余波はさらに関東政局に衝撃を与えることになる。この年六月には越後の上杉謙信と相模の北条氏康・氏政親子の間で越相同盟《えっそうどうめい》が実現したのである。北条氏政はこのことを胤富に「一和無粉」と伝えている〔千葉市立郷土博物館所蔵蜂須賀文書〕。このため、双方に所属する国衆は戦略を根本から見直さなければならなくなった。たとえば、上杉方であった里見氏や簗田《やなだ》氏は甲斐の武田信玄《しんげん》との連携を始めている〔簗田家文書・神保誠家文書〕。一方、胤富が積極的に対応した形跡はみられない。これまで胤富は、自領回復か北条氏から動員がかかったときにのみ里見氏を攻撃してきたのであり、平和状態を受けて内政に注力していたのだろう。

しかし、里見義堯・義弘《よしひろ》親子は両総の制圧を諦めたわけではなかった。元亀元年（一五七〇）六月に里見氏は上総国椎津《しいづ》城に侵攻し、窪田《くぼた》城（同袖ケ浦市）を取り立て、さらに下総国小弓《おゆみ》（千葉市中央区）近辺にも侵攻し、城郭の建築を始めた。これらは胤富が井田平三郎に宛てた書状〔井田家文書〕からわかるが、同書状では胤富が「一か所（攻撃された）だけでも手詰まりなのに、両城が完成してしまったら（領国の）半分以上を敵に取られるのは目前である」と焦りを見せている。小弓を所領する家宰原胤栄も同様の危機感を持っていた。胤富は直ちに防衛の手配を指示し、井田氏に対しては三日後の六月五日に小弓へ着陣するよう命じている。さらに北条氏政へ加勢を依頼している。独力での防衛は不安があったのだろう。

その後、同年と思われる六月二十六日の書状には里見軍が「南郷筋」（武射南郷）に出馬してきたので、井田氏が付近の長崎に軍勢を差し向けた礼を述べている〔井田家文書・遠山二〇一八〕。また同じ時期にあたるとみられる平川後室《ひらかわこうしつ》（足利氏家臣豊前氏の後室）への文書には、「敵が小弓（に城）を取り立てたので、いろいろと混乱が起きている」〔豊前氏古文書抄〕と述べているので、北条の援軍にもかかわらず、小弓に新たな里見氏の拠点築城を許してしまったのだろう。八月には小弓近辺の合戦で小西原氏が討ち死にしているので〔本土寺過去帳〕、合戦は断続的に続いていたようだが、里見氏を押し返すことはできなかった。

ついに、八月二十一日には原氏の居城である小弓城も里見氏に攻略され、原氏は臼井城に後退した〔海上年代記・黒田二〇一二〕。これを受けて、両酒井氏が里見氏に帰属したようだ〔宍倉安衛家文書〕。彼らにとっても外護者たる原氏の弱体化は死活問題であり、こういった勢力変化に応じて所属を変えざるをえないのである。

北条氏政は上杉氏との同盟を成立させたものの、武田氏とは抗争状態であったから、房総の情勢のみに関わっているわけにはいかなかった。八月から十二月にかけて里見氏領である「向地」（上総・安房）「吉浜」へ水軍による攻撃を仕掛けている〔越前史料所収山本文書〕が、元亀二年には武田氏との抗争がさらに激化し、胤富自身も軍勢を率いて相模酒匂《さかわ》に着陣することになった〔相州文書所収足柄下郡徳右衛門所蔵文書〕。

同じく元亀二年八月には北条氏政が江戸に着陣し、その後、小金を経由して菱田《ひしだ》近辺まで出陣したらしい〔千葉市立郷土博物館所蔵原文書〕。九月には小弓領に北条氏が禁制を出しているから、北条軍の攻撃を受けた里見氏は小金領まで撤退したのだろう〔千葉市立郷土博物館所蔵原文書〕。翌年閏正月にも里見軍が小金領船橋にいることがうかがえる。このため、元亀二年十一月に行われた胤富嫡子邦胤の元服は、小弓の妙見社《みょうけんしゃ》ではなく佐倉の妙見社で行われた。小弓はまだ襲撃の危険があったのである〔千学集抜粋〕。一方、元亀二年末には北条氏が再び武田氏と同盟を結んだため、里見氏は北条氏との融和を模索することになる。胤富は北条氏の動きと周辺勢力の情勢変化によりまたもや危機を脱した。ただ、これは元亀三年十二月段階でも明確な締結には至らず、小田喜正木憲時が原領である下総千田庄（千葉県多古町）に侵攻するなど、原氏との抗争は展開されていた〔妙興寺文書・田中稔氏所蔵文書〕。

### 胤富期千葉氏の特色

元亀三年十一月には千葉胤富の嫡男邦胤《くにたね》の官途状《かんとじょう》が確認され〔千葉市立郷土博物館所蔵原文書〕、徐々に世代交代も進みつつあった。胤富の文書の終見は元亀四年（一五七三）八月であり〔宮内家文書〕、この後隠居したと思われる。その後、天正七年（一五七九）に五十五歳で死去した〔本土寺過去帳・千学集抜粋〕。

胤富の子として明確にわかっているのは嫡男邦胤のみであるが、一門千葉養運斎《ようううんさい》の子で妙見宮座主の覚全《かくぜん》は胤富の養子とされる〔千学集抜粋〕。

胤富期の千葉氏にはどのような特色があったのだろうか。まず、これまで見てきたように、里見氏との抗争に終始した社会状況があげられる。この結果、北条氏への軍事的な依存が顕著となった。とくに永禄期に香取に侵攻した正木氏や元亀期に窪田・小弓に侵攻した里見軍を独力で駆逐できず、その回復にはどちらも北条氏の軍事行動をともなっていることは、先に見た通りである。胤富の千葉宗家継承には、激しい権力闘争も想定される〔滝川二〇一一〕。千葉内部には北条氏との連携に否定的な者もいたことが予定されるが、それでも里見氏の勢いの前には、軍事的には北条氏を頼らざるをえないと胤富は悟ったのだろう。

では、胤富は脆弱な当主であったのだろうか。発給文書から分析してみよう。戦国期における下総千葉氏当主の発給文書はおよそ一〇〇点である〔黒田二〇〇五〕。そして文書の残存状況から見る限り、このうち約半分の五〇通を胤富が発給している。これは傾きつつある千葉氏をどうにか持ちこたえさせようとする胤富の奔走ぶりが表れていよう。また、永禄期から始まる黒印状の使用も大きな特徴である。この由来と背景には諸説あるが、胤富の家督継承後程ない永禄四年から使用が見られる〔滝川二〇一一〕。さらに胤富期から始まった文書上の特色として、自敬表現が挙げられる〔佐藤二〇一二〕。自敬表現はそもそも足利氏や御一家の特権だったが、里見氏を始めとした外部勢力の侵攻などに瀕した胤富は、関東足利氏との密接な関係をもとに使用したのである。これは領国内に発給された文書に限定されるが、当然それが許容される社会的立場にあったことが前提であろう。書札礼のうえでも北条氏は永禄年代から千葉氏のことを「千葉介殿《ちばのすけ》」から「千葉殿」と呼称を変化させるが〔千葉市立郷土博物館所蔵蜂須賀文書〕、一方で邦胤宛の文書を見ると、宛所を高い位置に記すなど厚礼な書式を維持したらしい〔佐藤二〇一二〕。

海上氏傍流の養子から本家を継承するという、激動の人生を歩んだ胤富であったが、千葉家の当主としての社会的地位を維持することに成功したといえよう。

（石橋一展）


**【主要参考文献】**

小笠原長和「戦国末期における下総千葉氏」（『中世房総の政治と文化』吉川弘文館、一九八五年）

黒田基樹「下総千葉氏権力の政治構造」（『戦国期領域権力と地域社会』岩田書院、二〇〇九年、初出二〇〇五年）

黒田基樹「勝浦正木氏の成立と展開」（『戦国の房総と北条氏』岩田書院、二〇〇八年、初出二〇〇六年）

黒田基樹「千葉氏とその国衆」（『戦国の房総と北条氏』岩田書院、二〇〇八年、初出二〇〇七年）

黒田基樹「戦国期の千葉氏御一家」（『戦国期関東動乱と大名・国衆』戎光祥出版、二〇二〇年、初出二〇一一年）

黒田基樹「千葉胤富・邦胤の政治動向」（同、初出二〇一二年）

佐藤博信「戦国期佐倉千葉氏の権力形態――特に『自敬表現』に注目して」（『中世東国の権力と構造』校倉書房、二〇一三年、初出二〇一二年）

滝川恒昭「千葉胤富・邦胤の花押と印判に関する一考察」（石橋一展編著『下総千葉氏』戎光祥出版、二〇一五年、初出二〇一一年）

遠山成一「元亀年間における千葉氏と里見氏の抗争に関する一考察—「長崎」地名をめぐって—」（『千葉史学』第七三号、二〇一八年）
外山信司「『原文書』に見る森山城—戦国末期における支城の考察—」（石橋一展編著『下総千葉氏』戎光祥出版、二〇一五年、初出一九九二年）

# 酒井胤治
## ——北条・里見の間で巧みに生き抜いた房総の国衆

### おいたち

酒井《さかい》胤治《たねはる》は、戦国期の房総で活躍した酒井氏（以下、房総酒井氏）のうち上総国土気《とけ》城（千葉市緑区土気町）に拠った酒井氏（土気酒井氏）の四代目当主とされる人物で、仮名小太郎《こたろう》、官途中務丞《なかつかさのじょう》を称した。江戸時代以降に成立した系図などによれば、彼は天正五年（一五七七）五月に享年四十三で没したとされるので、これを信ずるとすれば生年は天文五年（一五三六）となり、従来、胤治について説明してきたもののほとんどはこのように書かれている。ただ後にも述べる永禄二年（一五五九）の鎌倉本興寺《ほんこうじ》修造時の棟札《むなふだ》によると、胤治にはその時点で「嫡子小太郎政茂《まさしげ》」がいたことが確認できるので、天文五年生年説を採れば、永禄二年時点でまだ二十四歳であった胤治にすでに元服した後継者（嫡子）がいた、ということになる。したがって、その不合理さからも胤治の享年に基づいた天文五年生年説は誤りで、そこから享年についても再検討（訂正）の必要があることがわかる。

また、ほとんどの系図類には、胤治は土気酒井氏三代目玄治の跡を継いで当主となったが、実父は酒井家家臣竹内出雲守某で、胤治は玄治の死（あるいは何らかの理由）によって当主になったという（寛政重修諸家譜・本朝武家諸姓系図ほか」。この所伝はおそらく事実とみてよく、その場合、胤治の母の存在が注目される。

この女性「胤治老母」＝「妙芸《みょうげい》」は、胤治の史料上の初見である天文十五年（一五四六）の本国寺《ほんごくじ》日蓮像胎内銘《にちれんぞうたいないめい》に「大檀那（胤治）老母」と見えて以降、永禄二年（一五五九）の鎌倉本興寺棟札に「胤治老母妙芸」、同四年の大網八幡宮本殿造立文《おおあみはちまんぐうほんでんぞうりゅうもん》に「大檀那酒井中務丞胤治並老母」、同五年の藻原寺《そうげんじ》仁《に》王像銘文《おうぞうめいぶん》にも「土気酒井中務老母」とあるように、胤治が天文から永禄期に実施した主要祭儀には必ず胤治とともに名を連ねているのである。これらの事実からみると、妙芸は胤治が酒井家当主となった初期段階から一貫してその後ろ盾となって活躍していたとみてよい。さらにここから胤治は本来酒井家の当主になる予定の人物ではなかったが、前当主の突然の死、あるいは宗家断絶によって、他家より土気酒井家当主の座に就き、その実現のうえで大きな根拠・役割を果たしたのが、胤治の母親＝妙芸であったということが推測できる。そして系図上で妙芸は、房総酒井氏の始祖とされる酒井清伝《せいでん》（定隆《さだたか》）の娘にして家臣の竹内出雲守某に嫁し、その子（次男）が酒井胤治とされているのである。

酒井政茂・胤治花押

ただし、妙芸の父が清伝とすることについては年代上の疑問が残る。もし妙芸が清伝の娘とすれば、清伝は後述のごとく文明期（一四八〇年前後）前後に活躍した人物と考えられので、そこから仮に妙芸が清伝の晩年の子とした場合でも（系図などによれば清伝は長命で、大永二年（一五二二）に八十八歳で没したともいう）、胤治が清伝の子である妙芸の子（清伝の孫）とするにはかなり無理がある。ただ先にみたように、胤治の生年を通説よりだいぶさかのぼらせることが可能なら、不合理さも解消できるかもしれない。したがってこの問題についても、胤治の正確な生年・享年が判明するまで解答は得られないのである。

とはいえ、妙芸の父に関するこの所伝は、房総酒井氏にとって格別な存在であった清伝と、胤治や妙芸が直接つながっているという由緒を強調することによって、胤治が酒井家当主となる正当性を主張するための根拠となっていた（あるいはそのために創られたか）、という推測も成り立つだろう。

## 房総酒井氏とは

その房総酒井氏だが、上総国の土気・東金《とうがね》両城を拠点に、千葉《ちば》氏・里見《さとみ》氏、さらには房総に進出してきた相模の北条《ほうじょう》氏といった強大な勢力の狭間にあって、その政治的立場を巧みに変えながら活躍した国衆、という括りで一応説明することができるだろう。

江戸時代以降に作成された多くの系図や軍記類（いわば伝説）では、房総酒井氏の始祖は酒井定《さだ》（貞）

隆《たか》という人物であったとする。定隆は遠江国の住人で、京都の将軍足利義尚《あしかがよしひさ》に仕えたが、その後、関東に下って再興なった鎌倉公方の足利成氏《しげうじ》に仕えた。だが、成氏が鎌倉を逐われて下総古河《こが》城に移ると、安房の里見氏を頼るべく、古河城を出て数人の家臣らとともに江戸品川から海路房総へ向かおうとした。ところが、船が江戸湾の中ほどまですすむと、突如、暴風雨となって今にも船が転覆しそうになった。だが、そのときたまたま船に乗り合わせていた一人の僧が一心に題目《だいもく》を唱えたところ、たちまち荒れ狂っていた海は嘘のように静かになり、無事に対岸の浜野《はまの》につくことができた。この僧こそ品川の本《ほん》光寺《こうじ》から浜野の本行寺《ほんぎょうじ》に向かおうとしていた日泰上人《にったいしょうにん》であり、この奇跡に感動した定隆は以後日泰上人に深く帰依し、「自分が一国一城の主になったときは、領内をすべて日泰の日蓮宗に改宗させる」と約束したという。そしてその後、定隆は上総国土気領や東金領を治める領主になったとき、約束通り領内をすべて日泰の日蓮宗に改宗させたという。それがいわゆる「七里法華《しちりほっけ》」だというのである。もちろんこれは後世に作られた伝説に過ぎないが、酒井氏が領内の法華宗の保護に努めたのは事実である（「永禄の旧規《きゅうき》」）。

ただこの酒井定隆、現時点で良質な史料にその名はいっさいみえず、史料上からほぼ同時期に活躍した人物としてはすでに述べてきた酒井清伝の存在があげられる。おそらく、両者は同一人を指すとみていいだろう。

その酒井清伝の史料上の初見は、先にも触れたが、文明十三年（一四八一）に僧日泰を中興開山、清伝を大檀那として鎌倉本興寺の本堂を修造したことである。そして、このような大事業を大檀那として成し遂げたというからには、この文明期こそが清伝の最も充実した時期とみていいだろう。なお、この事実は清伝の事業から七十年近くたった永禄二年に、同寺が再修された際の棟札に明記されていることであり、このとき清伝の事業を引き継ぐかたちで「故清伝之裔」と高らかに自らの筋目を謳い、大檀那として房総酒井氏一族を代表するかたちで登場しているのが、上総土気城主だった酒井胤治なのである。

なお永禄二年時のこの事業には、上総東金城主酒井胤敏《たねとし》も参加しており、その胤敏も、永禄六年九月九日付の自身の書状〔永禄の旧記〕のなかで、清伝を「拙子曽祖＝曽祖父」としていることから、土気城主酒井胤治・東金城主酒井胤敏は、いずれも酒井清伝の末裔で、土気・東金の両酒井氏は一人の共通する人物を始祖と仰ぐ一族であることが確認できる。

また、永禄二年の本興寺修造事業の規模と内容は、両酒井氏とその領域にある一同が、総力を挙げて参加しているとみなせる大事業で、それを胤治が大檀那として取り仕切っていることをみれば、土気・東金両酒井氏の間で家格的には土気酒井氏の方が上位にあり、このとき胤治が房総酒井氏を代表する立場になっていたことが分かる。

## 房総酒井氏の基本的性格

では酒井清伝だが、文明期の鎌倉本興寺修造時、経済面における中心的役割を担った大檀那だったことからみて、彼は商・職人といった新興都市民を代表する人物、またそのような基本的性格を有した人物で、しかもその時点において、都市鎌倉の経済活動を支える一人だったとも考えられる。したがって、このとき清伝は必ずしも房総にあったとみなくてもよく、あるいは活動拠点が鎌倉にあったことも十分に考えられるのである。後年、その子孫たちによって房総酒井氏の始祖と位置づけられた酒井清伝のこのような基本的性格は、その後も土気・東金に拠った子孫たちに継承されたようで、近年この両酒井氏は水運や流通に長じた族的性格を有していたことが指摘されている〔福田一九九八〕。

なお、日泰と酒井清伝との直接的な関係を示すものは、本興寺棟札以外に確実なものは現在のところ存在しない。しかし、近時、日泰から酒井小太郎（清伝）宛ての書状（古写真）の存在も指摘されており〔都守二〇二〇〕、両者が密接な関係にあったことは間違いない。また、品川本光寺は日泰の布教活動の拠点であったことはよく知られているが、江戸時代には土気酒井氏の末裔である旗本酒井氏の菩提寺でもあり〔寛政重修諸家譜ほか〕、両者の密接な関係の名残がうかがえる。さらに酒井清伝が浜野を拠点に活躍していたらしいことは、「寛永諸家系図伝」はじめ各種系図にもみえ、日泰の上総布教の拠点となった浜野本行寺には、かつて清伝（法名日伝《にちでん》）から子孫への「お（置）き文」があり、そこには「海より此方諸寺可為本寺と定」めた一書があったという〔永禄六年八月十三日付日行《にちぎょう》書状〕。

このような日泰・清伝の両者であるが、日泰が房総へ教線を拡大するにあたって、清伝が重要な役割を果たしたことは十分に考えられるが、それは一方で、清伝の領域拡大にもつながっていたと考えられる。いわば両者相まって房総への勢力を拡大していったのであろう。その名残は、房総江戸湾各地の交通・経済の要衝地に、日泰所縁にして酒井氏との関係を伝えている顕本法華宗の寺院がいくつもあることである。

したがって、近年まで有力視されていた房総酒井氏の祖についての見解、すなわち房総酒井氏は、享徳の乱の最中の康正元年（一四五五）、千葉家本宗家方支援のために室町幕府によって東常縁《とうのつねより》とともに派遣された奉公衆浜康慶《はまやすよし》の弟春利《はるとし》を祖とする、という『鎌倉大草紙《かまくらおおぞうし》』をもとにした説は、清伝の基本的性格とは大きく異なることからみても、房総酒井氏をめぐる伝説の一つとした方がいいだろう。

## 系統不明の酒井氏

一方、戦国期の房総、もしくはその周辺各地には、土気・東金の酒井氏と系譜的にどうつながるか不明ながら酒井を名字とする存在が多数あり、その活躍の足跡を明確に史料上残しているのである。たとえば、文明十年（一四七八）前後のものと考えられる簗田持助《やなだもちすけ》書状〔簗田文書〕からは、持助より安房国怒賀利谷《ぬかりや》（千葉県鴨川市滑谷か）の現地代官に申し付けられている酒井助三郎《すけさぶろう》の存在が確認できる。そして、この酒井氏はその後も安房東部の長狭《ながさ》地域一帯に根を下ろしていったと思われ、後年、正木氏《まさき》がこの地域に進出する際に最大の強敵となったと伝わる「境弾《ママ》正・将監兄弟」〔三浦系図伝〕や、里見氏（正木氏）配下となった酒井兵庫助《ひょうごのすけ》〔西門院文書〕はその後裔であろう。また、大永元年（一五二一）

に死去した千葉常輝《じょうき》（孝胤《のりたね》）の書状や「本土寺過去帳《ほんどじかこちょう》」にもみえる酒井主計助《かずえのすけ》、さらに大永四年（一五二四）に成立した「簗田家譜」奥書にみえる酒井常陸《ひたち》入道《にゅうどう》や、古河公方足利高基《たかもと》から病気療治のために豊前《ぶぜん》氏を遣わされた酒井宗四郎《そうしろう》〔豊前氏古文書抄〕、北条氏康《うじやす》書状にみえる酒井大膳《だいぜん》などである。これらは、従来知られる土気・東金酒井氏の諸系図類にはまったく登場しない人々であるが、それぞれで戦国期の房総で一定以上の歴史的役割を果たしていることは確実である。

そのなかでもとくに注目されるのが、足利高基書状にみえる酒井宗（惣）四郎である。彼は古河公方足利高基と直接関わる人物であり、また上総国市原《いちはら》郡金剛地《こんごうぢ》（千葉県市原市）熊野神社《くまのじんじゃ》の大永年間の記録によって、その名乗りが千葉氏との関わりを示唆する「昌敏《まさとし》」（千葉昌胤からの偏諱《へんき》か）であったことが判明したことにより、千葉氏とも近い人物だったらしいことがわかる。しかも本拠地と思われる金剛地熊野神社周辺がのちの土気領のなかに含まれ、熊野神社の祭祀が土気酒井氏に継承されていることからみれば、胤治以前の土気酒井氏にも関係する人物と考えられ、大永年間頃には房総酒井氏を代表する人物だったとも思われるが、系図類にはいっさい登場しない人物なのである。そして酒井宗四郎昌敏の名は、大永年間以降史料上にまったく顔を出さなくなるのである。

このことと関連するように、土気酒井氏については、十五世紀末頃に位置する酒井清伝と十六世紀半ば頃から活躍が確認できる酒井胤治の間を埋める史料はまったく存在せず、この間の歴代や事績はまさに伝説上といっていい世界なのである。したがって、この間に酒井氏のなかで何か大きな出来事があったことも十分に考えられる。そのうえで酒井胤治は外部から養子として入ったらしいことを考えれば、酒井氏の系譜には一時的な断絶があったとも考えられるのである。

そこで注目されるのは、大永年間後半から天文年間初期にかけて、酒井氏が小弓公方足利義明《おゆみくぼうあしかがよしあき》の攻撃にさらされている事実〔大藤文書〕である。よく知られるように、このとき古河公方足利高基と足利義明は関東足利氏の正当性をめぐって激しく争っていた。そして先に述べたように、酒井宗四郎は高基にきわめて近い人物であった。したがって、このとき義明の攻撃にさらされていた酒井氏は在所も小弓に近い宗四郎系の酒井氏であり、高基側の勢力として義明の攻撃をうけた結果、没落＝滅亡させられた可能性も十分にあろう。

となると、先に見た酒井胤治老母＝妙芸は、一時期没落した酒井氏を復興させることに大きく関わったのかもしれない。具体的には、この女性の所産である胤治によって宗四郎系酒井氏と清伝系酒井氏の名跡が合体・復活・継承されたという仮説である。ただ史料があまりに少ないこともあり、この点の解明は今後の課題である。

## 胤治の活躍

前述のごとく胤治は、天文七年十月（一五三八）のいわゆる第一次国府台《こうのだい》合戦で小弓公方が滅亡した後の天文十五年四月八日、大網本圀寺《ほんこくじ》日蓮像に「大檀那酒井小太郎」として「大檀那老母」とともに登場することを史料上の初見とする。

その三年後の天文十八年には、長年の対里見氏攻略の功績と胤治の前々からの望みとを合わせて、北条氏康より北条家の「永領」たる上総二宮庄《にのみや》（千葉県茂原市一帯）を与えられた〔記録御用所本古文書〕。そしてこのことから胤治の酒井氏は、このとき房総に侵攻を続けていた北条氏の傘下・先兵となって活躍していたことがわかる。

そして前述のごとく、永禄二年九月には、房総酒井氏の始祖とでもいうべき清伝の遺業を継承するかたちで、鎌倉本興寺の修造を取り仕切っている。しかし、翌永禄三年八月末の長尾景虎《ながおかげとら》（以下、上杉謙信《うえすぎけんしん》）の越山・関東侵攻への対応をめぐり胤治と東金酒井胤敏は意見が分かれたようで、同年十一月、両者は政治的に断交した〔永禄の旧記〕。そして同四年二月、上総・下総への里見軍の侵攻に際し、東総諸士のほとんどが里見軍に従属するなか、胤治はあくまで北条氏に与して活動した〔平山文書〕。以後、両者の対立はその立場を二転三転しながら永禄十年ころまで続いたのである。

ところが、北条氏が里見氏を破った永禄七年一月の第二次国府台合戦の直後、讒言《ざんげん》によって北条氏から疑われたことに憤った胤治は、それまでの政治方針を一八〇度転換させて里見側に与することを宣言して土気城に拠り、同四月には、国府台合戦で房総へ逃避していた太田資正《おおたすけまさ》を武蔵岩付城《いわつき》（さいたま市岩槻区）に帰還させることに尽力するなど〔青木文書〕、上総北部における唯一の親里見側勢力として活躍するのである。これらの事実からみても、胤治は一本筋の通った武将だったにちがいない。

土気城主酒井氏の墳墓　千葉市緑区

胤治のこの動きに対し、北条氏政《うじまさ》は東金酒井氏らの兵とともに翌八年二月、土気城を激しく攻め、胤治はたびたびそれを撃退したが、一方、里見氏からの援軍は来ず、胤治自身が謙信に救援を求める事態となった〔河田文書〕。そして翌九年の謙信の臼井《うすい》城攻めにも胤治は里見氏とともに謙信に従軍した。

しかし臼井城における謙信の敗北・関東からの撤退という事態を受け、それまで謙信のもとにあった関東諸氏が雪崩を打って北条氏に帰順するなかで、土気酒井氏も北条氏に再服属することを選択せざるをえなくなったらしい。

そしてどうやら胤治は、そのことを機に子息康治《やすはる》（政茂と同一人か）に政務を譲ったようで、以後は康治が当主として前面に出て活躍し〔本寿寺資料〕、胤治は表に出ることなくはなくなり、前述のごとく天正五年に没したと伝えられる。もちろんこの没年についても確たる史料はないが、とくに矛盾はない。

その後、土気酒井氏は東金酒井氏とともに、天正十八年（一五九〇）の小田原落城まで北条氏に従属し、北条氏と命運をともにした。

（滝川恒昭）

【主要参考文献】

滝川恒昭「三浦氏と房総正木氏」(『三浦一族研究』十六号、二〇一二年)
滝川恒昭「房総酒井氏に関する基礎的考察」(『中世房総と東国社会』岩田書院、二〇一二年)
滝川恒昭「房総酒井氏関係資料集成」(『千葉いまむかし』二六号、二〇一三年)
都守基一「心了院日泰上人の酒井定隆宛書状」(『日蓮仏教研究』第十一号、二〇二〇年)
福田久「上総酒井氏について―内海での活動と物資調達の一側面―」(『中世房総』一〇、一九九八年)

# 武田豊信——たび重なる難局に立ち向かった上総の国衆

## 長南城主となる

武田豊信《たけだとよのぶ》は、上総国を支配した武田氏の一族である。武田氏というと同時期に活躍した甲斐の武田信玄《しんげん》が想起されるが、豊信と直接の関係はない。諸系図には武田信玄の三男とする記載もあるが、これはすでに研究上で否定されている〔大野一九三三・川名一九八九〕。

そもそも上総武田氏の起源は、豊信が活躍する百年ほど前にさかのぼる。甲斐の武田信長《のぶなが》が古河公方足利成氏《くぼうあしかがしげうじ》の命を受け、上総国に入国したことに始まる〔鎌倉大草紙〕。そして、上総武田氏のなかでもとくに惣領として勢力を持ったのが真里谷城《まりやつ》（千葉県木更津市）を本拠とした真里谷武田氏であった。しかし、真里谷武田氏は、天文期初頭に内乱が勃発した結果、大きく衰退し、最終的に領域権力として生き残った一族こそ、真里谷武田氏ではなく、この長南城《ちょうなん》の武田豊信であった。

武田豊信の系譜は史料的制約があり、確かな史料から明らかにすることが難しい。ただ、高野山西門院《こうやさんさいもんいん》に残された「武田家過去帳」からその一端をうかがうことができる。これによれば、「長南城之開基」とされ、天文二十年（一五五一）十一月十五日に亡くなった人物として「武田上総介宗信《かずさのすけむねのぶ》」なる人物が登場する。そして、武田宗信の死去とまったく時を同じくして武田豊信の史料上の初見である大琳寺《だいりんじ》への寄進状《きしんじょう》が発給されている〔武田信孚氏所蔵文書〕。そのまま考えれば、豊信は宗信の忌日に当主としての活動を開始していることになり、「武田宗信―豊信」といった家督相続が想起される。

しかし、事はそう単純ではなさそうである。なぜなら、宗信の官途名は「上総介」であるが、同過去帳には「武田兵部太輔《ひょうぶたいふ》」という豊信と同じ官途名を称する人物も登場するからである。弘治三年（一五五七）三月十二日を忌日とする「随雲大禅定門　武田兵部太輔殿」なる人物である。この人物こそ武田豊信の父にあたる人物とされている。つまり、宗信―豊信といった家督相続にはなんらかの事情があり、庶流の豊信への継承に至ったということが想起される。

そして、そのような家督継承が行われた背景には、当時の領国周辺の情勢が大きく影響したものと考えられる。天文十五年までに房総の里見《さとみ》・正木《まさき》氏が真里谷武田氏の内乱に乗じて上総国に勢力を拡大すると、豊信の本拠長南城の南東に位置する小田喜《おたき》城（千葉県大多喜町）までが攻略されている。里見氏方は間近に迫っており、長南城は里見氏方の射程圏内に入ってきていたのである。

では、豊信は北方の勢力を頼みにすれば良かったかというとそれも困難であった。長南城の北方には下総千葉《ちば》氏の領国が広がっていたが、同氏もこの当時内乱を抱えていたからである。海上《かいじょう》郡・臼井《うすい》・椎崎《しいざき》などであいついで内乱が起こり、昌胤《まさたね》・利胤《としたね》と当主の死が続くなど、とても周囲の情勢に介入する余裕はなかったのである。

そのような状況のなかで、天文二十一年に真里谷武田氏惣領の信応《のぶまさ》は死去し、真里谷武田氏領国は対岸の北条《ほうじょう》氏に接収されることとなった。そして、長南城の豊信も北条氏を頼みとした。豊信は北条氏に属し、滅亡した真里谷武田氏の一族を自らの下へ引き寄せることで上総武田氏惣領《そうりょう》家、「上総国主」としての政治的地位を継承したのであった。

以上のように、武田豊信の家督継承は領国の周囲が急速に不安定化するなかで行われたのであり、境目に位置する長南城はその情勢の影響を強く受けたのである。

### 天文・弘治期の反抗作戦

天文二十一年（一五五二）五月初めに、北条氏は房総侵攻に本格着手する。北関東で山内上杉憲政《やまのうちうえすぎのりまさ》を越後に追放し、抗争を優位に展開できる目処が立ったのである。先の真里谷武田氏領国の接収により、北上する房総里見氏から上総国衆を守る必要が生じていた。翌天文二十二年、北条氏は西上総・安房で里見氏領国に大攻勢をかけ、佐貫《さぬき》・天神山《てんじんやま》・百首《ひゃくしゅ》城を攻略する大きな戦果を挙げた。そして、弘治元年（一五五五）秋頃には里見氏方の西安房での重要拠点である金谷城（千葉県富津市）を攻略するまでに至ったのである。

豊信がこの侵攻と直接関わった形跡は確認できないものの、弘治四年五月までには長南城西方の池和田城（千葉県市原市）にまで支配を及ぼしている〔上総国古文書〕。この時点で北条氏とともに攻略を遂げていたのであろう〔河田伸夫氏所蔵文書〕。

しかし、里見氏方も反転攻勢に出た。その中心となったのは、東上総小田喜城の里見氏重臣正木時茂《ときしげ》であった。彼は小弓《おゆみ》方面に猛攻をかけ、同地の下総千葉氏の重臣原胤貞《はらたねさだ》に大きな打撃を与えたのである。おそらく、小田喜から追分《おいわけ》（千葉県長柄町）まで続く大多喜街道を通過して攻撃に出たとみられるから、その途上に位置する長南城の武田豊信にとっても無関係ではありえなかったのだろう。正木時茂は大きな脅威であり、豊信は北条氏と連携して正木時茂対策を講じることとなる。

弘治三年十一月、豊信は北条氏康と連絡を取っていた形跡がある。氏康が鎌倉本覚寺《ほんがくじ》の僧に「長南」への使者として活躍したことを賞して寺領などを与えているものである〔本覚寺文書〕。この「長南」は、長南城の武田豊信のことであろうから、北条・長南武田氏間でなんらかの申し合わせがされたとみられる。では、それは何を想定したものかといえば、翌年に展開された正木氏本拠地の長狭郡《ながさぐん》侵攻であったと想定される。

弘治四年五月、豊信は長狭郡侵攻を開始した。このとき、豊信は「長南并池和田《いけわだ》之者」を率いて出陣し、「清澄山中」に狼藉を禁じる制札を発給している〔上総国古文書〕。わざわざ狼藉を禁じる対象を自らの配下のみに限定していることからすれば、他の軍勢（北条軍）との連携により軍事行動が図られた可能性が高い。同時期に嶺上城在城の北条軍が長狭道を通過して、長狭郡を攻撃した様子がうかがえるからである〔鳥海家文書〕。

実際にどの程度の成果があったのかは不明である。しかし、この二年後の永禄三年（一五六〇）五月頃、里見氏は本拠久留里《くるり》城を北条軍に攻囲されており、少なくとも北条氏優位に情勢を展開しているので、この長狭侵攻も一定の効果を挙げていたといえよう。

## 上杉謙信の襲来と武田豊信

北条氏優位の状況を一変させたのが、上杉謙信《けんしん》（当時は長尾景虎《ながおかげとら》）の関東侵攻であった。永禄三年八月末に上野国に入った上杉謙信は北条氏領国の奥深くまで侵攻した。この軍事行動が関東情勢を一変させ、房総半島に在陣していた北条軍をも撤退に追い込むこととなったのである。そして、里見軍は攻勢に転じて拠点の奪還を開始した。

このことにより、豊信の領国も大きく影響を受けることとなる。小田喜城の正木時茂が再び小弓へ侵攻して東金《とうがね》城（千葉県東金市）の酒井《さかい》氏を服従させ、香取《かとり》方面へと軍勢を展開させたのである。豊信はこの脅威にさらされて、まもなく里見方に属すこととなった。それまでの姿勢を一変させたのであった。豊信に対して、里見義堯は自らの娘を嫁がせ、婚姻関係を結ぶなど関係性を強化した。上総国を支配するうえで、武田豊信の存在がいかに重要視されていたかがわかる。永禄七年七月七日に義堯娘は死去したようだが、さらに里見氏重臣正木憲時《のりとき》（時茂の子）に豊信の娘を嫁がせるなど里見氏方と強い結び付きを維持し続けた。

そして、里見氏との結び付きにより、豊信はさらに支配領域を拡大することになった。まず藻原郷では「真里谷隼人佑信長」なる人物が領主となっている〔藻原寺造妙光寺仁王像造立棟札銘〕。この藻原郷周辺は土気《とけ》城（千葉市緑区）の酒井氏が支配していた領域であるから、同氏との抗争により豊信が支配を及ぼし真里谷武田氏一族を置いたのだろう。

また、永禄末年から元亀年間頃には、長南にある長福寿寺《ちょうふくじゅじ》と茂原の藻原寺の相論について、「我等取扱申、事余申候者、急速ニ申上御談合可申候（私たちが取り扱いましたが、私たちだけでは解決が難しいので、急いで義弘に申し上げ相談しておりました）」と述べ、自身には解決が難しいとして、佐貫城にいた里見義弘を頼っていたらしい〔安房妙本寺文書〕。さらに、もし相論について異変があった場合には「両屋形」（里見義堯・義弘）の出馬による解決を求めている。土気酒井氏との境目にあり、不安定ながら豊信が藻原郷の支配を里見氏から任されていたのであろう。里見氏の軍事力を背景に境目の支配を行ったのである。

さらに、この後には勝見《かつみ》城（千葉県睦沢町）にも支配を及ぼしていた〔武家事紀三十三〕。長南・池和田の両城から、藻原・勝見と周囲へ支配領域を拡大したのである。

## 武田信玄との取次

里見氏方の国衆となった武田豊信は、甲斐の武田信玄との交渉で取次を務めている。いわば対外的な窓口としての役割を担ったのである。その役割について以下でみていくこととする。

そもそも里見氏が対外関係を再考するきっかけとなったのが、「越相同盟《えっそうどうめい》」の締結であった。これは、永禄十二年六月、これまで敵味方の関係であった相模の北条氏と越後上杉氏が和睦を遂げた出来事である。里見氏は一貫して北条氏と敵対関係にあり、越後上杉氏と連携して軍事行動を展開していた。それゆえに、里見氏にとっての敵と味方が手を結ぶ展開は非常に大きな衝撃であったし、里見氏方に属した武田豊信もまた同様であった。

ただ、「越相同盟」というそれまでの構造が一変する事態に至ったのも北条氏がある勢力と対立するに至ったことに起因していた。その勢力こそ、甲斐の武田信玄であった。信玄は駿河国の今川《いまがわ》氏領国に侵攻し、北条氏と敵対関係になったのである。敵の敵は味方として、武田信玄は、それまで上杉氏と連携していた関東諸氏の味方化を図っていく。里見氏は北条氏との抗争を継続する方針を取り、武田信玄の呼びかけに応じた。このときの豊信の役割は明らかでないが、のちに武田信玄との間で取次として活動していることからすると、すでにこの交渉に関与していたと考えられる〔安房妙本寺文書〕。冒頭で述べたように、両者は同族であり、その共通点が豊信をこの交渉へ参加させたのであった。現代のように日常的に顔を合わせたり、連絡を取ったりできない状況だからこそ、遠い親類は交渉の「つて」として立派に機能したのであろう。

一方で、武田信玄から里見氏に出された最初の書状は、小田喜城の正木憲時に宛てたものであった〔神保誠家文書」）。これは当時、里見氏方の対外交渉の窓口を務めたのが小田喜正木氏であったことに由来するものであるが、当時、豊信は憲時に娘を嫁がせ、婚姻関係を結んでいた。その関係性も豊信が取次に起用された一因であろう。憲時は永禄年間の半ばで元服して家督を相続した若者であったから、それを補佐する意味合いもあったのかもしれない。

この交渉の結果、永禄十二年の末頃に、里見氏と武田氏はいわゆる「房甲同盟《ぼうこうどうめい》」を締結し、北条氏を相手に優位に軍事行動を展開して領国拡大を果たすのである。先に見た豊信の領土拡大もこのような状況の下で達成されたのである。

## 甲斐武田氏の転身と北条氏への服属

しかし、里見氏にとって優位な時代は唐突に終わりを迎える。なんと、元亀二年（一五七一）末に急遽、武田信玄は北条氏と和睦してしまったのである。

先の「越相同盟」に続き、対外関係に振り回されるかたちとなった里見氏は、至急、武田豊信を通じて武田信玄に使者・書状を遣わしてその存念を確かめた。元亀三年二月八日、豊信が武田信玄とその家臣土屋昌続《つちやまさつぐ》から受け取った返書が残されている（安房妙本寺文書）。

それによると、土屋昌続は「対貴辺、不可存疎意之旨候（あなたのことを蔑ろにするつもりはありません）」と述べ、里見氏と北条氏との関係について「御同心候之様、御諫言肝要至極令存候趣、可得御意候（里見義弘が（和睦に）賛同するように諫めていただくことが重要だと考えていることについて考えをうかがいたいです）」と述べている。豊信は武田信玄から里見氏と北条氏を和睦させ、「房甲同盟」の継続を仲介するよう求められたのである。この考えを受け、里見氏はしばらく武田氏を仲介役として北条氏との和睦交渉を継続することとなった。そして、それは天正元年（一五七三）五月に武田信玄が死去し、その子勝頼《かつより》が後を継いでからも同様であった。里見氏と北条氏は共に境目での緊張関係を抱えつつ、武田氏の仲介のもとで交渉を継続していたのである。豊信はバランサーとして彼にしかできない調整を担ったのである。里見氏にとって、武田氏はそれだけ重要な存在であった。

しかし、この緊張関係は突如として崩れる。その原因こそ、いわゆる長篠《ながしの》の戦いであった。天正三年五月、武田勝頼は織田信長《おだのぶなが》・徳川家康《とくがわいえやす》の連合軍に敗北し、関東情勢に関与する余裕を失った。里見氏や豊信の重要かつ強大な同盟者武田氏の衰退により、関東のパワーバランスが一気に北条氏に傾いていく。武田氏の介入がないとみた北条氏は、里見氏との和睦交渉を中断し、再び房総侵攻を開始する。豊信の努力むなしく、情勢は一変する。

異変はまず東上総から起きていく。天正三年八月、東上総で里見氏から一宮《いちのみや》城（千葉県一宮町）の正木種茂《たねしげ》と万喜《まんぎ》城（同いすみ市）の土岐為頼《ときためより》が離反する。そしてその支援をするため、北条軍は土気・東金・茂原へと進軍した。この房総侵攻では、当時領国の前線にあった土気・東金酒井氏が狙われ、豊信の支配が及んでいた茂原にも進軍を許している。さらに、天正四年冬にも北条軍は房総の東西へ進軍し、前年に続く攻撃に晒された土気・東金城の酒井氏が北条氏に降伏した。このことにより、いよいよ豊信は里見氏方の最前線で脅威に晒されることとなった。

天正五年九月、豊信の支配する勝見城が陥落寸前にまで追い込まれた〔武家事紀三十三〕。里見氏方としてもこの攻勢を前になす術がなかったと思われる。そして、豊信は安全を保障できない里見氏を見限り、この後まもなく北条氏に降伏するのであった〔越前史料所収山本文書〕。豊信は、長南・池和田・勝見の三城を安堵された。そして、豊信の降伏から間もない同年十一月頃には、里見氏も北条氏に屈服するかたちで和睦を締結することになった。豊信の降伏は、里見氏方にとっても非常に大きな影響があったのだろう。

## 激動の晩年

長年にわたる北条氏と里見氏の抗争が終結したにもかかわらず、豊信に安寧の日は訪れなかった。つづいて豊信は里見氏方の内乱に巻き込まれることとなる。天正六年五月、里見氏の当主義弘が死去すると、領国内は次第に安房の里見義頼《よしより》、西上総の里見梅王丸《うめおうまる》、東上総の正木憲時の間で緊張関係を増していくこととなった。

武田豊信は北条氏に降伏したものの、それまでの里見氏との関係、そして正木憲時の舅であることからこの情勢と無縁ではいられなかったようである。

長南武田氏の墓　千葉県長南町・大林寺境内

天正八年四月、里見義頼が挙兵して一月足らずで西上総の里見梅王丸領国を平定すると、同年六月末に今度は正木憲時が挙兵を図った。それに即座に対応した里見義頼は七月上旬、佐貫城から長狭郡に攻め込み正木憲時領国南部を攻略した。

この情勢にあって、危機感を覚えた豊信は当初、情勢を見極めていたようであるが、乱勃発後間もない時期に義頼に降伏を願い出ている〔竹本泰一氏所蔵文書〕。さらに同年中には義頼の下に「証人（人質）」を遣わしているから、義頼方への服属が認められていることがわかる。早期に舅正木憲時から離脱し、生き残りを図ったのであった。正木憲時は天正九年九月下旬小田喜城で暗殺され、この乱は終結をみることとなった。豊信は正木憲時の関係者でありながら、なんとか里見氏の内乱を乗り切ったのである。

しかし、この内乱を乗り切ってもなお安心することはできなかった。今度は天正十年初頭から甲斐武田氏の領国に攻め込んだ織田軍が甲斐武田氏を攻め滅ぼし、同年三月末には織田家臣の滝川一益《たきがわかずます》が上野国に入国したのであった。そして、この滝川一益からの連絡を受ける際に、かつて武田氏との取次を務めた際のルートが活かされることとなった。

同年四月、滝川方の倉賀野家吉《くらがのいえよし》から武田豊信のもとに書状が遣わされた〔紀伊国古文書藩中古文書所収正木文書〕。倉賀野家吉は武田方の跡部《あとべ》氏から養子に入った人物で、以前から「東筋馳走（関東東部への取次）」を担当していたようである。滝川一益からこのルートを通じて接触を図るよう命じられたのであろう。ここで再び里見氏の窓口として交渉に関与することとなった。しかし、この交渉はすぐに中断されることとなった。この後まもなく本能寺の変が起こり、織田信長が死去、滝川一益は関東から撤退したからである。豊信はようやく北条氏領国内の国衆として抗争の前線から抜け出し、領国支配を行うことが可能となった。

しかし、幾多の危機に巻き込まれた豊信を最後に待ち受けていたのが天正十八年、羽柴秀吉《はしばひでよし》による小田原合戦《おだわら》であった。豊信は、北条氏の動員に応じて軍勢を率い、小田原城に入城した。周知のとおり、小田原合戦は七月五日に北条氏直が降伏したことで北条氏の敗北となる。そして、籠城していた豊信は直後の七月七日に死去してしまうのであった〔武田家過去帳〕。北条氏方として籠城した豊信の領国は接収され、長南武田氏は没落してしまったのである。上総武田氏の系譜を引き、領域権力として生き残ってきた長南武田氏は豊信の死とともに終焉した。

里見・北条氏の間で巧みに難局を乗り切ってきた豊信だったが、羽柴秀吉の登場による大きな波に飲み込まれ、北条氏が滅亡に追いやられたことで領域権力として滅亡を遂げたのであった。（細田大樹）

## 【主要参考文献】

大野太平『房総里見氏の研究』（私家版、一九三三年）
川名登「上総武田氏について」（同『戦国近世変革期の研究』岩田書院、二〇一〇年。初出一九八九年）
川名登編『すべてわかる戦国大名里見氏の歴史』（国書刊行会、二〇〇〇年）
黒田基樹『戦国の房総と北条氏』（岩田書院、二〇〇八年）
黒田基樹編『北条氏年表』（高志書院、二〇一三年）
千葉県教育庁文化課編『千葉県歴史の道調査報告書十三　大多喜街道』（千葉県教育委員会、一九九〇年）
細田大樹「越相同盟崩壊後の房総里見氏―対甲斐武田氏「外交」の検討を通じて―」（佐藤博信編『中世東国の政治と経済』岩田書院、二〇一六年）

# 里見義弘・義頼
## ——ライバル北条氏としのぎを削り、全盛期を築いた父子

### 「宿敵」北条氏と争った対照的な父子

里見《さとみ》義弘《よしひろ》は北条《ほうじょう》氏との戦争のもとで生涯を送った。通説では大永五年（一五二五）に生まれ、天正六年（一五七六）に死去したとされている。里見・北条氏間の敵対関係は、とくに天文六年（一五三七）の真里谷《まりやつ》武田《たけだ》氏の内乱をめぐって悪化し、以後、天正五年（一五七七）まで継続した。約四十年にわたる戦争は、そのまま義弘の生涯であったといっても過言ではない。里見氏と北条氏の関係は、永禄七年のいわゆる「第二次国府台《こうのだい》合戦」がよく知られているが、そこで里見軍を率いたのも義弘であった。里見氏と言えば義弘の父義堯が有名だが、北条氏と対等に渡り合った時期の当主はこの義弘であった。

里見氏と北条氏が争った理由は、江戸湾《えどわん》（現在の東京湾）の制海権、上総国の権益であった。北条氏の本拠地は対岸の相模国（神奈川県）にあった。房総と地理的な距離が近いことから、制海権をめぐって日常的に対岸への攻撃が行われていた。とくに、都市鎌倉には義弘の侵攻を示す痕跡が残され、人びとの記憶にも激しい戦争の主体として義弘の名が記憶されている。そして、それは史料上も義弘が自ら水軍を率いて渡海したことがみえるから紛れもない事実といえる〔高橋文書〕。

一方で、義弘と対照的な存在ともいえるのが子の義頼《よしより》であった。彼は天正十五年に死去するまで北条氏との和睦（房相一和）を維持した人物であった。祖父義堯《よしたか》や父義弘と比べると知名度は高くない人物であるが、彼もまた単純な平和のもとに生きたのではなく、北条氏との間で生き残りをかけた駆け引きを繰り広げた人物であった。

そして、義弘・義頼父子と争ったいわば「宿敵」ともいうべき北条氏の当主は、氏康《うじやす》・氏政《うじまさ》である。とくに氏政との因縁は深く、弘治元年（一五五五）に氏政が初陣を遂げたのは房総侵攻であったようだ〔黒田二〇一五〕。まさに、義弘・義頼と氏政は激しい抗争の最盛期に生きた人物であり、互いに激しい敵意を持っていたと想像される。

義弘が主役となった永禄年間は、戦争が広域化していく時期であった。天文二十三年（一五五四）には北条氏康が領国西側の武田信玄《たけだしんげん》・今川義元《いまがわよしもと》と三国同盟を締結し、永禄三年には上杉謙信《うえすぎけんしん》が関東の北条氏領国に侵攻するなど、他勢力との連携が非常に重要な時代になっていた。それゆえ、本項では里見義弘・義頼と北条氏政の関係を軸にしつつ、上杉謙信や武田信玄、常陸の佐竹義重《さたけよししげ》といった里見氏と連携した諸氏との関係に注目しつつ、その生涯をみていくこととしたい。

## 上杉謙信との出会いと関東足利氏

義弘の父義堯は北条氏の前に苦戦を強いられていた。両者の争いは主に江戸湾に権益を持つ勢力をめぐって行われ、房総半島西部をメインに展開された。この領域の代表的な城郭が佐貫城《さぬき》（千葉県富津市）である。天文十五年頃までに上総に進出した里見氏は、佐貫城を一時攻略したが、その後の反撃で佐貫城はおろか、安房の要衝金谷城《かなや》（富津市）までもが攻略されるなど領国深く侵攻を許していた。そして、永禄三年には本拠久留里城《くるり》（千葉県君津市）が攻撃を受け、存亡の危機に立たされたのである。義弘は家督を相続してまもない時期に危機的な状況に追い込まれていた。

だが、義弘は存亡の危機を免れることとなる。この状況を救ったのが、上杉謙信（このときは長尾景虎《ながおかげとら》。以後、本項では謙信と呼称する）であった。里見氏は重臣正木時茂《まさきときしげ》を通じて接触を図り、催促を続けたことで、謙信の関東侵攻が実現したのであった。

永禄三年八月末、謙信は関東に侵攻し、北条氏領国の奥深くまで攻め込んでいった。想定外の状況に驚いた北条氏は久留里城から撤退した。義弘は、この好機を逃さずに拠点を奪還し、謙信の要請に応じて鎌倉にも参陣した。ここで義弘は上杉謙信との対面を果たす。遠く離れた二人の英雄が顔を合わせた瞬間であった。詳細は不明ながら、それは義弘にとってけっして良い印象とはならなかったようである。上杉謙信は内心、里見氏領国の安房を「分国」とみなし、里見氏が推戴する古河公方《こがくぼう》を軽視する態度を取っていたからである〔黒田二〇二〇〕。このことは、のちに義弘と謙信が決裂する遠因になるのであった。

とはいえ、息を吹き返した里見氏は、再び西上総の佐貫城をめぐって北条氏と争うようになる。そもそも義弘が進出した西上総地域は、関東足利氏《あしかが》と関係の深い地域であった。この地域は対岸の鎌倉と密接に関係する地域であり、とくに佐貫は鎌倉と信仰・物資・人で強く結びついていた〔滝川二〇一六〕。

よって、西上総の諸氏を味方に付けるには、関東足利氏との関係性を表明することが有効だったのであろう。そこで義弘は思い切った行動に出る。義弘はまず弘治年間に対岸の鎌倉大平寺《たいへいじ》にいた青岳尼《しょうがくに》という女性を連れ出し、自らの妻としたのである。この女性は、かつて房総で勢力を振るった小弓公方《おゆみ》足利義明《よしあき》の娘とされており、青岳尼との間に嫡子義頼（初名義継）が誕生したといわれている。

また、義弘は永禄年間には古河城から落ち延びた足利晴氏《はるうじ》の子たちを受け入れている。この時には足利晴氏の娘を新たに妻とし、こちらの妻との間には元亀年間頃に梅王丸《うめおうまる》をもうけている。足利晴氏の娘のほうが関東足利氏としては嫡流であり、北条氏との抗争にも有利になると考えたのであろう。

この二人の息子がこの後の里見氏を大きく左右することになった。この点は、後述することとする。

## 第二次国府台合戦と頼みの謙信

武蔵国に太田資正《おおたすけまさ》という人物がいた。彼は里見氏と上杉氏の仲介役として活躍した重要な人物であった。また、彼の居城岩付城《いわつき》も戦略上重要であった。武蔵国と下総国を区切る太日川《ふとひがわ》の両岸を掌握することは、北条氏に対抗するうえで非常に重要であり、その掌握に関わっていたからである。とくにこの両岸に位置する市川《いちかわ》・葛西《かさい》は河川の渡河と密接に関係していた。

両者は上杉氏の軍事力を頼みにしていたが、越後国は遠いことがネックであった。謙信は永禄五年以後、武蔵国まで進軍できず、この地で有効な手立てを講ずることができなかった。さらに常陸の佐竹氏方からは頻りに小田《おだ》城攻撃への協力を要請され、そちらへ赴く気配が濃厚であった。

謙信の帰国後、北条氏の太田資正に対する圧迫は強まっていた。義弘は謙信の様子を掴んでいたようで、自身が動くしかないと考えたのであろう。謙信がいないという不安材料がある一方、義弘にとっては良い材料もあった。江戸地域を支配する北条氏方の太田康資《やすすけ》が内応する様子をみせていたのである。勝機はあるとみて、義弘は単独行動に踏み出したのであった。

義弘は葛西方面へ進軍するとまず兵糧の調達を図った。岩付城の救援を優先したのである。しかし、ここで兵糧の購入をめぐって「ねだん（値段）問答」があり、行軍は停滞した。その停滞を察知した北条軍は一気に軍勢を進め、下総国府台で里見軍と衝突した。お互いの重臣が討ち死にする激戦を制したのは北条軍であった。合戦の激しさは、この地を獲得することの重要性を示すものである。この結果、北条軍は渡河地点を掌握し、再び房総への侵攻が始まる。

永禄七年（一五六四）七月下旬、北条氏政率いる軍勢が一宮《いちのみや》領高根《たかね》（千葉県長生村）、万喜《まんぎ》城（同いすみ市）、佐貫城に侵攻し、さらに水軍が西安房を襲った。翌永禄八年二月にも北条軍は下総千葉《ちば》氏の軍勢と連携して土気《とけ》に侵攻し、さらに西上総にも侵攻している。日蓮宗《にちれんしゅう》の僧日学《にちがく》は「屋形恐怖して既に大乱に及ぶ（屋形様（里見義弘）は恐怖し、もはや大乱となってしまった）」と述べている〔法蓮寺文書〕。その被害は甚大であり、義弘は領国を守るために対処する必要があった。

義弘は決断をする。初めて自ら謙信の関東侵攻を依頼したのである。その結果、謙信は房総へ侵攻する。謙信が攻撃対象に選んだのは、下総臼井城《うすい》（佐倉市）であった。永禄三年のような戦況の打開が期待されたであろう。しかし、謙信は大敗北を喫してしまうのである。義弘にとって大きな誤算であった。

## 三船山合戦と「外交」路線の転換

臼井城の戦いの後、関東で北条氏の優勢は揺るぎがたいものとなった。北関東で佐竹氏や簗田《やなだ》氏など、有力な反北条氏勢力はこぞって和睦へと動く。北条氏と争うことを断念したのであった。ただ、里見氏は和睦を許される状況になかった。北条氏は着々と兵糧の買い入れや武具の調達を進め、本気で里見氏攻撃に専念する状況を整えていたからである。

同年八月、北条氏政の大軍が房総へ進軍を開始する。氏政は、義弘がこれまで通り籠城戦に出るとみていたようで、久留里・佐貫両拠点へ軍を二つに分けて展開した。しかし、義弘は裏をかくように佐貫城から軍を進め、同年八月二十三日、三船山（千葉県君津市）に陣を敷いた北条軍を里見軍が急襲した。いわゆる三船山合戦である。この合戦で北条軍の有力武将太田氏資《うじすけ》は「殿《しんがり》」を務めて討ち死にしている。北条軍は退却に移る中で多くの損害を出したのであった。

この合戦後、義弘は西上総の真里谷領を獲得、優位に軍事行動を進めている。北条軍が反撃できないほど与えた損害は甚大であった。北条氏政にとって忘れがたい大敗であったろう。そして、この合戦により関東の反北条氏勢力は息を吹き返すことになる。追い込まれた義弘がみせた会心の一撃であった。

さらに、義弘にとって幸運な出来事は続く。北条氏政と武田信玄の関係が悪化したのだ。永禄十一年十二月、信玄は駿河の今川氏真《うじざね》と断交し、その領国に攻め込むと、北条氏は今川氏に味方して、武田氏と敵対するようになった。北条氏の混乱は義弘にとって好機であった。

義弘は、この機に乗じて永禄十二年二月上旬に市川に在陣し、謙信の関東侵攻をさまざまなルートで要請した。しかし、謙信が動く気配はなく、二月下旬に義弘は市川から撤退する。この時義弘は耳を疑うような話を聞いた。謙信が北条氏政と和睦交渉を行っているという噂を掴んでいたのである。義弘は噂の真偽を確かめるべく、謙信を問いただしたが、和睦交渉自体を認めつつも、北条氏と和睦はしないと述べた。にもかかわらず、同年六月九日には同盟が締結されてしまうのであった（越相同盟《えっそうどうめい》）。

義弘は謙信に裏切られたかたちになったが、単独で抗争を継続することも難しかった。そのため、ひとまず上杉氏を代表とした北条氏との和睦交渉に応じたようである。ただ、その条件はとても応じられるものではなく、謙信への不信感が高まった。そんな義弘に声をかけたのが、甲斐の武田信玄である。信玄は北条氏と敵対するに当たり里見氏に目をつけ、共に北条氏を挟み撃ちにするよう図ったのであった。義弘からすれば、まさに渡りに船であった。同年九月に義弘は謙信に対して書札礼《しょさつれい》に関して、自身を下に見るなという抗議をしている。謙信との関係は決裂し、同年末には里見氏と武田氏の同盟が成立した（房甲同盟《ぼうこう》）。これにより、北条氏政は領国の東西で翻弄されることになる。

## 複雑怪奇な情勢

元亀元年（一五七〇）、義弘は西上総で新たな城郭を普請する。それが窪田《くぼた》（久保田《くぼた》）城（千葉県袖ケ浦市）であった。里見軍は小弓（千葉市中央区）周辺まで進出しており、窪田城が完成し次第、小弓へも城の構築も意図していた。敵方である下総千葉胤富が「この両城の普請が完了してしまったら、領国の大半が敵の手中に収められてしまうだろう」と述べているとおり〔井田家文書〕、この後すぐに義弘は小弓周辺に進軍している。武田軍はこの当時、伊豆方面で北条軍と対峙しているから、まさに「房甲同盟」の効果により、小弓領にまで領国を拡大したといえるだろう。里見氏はまさに「全盛の時期」を迎えていた。

だが、その時期は唐突に終わりを迎える。元亀二年末になって武田信玄が北条氏政と再度和睦したのである。義弘は複雑な情勢に翻弄されていた。信玄は「房甲同盟」を継続させたうえで、義弘に北条氏政と和睦するよう提案した。義弘はこの申し出に応じたようで、北条氏政との和睦交渉がスタートする。一方で、領国の境目地域では、千葉氏がこれを好機とみて反撃に出ていた。主にその地域は里見氏重臣正木憲時が経略した多古領周辺のことであったらしい〔妙興寺文書〕。このような情勢にあって、上杉謙信からは再び里見氏のもとに連絡が到来している。まさに状況は、「房甲同盟」を継続させ北条氏と和睦するか、謙信と再度連携して北条氏と敵対するか、この二択のもとに置かれたのであった。義弘は難しい二択を迫られていたのであり、領国内でも様々な意見が渦巻いていたものと推測される。

さらに、里見氏はもう一つ火種を抱えていた。それは、義弘の子梅王丸の誕生であった。このときには、家督相続者は元服を遂げていた嫡子義頼（初名は義継《よしつぐ》）に定まっていた。しかし、元亀三年（一五七二）十二月、里見氏が代替わりに際して修造している鶴谷八幡宮《つるがやはちまんぐう》に掲げられた棟札には、なんと梅王丸と義頼が、義弘の両隣りに並置されているのである。当時、微妙な情勢に置かれた義弘は、領国内の古河公方に近い勢力を引き留める必要があったのか、ここで二人の子が対等に位置づけられたのである。この義弘の選択がさらに情勢を混沌とさせることになる。

## 失意の中の死

天正二年（一五七四）、信玄の後継者勝頼《かつより》のもとで「房甲同盟」は継続し、依然として北条氏との和睦交渉も継続していた。そのため、義弘は謙信との関係を復活させた関宿城《せきやど》（千葉県野田市）の簗田氏から救援要請が来ても応じることができなかった〔潮田文書〕。ここで救援に赴けば、勝頼の面子を潰すことになるからである。あくまで義弘は、「房甲同盟」維持に努めたのであった。

ただ、領国内は必ずしも一枚岩ではなかった。天正二年二月、勝浦城《かつうら》の正木時忠《まさきときただ》が大坪《おおつぼ》（同市原市）に拠点を取り立て、同年五月には佐竹氏方から正木憲時《のりとき》のもとに連絡があるなど、領国内でもさまざまな動きがみられている。そして、さらにその動きに拍車を掛けたのが同年五月の前当主里見義堯の死去であった。その死は対外関係の問題、後継者問題で揺れる里見氏内の状況をより悪化させたようである。

里見義弘の墓　千葉県君津市・瑞龍院境内

天正二年十一月に関宿城は陥落する一方で、翌天正三年正月には里見氏重臣正木憲時は香取郡矢作城（千葉県香取市）に攻撃を仕掛けている。義弘の「房甲同盟」維持の姿勢とは意見を異にする行動であった。抗争は依然止まることはなかった。

さらに義弘を不運が襲う。天正三年五月、同盟する武田勝頼が長篠《ながしの》の戦いで織田《おだ》・徳川《とくがわ》連合軍に敗北してしまったのである。「房甲同盟」維持の姿勢を取ってきた義弘にとって、勝頼がこの敗北により関東情勢に関与する余裕を失ったことは、想定外の事態であった。そして、この様子をみた北条氏政は、再び関東への侵攻を開始する。それは天正三年夏頃には房総にも及んでいった。

このタイミングで、義弘は重臣正木憲時との関係が悪化する。さらに義弘と義頼の関係も悪化の一途を辿っていた。領国内での連携を欠いた状況で、房総侵攻を迎える最悪の事態であった。義弘は謙信との再度の連携を決断し、ひとまずこのときの侵攻を乗り切った。しかし、謙信も関東での力を大きく低下させていたうえに領国内で不安を抱えたままでは当然状況は好転しなかった。

天正四年、北条氏の侵攻により土気・東金《とうがね》酒井《さかい》氏が離反する。さらに天正五年春には、義弘と正木憲時はそれぞれ謙信に関東侵攻を懇願したが、謙信にその余裕はなかった。織田軍の北陸侵攻に対処していたからである。義弘は再度房総に侵攻してきた北条氏政に屈服するかたちでの和睦を選択する。実質的な敗北であった。

ただ、義弘は北条氏に対抗することを諦めたわけではなかった。天正六年、謙信は再び関東侵攻をめざして準備を進めており、義弘も連絡を取った形跡がある。義弘にとって戦いはまだ終わっていなかった。しかし、天正六年三月、謙信は関東侵攻を前に急遽死去してしまう。義弘は反攻の目を絶たれたのであった。失望により酒量が増えた義弘は「臓府やふ（破）れ」て死去してしまうのであった。その波乱万丈な生涯は、北条氏政・上杉謙信・武田信玄といった有名な戦国大名と渡り合い、房総里見氏に「全盛の時期」をもたらした関東戦国史に名を残す存在だったといえよう。

## 天正の内乱――梅王丸との家督争い

義弘の死去した当時、領国内では分断が進んでいた。岡本《おかもと》（千葉県南房総市）の里見義頼、佐貫の梅王丸、小田喜《おたき》の正木憲時であった。とくに義頼は、父義弘と同じ仮名「太郎」を名乗り、北条氏との和睦時には氏政の娘鶴姫を娶るなど、次期家督相続者と目される存在でありながら、義弘の葬式にすら行かないほど関係は険悪となっていた。

このような親子対立を背景として、義弘が梅王丸を後継者としたことがある。これは急遽内々に選択

里見家「鳳凰の印判」

されたものであり、領国内からの認知度はけっして高くなかったのであろう。あくまで、氏政の娘を娶り次期家督相続者と目された義頼のもとで、表面上平穏に状況は推移した。

　この状況は、越後の「御館《おたて》の乱」の勃発をきっかけに変化していく。謙信の後継者争いをめぐって、北条氏政と武田勝頼が再び対立したのである。天正七年九月、勝頼は北関東の佐竹氏等と結びつき、北条氏と決裂した。この抗争で北条氏領国は動揺し、房総国衆の動員まで行われるようになった。さらにこの年には、義頼に嫁した鶴姫《つるひめ》が死去してしまう。こうして里見氏領国の緊張は急激に高まっていった。

　まず動いたのは正木憲時であった。憲時は義頼のもとへ赴く他国の使者を足止めするなど、義頼への反抗的な姿勢をみせるようになっていく。さらに梅王丸も父から継承した「鳳凰《ほうおう》の印判」を使用して、西上総で独自の支配を行っていた。梅王丸の母も北条氏が擁立する足利義氏《よしうじ》との政治的関係を構築し、生き残りを図っていった。

　この駆け引きでとくに重要だったのは、北条氏の動静であった。北条氏は西上総の要衝窪田城に軍勢を常駐させ、房総対岸の三崎《みさき》城にも水軍が控えていた。北条氏への敵対行動とみなされれば、即座に大軍が派遣される状況にあったのだ。北条氏とは和睦したとはいえ、長期の抗争を繰り広げてきた経緯があり、容易に信頼関係を構築するというのも難しかったのであろう。

そこで、義頼は佐竹氏との接触を図ることにした。佐竹氏は北関東の国衆を連合して、反北条氏を掲げていた。それゆえ、佐竹氏との関係を深めることで北条氏と武田氏に関する情報収集に努めたのである。両者は天正七年九月には完全に決裂し、軍事衝突へ発展するが、義頼はその両者の決裂について繰り返し佐竹氏方に確認している。この決裂を確認できた義頼は意を決したと想像される。かつて「房甲同盟」締結時、余裕を失った北条氏政の状況が義頼の記憶にもあったのだろう。

天正八年四月初頭、義頼は西上総の梅王丸領国へ侵攻する。北条氏政が、勝頼の侵攻に対して伊豆《いず》へ出陣した後のことであった。事前の調略もあり、義頼はわずか一ヶ月弱で梅王丸を佐貫城のみに押し込め、まもなく降伏させたのである。

## 天正の内乱——正木憲時の乱

北条氏政は武田氏との抗争を終え、六月上旬に伊豆から退陣し、まもなく小田原《おだわら》城へ帰還した。そのとき、動きを見せたのが正木憲時であった。

正木憲時は義頼の本拠岡本城にいた渋川氏の引き抜きを行った。それは義頼に対する明らかな敵対行動であった。義頼は北条氏家臣松田憲秀に憲時の非法を訴えた。そして、この内乱を「家中之事」なのでたいしたことではないと強調したうえで、武田氏との抗争に援軍を派遣したほうがよいかと述べ、北条氏の窮状を心配している〔稲子正治氏所蔵文書〕。穏やかな物腰ながら、暗に援軍は不要だと述べているようにみえる。あくまで北条氏に対して敵意はないことを伝えたうえで、自力で解決する旨を伝えたのであった。

そして、同年七月五日に義頼は出馬して長狭《ながさ》郡に侵攻し、金山城を陥落させる。さらに正木憲時の本拠小田喜城にほど近い長南《ちょうなん》の武田豊信《とよのぶ》、万喜の土岐為頼《ときためより》は人質を差し出して義頼方を表明する。情勢は一気に義頼方のものとなった。北条氏は依然武田氏との抗争が継続しており、ひとまず介入はなく内乱は推移した。

ただ、この内乱は梅王丸領国のように即座の平定というわけにはいかなかった。義頼は、北条氏が正木憲時を味方に引き込むことを恐れていた。そのため、武田や上杉といった大名とも連携を深めるべく交渉を進めた。ただ、結局、北条氏による後詰はなく、むしろ八月には正木憲時の小田喜領へ出陣するにあたり、北条氏は義頼に援軍を出している。これは義頼にとって大きなものであった。少なくとも窮地の正木憲時に対し、北条氏が支援を行わないことが確認できたからである。そして天正九年九月、正木憲時は小田喜城内で暗殺され、内乱は終結を迎える。同時期に上杉家が「御館の乱」で大混乱に陥ったことをみれば、里見家をまとめた義頼の功績は非常に大きなものといえよう。

## 冷静な知将・里見義頼

義頼は北条氏による介入を受けることなく領国を維持し、小田喜領には義頼の次男別当丸《べっとうまる》（のちの時《とき》茂《しげ》）を入れ、自身の支配下に置いていった。

しかし、義頼はなおも警戒心を解かなかった。天正十年四月、甲斐武田氏が滅亡し、その領国に織田信長の家臣滝川一益《たきがわかずます》が入国すると、即座に接触を図り、あわせて常陸の佐竹氏との連絡も継続した。とくに佐竹氏からは引き続き関東情勢の情報収集に努めた。

一方で北条氏方としての活動も怠らなかった。同年六月に本能寺《ほんのうじ》の変で織田信長が討たれると、旧武田領国に進軍した北条氏に対し、家臣上野筑前守《うえのちくぜんのかみ》を援軍として派遣している。関係維持に努めつつ、反北条氏勢力ともあえて連絡を継続していたことは、北条氏との関係が決裂する恐れをまだ捨てていなかったとみるべきであろう。

そして、それはけっして義頼の杞憂ではなかった。天正十一年には北条氏が東金城の国衆酒井政辰《まさとき》を通じて里見氏家臣正木頼忠《よりただ》の離反をそそのかした書状が残っている。両者の長年にわたる抗争は容易に解消されなかったことがわかるとともに、義頼の慎重さが功を奏していることに驚かされる。

さらに天正十二年に北関東で北条軍と佐竹連合軍が対決した沼尻《ぬまじり》の合戦では、義頼の軍勢は北条氏の要請を受け、参陣しつつも佐竹氏方の太田資正との交渉は継続していた。義頼はこのときもあくまで姿勢を崩していない。

天正十三年十一月には羽柴秀吉《はしばひでよし》と接触している。すでに羽柴秀吉は間接的に佐竹氏方を支援していたから、そのつてを使って接触したのかもしれない。同年五月、北条氏政は下総千葉氏当主の死去にともなう家中の混乱に対して、自ら同領を接収しているが、それはこのような義頼の行動への警戒心とも理解できよう。両者の暗闘はいまだ継続していたのであった。

この緊迫した情勢のなかで、義頼は病魔に襲われる。そして、天正十五年十月二十三日、義頼は若くして死去してしまったのであった。このとき嫡子義康《よしやす》はわずか十五歳であった。義頼の頭の中には、かつて自身が不安定な立場にあったがゆえに生じた天正の内乱が想起されたであろう。そのため、義康への家督相続を明確化することを意図した。天正十三年十二月に鶴谷八幡宮の神前で義康の元服祝いを盛大に催し、天正十四年八月には里見氏が代替わりごとに修造している鶴谷八幡宮棟札で自身の脇に義康の名を記したのであった。義頼の死去時には、北条氏が羽柴秀吉への警戒体制を取っていたこともあり、無事家督は義康へ継承されることとなった。義頼は父義弘とは違ったかたちで、北条氏との駆け引きを繰り広げ、渡り合った知将

里見義頼の墓所　写真右の石塔が義頼の墓である　千葉県南房総市・光厳寺境内

だったのである。

（細田大樹）

**【主要参考文献】**

川名登『房総里見一族』（新人物往来社、二〇〇八年）
黒田基樹『戦国の房総と北条氏』（岩田書院、二〇〇八年）
黒田基樹編『北条氏年表』（高志書院、二〇一三年）
黒田基樹・浅倉直美編『北条氏康の子供たち』（宮帯出版社、二〇一五年）
黒田基樹「上杉謙信と関東足利家」（『関東管領上杉謙信』米沢市上杉博物館、二〇二〇年）
佐藤博信『江戸湾をめぐる中世』（思文閣出版、二〇〇〇年）
滝川恒昭「里見義頼と青岳尼」（『鎌倉』九十七号、二〇〇三年）
滝川恒昭「房総からみた戦国大名北条氏—里見氏・江戸湾からの視点を中心に—」（『中世東国の世界三　戦国大名北条氏』高志書院、二〇〇八年）
滝川恒昭「戦国期の上総国佐貫に関する基礎的考察—加藤氏・佐貫城の検討を中心に—」（佐藤博信編『中世東国の社会と文化』岩田書院、二〇一六年）
『千葉県の歴史通史編中世』（千葉県、二〇〇七年）
長塚孝「葛西公方府の政治構想」（葛飾区郷土と天文の博物館編『葛西城と古河公方足利義氏』雄山閣、二〇一〇年）
細田大樹「越相同盟崩壊後の房総里見氏—対甲斐武田氏「外交」の検討を通じて—」（佐藤博信編『中世東国の政治と経済』岩田書院、二〇一六年）

# 正木憲時　――里見氏に対抗した悲運の名将

知勇兼備の将、時茂の子

房総里見《ぼうそうさとみ》氏の家臣として比較的名前の知られている人物に、正木時茂《まさきときしげ》という人物がいる。正木時茂は官途《かんと》名「大膳亮《だいぜんのすけ》」を名乗り、その勇猛さから遠国まで名前が伝わっていた人物である。憲時《のりとき》は時茂の五男であったとされる〔正木家譜〕。

正木時茂は、里見氏の当主義尭《よしたか》とともに「天文の内乱」を勝利した、いわば同志ともいうべき存在であった。「天文の内乱」では、時茂の父・通綱《みちつな》と義尭の父・実尭《さねたか》という、両者の父親がともに誅殺されていた。同じ境遇にあった両者は内乱で里見家の当主義豊《よしとよ》に勝利し、領国を勝ち取ったのであった。

里見氏はこの内乱の終結後、真里谷武田《まりやつたけだ》氏の混乱に乗じて上総国に進出していった。正木時茂は本拠地長狭郡から北上し、小田喜《おたき》城（千葉県大多喜町）を拠点として夷隅郡にまで支配領域を広げ、里見氏領国の東部を支配する有力者となっていったのである。それ故、研究上でこの正木氏は「小田喜正木氏」と呼称されている。里見氏の重臣でありながら研究者の間では「目下の同盟者」と評価されるほどの、ほぼ対等といいえる力を持ったのであった。

　さらに、時茂は戦場のみで活躍したわけではなく、他大名との交渉でも力を発揮していた。とくに越後の上杉謙信《うえすぎけんしん》（当時長尾景虎だが、ここでは全て「上杉謙信」と表記する）からは「年来《ねんらい》別而《べっして》申《もうし》通《とおす》之《の》間《あいだ》（長い間とくに連絡を取ってきた）」（上杉家文書）と特別に評価されるなど、密接な関係性を構築し、永禄三年（一五六〇）に上杉謙信の関東侵攻を強く要請した。そして、それを実現させたことにより里見氏を危機から救ったのであった。まさに知勇兼備、里見氏になくてはならない名将だったのである。さらに、時茂は小弓《おゆみ》城を攻撃し、香取《かとり》郡へ進軍する。香取郡は水上交通により発展を遂げていた地域であり、この後正木氏はこの地域を主要な侵攻対象としていくこととなる。ただ一方で、謙信の信頼厚い時茂は謙信から参陣を要請される。この要請に応じることで、小田原城攻撃に参加するため同地から転戦していくこととなる。

正木憲時像（レプリカ）　原品は千葉県鴨川市・道種院蔵　写真提供：館山市立博物館

　この謙信からの要請こそ、時茂の運命の分かれ道であった。永禄四年春、時茂は上杉軍と小田原城攻撃に参加した直後、亡くなってしまったのだ。直前には時茂の嫡子弥九郎《やくろう》も死去しており（西門院文書）、憲時の兄信《のぶ》茂《しげ》が跡を継ぐこととなった。

　そして、香取方面で、永禄五年に「房王丸《ふさおうまる》」と名乗る元服前の少年が登場する〔正木武膳家譜〕。この「房王丸」が、のちの憲時であるとされている。偉大な父が亡くなって以降、兄信茂と協力して小田喜正木氏の領国維持に乗り出そうとしていた。「房王丸」段階の憲時は、当時、里見氏の前線の一つであり小田喜から離れた香取郡で、信茂の代理として起用されたようだ。

しかし、永禄七年、再び憲時の運命は変化していく。同年正月、北条《ほうじょう》氏と里見氏が市川国府台《いちかわこうのだい》で衝突したいわゆる「第二次国府台合戦」で、当主信茂と兄平六時国《へいろくときくに》が戦死してしまったのである〔根本文書〕。さらに、同年に憲時の叔父にあたる勝浦城《かつうら》(千葉県勝浦市)の正木時忠《ときただ》も里見氏から離反する。まさに小田喜正木氏はたび重なる当主・一族の死去により存立自体が揺らぎかかっていた。里見氏領国の東部を支えた正木一族は混迷の時期を迎えたのである。そして、この苦しい情勢にあって当主となったのが、憲時であった。里見氏も有効な手立てを講じられないなか、正木氏も北条氏の房総侵攻に対し防衛に努めていたようだ。憲時が当主となるも、少年にはあまりに重すぎる課題に直面していたのである。

## 家督相続、父時茂の路線を継承

永禄九年十一月、正木憲時は清澄寺《せいちょうじ》に宛てて文書を発給している〔行川妙泉寺文書〕。ここで初めて元服し実名憲時を名乗っていることが確認される。つい四年前まで「房王丸」という幼名を名乗っていたことからすれば、非常に若くして当主となったのである。本来家督相続が予定されていなかった末子である憲時は、支配力の維持を父の時茂に求めた。たとえば、憲時は時茂の仮名「弥九郎」や官途名「大膳亮」を引き継ぎ、支配に関する文書に「時茂」と印字された獅子朱印《ししゅいん》を用いている〔宍倉正胤家文書など〕。「時茂」獅子朱印については、使用時期を考えると、憲時の手によって作成された可能性もある〔滝川一九九六〕。それだけ父時茂の名声は高く、憲時はその子であることを強調して混乱する小田喜領を統率したのであった。まさに求められた正木時茂の再来である。

永禄十年九月には里見義弘《よしひろ》が上総三船山《みふねやま》合戦で北条氏の軍勢を打ち破る大勝利をあげる。憲時がこのときどのような行動を取ったかは不明だが、ともに北条氏に対抗していたのだろう。この合戦での勝利は大きく、里見氏の優位に状況が展開していった。その意味で、小田喜正木氏にとっても支配領域再編には格好の時期を迎えていたのである。憲時は東上総地域で、領国の安定に努めたとみられる。

一方で、憲時は父と同様に他大名との交渉で活躍を開始する。先に述べたが、この頃には父時茂が名乗った仮名「弥九郎」を継承しており、正統な後継者として活動していた。そして父時茂が上杉謙信と親密な関係性を構築していたこともあり、前代までの役割を継承して上杉氏との関係で取次として起用されたのである〔紀伊国古文書藩中古文書所収正木文書〕。

憲時が交渉に関与し始めた永禄十二年という時期は、複雑な状況を呈していた。それまで北条氏に対抗する味方であった上杉氏が、一転して敵対する北条氏と和睦してしまったのである。駿河国の今川《いまがわ》氏を滅ぼした武田信玄《たけだしんげん》が北条氏と敵対するようになったことに伴う情勢の変化だった。つまり、「上杉氏

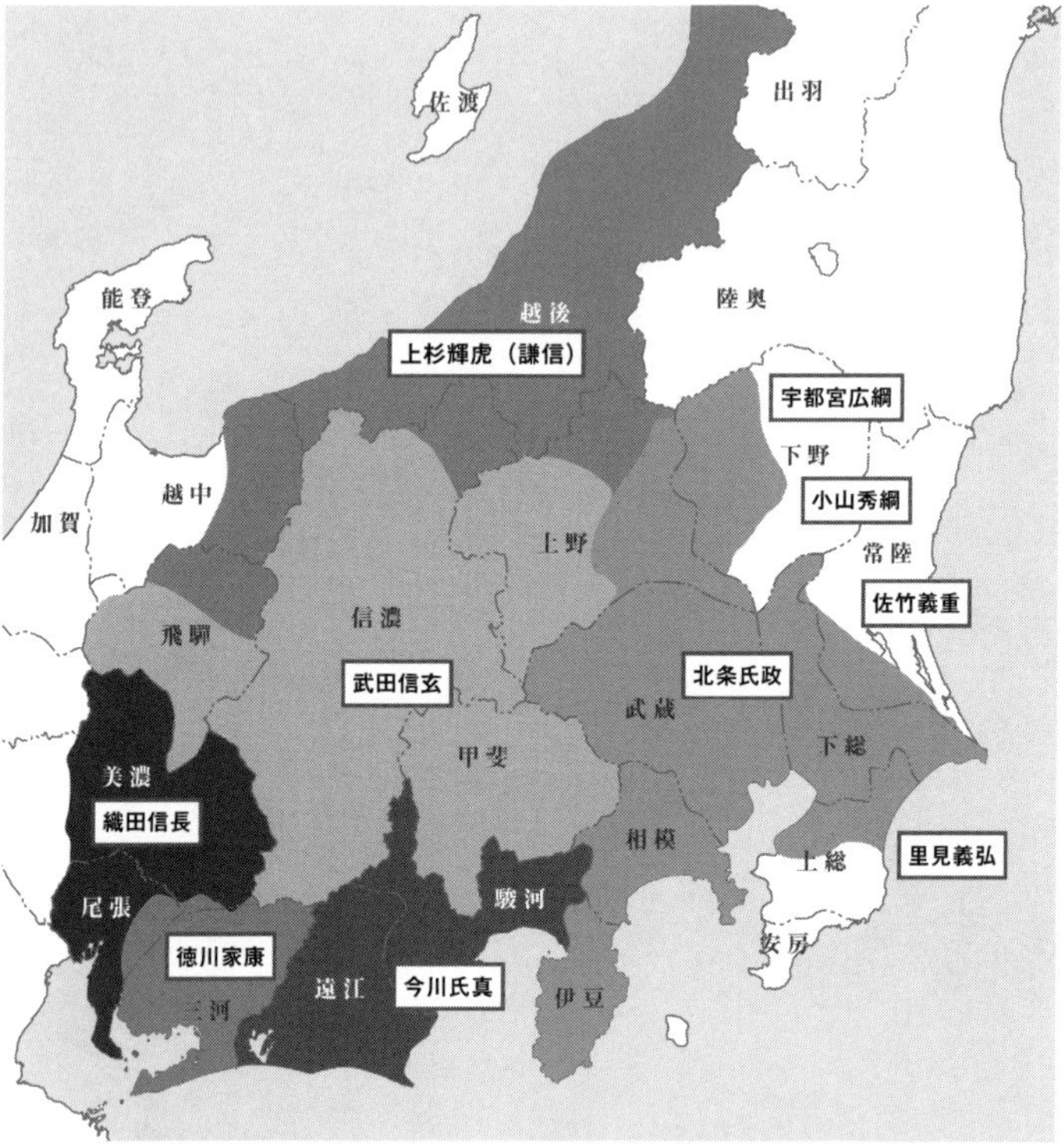

永禄 11 年末の情勢図

対武田・北条氏」から「武田対上杉・北条氏」への転換であった。ここで里見氏には上杉氏からの引き留めと、武田氏からの誘いがあり、その交渉において正木憲時が交渉に関与することとなったのである。里見氏にとって上杉か武田かを選択する重要局面を迎えていた。そして、永禄十二年末、里見氏は武田氏と「房甲同盟《ぼうこうどうめい》」を締結し、北条氏との敵対関係を継続する決断をすることになる。上杉氏との取次であった憲時だが、上杉氏とは一度決別することとなった。

この頃、武田氏を相手に苦戦す

る北条氏を前に軍事的優位を確立した里見氏は、土気《とけ》・東金《とうがね》城の両酒井《さかい》氏を服属させている。そして、両酒井氏が服属したことは正木憲時にとって大きな意味を持った。土気・東金という房総半島中央部の拠点を押さえたことで、小田喜正木氏が行ってきた香取郡へ向けた侵攻が再開されることになったからである。憲時率いる正木軍は再び九十九里《くじゅうくり》平野を北上し、椎崎《しいざき》・多古《たこ》領への進出を果たしていく〔遠山二〇一八〕。父時茂と同様に香取郡への道を切り開いたのである。それまでの鬱憤を晴らすように憲時は積極的な軍事行動を展開する。

## 複雑化する情勢と里見義弘との齟齬

元亀二年（一五七二）末、里見氏にとって大きな出来事が起きる。ともに北条氏領国に侵攻した甲斐武田氏が、北条氏との同盟を復活させたのである。そして、武田氏は里見氏に北条氏と和睦するよう促したのであった。

里見家当主義弘は、武田氏との同盟を重視して北条氏との和睦交渉に及んだ。再び上杉氏と結ぶのではなく、武田氏との関係継続を選んだのである。しかし、激しい抗争が展開された境目地域では下総の千葉《ちば》氏による反撃が行われた。それは、義弘が甲斐武田氏に「然りと雖も、千葉介方原追い廻し、夜討ち以下節々出るの候間、当方従りも下総へ成し動きたく候（ただ、千葉氏は家臣原氏を唆し、夜討等を仕掛けてきたので、こちらも下総へ攻撃をしたいと思っております）」〔田中稔氏所蔵文書〕と述べている通りである。和睦交渉中に攻撃されても、あくまで義弘は武田氏との関係を重視しつつ、対処しようとしていたのである。

義弘の弁明とほぼ同時期に、憲時が多古の妙興寺に発給した制札《せいさつ》が残されている〔妙興寺文書〕。この制札により抗争は多古領で展開され、憲時が両酒井氏とともに進軍したことがうかがえる。戦国時代、境目地域を服属させるには、軍事的保護をできるだけの実力が求められていた。せっかく開けた香取への道を維持するためには何としても軍事行動をしなければならなかった。憲時は多古領の支配を維持するためにすぐにでも軍事行動に出たかったのではないかと想像される。しかし、「房甲同盟」維持のため、義弘からは軍事行動を制止するよう求められていたのだろう。

だが一方で、この頃には永禄十二年に同盟関係を解消した上杉謙信とも再び連絡を取るようになっていた〔妙満寺文書〕。その意味で、領国内には「房甲同盟」のみに拘らない意見もあったとみえる。上杉氏との取次は前代からの通り正木憲時が務めていたようなので、憲時の多古領侵攻の背景にはこの上杉氏との関係復活を見込んでいた可能性もある。むしろ武田氏と上杉氏を天秤にかけた場合、正木氏が前代からの関係がある上杉氏に親近感を覚えるのは必然ともいえる。領国内には、同盟関係を締結するのは武田氏か上杉氏か、北条氏と和睦するか敵対するかといった重要問題について、さまざまな意見が渦巻いていたのであろう。

そのような情勢にあって、天正二年（一五七四）正月に北条氏による関宿《せきやど》城攻撃が開始された。古河《こが》公方《くぼう》を推戴する里見義弘にとって関宿城は重要な拠点であり、古河公方足利晴氏《あしかがはるうじ》の遺児藤政《ふじまさ》を推戴している立場からして、救援に乗り出さなければならなかったはずである〔潮田文書〕。しかし、同年五月に里見義堯が死去したこともあり、軍事行動に出るよりは北条氏との和睦交渉を続け、武田氏との「房甲同盟」維持を選択したとみられる。

ただ、そのような義弘の姿勢は憲時の意見と相違していたのかもしれない。同年二月には勝浦城の正木時忠が大坪《おおつぼ》（千葉県市原市）の拠点を取り立てており〔西山本門寺文書〕、同年五月には常陸の佐竹《さたけ》氏からも書状を送られ、連携を図るよう求められている〔古案〕。さらに翌天正三年正月には香取郡矢作《やはぎ》城に攻撃を仕掛けている〔大蟲和尚語録〕。慎重な姿勢を取る義弘を尻目に憲時は積極的な軍事行動に出たのであった。両者の政治姿勢は相違し、それがこの後の情勢にも大きく影響することとなったのであろう。

## 里見義弘との不和と「房相一和」

義弘の武田氏との関係を維持する姿勢は最悪の結果を生んでしまうこととなった。天正三年（一五八五）五月、「房甲同盟」を締結する武田勝頼《かつより》が、長篠《ながしの》の戦いで織田《おだ》・徳川《とくがわ》連合軍に大敗を喫したのである。武田勝頼が関東に関与する余裕を失う一方で、北条氏政にとっては和睦交渉を打ち切って里見氏領国に侵攻するまたとない機会が訪れたのであった。まさに明暗がはっきりと表れた瞬間であった。

その影響が最初に表れたのが憲時の領国であった。配下である一宮《いちのみや》城の正木種茂《たねしげ》、万喜《まんぎ》城の土岐為《ときため》頼《より》が離反したのである。北条氏はその救援を目的として、同年八月に房総侵攻を開始した。

このような情勢に至って、さすがに里見義弘も、上杉謙信との関係性を復活させることとなった。北条氏との和睦交渉が決裂し、武田勝頼が後退した今では取るべき選択肢は他になかった。ただ、この頃には里見義弘と正木憲時の間は相当険悪になっていたようである。上杉謙信から憲時と里見義弘の関係改善を図るため、使者が派遣されているから、それだけ両者の間は悪化していたということになる〔神保誠家文書〕。小田喜正木氏は憲時の父時茂の頃から上杉氏との取次を務めていた。この関係改善にも憲時は尽力したのであろう。ただ、憲時の心中はいかがであったろうか。これぱかりは確かな史料がなく、推測するほかないが、天正五年に憲時は花押を変更していることがわかっている〔上杉家文書〕。それまで里見義弘の花押に通じる花押を使用していた憲時は、ここでそれを改変したのであった。これは、義弘と憲時の関係が想像以上に悪化していたとみるべきものである。当時五十代であった義弘といまだ二十代であった憲時の年齢差も、この関係悪化には影響していたのであろうか。

ともかく義弘と憲時の関係が改善を見せないまま、北条氏の房総侵攻を迎えることになってしまった。天正四年、北条氏は前年に引き続いて侵攻を継続し、この攻撃により土気・東金酒井氏は降伏した。憲時とともに軍事行動を取っていた両酒井氏がここで北条氏方となったのである。そして、天正五年正月、憲時は上杉氏に関東侵攻を要請する〔上杉家文書〕。このとき、憲時は必死で関東侵攻を要請し、北条氏政が房総侵攻を見合わせるよう努めている。この一ヶ月後には、義弘も別ルートで謙信の関東侵攻を要請している〔柿崎文書など〕。ただ、義弘と憲時が一致して必死に訴えているにも関わらず、北陸方面に転戦していた謙信が関東侵攻を行うことはなかった。そして、北条氏は憲時の舅に当たる長南《ちょうなん》城（千葉県長南町）を拠点とする国衆武田豊信の領国へ侵攻し、武田豊信までもが北条氏に降伏してしまうのであった。

このように、境目に位置する国衆に有効な支援を行えないまま、離反者を多く出し、結局、同年十一月頃に義弘は北条氏との和睦を選択することとなった。北条氏との抗争は、屈服する形で終結を迎えたのであった。和睦をしたものの、憲時はこの防戦方の三年間をどのように捉えたであろうか。それが決して良い思いではなかったからこそ、義弘が天正六年五月に死去した後、憲時は天正の内乱の主体の一人となっていったのであろうと想像される。

## 天正の内乱

天正の内乱は、領国内の複雑な情勢を抱えて展開した。正木憲時は里見義弘と不仲であったが、義弘も家督相続をめぐって子の義頼《よしより》と険悪であった。憲時と義頼の関係は不明だが、自立化を進めた憲時をけっして良くは思っていなかったのであろう。

憲時は、それまで対外関係を活かして佐竹氏との連携を図ったとみられるが、義頼も佐竹氏と連携を図るようになったことから、次第に北条氏の引き込みも選択肢として浮上したようだ。憲時・義頼両者間で暗闘が繰り広げられたのであった。

そのような緊張関係が継続するなか、最初に動いたのが義頼であった。天正八年四月、義頼は西上総の里見梅王丸《うめおうまる》領国を平定する。わずか一ヶ月ほどでの決着であった。このとき、憲時は梅王丸を支援する行動を一切取っていないので、特に梅王丸を支持することはなかったと解される。あくまで自立化に向け、里見氏の隙を狙っていたのである。

憲時が好機と見たのが、北条氏政《うじまさ》が伊豆方面から小田原《おだわら》に帰城したタイミングであった。そのタイミングで義頼の本拠地岡本城《おかもと》から渋川《しぶかわ》氏を引き抜きにかかったのである〔稲子正治氏所蔵文書〕。これをきっかけに義頼は出馬を決意し、憲時の領国に侵攻することとなった。

同年七月五日、義頼は正木憲時の領国長狭《ながさ》郡に出馬し、その拠点金山《かなやま》城を攻略した〔椙山林継家文書〕。この情勢を見て、憲時方の国衆長南武田氏・土岐氏は義頼に服属の意を示した〔竹本泰一氏所蔵文書〕。さらに、同年十一月までには浜荻要害も陥落、太平洋岸の制海権を義頼方に奪われてしまった。初戦にして憲時は劣勢に立って以降、有効な手立てを講じられないまま戦況は推移した。味方は正木氏一族の一宮正木氏以外にいなくなってしまったのである。

ただ、それでも正木憲時は諦めることがなかった。天正九年正月、掌握された地域の奪還を図り、吉尾城（千葉県勝浦市）に自ら手勢を率いて夜襲を行った〔賜蘆文庫文書四十五所収中山信名模写文書〕。

しかし、これも待ち受けていた義頼勢によって失敗した。

その後、戦況は一時膠着する。義頼は追い込まれた正木憲時が北条軍を引き込むのではないかと恐れた。憲時の狙いも、もしかしたらそのあたりにあったのかもしれない。ただ、同年八月末からの義頼による小田喜侵攻作戦の際には、北条氏方から義頼に援軍が到着していた形跡がある〔正木高明家文書〕。もはや憲時に形勢逆転の好機は到来しなかったのであった。そして、同年九月二十九日、憲時は城内で暗殺され、小田喜城は開城となった。東上総に君臨した憲時の悲しき最期であった。

生涯を前線での軍事行動や対外勢力との交渉に費やした憲時は、まさか経験に劣る義頼に完膚なきまでに打ち破られるとは想像だにしていなかったであろう。その意味で混迷する里見氏内に現れた義頼という戦略家こそが、憲時にとっての誤算であったといえよう。

（細田大樹）

**【主要参考文献】**

黒田基樹『戦国関東の覇権戦争』（洋泉社、二〇一一年）
滝川恒昭「葛ヵ崎城跡の歴史的環境―正木憲時の乱と葛ヵ崎城―」（『葛ヵ崎城跡調査報告書』天津小湊町教育委員会、一九九四年）
滝川恒昭「房総里見氏の印判について―鳥の形像を有する印判をめぐって―」（中世房総史研究会編『中世房総の権力と社会』高科書店、一九九一年）
滝川恒昭「正木時茂に関する一考察」（『勝浦市史研究』第二号、一九九六年）

千葉県教育庁文化課編『千葉県歴史の道調査報告書十三　大多喜街道』（千葉県教育委員会、一九九〇年）
遠山成一「元亀年間における千葉氏と里見氏の抗争に関する一考察―「長崎」地名をめぐって―」（『千葉史学』第七十三号、二〇一八年）
外山信司「下総矢作城（大崎城）と大蟲和尚―禅僧の著作にみる戦国期の城郭―」（千葉城郭研究会編『城郭と中世の東国』高志書院、二〇〇五年）
『勝浦市史通史編』（勝浦市、二〇〇六年）
『勝浦市史資料編中世』（勝浦市、二〇〇三年）

# 小山秀綱 ――小山家の存続と本城への復帰をめざして

## 秀綱の生没年と家督継承

筑波大学附属図書館所蔵「筑南年譜《ちくなんねんぷ》」所収「明王院記《みょうおういんき》」には「天正十年壬午《みずのえうま》小山殿死」と記されている。小山秀綱《ひでつな》の嫡男政種《まさたね》は、小山氏関係諸系図の伝承によれば、命日《めいにち》が天正八年（一五八〇）六月で享年が十四歳であるという。このことを考えると、先の「明王院記」に記されている「小山殿」は小山秀綱といえる。小山氏関係の諸系図でも秀綱は天正十年六月二十六日に死去し、享年が五十九歳とあると記されている。逆算すると、秀綱は大永四年（一五二四）の生まれとなる。秀綱は、天文二十二年（一五五三）八月段階には初名氏朝《うじとも》（小川仁氏所蔵文書）を名乗り、永禄三年（一五六〇）正月段階には氏秀《うじひで》（佐八《そうち》文書）と改名しており、永禄四年十一月段階に秀綱（新編会津風土記六）と名乗る。法名《ほうみょう》は良舜《りょうしゅん》・孝山《こうざん》・孝哲《こうてつ》。

秀綱の父は小山高朝《たかとも》である。高朝は、相模の北条氏康《ほうじょううじやす》によって権力を奪われていた前古河公方足利《こがくぼうあしかが》晴氏《はるうじ》と嫡男藤氏《ふじうじ》（晴氏と古河公方家重臣簗田高助《やなだたかすけ》の娘との間の子）が、天文二十三年（一五五四）七月に下総葛西城《かさい》（東京都葛飾区）から同国古河城（茨城県古河市）に戻って籠城し、古河公方足利梅千代王丸《うめちよおうまる》（足利義氏の幼名）と関東《かんとう》管領《かんれい》北条氏康に反旗を翻した古河公方家天文事件では晴氏・藤氏父子方であった。この事件は晴氏・藤氏方が敗れ同年十月に終息する。事件後、高朝は責任を取らされ、所領の一部収公と子の氏朝への家督（当主の地位）の交替を余儀なくされる。

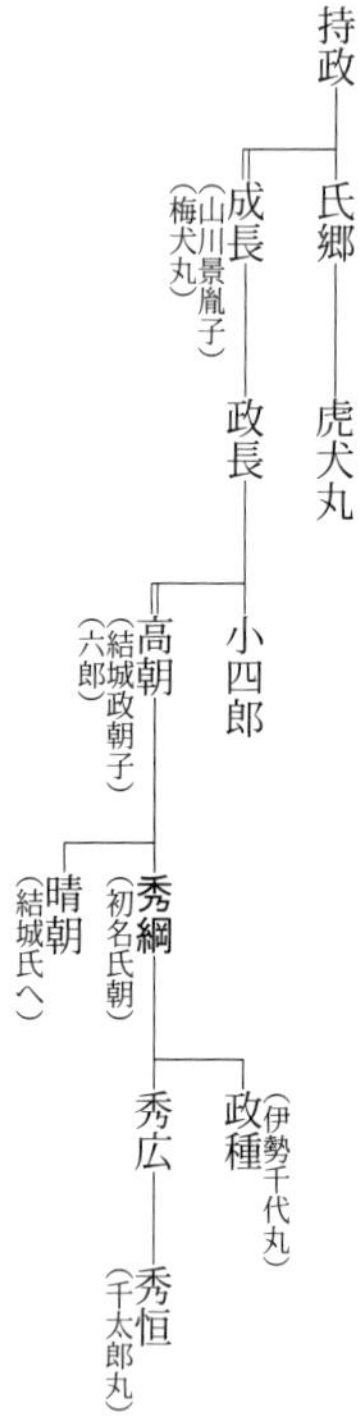

戦国期小山氏略系図

　高朝から氏朝への家督の交替については、天文事件後の弘治二年（一五五六）から永禄初期の文書と思われる、氏朝から古河公方足利義氏《よしうじ》（足利梅千代王丸の後名）に八朔《はっさく》の祝儀などで太刀《たち》・馬・扇子などを進上したことに伴う義氏からの礼状が七通〔小山氏文書・小山文書〕見られるのに対し、高朝の場合一通〔喜連川家文書御書案留書上〕しか見られないことより言及できる。

　高朝から氏朝への家督の交替がいつ行われたかは、明確に時期を特定することは難しい。氏朝は、弘治二年に推定できる六月二十三日付で古河公方足利義氏から書状〔小山氏文書〕を送られ、氏朝が北下総結《ゆう》城《き》政勝《まさかつ》を通じて「免許」（赦免）を言上してきたので許すと報じられている。また、氏朝は、翌弘治三年五月二十二日付で義氏から緑川《みどりかわ》郷（栃木県栃木市）・下高嶋《しもたかしま》郷（同栃木市）・東武井《ひがしたけい》郷（同小山市）の支配を安堵されている〔小山文書〕。足利義氏は背後で北条氏康が糸を引いていたと思われるが、小山氏についてて高朝ではなく、子の氏朝を取り立て自陣営に組み入れることで高朝に圧力を加え、高朝に対して小山氏の当主の地位を子の氏朝に譲らざるをえない状況に追い込んでいく方策を取ったといえよう。

一方、高朝は、初め古河公方家天文事件が終結した翌年天文二十四年三月段階に、足利梅千代王丸に取り入り彼の補佐役である関東管領北条氏康への執成《とりなし》を依頼したが断られる〔東京大学白川文書〕。その後、高朝は永禄三年(一五六〇)に推定できる二月六日付で義氏から書状〔小山氏文書〕を送られ、「赦免」を言上してきたので許すとし、「赦免」の理由として結城政勝の養嗣子《ようしし》晴朝《はるとも》と相談し「御進退《おんしんたい》の儀、内々懇《ねんご》ろに申され候《そうら》いき。感悦《かんえつ》の至りに候。」と報じられている。ここからは、高朝が観念して義氏に内々に「御進退」(高朝から氏朝への家督の交替)について述べてきたことがうかがわれ、永禄三年の二月初旬までには高朝から氏朝に家督の継承が行われたと推測される。

なお、氏朝は小山氏の家督継承を契機に氏秀と改名したと思われる〔佐八文書〕。

## 上杉氏と北条氏との抗争のはざまで

ところが、永禄三年八月下旬に越後の上杉謙信《うえすぎけんしん》が関東に進出してきて関東管領となり、同じく関東管領の地位にあった相模の北条氏康と関東の支配権をめぐって本格的に争うようになると、小山氏を取り巻く情勢が激変する。氏秀は、父高朝とともに謙信の関東への出陣を好機ととらえ、越後上杉氏方に属す。

小山秀綱画像　東京大学史料編纂所蔵模写

また、氏秀は上杉氏方に去就を変えたのを契機としてと思われるが秀綱と改名し、古河公方家天文事件で小山氏の所領の一部が収公され、古河公方の御料所《ごりょうしょ》（直轄領）となっていた現在の小山市南西部、野木町、栃木市東部の旧領を父高朝とともに回復していく（喜連川文書御料所目録案）。

謙信は、小田原城の包囲や鎌倉鶴岡《つるがおか》八幡宮《はちまんぐう》での山《やまの》内《うち》上杉氏名跡と関東管領職の継承など輝かしい成果をあげ、永禄四年六月越後に帰国する。秀綱は謙信が帰国した後も上杉方の立場に立つ。この点は、永禄五年五月、秀綱が謙信の擁立した古河公方足利藤氏（足利義氏の異母兄）から書状（小山文書）を送られ、前々のように古河城（茨城県古河市）に御座を移したので、秀綱が参上してきたときにこのたびの忠信を賞すると記され、秀綱の父高朝も悃切に藤氏の所に言上してきているので喜んでいると報じられていることからわかる。

しかし、謙信が帰国した関東で、甲斐の武田信玄と結ぶ北条氏康・氏政《うじまさ》父子が攻勢に出ると、関東の諸将は越後上杉方から離反し相模北条方に従う者が続出する。そのため、謙信は永禄五年二月中旬に北条方の赤井《あかい》文六《ぶんろく》の上野館林《たてばやし》城（群馬県館林市）を攻略し、足利長尾《ながお》景長《かげなが》に同城を与える（上杉家文書・

聴涛閣古文書〕。その後、謙信は離反した佐野氏の唐沢山《からさわやま》城（栃木県佐野市）を攻めるが、三月初旬まで在陣し攻略できずに帰陣していく〔涌井文書〕。こうした状況のもと、永禄五年段階には下野関係では上杉方の足利・館林両城の長尾氏を除く小山秀綱・佐野昌綱《さのまさつな》・宇都宮広綱《うつのみやひろつな》・那須資胤《なすすけたね》が北条方に与《くみ》していく。ちなみに、秀綱は史料上、八月上旬までは北条氏に属していることがわかる〔千秋文庫所蔵文書〕。

永禄六年二月中旬以降、謙信は利根川流域の武蔵崎西《きさい》城（埼玉県加須市）など北条方諸城を攻略し、下野に進軍してくる。謙信は再帰属した佐竹義昭《さたけよしあき》と宇都宮広綱を従え、三月下旬までには秀綱の祇園《ぎおん》城（別名小山城、栃木県小山市）を攻め、二・三日で秀綱を降伏させる〔御殿守資料室所蔵文書〕。謙信は秀綱が家名存続のために「黒衣に成り」子息や家風《かふう》（重臣）など多数の人質を差し出したことで赦免する〔御殿守資料室所蔵文書〕。

永禄九年（一五六六）初頭、謙信は離反した常陸小田氏や北条方の下総千葉氏などを攻撃するために、関東の上杉方諸将に軍勢動員を命じ出陣してくる。この時、謙信は祇園城の秀綱に百騎、榎本《えのもと》城（栃木県栃木市）の父高朝に三十騎を出すよう命じ、結城・佐野・宇都宮・佐竹氏などにも軍勢催促し、関東の味方中のほぼすべてを動員し攻撃する〔上杉輝虎公記上所収文書〕。謙信は、二月中旬には小田氏治《おだうじはる》の小田城（茨城県つくば市）を攻略する〔別本和光院和漢合運〕。その後、三月下旬には下総千葉氏一族の原胤貞《はらたねさだ》の拠る臼井《うすい》城（千葉県佐倉市）を攻めるが、北条氏政の援軍もあり、上杉方は数千人手負《ておい》（負傷者）・死人を出し大敗北を喫する〔諸州古文書信州十四〕。

謙信は四月に越後に帰国するが、以後、関東情勢は北条氏が優位になっていく。その直後の五月から上杉方の関東の諸将が雪崩をうったようにあいついで上杉方から離反し、北条方に従属していく。秀綱は、五月、小田氏治・結城晴朝・宇都宮広綱同様人質を差し出し北条氏に服属する〔小田部庄右衛門氏所蔵文書〕。秀綱は三年前に謙信に子息や重臣を人質として差し出し滅亡の危機を脱したが、今度もまったく同じ対応で北条氏に従属していった。

ところが、永禄十年になると秀綱は上杉方に属す。北条氏政は北条氏優位が続くなかで、この年の初めに上杉謙信が在城していた佐野氏の唐沢山城を攻める。秀綱は、正月中旬上杉謙信軍に合流すべく重臣の粟宮長門守《あわのみやながとのかみ》に軍勢を授け唐沢山城周辺に出陣させている〔若松延雄家文書〕。宇都宮広綱も謙信軍に合流すべく重臣芳賀高継《はがたかつぐ》を派遣している〔若松延雄家文書〕。なお、この攻防戦は、北条氏が唐沢山城を攻略できずに終わる。

以上、秀綱は、関東の覇権をめぐって争っていた越後上杉謙信と相模北条氏康・氏政父子との間で、独立の領主として必死に生き抜き、家名と所領を存続させるためにたびたび去就を変転させたといえる。

## 相模北条氏の外圧

永禄十一年（一五六八）十二月、甲斐の武田信玄《たけだしんげん》が三河の徳川家康《とくがわいえやす》と結び、甲斐（武田氏）・駿河（今川氏）・相模（北条氏）の三国同盟を破り駿河の今川氏真《いまがわうじざね》を攻めたことで、永禄十二年六月、武田氏への危機感から越相同盟《えっそうどうめい》が成立する。この同盟の成立により、関東の政治地図は越後上杉・相模北条氏対甲斐武田氏になる。佐竹・宇都宮氏など北関東の上杉謙信方の味方中は、信頼していた謙信が自分たちの意向を無視して北条氏康・氏政父子と同盟を結んだことに反発し、謙信に不信感を持つようになる。

その後、元亀二年（一五七一）十月北条氏康が死去すると、子の北条氏政は謙信との同盟が有効に作用していなかったこともあり、同年十二月甲斐の武田信玄と結び甲相《こうそう》同盟を成立させ、再び越後上杉氏と敵対するようになる。北関東の領主層は甲相同盟の成立により関東の対立の図式が再び相模北条氏対越後上杉氏になっても、越相同盟成立以前のように真剣に上杉氏を支援しなくなる。北条氏はこうした上杉謙信と北関東の領主層の足並みの乱れをつき、越相同盟の成立以前は古河公方を前面に立て北関東に侵攻していが、古河公方を前面に立てることなく武力による征服政策を推進していく。

小山氏は、下野南部に位置していたため、早くから北条氏の侵攻を受ける。小山氏は、天正元年（一五七三）九月に同氏の支城粟志川《あわじがわ》城（別名大宮城、栃木県栃木市）を北条方に攻められる〔白河証古文書〕。秀綱は、翌天正二年二月にも北条氏政に攻められるが、北条軍が敗れ退却している〔東州雑記〕。さらに、秀綱は、北条氏政がこの年の四月下旬にも利根川を越えて出陣してきて小山の近くに陣を取ったため、北条氏に脅威を覚える〔香取神宮所蔵古案〕。秀綱は、こうした北条氏の攻勢に対し、家臣に命じて支城の在番を強化する一方で〔岩上文書〕、北関東の領主層では那須資胤・宇都宮広綱・佐竹義重《よししげ》などに救援を求め、越後上杉謙信にも救援を求める〔常陸遺文二・小宅雄次郎家文書・千賀忠夫氏所蔵文書〕。

秀綱は、北条氏による上杉方簗田氏の下総関宿城《せきやど》（千葉県野田市）攻めでも、反北条氏の動きを取る。秀綱がこうした動きを取った背景には、北条氏が関宿城を北条氏政弟氏照《うじてる》の下総栗橋城《くりはし》（茨城県五霞町）とともに北関東進出の前線基地にしようとしたためである。秀綱の具体的な行動ついては、上杉謙信が天正二年（一五七四）十一月に関宿城救援のために出陣してきたとき、秀綱は簗田晴助《はるすけ》とともに謙信の古井名沼《こいなぬま》陣（栃木県佐野市）に出向き謙信と善後策を協議し、翌日小山の地に謙信軍を迎え入れていることより指摘できる〔那須文書・宇都宮氏家蔵文書上〕。しかし、こうした秀綱の思いもむなしく、この年閏十一月、関宿城は北条氏の手に落ちる。

関宿城を手に入れた北条氏は、天正三年になると本格的に小山氏を攻める。同年七月には榎本城が落城し〔林一氏所蔵文書〕、十二月二十五日以前には祇園城が攻略される〔岡本貞烋氏所蔵文書〕。秀綱は祇園城から出城し、常陸の佐竹義重を頼って遁《のが》れ、常陸古内宿《ふるうちじゅく》（茨城県城里町）を居所とするようになる〔野呂徳男氏所蔵文書・東州雑記〕。一方、祇園城を落城させた北条氏は、北条氏照が城主となり同城を北条風の城郭に普請していく〔鑁阿寺文書・歴代古案一〕。

### 祇園城の奪還運動

先述したように、小山氏の本拠祇園城は、北条氏の猛攻の前に、天正三年（一五七五）十二月二十五日以前に攻略される。秀綱は祇園城を出て常陸古内宿に遁れ、佐竹氏の庇護を受け、祇園城の奪還をめざす。秀綱は、強硬策と和平策で祇園城の奪還をめざす。

まず強硬策。秀綱は小山氏一族の小山大膳大夫《だいぜんのだいぶ》と重臣の岩上越前守《いわかみえちぜんのかみ》などを祇園城奪還戦に出陣させる一方で〔塚原哲夫家文書〕、反北条方の常陸佐竹義重・下総結城晴朝・下野南西部佐野宗綱《むねつな》などと結び〔水府志料四・青山文書・安良岡文書〕、北条方の城になってしまった祇薗城や榎本城を攻める。しかし、奪還はできなかった。

次に和平策。第一は、宇都宮・結城・佐竹氏による北条・小山氏間の和平工作である。この点は、宇都宮広綱が、天正五年七月十八日付で結城晴朝の家臣松源寺《しょうげんじ》に書状〔秋田藩家蔵文書四一〕を送り、小山氏と北条氏との和睦について広綱が北条氏政に使者を送ったが不調に終わったことを結城晴朝に取り次ぐよう依頼していること、および佐竹義重が天正五年八月十八日付で小山秀綱に書状〔西林寺文書〕を送り、佐竹氏による北条・小山氏間の「無事《ぶじ》」（和平）工作が北条氏側の頑《かたく》な返答で不調に終わったことを伝え、結城晴朝による和平工作も北条氏が晴朝に事切れの挨拶状を送ってきて不調に終わった旨を報じていることよりわかる。北条氏にとって、宇都宮・佐竹両氏は長年北関東で敵対している者で、結城氏は北条氏が利根川を越えて北関東にやって来ることに脅威を感じて離反していった者である。北条氏が宇都宮・佐竹・結城氏の話に乗ってこないのも頷《うなず》けよう。

和平策の第二は、関東の上位権力古河公方足利義氏の活用である。秀綱は、東国の上位権力足利義氏に小山・北条氏間の和睦を周旋してもらい、小山・北条氏間で和睦を成立させ、祇園城の奪還を果たそうとした。そのためにも、秀綱は義氏に接近しようとした。しかし、秀綱の場合天正三年の六月十二日と六月十六日に義氏の本拠古河城を攻撃しており〔秋葉文書〕、義氏から良く思われていなかった。

そこで、秀綱が採った方策が嫡子伊勢千代丸《いせちよまる》（政種の幼名）への代替りである。秀綱の戦略は、伊勢千代丸に家督を譲り、新たな小山氏当主伊勢千代丸のもとで、古河公方足利義氏に接近すれば、義氏が小山氏と北条氏の仲を取り持ち、小山・北条氏間の和睦を成立させ、祇園城を奪還することができるというものであったろう。秀綱から子の伊勢千代丸への代替りは、伊勢千代丸が天正五年八月二十四日付で佐八掃部大夫《そうちかもんのだいぶ》に寄進状《きしんじょう》〔佐八文書〕を送り、本来ならば小山氏当主の行為である、祇園城への帰城祈念依頼を伊勢千代丸が伊勢内宮《ないくう》に行い、小山領の下出井《しもいでい》郷（栃木県小山市）を永代寄進する旨を約束していることを考えると、天正五年八月下旬までには秀綱から伊勢千代丸に代替りが行われたと思われる。前記したように、秀綱の命日が天正十年六月で享年が五十九歳であるとすると、天正五年段階の秀綱は五十四歳。また、小山氏関係諸系図の伝承によれば、伊勢千代丸（政種）の命日が天正八年九月で享年が十四歳で、天正五年段階の伊勢千代丸は十一歳である。伊勢千代丸は、父秀綱の後見を受け、年頭の祝儀や八朔の祝儀などで足利義氏に太刀・扇子・白鳥を贈り〔小山氏文書〕、義氏に接近していく。

ところで、関東の政治史は、永禄三年以降、関東の覇権をめぐって抗争を続けていた越後の上杉謙信と相模の北条氏康との間で、甲斐の武田信玄に対する危機感から永禄十二年六月に越相同盟が結ばれ大きく変化する。古河公方は越相同盟が成立して以降は存在が形骸化し、北条氏によって骨抜きにされ、関東の上位権力ではあるが、北条氏の後ろ盾がなければ存在自体ができないような状態になってしまう。結局、秀綱が古河公方に小山氏と北条氏間の抗争を調停してもらい、祇園城の奪還を図るという思惑は失敗する。伊勢千代丸は天正八年九月享年十四歳で夭折《ようせつ》してしまい〔烟田旧記・小山氏関係諸系図〕、秀綱は再び小山氏当主の地位に復帰する。

和平策の第三は、伊勢神宮への立願である。秀綱は、伊勢千代丸を介して伊勢神宮に祈願し、神の加護による祇園城の回復を願った。この点は、先に示したように、伊勢千代丸が天正五年八月二十四日付で伊勢内宮御師佐八掃部大夫に寄進状を送り、祇園帰城のために伊勢神宮に願を掛け、小山領下出井郷を永代寄進するので、より一層の祈念を依頼していることより指摘できる。しかし、この策でも祇園城への帰還は叶わなかった。

このように、秀綱は強硬策と和平策で祇園城の奪還をめざしたが、うまくいかなかった。しかし、東国の政治情勢が変化する中で、秀綱は、天下人への道を歩んでいた織田信長の威勢と信長重臣滝川一益《たきがわかずます》の働きで天正十年（一五八二）五月十八日に祇園城を回復する〔立石知満氏所蔵文書〕。それも束の間、同年六月秀綱は死去し、祇園城は北条氏に開城させられ北条氏従属下の城になっていく〔「筑南年譜」所収「明王院記」〕。

秀綱没後の小山氏は、秀綱二男の秀広が幼少だったため、秀綱後室が小山氏の舵取りをしていく。小山氏は、小田原合戦後の天正十八年（一五九〇）の七月下旬から八月上旬に豊臣秀吉《とよとみひでよし》が下野宇都宮城で行った宇都宮仕置《しおき》で秀吉により改易《かいえき》に処せられる。

（荒川善夫）

【主要参考文献】

荒川善夫「戦国期小山氏の生き残り戦略―当主の代替り・交替を通して―」（荒川『戦国・近世初期の下野世界』東京堂出版、二〇二一年、初出二〇一八年）
市村高男「東国における戦国期地域権力の成立過程―結城・小山氏を中心として―」（市村『戦国期東国の都市と権力』思文閣出版、一九九四年）
市村高男『東国の戦国合戦』（吉川弘文館、二〇〇九年）
『小山市史』通史編Ⅰ（小山市、一九八四年）
黒田基樹「小山領没落後の小山氏」（黒田『戦国期関東動乱と大名・国衆』戎光祥出版、二〇二〇年、初出二〇一四年）
佐藤博信「室町・戦国期における小山氏の動向―代替わりの検討を中心として―」（佐藤『古河公方足利氏の研究』校倉書房、一九八九年、初出一九八三年）
松本一夫『小山氏の盛衰――下野名門武士団の一族史』（戎光祥出版、二〇一五年）

# 宇都宮広綱
## ——分裂する家中や病と闘った生涯

### 父尚綱の戦死と広綱の宇都宮城没落

広綱《ひろつな》の父尚綱《ひさつな》（初名は俊綱《としつな》）は、天文十八年（一五四九）に烏山《からすやま》城主那須《なす》高資《たかすけ》と喜連川《きつれがわ》早乙女《そおとめ》坂《ざか》（栃木県さくら市）で戦って討ち死にをとげた。このとき高資方には、天文八年に尚綱と対立して殺害された家宰《かさい》芳賀《はが》高経《たかつね》の遺児高照《たかてる》も同陣しており、高資が宇都宮家中の対立を利用して尚綱との決戦にのぞんだことがうかがえる。

芳賀高照の父高経は、尚綱の兄である当主忠綱《ただつな》と対立して一時冷遇されていたが、下総結城《ゆうき》城主結城政朝《まさとも》の支援をえて、大永三年（一五二三）に忠綱を宇都宮《うつのみや》城の東南猿山《さるやま》（宇都宮市）の地で破り（猿山合戦）、復権をとげた。合戦に負けて宇都宮城を没落した忠綱のかわりに、忠綱末弟の興綱《おきつな》を新当主に擁立し、家中の実権は高経が掌握した。のちに高経は不和となった興綱を幽閉して殺害するが、あらたに興綱の次兄尚綱を宇都宮明神の神宮寺《じんぐうじ》慈心院《じしんいん》院主から還俗《げんぞく》させて家督とし、以後も高経の権勢は続いた。

やがて尚綱は一族で鹿沼城主の壬生《みぶ》綱雄《つなかつ》と結んで高経を天文八年に没落させ、ようやく家中の実権を回復する。高経の没落・横死にともない、嫡子高照は陸奥白河《しらかわ》城主の白河結城氏のもとに逃れ、その庇

宇都宮氏軍旗　宇都宮氏の家紋である左三つ巴紋が描かれている。天文18年（1549）の喜連川早乙女坂合戦に敗れた宇都宮勢から那須氏が奪い取った。以後、那須氏では「宇都宮俊綱旗」として伝来された　栃木県立博物館蔵

護をうけた。そして今回、高照は那須高資の誘いに応じて、高資とともに尚綱を敗死させたのである。

芳賀高経・高照父子の没落中、家宰として尚綱を補佐したのは重臣益子《ましこ》氏出身の宗定《むねさだ》である。宗定は芳賀氏の家督を継いで高定《たかさだ》と名乗った。当主尚綱の戦死という最悪の事態に直面した高定は、尚綱の嫡子伊勢寿丸《いせじゅまる》（広綱の幼名）を宇都宮城から自身の居城である真岡城《もおか》（栃木県真岡市）へと移し、引き続き伊勢寿丸を支えた。

系図などによると、伊勢寿丸の生年は天文十三年ごろで、尚綱戦死時にはまだ六歳前後だった。伊勢寿丸の母は結城政朝の娘と伝えられ〔下野国誌〕、尚綱の戦死以降、広綱が無事に元服するまでは母親と高定が後見したものとみられる。

伊勢寿丸の没落で当主不在となった宇都宮城には、那須高資のうしろだてによって芳賀高照が復帰した。このとき高照方に属したのは、壬生綱雄・徳雪斎《とくせつさい》兄弟や塩谷由綱《しおのやよしつな》・西方河内守《にしかたかわちのかみ》・上三川次郎《かみのかわじろう》といっ

た宇都宮一族のほかに、高照の一族で氏家勝山城主の芳賀高秀《たかひで》・高繁《たかしげ》父子などがいた模様で、伊勢寿丸の宇都宮城没落にともない、宇都宮家中が真岡城の伊勢寿丸・芳賀高定派（以下、伊勢寿丸派）と宇都宮城の芳賀高照・宇都宮一族派（以下、高照派）に分裂したことがわかる。

注目されるのは、この時点で帰属が明確でない笠間《かさま》・多功《たこう》氏を除いて、壬生・塩谷・西方・上三川氏といった当時の宇都宮一族の多くが高照派だったことである。その背景には、それまで宇都宮家中を支え続けてきた芳賀氏への信頼感や親近感などがあったと思われるが、すでに高経・高照父子が没落してから十年近くが経過しており、たぶんそれだけにとどまらなかったとみられる。宇都宮一族がこぞって反伊勢寿丸派に属したことからすると、それ以前から尚綱への反感・反発が一族中にはあり、それが尚綱の戦死によって一挙に表面化した可能性が高い。家中支配における一族処遇のむずかしさがうかがえる。

## 広綱方の反撃

当初は宇都宮城を没落するなど、劣勢の状況にあった真岡城の伊勢寿丸派だが、以後、徐々に反撃態勢を整えていった。その際にまず最初のターゲットとなったのが那須高資である。

那須氏は黒羽城《くろばね》（栃木県大田原市）を本拠とする惣領家の上那須氏と、十五世紀後半に起こった享徳《きょうとく》の乱以降、あらたに烏山城（同那須烏山市）に本拠を移した庶子家の下那須氏に分かれて、互いに和戦

真岡城跡　栃木県真岡市

を繰り返してきた。ところが、十六世紀初頭の永正《えいしょう》の乱の影響で上那須氏は政治的に孤立し、まもなく滅亡してしまう。かわって、下那須資房が上那須地方にも影響力を拡大し、上・下那須氏の統一（以下、那須氏）を果たした。その後、家督は資房の嫡子政資、つづいて孫の高資へと移ったが、天文八年に政資・高資父子の対立が表面化するなど、依然として家中支配に課題を抱えていた。

具体的には、上那須地方を本拠とする蘆野《あしの》・伊王野《いおうの》氏などの那須一族や大関《おおぜき》・大田原《おおたわら》氏などの有力家臣はなお自立性を維持しており、それに周辺の陸奥岩城《いわき》氏や常陸佐竹《さたけ》氏などの動向が複雑に絡んで、高資の家中支配を困難なものにしていた。くわえて、高資には父政資と大田原氏の娘のあいだに生まれた異母弟の資胤《すけたね》がいたため、状況次第では家中が高資派と資胤派に分裂する可能性さえあった。

その点に付け込んだのが伊勢寿丸派である。天文二十年正月二十一日夜、高資は家宰の千本資俊《せんぼんすけとし》の居城千本城（栃木県茂木町）で殺害された。伊勢寿丸とともに真岡城に寄寓していた氏家郡総鎮守今宮明《うじいえぐんそうちんじゅいまみやみょう》神《じん》（同さくら市）の神官が記録した『今宮祭祀録』によると、伊勢寿丸派が千本資俊を「引き落とし」

て高資を殺害させたという。当時、「引き落とし」には「引っ張って倒す。また、勘定などをする際に差し引く」などの意味があり〔邦訳日葡辞書〕、資俊を「引き落とし」たとは伊勢寿丸派に抱き込んだという意味だろう。つまり、千本資俊は伊勢寿丸派に籠絡されて主君高資を弑逆したのであり、資俊には事前に伊勢寿丸派から相応の恩賞が約束されていたとみられる。

高資の横死後、異母弟の資胤が那須氏の家督に擁立されたが、資胤の家督継承をめぐって家中で目立った混乱はなかった模様である。その点からすると、高資の殺害は千本資俊個人の犯行ではなく、異母弟の資胤も含め、おもだった重臣間では事前に了解済み、もしくは想定内の出来事だった可能性が高い。

伊勢寿丸が真岡城に逃れて以来、「九か年に及び、在々所々において様々の戦い申すに及ばず候」と『今宮祭祀録』に記されているように、早乙女坂合戦以降も両派の戦いが各地で継続していた。もちろん、那須氏も否応なく戦いの渦中にあったわけで、泥沼化しつつあった両派の戦いから一定の距離を置くためには好戦的な高資とは異なる、あらたな当主の擁立が急務との認識がすでに那須家中内には広まっていたと考えられる。

## 広綱の宇都宮城復帰

那須高資の急死によって、芳賀高照の権勢にも翳りがさした。高資のうしろだてを失った高照が、家宰という立場だけで自立性の強い宇都宮一族を統御するのには限界があった。その状況をみて、あらたに一族中の有力者壬生綱雄が宇都宮城へとはいり、リーダーシップを発揮しはじめる。綱雄の宇都宮入城は、当時北関東に勢力を拡大しつつあった小田原《おだわら》城主北条氏康《ほうじょううじやす》の内諾をえて実行に移されたらしく〔今宮祭祀録〕、綱雄は宇都宮家中だけでなく、友好関係にあった近隣大名にも周到に根回しをしたうえで宇都宮城主として君臨したのである。

これにともない、芳賀高照の立場は微妙なものになった。もはや主導権は高照から綱雄に移ったわけで、この点を見透かした伊勢寿丸派は高照に働きかけて綱雄との離間をはかった。甘言にのせられた高照は、宇都宮城を離れて真岡城に出仕し、天文二十四年（弘治元年、一五五五）、尚綱七回忌の年に伊勢寿丸によって殺害された〔今宮祭祀録〕。

結局、喜連川早乙女坂合戦で尚綱を討った那須高資・芳賀高照はそろって非業の最期をとげ、宇都宮家中の分裂・対立はついに最終局面を迎えた。伊勢寿丸派は常陸太田城主佐竹義昭《よしあき》や北条氏康、そして古河公方足利義氏《あしかがよしうじ》らの支持を背景に、弘治三年（一五五七）に攻勢に転じ、五千騎ともいわれる大軍で鬼怒川《きぬがわ》沿岸の飛山《とびやま》城（宇都宮市）に進軍した〔今宮祭祀録〕。宇都宮城に在城していた壬生綱雄は、この圧力に抗しきれずに城を明け渡し、同年十二月二十三日、じつに九年ぶりに伊勢寿丸は宇都宮城への帰城を果たした。すでに伊勢寿丸も十四歳となり、翌永禄元年（一五五八）には元服して広綱と名乗った。名実ともに当主となった広綱は、さっそく分裂していた宇都宮家中の再編に乗り出した。

## 北条氏と上杉氏のはざまで

南北朝・室町時代に関東を支配した鎌倉公方足利氏と公方を補佐した関東管領《かんとうかんれい》山内上杉《やまのうちうえすぎ》氏は、十五世紀後半の享徳の乱以降、それぞれ下総古河《こが》（茨城県古河市）と上野平井《ひらい》（群馬県藤岡市）に本拠を移していた。初代古河公方の成氏《しげうじ》以来、五代目となる義氏は伯父北条氏康の策動によって天文二十一年末に十歳で家督を継いだ。また、これに先立ち平井城の上杉憲政は氏康の攻勢に耐え切れずに同年正月、同城を没落し、越後の長尾景虎《ながおかげとら》（のちの上杉謙信、以下謙信で統一）を頼った。すでに氏康の威勢は上野にとどまらず、下総・常陸・下野にまで及びつつあった。

ところが、永禄三年（一五六〇）、上杉謙信が庇護下にあった憲政を奉じて関東に出兵し（越山）、翌年三月には氏康を小田原城に囲んだ。謙信には広綱をはじめ、「関東の諸家中、いずれも同心」したといい、翌月の謙信の鎌倉鶴岡八幡宮《つるがおかはちまんぐう》参詣の際には「先陣は小山（秀綱《ひでつな》）、その次は宇都宮（広綱）、その次は小田殿（氏治《うじはる》）」がつとめたという〔今宮祭祀録〕。このとき謙信は、憲政から山内上杉氏の名跡と関東管領職を継承している。

以後、謙信は天正六年（一五七八）三月に四十九歳で没するまで十回以上にわたって越山を繰り返した。しかし、謙信の実質的な影響力は関東在陣中に限定される傾向が次第に顕著となり、結果的には北条氏の支配領域が北関東にも拡大していった。

越山当初は謙信に従った広綱も、謙信と氏康のどちらに属するか、戦況次第で旗幟を変えざるをえず、謙信の越山以降、北関東の政治情勢は複雑に推移していった。

## 皆川俊宗の離反

永禄三年時点の宇都宮家中は、広綱の帰城以前には対立していた塩谷・西方・上三川氏らがすでに家中に復帰していたほか、笠間・多功氏も同じく広綱に従っており、一族では壬生綱雄だけが敵対をつづけていた。しかし、その綱雄も永禄五年（一五六二）に広綱らによって謀殺され、綱雄の弟徳雪斎周長は広綱に臣従した。

また、小山氏の一族長沼《ながぬま》氏の子孫で、のちに下野皆川荘《みながわのしょう》（栃木県栃木市）に本拠を移して皆川氏を名乗っていた俊宗《としむね》も、やはり広綱に臣従している。ちなみに俊宗の「俊」は、広綱の父尚綱の初名俊綱からの拝領とみられる。同様に俊宗の嫡子広勝《ひろかつ》や広勝の異母弟広照《ひろてる》の「広」も広綱からの拝領とわかる。名門長沼氏の末裔であり、皆川荘一帯を支配していた俊宗は外様とはいえ、宇都宮家中でも一目置かれる存在だった。

その俊宗が、元亀三年（一五七二）正月十五日に宇都宮城を占拠し、しばらくの間、当主広綱にかわって家中を主導した。この一件を記録した『東州雑記《とうしゅうざっき》』には、「（同年）正月十五日に宇都宮の館へ皆川真《しん》てつ（正しくは心徹）入道（俊宗）が打ち入り、政を我儘にす。主の広綱は煩いにて随意なり」とある。

当時、心徹入道道楽《どうらく》と名乗っていた俊宗が、宇都宮城に「襲撃、または、敵中に突入すること」（打入『邦訳日葡辞書』、以下同じ）によって、領地・家中の「統治、あるいは、統制」（政）を「物事を自分のしたいように、あるいは、思うままに勝手にする」（我儘な事をする）ことになったという。にわかには信じがたいことだが、主君の広綱が「病気」（煩い）だったため、俊宗の「自由気ままであること、または、しつけの悪いこと」（随意）が可能になったとされる。

その際の政治的な立場に関してだが、俊宗は宇都宮城を占拠する約四か月前の元亀二年九月に那須資胤と会津黒川城主蘆名盛氏・白河城主白河義親との同盟成立を資胤から知らされていた（那須文書）事実は注目される。この結果、俊宗は宇都宮氏が北方・東方からは蘆名・白河・那須同盟（以下、三氏同盟）、そして南方からは北条氏に包囲されつつあることをいち早く認識していたことになる。くわえて、同年十月の北条氏康死去にともない、それまでの上杉・北条氏間の軍事同盟（越相同盟）にかわって、十二月には氏康嫡子の氏政《うじまさ》と武田《たけだ》信玄《しんげん》との軍事同盟（甲相同盟）が結ばれており、以後宇都宮氏への北条氏の軍事的な圧力がいっそう強まることも懸念された。そのような状況下で俊宗は宇都宮氏の家政を一時的に掌握したのであり、皆川氏のみならず、宇都宮氏自体を三氏同盟と連合させ、北条・上杉・武田・佐竹氏などの周辺大名に対抗できる政治勢力形成をめざしていたとみられる。

しかし、三氏同盟と対立関係にあった佐竹義重《よししげ》（義昭の子）はこれを見逃さず、さっそく那須資胤を攻めて、元亀三年六月に両氏は和睦する（東州雑記）。この結果、三氏同盟の一角が早くも崩れ、俊宗は資胤という有力なうしろだてを失った。これにともない、俊宗は宇都宮家中で孤立化を深め、同年末には佐竹義重のほか、那須・小山・結城氏や奥州田村《たむら》氏からなる軍勢に責められて敗北する。結局、俊宗は宇都宮家中を離れて北条氏政に臣従し、広綱は佐竹氏との同盟を強化して北条氏に対抗していった。

## 広綱の病と東方の衆

広綱は弘治三年の宇都宮城復帰後まもなく、佐竹義昭の娘（少将、南呂院とも）を妻とし、義昭の子義重とは義兄弟の間柄だった。この姻戚関係を背景に広綱は佐竹氏と連合し、北条氏などの諸勢力に対抗してきた。その際、状況に応じて小山・那須氏や下総結城氏らと同陣することもあり、上杉謙信には「東方の衆」などと呼ばれている〔上杉家文書ほか〕。それぞれに対立関係を内在させながらも、下野・常陸の諸大名が緩やかに合従連衡して生き残りをはかっていたことがうかがえる。

ところが、天正三年（一五七五）に小山氏の榎本《えのもと》城（栃木県栃木市）・祇園《ぎおん》城（同小山市）があいついで北条氏に攻め落とされ、当主秀綱は没落して佐竹義重を頼った。秀綱の弟で結城政勝の養子となっていた晴朝《はるとも》は、天正五年に北条氏から離れて佐竹氏らと連合した。同年末までに広綱次男の朝勝《ともかつ》と晴朝との養子縁組がまとまり〔小川岱状〕、晴朝と佐竹・宇都宮氏との結束はさらに強化された。三氏の同盟関係は結城晴朝と宇都宮朝勝の養子縁組のほか、「宮（宇都宮）よりの囚人太田へ来る、結城よりの囚人は宮に置くなり」といった人質の交換もおこなわれ〔東州雑記〕、以後は三氏を中心に那須氏らを加えた「東表の面々」（反北条氏連合）が北条氏への抵抗を継続する〔東北大学日本史研究室保管白河文書〕。

しかし、このときすでに広綱は病魔に侵されていたようで、天正六年に結城城を攻める北条氏政勢に対し、結城晴朝支援のため常陸小川（茨城県筑西市）に在陣したのは、佐竹義重と那須資胤・資晴《すけはる》父子、そして広綱の代官芳賀高継《たかつぐ》（高照の弟、初名高規）だった。この合戦の顛末を記した『小川岱状』には、「宇都宮殿（広綱）、是は御病者なればとて御代官に芳賀十郎（高継）」とあって、広綱が「病人、患者」（病者）であることは周知されていた。

前年の天正五年から広綱は書状に自身の花押を据えることができず、「不例気の間、判形能わず候」との追って書きを記していた（秋田藩家蔵文書四一ほか）。「身体の具合が悪いこと、あるいは、異常であること」（不例）によって、花押も書けないほどの状態だった。とはいえ、広綱の嫡子国綱は永禄十一年（一五六八）生まれで、天正五年時点では十歳と幼く、家督を譲るにはまだ早すぎた。このため広綱は病身をおして、当主の座にとどまっていたのである。

## 国綱の家督継承と広綱室の後見

天正六年九月十九日に国綱は家臣の土肥《どい》氏に主膳亮《しゅぜんのすけ》の官途を与えた（秋田藩家蔵文書四一）。副状をしたためた芳賀高継は、国綱を「屋形様《やかたさま》」と呼んでおり、国綱が十一歳で家督を継承したことがわかる（同）。元服、判始めの年令としてはずいぶん早いので、広綱の容態がよほど重篤だったと考えられる。

宇都宮氏の諸系図では、広綱の命日は天正八年八月七日で享年三十七歳と伝わる。これを信じれば、広綱は国綱に家督を譲ったのちも約二年間は存命していたことになる。そしてこの間も含めて幼い国綱を後見したのが、広綱室で佐竹義重妹の少将だった。

たとえば、少将にあてた上杉謙信のかな書き消息（年未詳）では、義重と広綱が「忠告、または、訓戒」（異見）、「相談」（談合）のうえで守備を万全にすることを求めており、広綱病臥時には少将が宇都宮氏の家政を実質的に掌握していたことがあきらかになる（秋田藩家蔵文書九）。同様に天正二年閏十一月の謙信の消息でも、北条方の甘言にだまされることがないように分別を求められるなど（奈良文書）、すでに天正二年には少将が宇都宮氏の当主権を代行していた時期があった。

たしかに、元亀三年正月十五日に皆川俊宗が宇都宮城を占拠したさいも「主の広綱は煩いにて」とされており、存外、広綱の発病・罹患は元亀三年以前にさかのぼり、病状が悪化した時期が何度かあったのかもしれない。ちなみに、広綱末子の高武《たかたけ》（のち芳賀氏に入嗣）の生年は「天正三年乙亥《いつがい》正月二日巳《み》の刻」と伝承されており（下野国御旦那帳）、広綱の病状は回復と再発を繰り返していた可能性がある。

ともあれ、元亀三年から天正八年に広綱が没するまでの約九年のあいだには、病気がちな広綱にかわって広綱室の少将が事実上当主を代行していた期間があった。幼少期に父尚綱が戦死するなど、広綱の波乱万丈の生涯のなかで、後家となった広綱母や当主権を代行した広綱室など、窮地に立った宇都宮氏を支えた女性たちの存在はあらためて注目される。

（江田郁夫）

**【主要参考文献】**

荒川善夫『戦国期北関東の地域権力』（岩田書院、一九九七年）
市村高男『東国の戦国合戦』（吉川弘文館、二〇〇九年）
江田郁夫編著『下野宇都宮氏』（〈シリーズ・中世関東武士の研究第四巻〉、戎光祥出版、二〇一一年）
江田郁夫『戦国大名宇都宮氏と家中』（岩田書院、二〇一四年）
黒田基樹編『北条氏年表　宗瑞・氏綱・氏康・氏政・氏直』（高志書院、二〇一三年）
丸島和洋『東日本の動乱と戦国大名の発展』（吉川弘文館、二〇二一年）

# 佐野昌綱

## ――強敵の上杉・北条と抗争を繰り広げた勇将

### 昌綱の家督相続

佐野昌綱《さのまさつな》は下野国佐野領の国衆で、唐沢山城《からさわやま》（栃木県佐野市）を本拠にした。佐野豊綱《とよつな》の嫡男であるが、生年は不明で、通称は歴代の仮名《けみょう》・小太郎《こたろう》を称した。天正七年（一五七九）三月十三日に死去している〔本光寺宝篋印塔銘〕。

弟に、桐生《きりゅう》佐野家を継承した重綱《しげつな》（又次郎）と、小田原《おだわら》合戦（天正十八年）後に佐野本家の名跡を継承した天徳寺《てんとくじ》宝衍《ほうえん》がいた。いずれも生年はわからないが、重綱の嫡男は天正四年（一五七六）生まれなので〔黒田二〇一二〕、重綱の生年はおよそ一五四〇～五〇年代と推定される。宝衍については、没年齢（慶長六年〈一六〇一〉死去）に五十四歳説と四十四歳説があり、前者による生年は天文十七年（一五四八）、後者による生年は永禄元年（一五五八）となり、重綱の生年推定時期にも一致している。

昌綱の子には、嫡男の宗綱《むねつな》と、越後上杉謙信《うえすぎけんしん》の養子になった虎房丸《とらふさまる》があった。いずれも生年は不明である。このうち虎房丸は、永禄三年（一五六〇）か同四年に上杉謙信に人質に出されて、同十年の段階でも幼名を称していて元服前であった。そのため虎房丸は、一五五〇年代以降の生まれであったことは確実である。また、嫡男の宗綱は家督を継いだ当初、叔父宝衍から「若輩」といわれている。そのときに二十歳くらいとみても、生年は永禄四年頃になる。その場合には、虎房丸は生まれてすぐに人質に出されたか、庶長子であったか、といったことが推測される。いずれにしても昌綱の子は、一五六〇年代の生まれといえる。そうすると、昌綱は一五四〇年代の生まれの可能性がある。

父豊綱は永禄二年に四十歳（その場合の生年は永正十七年〈一五二〇〉で死去したと伝えられている〔本光寺開創記〕。次いで、同三年二月晦日に祖父泰綱《やすつな》が八十七歳で死去した〔本光寺宝篋印塔銘〕。これにより、まだ二十歳くらいであった昌綱が家督を継いだ。同年八月二日に家臣小野寺景綱《おのでらかげつな》に所領支配を安堵しているのが史料での初見になる〔小野寺文書〕。内容は代替わり安堵と認識できるものなので、代替わりにともなって出されたものであろう。その月末に、上杉謙信が本格的に関東侵攻を始めた。同年十二月十八日の時点では、昌綱は謙信に従属していなかったが、その後から翌同四年初め頃に、同族の上野桐生佐野直綱《なおつな》（父豊綱の従弟）とともに謙信に従属し、相模小田原陣（神奈川県小田原市）・鎌倉陣（同鎌倉市）に参陣している〔関東幕注文〕。

佐野昌綱像（複製）　佐野市郷土博物館蔵

そして、虎房丸を人質に出している〔伊藤本文書〕。

## 上杉謙信への従属

ところが、同年十二月九日には昌綱は謙信を離叛して北条氏に従属しており、そのため謙信は佐野攻めを標榜している〔歴代古案〕。このとき、北条方の国衆には、館林《たてばやし》赤井《あかい》家をはじめ、同族の桐生佐野家、さらに利根川南岸に武蔵深谷《ふかや》上杉家・忍成田《おしなりた》家・崎西《きさい》小田《おだ》家らがいた。昌綱はこれらの存在をもとに、北条方に転じたのだろう。謙信は、同五年二月一日に同五日からの佐野攻めを決定し〔富岡家古文書〕、十二日に佐野にむけて進軍している〔渋江文書〕。これが謙信による最初の佐野攻撃となる。このとき、謙信は同時に上野館林城攻めを進め、同城は十七日に攻略している。それをうけて再度、佐野攻めをすすめている〔上杉文書〕。

これに対して、昌綱は謙信の攻撃を凌ぎ、三月四日には退陣させたらしく、昌綱の弟・天徳寺宝衍は北条家御一家衆の北条氏照《うじてる》に戦況を報告している。両者が書状のやり取りをしているのは、両者が互いの取次の任にあったためであろう。謙信からの攻撃に際して、北条家は後詰の援軍を派遣しようとしたが、それが間に合わなかったらしく、昌綱はそのことについて抗議していた。それに関して氏照は、佐野攻めがあったことを、北条家に従属する武蔵忍成田長泰《ながやす》から連絡をうけたので、その翌日に後詰について成田と打ち合わせるため、氏照は自身の領国北部まで移動し、同盟関係にあった甲斐武田《たけだ》家からも援軍が派遣されてきたものの、謙信が退陣したので引き返したこと、北条家最高権力者の氏康《うじやす》（氏照の父）も、佐野攻めがあったら、すぐに連絡をもらえれば、上杉方の上野厩橋《まやばし》（前橋市）まで進軍して後詰を行うと述べていたが、出陣が遅れたうえに謙信が退陣したため、後詰が叶わなかったと弁明している〔涌井文書〕。

謙信からの攻撃に対し、昌綱はともに北条家に従属する武蔵忍成田家と上野館林赤井家と連携して対抗していた。館林城攻略後に、城主赤井文六は成田家に引き取られたが、さらに佐野家に引き取られることが検討されていることからも、そのことがわかる。しかし館林領が上杉方に転じたことで、昌綱は北条方の国衆とは分断されてしまった。そして同六年四月、昌綱は二度目の謙信の攻撃をうける。謙信は北条家・武田家による武蔵松山城《まつやまじょう》（埼玉県吉見町）攻めに対する後詰として、二月に武蔵岩付領まで進軍してきたが、間に合わず松山城は落城してしまう。謙信はその帰路に北条方の武蔵崎西小田家を攻撃して実兄の忍成田家ともども従属させ、さらに利根川を戻って下野藤岡茂呂家を従属させ、下野小山家を攻撃して三月二十四日までにこれを従属させた〔伊藤本文書〕。そして上野に帰陣する過程で、四月六日までに昌綱と桐生佐野家を攻撃してきた。謙信は同日には厩橋城に帰陣してるから、具体的に攻撃をうけたのはその間のことになる。北条家は松山城にしばらく在陣を続けていたが、謙信には常陸佐《さ》竹《たけ》家・下野宇都宮《うつのみや》家の軍勢も合流するようになっていたため、それに立ち向かうことができず、四月には帰陣している。

ここで昌綱は謙信に「侘び事半ば」、すなわち従属を申し出るという状態となり、桐生佐野家は謙信に従属して出仕をとげている〔楡井文書〕。昌綱はこのときの攻撃にあたって、謙信への従属を申し出たものの、「侘び事半ば」「侘び事最中」としかみられないから、結局従属はしなかったようだ。しかし同族の桐生佐野家が謙信に従属したことで、昌綱は反上杉方の最前線に位置することになり、同時に周囲をすべて上杉方で囲まれるかたちになってしまった。閏《うるう》十二月に北条家が武田家とともに、下野足利領・上野館林領に侵攻してきているが、これは孤立化しつつあった昌綱支援のため、さらには先の謙信の攻撃の際に後詰できなかったことへの代替であったとみられる。

そして昌綱は、翌年の同七年正月に三度目の攻撃をうける。謙信は正月二十六日からの佐野攻撃を標榜し〔富岡家古文書〕、二月十七日には唐沢山城への大規模な攻撃があった〔栗林文書ほか〕。昌綱はこれに抗しきれず、常陸佐竹義昭・下野宇都宮広綱の働きかけをうけて、館林長尾景長を通じて謙信に従属した〔小野寺文書ほか〕。このときの攻撃では、唐沢山城の「外構」が攻略され、そのため降伏して「随分の証人（人質）数多」を提出したという〔蕪木文書〕。「随分の証人」とは、家中の有力者からの人質を指す。こうして昌綱は、再び謙信の従属下に位置することになった。

### 謙信から離叛し北条家に従属

この後、昌綱はしばらく謙信への従属を継続するが、その間の永禄九年二月二十一日には、五十公《いじみ》野重家《のしげいえ》・吉江忠景《よしえただかげ》らの上杉家臣が唐沢山城に在城するようになっている〔吉江文書〕。このとき、謙信は常陸小田氏攻めを進めていて、その間に唐沢山城に在陣し、同城の普請を行っている〔上杉文書〕。五十公野・吉江の在城はその留守を預かるもので、唐沢山城が謙信の軍事拠点として位置付けられ、そのため重臣らが在城したのである。同年五月、謙信は関東における軍事拠点として、佐野（唐沢山）城・沼田《ぬまた》城（群馬県沼田市）・厩橋城をあげており〔上杉文書〕、これはそのことを端的に示している。しかしその頃から、周囲の上杉方国衆があいついで北条家に従属していっていた。すでに下野では小山《おやま》家・宇都宮家・皆川《みながわ》家・壬生《みぶ》家が北条方となり、六月十二日に小山秀綱《ひでつな》が壬生周長《しゅうちょう》に宛てた書状のなかで、「佐小（佐野小太郎昌綱）広綱（宇都宮）に通わさるる様」に工作を要請しており、昌綱も同調させようとする動向がみられていた〔野口文書〕。

これに対して、謙信は唐沢山城・桐生城（群馬県桐生市）の確保を図るとともに、敵対した国衆への報復のため、十月十一日に関東に出陣し、桐生在城の重臣長尾源五《ながおげんご》に同城の普請を命じ、唐沢山城にも普請人足の供出を命じている〔中曽根伊兵衛氏所蔵文書〕。そして十一月十九日に唐沢山城に着陣した〔富岡文書〕。その後、謙信は沼田城に後退したとみられ、それをうけて北条家が唐沢山城を攻撃してくるが、昌綱の奮戦によって撃退している〔由良文書ほか〕。こうしたことから翌同十年五月、謙信は唐沢山城の在番体制を強化し、昌綱から人質としていた虎房丸を自身の養子にしたうえで派遣、さらに家中からの証人衆も同様に在番衆《ざいばんしゅう》として派遣してきている〔色部文書ほか〕。その直後の六月、再び北条家から攻撃されるが、在番衆を増強した成果か、撃退に成功している〔福岡市博物館所蔵文書ほか〕。

しかし、謙信が関東において確保している拠点は沼田城・桐生城のみになっていたため、直接に唐沢山城を救援することが難しい状態になっていた。すでに前年のうちに厩橋北条《きたじょう》家・新田由良《にったゆら》家・館林長尾家・小泉富岡《こいずみとみおか》家ら東上野の国衆、利根川南岸では忍成田家・崎西小田家も、ことごとく北条方に転じており、上杉方にとどまっていたのは昌綱と同族の桐生佐野重綱（昌綱の弟）のみという事態になっていた。そうした状況を踏まえて、昌綱は謙信から離叛して、唐沢山城から出城し、北条氏から援軍を得て、同城攻略を図った。昌綱はついに謙信からの離叛を図った。

これはすでに周囲がほとんど北条方になっており、上杉方として孤立化状態にあったこと、またすでに北条家から数度にわたって攻撃をうけるようになっていたため、北条方の立場をとるのが存続のために有利との判断からとみられる。北条家からは数千騎の軍勢が派遣されてきて、昌綱はそれらの軍勢をもって同城の「実城」を取り巻くまで攻め寄せた。さらに北条氏政も、利根川を越えて館林領まで進軍してきた。これに対し、謙信は同城維持のために十月二十四日に関東に出陣し、二十七日には佐野に着陣して、攻囲する昌綱・北条勢は謙信に撃退された。昌綱は下野藤岡《ふじおか》城（佐野市）に、北条勢は武蔵岩付《いわつき》城（さいたま市岩槻区）に後退した。しかし謙信は、唐沢山城の確保には成功したものの、以後の維持は不可能と判断し、昌綱からの従属の申し出があったといって、唐沢山城を昌綱に預け、虎房丸以下の在番衆をすべて引き上げて、彼らを引き連れて十一月二十一日に越後に帰陣した〔豊前氏古文書抄ほか」。

ここに昌綱は唐沢山城主としての復活を果たし、同時に北条家に従属した。謙信が、昌綱から「悃望」があったとして、同城を「預け置いた」と表現しているのは、あくまでも体裁を取り繕ったものといえ、実際には北条氏政の進軍を前に、対抗できないという判断から、同城から退去したのであろう。実際にも謙信は、翌同十一年年に「旧冬佐城（唐沢山城）を打ち明け候」と表現しているので、昌綱への明け渡しであったことは確実といえる〔双玄寺文書〕。

## 北条・上杉の間を揺れ動く

ところが永禄十二年六月から七月にかけて、北条家と上杉家の同盟（越相同盟）が成立し、両者間で関東支配の分割が行われ、下野については謙信の管轄とされた。これにより、昌綱をはじめ、館林長尾家・皆川家・壬生家・小山家・那須家ら、北条方になっていた下野国衆も、謙信に従属することとされた。しかし、昌綱はその協定を受け容れることができなかった。そのため翌元亀元年（一五七〇）正月一日、謙信から唐沢山城攻めを標榜されている。そして同月五日に佐野に着陣され、唐沢山城を攻撃された。その際、謙信は武蔵羽生《はにゅう》城将広田直繁《ひろたなおしげ》に起請文を与え、佐野領に含まれていたとみられる藤岡領の充行を約している〔上杉文書〕。そして、これが謙信による四度目の佐野攻めになる。

この事態をうけて、昌綱は北条氏政から、謙信に従属するように勧告されている〔上杉文書〕。昌綱は抵抗しきれずに、再び謙信に従属することになった。謙信の佐野在陣は同月十八日まで確認され〔上杉文書〕、その後、沼田城に帰陣したようだ。なおその後の二十八日、謙信は、これ以前に館林長尾顕《あき》長《なが》から没収していた館林領を広田直繁に与えている。その際に佐野領・足利領分は除かれることが明記されているので〔歴代古案〕、昌綱は謙信から、領国については広田に充行われる約束がされていた藤岡領も含めて、そのまま安堵されたことがわかる。広田に館林領が与えられたのは、藤岡領の代替ということになろう。

こうして再び昌綱は謙信の従属下に入った。しかしその直後の四月頃から、佐竹家・宇都宮家は謙信との関係を解消し、北条家・上杉家と対抗関係にあった武田家との連携をすすめていく。その後、しばらく昌綱の動向は不明だが、同二年十月には、武田家と連携関係にあるので〔甲斐国志〕、昌綱は佐竹家・宇都宮家らに同調する立場をとっていたことがわかる。ただ、その直後に北条家と上杉家の同盟は崩壊し、再び両者の抗争が展開されていく。その際に、昌綱は十二月二十日に、上杉方にあった下総関宿《せきやど》城主の簗《やな》田《だ》持助《もちすけ》に書状を出しているので、依然として上杉方の立場を継続していたようだ〔水月古簡〕。

しかし翌同三年に入ると、両勢力の抗争が展開し始め、八月に北条家が上杉方の武蔵深谷領・羽生領を攻撃した際、昌綱は北条方に参陣しているから〔瀬谷文書〕、それまでの間に、昌綱は、桐生佐野重綱をはじめ、新田由良家・小泉富岡家・館林長尾家ら近隣の国衆とともに北条家に従属したことがわかる。さらに、同時期に皆川家・壬生家も北条家に従属しており、周囲の国衆すべてが北条方になるという状況が生まれている。

北条家と上杉家との抗争は天正四年まで続くが、その間の昌綱は一貫して北条方の立場を維持した。しかし、その後の関東の政治抗争は、北条家と上杉家との間ではなく、北条家と、それと対立する佐竹家・宇都宮家・下総結城《ゆうき》家らの「東方衆」との間で展開されるようになっていく。そのなかで佐野家は、今度はその両勢力のなかで、存立を図って揺れ動いていく。

## その後の佐野家

昌綱は天正七年三月十三日に死去した〔本光寺宝篋印塔銘〕。家督は長男宗綱が継いだ。小太郎を称し、同八年閏三月には修理亮《しゅりのすけ》を称している〔清浄心院文書〕。昌綱の死去直後から、北条家と対立する佐竹家から、味方の誘いをうけた〔小宅文書〕。さらにその後、北条家と武田家との抗争が生じ、佐竹家は武田家と結び、北条方の国衆への攻勢を強めてきていた。そして、同八年九月一日までに、宗綱は北条家から離叛して佐竹家・武田家に従った〔小宅文書〕。同九年五月には、宗綱は佐竹家に従って北条方の下野榎本城（栃木県大平町）攻めに加わっている〔戸村文書〕。今度は北条家から攻撃され、同十一年九月には服属を申し出ている〔藩中古文書〕。北条家からは、唐沢山城からの退去と毎年三千貫文の礼銭進上という条件を出されたため、交渉は不調に終わった。

同十二年四月に北条家から進軍をうけたが〔鑁阿寺文書〕、佐竹家らが援軍に来たため、両軍は下野藤岡・沼尻（佐野市）で対陣になった。しかし、北条家の攻勢は優勢で、同十三年閏八月にも進軍をうけた〔島津文書〕。そうしたなか、同十三年十二月晦日、北条方の足利長尾家との佐野庄下彦間《しもひこま》での合戦で、宗綱は戦死してしまった〔青木氏蒐集文書〕。宗綱には男子がなかったため、家中は、宗綱の叔父でその後見を務めてきた天徳寺宝衍らの佐竹家から養子を迎えようとする派と、宿老大貫氏らの北条家から養子を迎えようとする派とに分裂し、内訌が生じた。

そうすると天正十四年四月、北条家の進軍がみられ、佐野領は占領された〔阿保文書〕。北条家は、佐竹家と共同で支配するという建前を掲げ〔参考諸家系図〕、八月二十二日に唐沢山城を乗っ取り〔所蔵未詳文書〕、事実上、佐野領は北条家に併合された。佐野家の家督は、北条家一門の氏忠《うじただ》（北条氏康の子か養子）が、宗綱の遺女の婿になって継承されることになった。同年十一月から、氏忠は佐野領に入部し、新たな支配を開始している〔小宅文書〕。しかし、その過程で佐竹派の家中はほとんど一掃されて出奔し、さらに同十五年夏には天徳寺宝衍も出奔し、京都に上って羽柴秀吉《はしばひでよし》を頼っている〔参考諸家系図〕。

その後、氏忠は小田原城に在城し、従来からの宿老大貫《おおぬき》氏が唐沢山城に在城して、氏忠からの指示をうけながら佐野領支配が進められた。天正十五年から北条家は羽柴秀吉との対決に備え、惣国防衛体制を構築していくが、佐野領も氏忠の指揮のもと、組み込まれていった。そして同十八年の小田原合戦では、佐野衆の多くが当主氏忠のもとに参陣して小田原城に籠城した。佐野城は、同年四月（二十八日以前）

に秀吉に従って下向してきた宝衍によって攻略され、城代大貫氏は自害したという。七月には小田原城が開城して北条家は滅亡し、氏忠は当主氏直に従って高野山に隠棲した。そして佐野氏の名跡は、八月に秀吉から宝衍に相続が認められ、佐野家は豊臣政権での存続を果たすことになった。（黒田基樹）

【主要参考文献】

荒川善夫『戦国期東国の権力と社会〈中世史研究叢書23〉』（岩田書院、二〇一二年）
荒川善夫『戦国・近世初期の下野世界』（東京堂出版、二〇一一年）
粟野俊之『織豊政権と東国大名』（吉川弘文館、二〇〇一年）
黒田基樹『古河公方と北条氏〈岩田選書・地域の中世12〉』（岩田書院、二〇一二年）
黒田基樹『増補改訂戦国大名と外様国衆〈戎光祥研究叢書4〉』（戎光祥出版、二〇一五年）
黒田基樹『戦国期関東動乱と大名・国衆〈戎光祥研究叢書18〉』（戎光祥出版、二〇二〇年）

# 壬生義雄——相模北条氏に与して滅亡

## 義雄の生没年と当主就任

壬生《みぶ》義雄《よしかつ》（「よしたけ」と読む説もあり）は、壬生氏関係の諸系図や『壬生家盛衰記《せいすいき》』・『香渟聞書《かぬまききがき》』などの伝承によると、相模国酒匂川《さかわがわ》の陣中で小田原城開城の三日後の天正十八年（一五九〇）七月八日に病死ないし毒を盛られて死去したと記されている。彼の享年は、荒川秀俊氏が校訂し作成した「壬生五代系図」（荒川秀俊一九六二）によれば三十九歳で、逆算すると義雄は天文十一年（一五四二）の生まれということになる。

義雄の父は綱雄《つなかつ》（「つなたけ」と読む説もあり）である。綱雄は永禄五年（一五六二）五月十四日に宇都《うつの》宮《みや》広綱《ひろつな》と結んだ重臣の神山《かみやま》伊勢守《いせのかみ》により暗殺される（常楽寺過去帳・古文状六）。義雄は父綱雄が暗殺された後に父の遺跡《ゆいせき》を継承し、壬生氏当主に就いたと思われる。

義雄の初名《しょめい》は氏勝《うじかつ》である。この点は、壬生氏関係諸系図の記載や、栃木県鹿沼《かぬま》市磯山神社《いそやまじんじゃ》に伝わる永禄十年（一五六七）十二月十五日銘《めい》の鈴に「本願　壬生《みぶ》彦治郎《ひこじろう》藤原《ふじわらの》氏勝」の文字が陰刻《いんこく》されていることからわかる。なお、この鈴は、本来鰐口《わにぐち》であったものを神仏分離《しんぶつぶんり》後の明治八年（一八七五）九月に鋳《い》直《なお》したものであるという。ちなみに、義雄の実名《じつみょう》が確認できる初見文書は、義雄が天正二年（一五七四）から天正四年頃のものと思われる卯月《うづき》二十七日付で伊勢内宮《ないくう》御師《おし》佐八《そうち》八《はち》神主《かんぬし》に宛《あ》てた書状〔佐八文書〕で、「中務太輔《なかつかさたゆう》義雄（花押）」と署名《しょめい》・署判《しょはん》されている。

### 鹿沼城の奪還

　壬生氏は、義雄の父綱雄が弘治二年（一五五七）十二月に宇都宮城（宇都宮市）を退去する前までは、鹿沼《かぬま》領や日光領を支配下に置いていた。しかし、綱雄が宇都宮城から退き壬生城（栃木県壬生町）に戻ることを余儀なくされて以降は、宇都宮氏に鹿沼領や日光領の支配権を奪われ、宇都宮氏寄りの徳雪斎周長《とくせつさいしゅうちょう》が鹿沼城（同鹿沼市）の城主として入ってくる。そのため、義雄にとって父綱雄の時期と同じように鹿沼・日光領を支配下に置くことは宿願であったといえる〔佐八文書〕。

壬生義雄花押

　義雄は、周長が宇都宮氏や常陸佐竹氏などの反北条方と結んでいたのに対して、北条方に与《くみ》し北条氏が擁立していた古河公方足利義氏《こがくぼうあしかがよしうじ》と結ぶことによって、鹿沼城奪回の地ならしをしていく。義雄は、周長を打倒する以前は、天正五年（一五七七）の正月に義氏へ進上品を添えて年頭の挨拶を言上し〔喜連川文書文禄慶長御書案〕、翌天正六年の正月にも義氏へ進上品を添えて年頭の挨拶を言上するなど〔喜連川文書文禄慶長御書案〕、北条氏寄りの義氏と結んでいく。義雄は、北条氏や古河公方足利義氏と結んだうえで、徳雪斎周長打倒を実行する。義雄は、天正七年二月、皆川《みながわ》城（栃木県栃木市）の城主・皆川広照《ひろてる》の支援を得て鹿沼城主の徳雪斎周長を打倒し、鹿沼城に移り住み宿願を達成する〔栃木県庁採集文書五・福田愿夫家文書〕。義雄が宿願を達成したことは、義雄がこの年の四月に高野山《こうやさん》の塔頭《たっちゅう》清浄心院《しょうじょうしんいん》（和歌山県高野町）に書状〔諸家古書簡類聚〕を送り、「去《さ》んぬる春二月当城鹿沼に移り候いて、近年の鬱憤《うっぷん》を散《さん》ぜしめ候《そうらい》き。」と記していることよりわかる。

周長が支配していた鹿沼領や日光領の仕置《しおき》（戦後処理）を終えた義雄は、天正十年以前に、重臣神山綱勝《つなかつ》（後名貞綱《こうめいさだつな》）を鹿沼名字に改めさせて鹿沼城の城主に据《す》え、自らは壬生城（栃木県壬生町）に戻ったと思われる。しかし、天正十三年の前半に、壬生氏などの北条方と宇都宮・佐竹氏などの反北条方の抗争が激化するなかで、鹿沼綱勝が宇都宮氏などの反北条方に与したため、義雄は綱勝を鹿沼城から追放し再び鹿沼城の城主になる。以後、義雄は天正十八年に滅びるまで壬生城と鹿沼城の城主の地位を兼ねていく。

### 宇都宮氏など反北条方との攻防

宇都宮国綱《くにつな》は、天正十三年（一五八五）八月下旬に、本城を宇都宮城から北西方向にある多気山《たげさん》城（宇都宮市）に移す〔東北大学国史研究室保管白河文書・今宮祭祀録〕。国綱が本城を移転した背景には、佐竹氏と結んで北条氏の外圧から自らを防衛するとともに、敵対する壬生氏が支配する鹿沼城を攻略し、壬生城と日光山との連携を断ち、下野中央部の支配権を確立するねらいがあったと思われる。

こうした宇都宮・佐竹氏など反北条方の動きに対して、北条氏直《うじなお》は壬生義雄や那須資晴《すけはる》と結び攻勢をかけてくる。天正十三年十二月中旬、北条氏直が宇都宮領の南側から、壬生義雄が同領の西側や北側から、那須資晴が同領の東側からそれぞれ攻め、宇都宮氏は宇都宮城下を放火され、宇都宮大明神《だいみょうじん》（宇都宮二荒山《ふたあらやま》神社の前身）を焼かれるほどの被害を受けた（東北大学国史研究室保管白河文書・三十講表白・小田部庄右衛門氏所蔵文書・今宮祭祀録）。

これに対して、宇都宮・佐竹方は、翌天正十四年になると北条方の壬生氏への報復攻撃に出る。宇都宮・佐竹方は、正月中旬には壬生氏の鹿沼城を攻め、日光山の城花坊《じょうかぼう》と浄土院《じょうどいん》弟子の大納言《だいなごん》を討ち死にさせる（三十講表白）。また、三月から四月には宇都宮・佐竹方が壬生氏の藤井《ふじい》城・壬生城・羽生田《はにゅうだ》城（以上、栃木県壬生町）など壬生領に攻め込んでくる（秋田藩家蔵文書四八・小田部庄右衛門氏所蔵文書・関沢賢家文書など）。このときは、北条氏直が壬生氏を救援すべく那須資晴と結んで出陣してきたため（那須文書）、壬生氏は事なきを得る。さらに、七月下旬にも佐竹義重《よししげ》が宇都宮国綱や下総《しもうさ》結城晴朝《はるとも》と連絡を取り合い鹿沼城、次いで壬生城や羽生田城を攻撃してくる（新編会津風土記七・秋田藩家蔵文書四七・千秋文庫所蔵文書など）。このときも北条氏直が出撃してくる。態勢を挽回《ばんかい》した北条氏や壬生氏などの北条方は、八月中旬から下旬には多気山城近辺の大谷《おおや》や宇都宮城の近辺まで押し返し、双方に多くの戦死者を出すなど激戦が繰り広げられる〔中里文書〕。なお、この時の戦さでは、那須資晴も壬生氏や北条氏の後詰《ごつめ》として宇都宮方の塩谷領に攻め込んでいる〔塩谷文書〕。

翌天正十五年になっても壬生氏と宇都宮氏の抗争は続く。この年の二月と八月に、多気山城の宇都宮勢が壬生氏の壬生城に夜討《ようち》をかけたと伝えられている〔西超勝寺本壬生家系図〕。

こうした壬生氏などの北条方と宇都宮・佐竹・結城氏などの反北条方との抗争は、織田信長《おだのぶなが》の東国政策を継承した豊臣秀吉《とよとみひでよし》が、天正十四年（一五八六）十月末に徳川家康《とくがわいえやす》を服属させ、関東に本格的に介入してくると情勢が変化する。すなわち、秀吉の「惣無事《そうぶじ》」政策（東国の領主間の抗争を豊臣政権の裁定で和睦に導く政策）に従ってきた宇都宮・佐竹・結城氏などの反北条方が優勢となり、北条氏に従属し秀吉に従わなかった壬生・那須氏などの北条方が不利になっていく。

## 小田原城落城と壬生氏の滅亡

天正十七年十一月、北条方の沼田《ぬまた》城（群馬県沼田市）の城主猪俣邦憲《いのまたくにのり》が、利根川対岸の真田《さなだ》氏領分にある名胡桃《なぐるみ》城（同みなかみ町）を奪うという事件を起こす。秀吉は、この事件を関東の「惣無事」を乱すものとみなし、北条氏に宣戦布告する。秀吉は、翌天正十八年三月一日に大軍を率いて京都を出発し、四月上旬には北条氏の本城小田原城（神奈川県小田原市）を包囲する。宇都宮国綱といとこの常陸佐竹義宣《よしのぶ》は、五月下旬に贈答品を持ち小田原の秀吉の陣所に赴《おもむ》き謁見《えっけん》し、豊臣大名への道を進んでいく。

一方、壬生義雄は北条氏照（氏政の弟、氏直の叔父）の指揮の下《もと》、下野皆川城（栃木県栃木市）の城主皆川広照や武蔵忍《おし》城（埼玉県行田市）の城主成田氏長《なりたうじなが》などと共に小田原城の「竹ノ花口《たけのはなぐち》」（「竹浦口《たけうらぐち》」とも）を守ったという〔武徳編年集成・北条記巻六など〕。

しかし、小田原城は、七月五日豊臣秀吉の前に開城した。前記したように、壬生氏関係の諸系図や『壬生家盛衰記』や『香渟聞書』などの伝承によると、相模国酒匂川の陣中で小田原城開城の三日後の天正十八年（一五九〇）七月八日に病死ないし毒を盛られて死去したという。ちなみに、鹿沼城の南西雄山《おうざん》寺《じ》（栃木県鹿沼市）には義雄の供養塔《くようとう》がある。

壬生義雄供養塔　栃木県鹿沼市・雄山寺境内

ところで、豊臣方による軍事的な攻勢が強まるなかで壬生城や鹿沼城を守っていたのは壬生氏の家臣たちである。天正十八年四月十六日には宇都宮・佐竹氏連合軍による鹿沼城攻撃があり、城の一郭《いっかく》である坂田山《さかたやま》に火を放たれ、城下の内宿《うちじゅく》（侍屋敷、現在の栃木県鹿沼市の内町通り一帯）や田宿《たじゅく》（百姓や町人が住んでいた集落、現在の鹿沼市田町通り一帯）が焼かれた。このときは、家臣たちが応戦したので鹿沼城は落城しなかったが〔日光輪王寺所蔵「大般若経」三六九巻奥書)、四月下旬から五月初旬には宇都宮・佐竹氏連合軍の前に開城したと思われる(佐竹文書)。

壬生氏は、この年の七月下旬から八月中旬にかけて豊臣秀吉が宇都宮城で行った宇都宮仕置《しおき》で滅亡する。

(荒川善夫)


【主要参考文献】

荒川秀俊「壬生家の滅亡と日光山の衰微」(『下野史学』十一号、一九六一年)

荒川善夫「壬生氏の発展と存在形態」(荒川『戦国期北関東の地域権力』岩田書院、一九九七年、初出一九九五年)

荒川善夫「下野壬生義雄文書の基礎的研究」(『かぬま歴史と文化』四号、一九九九年)

『鹿沼市史』通史編原始・古代・中世(鹿沼市、二〇〇四年)

# 皆川広照——家康が信頼した下野国衆

## 兄広勝の早世と家督継承

広照《ひろてる》は、寛永四年（一六二七）十二月二十二日に齢八十歳で没した〔寛永諸家系図伝ほか〕。逆算すると、天文十七年（一五四八）生まれで、父は下野皆川城主俊宗《としむね》、母は水谷治持《みずのやはるもち》の娘とされる〔寛政重修諸家譜〕。水谷氏は常陸下館《しもだて》城主で下総結城氏に仕えた。元亀三年（一五七二）に俊宗から家督を継いだのは異母兄の広勝《ひろかつ》だが、天正四年（一五七六）に二十九歳で早世し、以後、広照が皆川氏の当主となった。通称は又三郎《またさぶろう》、天正六年には古河《こが》公方《くぼう》足利義氏《あしかがよしうじ》から山城守《やましろのかみ》の受領名を与えられている。

皆川氏は下野小山《おやま》氏の一族で、鎌倉時代前期に活躍した小山朝政《ともまさ》の弟五郎宗政《ごろうむねまさ》の子孫である。宗政は下野長沼荘《ながぬまのしょう》（栃木県真岡市）を本領とし、長沼氏を名乗った。また、宗政の弟七郎朝光《ともみつ》（初名は宗朝《むねとも》）は下総結城《ゆうき》郡（茨城県結城市ほか）を領して結城氏を名乗っている。長沼氏は淡路国守護《しゅご》職を世襲するなど、有力御家人の地位を保ったが、南北朝の内乱以降は急速に勢力を失い、陸奥南山《みなみやま》（福島県南会津町ほか）に本拠を移した。そして、十五世紀後半にはあらたに皆川荘（栃木県栃木市）へと移り、皆川城を本拠に皆川氏を称していた。

大永五年（一五二五）生まれと目される父俊宗が元服時に宇《う》都宮《つのみや》俊綱《としつな》（のち尚綱）から「俊」の一字を拝領したように、皆川氏はすでに十六世紀前半には宇都宮氏に臣従していた。広勝・広照兄弟も俊綱の子広綱から「広」を実名に賜っている。しかし、十六世紀後半になると、宇都宮家中の分裂騒動や小田原《おだわら》北条《ほうじょう》氏や越後上杉《うえすぎ》氏の侵攻などがあいつぎ、皆川氏は宇都宮氏を離れて生き残りをはかっていく。家督継承当初は北条氏に従っていた広照だが、天正六年に佐竹義重《さたけよししげ》を中心に宇都宮広綱・結城晴朝・那須資胤らが反北条氏連合（東方の衆）を結成したのをうけて、翌年には広照もこれに合流した。

皆川城跡　栃木県栃木市

## 広照と天下人との交流

その頃、越後（新潟県）では、天正六年（一五七八）三月に上杉謙信《けんしん》が急死し、上杉家中で後継者争いが勃発する（御館《おたて》の乱）。御館の乱自体は、謙信の甥景勝《かげかつ》が北条氏政《うじまさ》の弟で謙信の養子となっていた景虎《かげとら》に勝利したが、その過程で氏政は同乱の仲介を試みた武田《たけだ》勝頼《かつより》と決裂した。あらたに氏政は、勝頼と対立関係にあった徳川家康《とくがわいえやす》と天正七年九月に同盟を結び、翌年三月には織田信長にも服属を申し出た。

すでに信長は、天正三年五月の長篠《ながしの》の戦いで勝頼を破った後、佐竹氏ら北関東の大名・国衆と接触をもっており、同年末に下野南部の小山城（栃木県小山市）が陥落するなど北条氏の北関東侵攻が本格化するなかで、彼らにとって信長は窮状打開の切り札的な存在となっていた。このため、天正八年閏三月には宇都宮氏の使者が信長に馬を献上し〔信長公記〕、翌九年には広照も同じく馬を信長に献上している。信長の馬好きは広く知られており、北条氏政の服属にともない北条領国・東海道《とうかいどう》を経由するルートが利用可能になったのをうけて、さっそく信長への貢馬が実現したらしい。

広照の場合は、紀伊根来寺《ねごろじ》（和歌山県岩出市）で修行中の伯父智積院玄宥《ちしゃくいんげんゆう》を前年のうちに皆川まで呼び戻し、案内役として使者の関口石見守《せきぐちいわみのかみ》に同道させて、安土《あづち》城（滋賀県近江八幡市）の信長に馬三匹を献じた〔皆川家文書〕。その際には、この件を信長に取り次いだ信長側近の堀秀政《ほりひでまさ》にも栗毛の馬一匹を贈っている。

喜んだ信長は、天正九年十月二十九日に広照への礼状をしたため〔皆川家文書〕、やはり同日に使者関口石見守の皆川帰還に関しても万全を期すように重臣滝川一益《たきがわかずます》に命じた〔皆川家文書〕。そして、安土からの帰路で東海道を通行する関口氏一行には、道中の三河（愛知県）・遠江（静岡県）の宿々に運送用の伝馬七匹の提供を命じる朱印状を十一月八日に下付した〔栃木県立博物館寄託皆川文書、以下皆川文書〕。関口氏一行が信長に対面後、しばし上方に逗留したのち、帰路についたことがわかる。一行の浜松《はままつ》（静岡県浜松市）到着は同月十二日だったらしく、広照に宛てた家康の書状と伝馬六匹の提供を浜松宿に命じる朱印状が同日付けで与えられた〔皆川文書〕。信長への最初の音信が成功裏に終わっただけでなく、この機会に家康とも知り合うことができたわけで、以後の広照にとって重要な転機となった。

天正十年三月、武田勝頼が信長に滅ぼされ、以後、信長の東国支配が展開される。滝川一益が信長の代官として上野（群馬県）に入国し、信長への服属の証しとして、東国の大名・国衆には一益のもとへの出仕や人質の提出が命じられる予定だった〔皆川家文書〕。ところが、六月二日に信長が京都本能寺で明智光秀に襲撃されて横死し（本能寺の変）、その影響で旧武田領国をはじめ、関東各地でふたたび北条氏政・氏直《うじなお》父子の軍事活動が活発化する。

とくに旧武田領国をめぐっては家康と氏直が同年八月から十月にかけて甲斐若神子《わかみこ》（山梨県北杜市）一帯で対陣し、その後の和睦交渉では家康のもとにいた広照と伯父（叔父）の水谷政村《まさむら》の本国帰国が和睦条件のひとつになっている。どうやら両人は本能寺の変以前から家康に同道していたらしく、広照は「大権現《だいごんげん》（家康）に供奉し、織田信長に見《まみ》える」と記録されている〔寛永諸家系図伝〕。つまり、家康一行が同年五月に安土城で接待をうけた際には広照らも家康と一緒に信長への対面を果たし、その後も家康に随行していた関係で両人は若神子合戦まで家康のもとにいたと考えられる。前年冬にはじめて音信を交わして以来、広照と家康の間柄は急速に親密化していたようだ。

## 「関東惣無事」に尽力する広照・家康

家康と氏直の和睦後、北関東をめぐる北条氏と反北条氏連合との角逐が再開され、天正十二年（一五八四）には両勢は下野南部の沼尻《ぬまじり》（栃木県栃木市）一帯で四月下旬から七月上旬まで対陣をつづけた（沼尻合戦）。その後、ひとまず和睦が成立したものの、氏直ら北条勢は間髪を入れずに反北条氏連合方の新田金山《にったかなやま》城（群馬県太田市）に攻め寄せた。城主の由良国繁《ゆらくにしげ》は、前年冬から実弟で館林《たてばやし》城主の長《なが》尾顕長《おあきなが》とともに小田原《おだわら》城に拉致されており、その間隙を突いての攻勢だった。そのような情勢下で広照は、防衛力強化のためにあらたな城（「新地」）を築いたことを家康に報告している〔皆川文書〕。栃木《とちぎ》城（栃木県栃木市）のことと思われる。

また、国繁・顕長兄弟の拉致問題に関しても広照は沼尻合戦以前から積極的に関与し、北条氏と同盟関係にある家康を頼った。家康もさっそくこれに応え、氏直の父氏政に両人の解放をもとめただけでなく、両人の留守を守る由良・長尾家中には北条氏との交渉妥結のための使者として家臣中川市介《なかがわいちすけ》を下している〔横瀬飯田家文書〕。由良氏家臣への書状中で家康は、「最前より皆川山城守肝煎の事に候」と述べており、前々から広照が「熱心でよく世話をする人」（肝煎、〔邦訳日葡辞書〕）として拉致問題にかかわっていたことがわかる。広照の認識としては、両人の解放が「関東惣無事《かんとうそうぶじ》」（関東の平和）の要諦とみなしていたようで、「家康の御威光」を背景に交渉の妥結を図ったのである〔三浦文書〕。

しかしながら、広照・家康らの尽力にもかかわらず、結局「関東惣無事」は実現せず、事態は沼尻合戦へと推移した。同じ頃、家康も羽柴《はしば》（豊臣）秀吉《ひでよし》と交戦中であり（小牧《こまき》・長久手《ながくて》合戦）、秀吉方の池田《いけだ》恒興《つねおき》・森長可《もりながよし》ら「一万余」を討ち取った長久手合戦での大勝利を広照に報じている〔皆川文書〕。

## 豊臣秀吉の天下統一と広照

小牧・長久手合戦以後も大局的には秀吉が優勢で、天正十二年末までに家康は秀吉と和睦し、次男秀《ひで》康《やす》を人質として差し出した。その後、家康は天正十四年十月に上洛して、秀吉に臣礼をとり、天下の形勢はほぼ固まった。天正十三年（一五八五）に関白《かんぱく》、翌年末には太政大臣《だいじょうだいじん》となって豊臣《とよとみ》姓を賜った秀吉は、絶大な権威を背景に天下統一事業を押しすすめ、天正十三年に四国、同十五年には九州を平定した。のこるは関東・奥羽の平定のみとなり、そこでは北条氏政・氏直父子の旗幟が最大の懸案となっていた。

北条父子は天正十二年以降も北進策をつづけ、天正十四年には同年元旦に戦死した下野唐沢山城《からさわやま》（栃木県佐野市）主佐野宗綱《さのむねつな》の跡目に一族の氏忠《うじただ》を送り込んだほか、広照も臣従させている。いよいよ関東統一を目前にしていた北条父子だったが、秀吉への臣従に関してはあいまいな態度をとりつづけ、業を煮やした秀吉は北条氏征討のため天正十八年三月一日に大軍を率いて京都を出陣した。対する北条勢は、本拠小田原城を中心に領国内各地で籠城戦を展開したが、秀吉軍に抗しきれず、七月六日には小田原城も開城された。ついに北条氏は滅亡し、その後の秀吉の宇都宮・会津《あいづ》での仕置を経て、天下統一はひとまず完成した。

小田原落城に先だち、城中に籠城していた広照は四月八日夜に家臣百余人とともに密かに城を脱け出し、秀吉軍に投降した。広照は以前から秀吉に馬・太刀を献上するなどの臣礼をとっており、その点を評価されて身柄は旧知の家康のもとに預けられた。広照は九死に一生をえたばかりか、あらたに家康の家臣として自身の旧領まで維持することができたのである。

旧領を安堵された広照は、天正十九年以降、皆川城から栃木城に居城を移し、あわせて城下町の整備も本格化させた。栃木は、足利・佐野などの下野西南部から宇都宮・日光方面へと向かう際の経由地であると同時に、巴波川《うずまがわ》などの水運にも恵まれた水陸交通の要衝であり、皆川氏の新城下町として好適な条件を兼ね備えていた。

## 徳川氏三代と広照・隆庸

慶長三年（一五九八）八月に秀吉が没し、遺児秀頼《ひでより》の補佐を託された五大老《ごたいろう》のなかで、家康の政治的な影響力が徐々に拡大していった。やがてこれに不満をもつ石田三成《いしだみつなり》ら豊臣政権五奉行《ごぶぎょう》と家康との対立が表面化し、ついには豊臣政権の分裂にまで発展する。家康は慶長五年六月、五大老のひとり上杉景勝征討のため大軍を率いて会津へと向かった。

今回の会津攻めで本営となったのは宇都宮城であり、まず家康嫡子の秀忠《ひでただ》、つづいて家康本人も宇都宮に入城する予定だった。ところが、その途中で石田三成らの挙兵が判明し、急遽家康は小山に諸将を集め、七月二十五日に対応策を協議した（小山評定）。結論は、会津攻めを延期し、主力の軍勢（東軍）を急ぎ西上させて三成らの軍勢（西軍）と雌雄を決するということになった。

この方針をうけて、家康は東海道、秀忠は中山道《なかせんどう》を経由して上洛することになり、会津攻めに備えて大田原城（栃木県大田原市）に在陣する広照にかわって、嫡子の隆庸《たかつね》（初名重宣《しげのぶ》）が秀忠軍に従軍している。しかし、秀忠軍の到着を待つことなく、九月十五日に美濃関ヶ原《せきがはら》（岐阜県関ヶ原町）で両軍の決戦がおこなわれ（関ヶ原合戦）、東軍が勝利した。

関ヶ原合戦にまにあわず、目立った軍功はあげられなかった隆庸だが、慶長五年十一月十九日に朝廷から従五位下《じゅごいのげ》に叙され、志摩守《しまのかみ》に任じられた〔皆川文書〕。まだ合戦後まもないことから、関ヶ原合戦も含めた一連の対応への恩賞とみられる。また、慶長十年四月に家康にかわって秀忠が征夷大将軍《せいいたいしょうぐん》に就任し、その謝恩のために宮中に参内した際には、秀忠につき従う行列に隆庸も加わっており、同じく行列を組んだ徳川一門・譜代家臣と同様に目されていたことがうかがえる。それと前後するように、皆川氏重臣の膝付常定は、皆川領内の深沢・吹上郷三百石、箱森郷百石の領知を拝領している〔皆川文書〕。たぶん、これらは隆庸（当時は定勝か）が皆川藩主に就任したのにともなう新恩だろう。

一方、広照は関ヶ原合戦後、家康六男の松平忠輝《まつだいらただてる》の傅役・付家老として忠輝のもとにあり、忠輝が慶長八年に信州川中島《しんしゅうかわなかじま》藩主となって一四万石を領した際には、飯山《いいやま》城（長野県飯山市）四万石を与えられたという。翌九年六月二十二日に広照は、それまでの正五位下《しょうごいのげ》から従四位下にまで一気に昇進をとげている〔皆川文書〕。忠輝の付家老の立場にありながら、従四位下への叙任は当時としては破格であり、家康・秀忠から格別の信頼をえていたことがわかる。

ところが、忠輝本人は成長するにつれて不行跡がたび重なり、広照をはじめする家老衆の諫言にも耳を貸さなかったため、広照らは慶長十四年（一六〇九）にその旨を駿府《すんぷ》城（静岡市葵区）の家康に訴え出た。それを聞き及んだ忠輝は直接家康に陳弁し、かえって広照は改易処分となり、息子の隆庸もこれに連座した〔徳川実紀〕。その後、広照は老圃軒《ろうほけん》（斎とも）と称して、茶の湯や蹴鞠などの風雅にいそしみ、隆庸は慶長二十年（一六一五）五月の大坂夏の陣に参陣して若江《わかえ》や天王寺口《てんのうじぐち》の戦いで抜群の働きをみせたが、それでも赦免はかなわなかった。

三代家光《いえみつ》の将軍就任と前後してようやく両者は赦免され、寛永二年（一六二五）十二月十一日に広照は家光から常陸新治郡《にいはりぐん》内一万六百石余を与えられて、七十八歳で府中《ふちゅう》藩（茨城県石岡市）主となった〔皆川文書〕。同日には隆庸もやはり家光から常陸行方《なめがた》郡内五千石を拝領している。改易されてから十六年の歳月を経て、まさに奇跡的な復活だった。小田原城からの脱出劇など、これまでに何度も死地をくぐり抜けてきた広照の面目躍如といえようか。晩年は家光の御咄衆《おはなししゅう》として江戸《えど》城に登城し、老齢ゆえ城中では乗輿を許されたという。冒頭に記したように寛永四年十二月二十二日に八十歳で没し、故郷皆川の菩提寺金剛寺《こんごうじ》に葬られた。

（江田郁夫）

【主要参考文献】

荒川善夫『戦国期北関東の地域権力』（岩田書院、一九九七年）
江田郁夫『下野長沼氏』（戎光祥出版、二〇一二年）
江田郁夫「関東惣無事と家康・広照」（栃木県歴史文化研究会編『歴史と文化』三二、二〇二三年）
江田郁夫・簗瀬大輔編『中世の北関東と京都』（高志書院、二〇二〇年）
黒田基樹編『北条氏年表　宗瑞・氏綱・氏康・氏政・氏直』（高志書院、二〇一三年）
栃木県立博物館調査研究報告書『皆川文書―長沼氏から皆川氏へ―』（同館、二〇二一年）
簗瀬大輔「主君と城を交換するということ」（『國學院雑誌』一二二―一一、二〇二一年）

# 那須資胤・資晴——北条方に靡き没落後の復活

## 那須資胤の家督相続と足利義氏・北条氏康への接近

那須資胤《なすすけたね》（?～一五八三）は、生年は未詳ながら、烏山《からすやま》城（栃木県那須烏山市）の城主那須政資《まさすけ》（?～一五四六）の子として生まれた。母は、上那須衆（上庄《かみのしょう》＝那須荘北部の上那須地域を本拠とする那須衆）の一人で、大田原《おおたわら》城（同大田原市）の城主大田原資清《すけきよ》の娘である。資胤の異母兄には高資《たかすけ》（?～一五五一）がおり、資胤と同時期に活躍した那須弾正《だんじょう》左衛門尉《ざえもんのじょう》資矩《すけのり》については、『寛政重修諸家《かんせいちょうしゅうしょか》譜《ふ》』巻第七百三十五に見える弟の資郡《すけくに》と同一人物の可能性が指摘されている〔佐藤二〇〇八〕。

資胤は次郎と称し、初め森田《もりた》氏（那須氏一族）を継いだが、天文二十年（一五五一）正月の下剋上による高資の横死により、大田原資清ら上那須衆に擁立されて烏山城主那須氏当主に就任した。妻は、上那須衆で蘆野《あしの》城（同那須町）の城主蘆野資豊《すけとよ》の娘である。家督を相続した資胤は、天文二十一年頃に比定される黄梅六日付沙弥可雪《しゃみかせつ》（壬生綱雄《みぶつなかつ》）書状案〔佐八文書〕によれば、壬生綱雄や同周長《かねなが》・塩谷由《しおのやよし》綱《つな》・同兵部大輔《ひょうぶたゆう》・西方河内守《にしかたかわちのかみ》らによる祖母井《うばがい》城（同芳賀町）などへの攻撃に与同し、那須「上下庄引率」して出陣している。前代の高資の権力基盤が下那須地域（下庄《しものしょう》＝那須荘南部）に存していたのに対し、資胤の家臣団は、上那須・下那須地域の親類・家風（重臣）層を支配下に置いたものとなっていたところに特徴がある〔荒川二〇〇二〕。

資胤は弘治元年（一五五五）冬、かつて高資を殺害した千本《せんぼん》城（同茂木町）の城主千本資俊《すけとし》の赦免を古河公方足利義氏《こがくぼうあしかがよしうじ》に願い出ており、内々の了承を得たうえで、翌年正月に正式の赦免を受けた。彼は以後、義氏との間で改年や八朔《はっさく》の祝儀というかたちで贈答を繰り返し、古河公方を中心とした礼的秩序に組み込まれていく〔荒川一九九七〕。同二年に比定される正月には、家督相続の正当性を顕示するべく、義氏に対して、父政資の官途名《かんとめい》「修理大夫《しゅりのだいぶ》」〔佐藤二〇〇八〕の襲用を申請し、許可されている。

資胤は弘治三年正月頃から、北条氏康《ほうじょううじやす》・氏政《うじまさ》父子に接近していく。東国における古河公方足利義氏―関東管領《かんとうかんれい》北条氏康という公権力体制に属することによって、自身の地位の安定化を図っていたのである。同年十二月には、義氏・氏康の勧めにより、壬生綱雄（天文二十年（一五五一）以降、宇都宮《うつのみや》城を占拠）との関係を断絶。さらに、宇都宮伊勢寿丸《いせじゅまる》（のちの広綱《ひろつな》）・芳賀高定《はがたかさだ》に味方して、壬生方の塩谷由綱が拠る川崎《かわさき》城（同矢板市）を攻撃し、弘治三年十二月の伊勢寿丸の宇都宮城（宇都宮市）への入城を支援していた。

この時期、弘治三年十月十二日付佐竹義昭《さたけよしあき》起請文《きしょうもん》〔金剛寿院文書〕により、那須・佐竹両氏間の講和が成立しており、永禄元年（一五五八）七月から八月にかけて資胤は、義昭と南奥羽の白川晴綱《しらかわはるつな》の間の和睦を斡旋している。同三年正月、資胤・義昭は、常陸南西部の小田氏治《おだうじはる》や宇都宮伊勢寿丸・小山高《おやまたか》朝《とも》らと共に結城晴朝《ゆうきはるとも》の居城結城城（茨城県結城市）を攻撃したが、結城方の抵抗に遭い、陣を引いた。

## 上那須衆の反乱に直面

那須資胤や那須衆（那須氏の従属的な同盟者たる那須氏一族や家臣）は、佐竹氏を支援して、永禄三年（一五六〇）二月〜三月、小田倉（福島県西郷村）で白川晴綱・蘆名盛氏《あしなもりうじ》と干戈を交えているが、那須勢としてはかなりの苦戦であったようだ。

同年八月下旬、長尾景虎《ながおかげとら》（のちの上杉謙信《うえすぎけんしん》。以下、上杉謙信と表記）がかつての関東管領上杉憲政《のりまさ》を擁立して、北条氏康を追討すべく挙兵し、関東に出陣してきた。北関東の多くの武将が上杉方に属したなかで、資胤は当初、古河公方足利義氏方に属していた。しかし、謙信による破竹の進撃により上杉方に靡き、同四年正月には、小田・佐竹・宇都宮・小山各氏と共に結城城（北条方）を攻撃し〔黒田二〇一〇〕、三月には謙信の小田原城攻撃に呼応するかたちで、榎本《えのもと》（栃木県栃木市）に出陣している。それでも、謙信帰国後の北条氏による上杉方諸将への攻勢のなかで、資胤は同五年秋頃までには、再び足利義氏・北条氏康方へと去就を変えており、小田氏治や白川晴綱と盟約を結ぶところとなった。

またこの頃、資胤は、永禄三年の小田倉合戦での苦戦に端を発して、上那須衆の一人で白幡《しらはた》城（同大田原市）の城主大関高増《おおぜきたかます》（大田原資清の長男）の反乱に直面していた。高増は関東出陣を開始した上杉謙信に従い、佐竹義昭に内通し、義昭の二男資綱《すけつな》（義尚《よしひさ》）を資胤に替えて那須氏当主として仰ごうと画策していたようだ。永禄六年十一月、義昭は武茂《むも》城（同那珂川町）経由で白幡城に入っており、翌十二月にかけて那須地域への軍事侵攻を行った。それによって、上那須衆の中の反大関方の勢力が屈服し、高増を中心とした上那須衆の団結が強まることになったと考えられる。同じ頃、資胤も、下那須衆（下那須地域を本拠とする那須衆）を那須方として糾合することに成功しており、これ以降、高増を中心とした上那須衆と、資胤及び下那須衆との対立・戦闘に発展していった〔新井二〇二二〕。

高増ら上那須衆は同九年（一五六六）八月下旬、宇都宮・佐竹両軍と共同で、治武内山《じむうちやま》（同那須烏山市）で那須資胤軍と戦い、同十年（一五六七）二月中旬には、佐竹軍と共に大崖山《たいがいやま》（那須烏山市）で資胤軍と戦闘に及んだ。しかしこうした対立状況は、資胤打倒・新当主就任といった新たな局面に展開することなく、同十一年（一五六八）十月頃、高増ら上那須衆は、資胤に帰服することとなった。

## 佐竹氏との抗争と和睦

永禄十二年（一五六九）十二月、上杉謙信と北条氏康・氏政との間で越相同盟《えっそうどうめい》が締結されるが、その後も那須資胤は、元亀二年（一五七一）冬まで北条氏との関係を維持していた。永禄十二年九月頃には佐竹義重《よししげ》と和睦したが、それは一時的なものであり、翌年（四月二十三日に元亀と改元）には、那須衆の千本領において那須・佐竹両軍は衝突している。佐竹氏は千本領を越え、興野《きょうの》（栃木県那須烏山市）や烏山城下の烏山宿・根小屋へ侵攻していき、元亀元年七月には武茂領で那須衆と戦闘に及び、勝利している。さらに同二年十一月頃には、大関領と武茂領の境界付近で那須衆と衝突し、同三年正月にも那須領に攻撃を加えている。この時期に資胤が北条方に与していた背景には、以上のような佐竹氏（および同氏と連携している宇都宮氏）との抗争があった。

同様の事情により、資胤は元亀二年九月五日、小峰《こみね》城（福島県白河市）においてであろうか、蘆名盛氏・白川義親《よしちか》と直接対面のうえ、相互に血判の起請文を取り交わし、蘆名・白川・那須同盟を締結している。同時に、このときまで表面上は宇都宮家中に属していた皆川俊宗《みながわとしむね》とも同盟関係を確立していたと考えられる〔江田二〇一二〕。

ところが、元亀三年（一五七二）六月、千本領の市塙《いちはな》（栃木県市貝町）で那須資胤の代官千本氏と佐竹義重一族の佐竹義斯《よしつな》による対談が実現して、那須・佐竹両氏間で和睦が成立し、同盟が締結されたのであり、早くも蘆名・白川・那須同盟の一画が崩れた〔江田二〇一二〕。佐竹氏との同盟の証として、資胤の娘が義重の子息徳寿丸《とくじゅまる》（のちの義宣《よしのぶ》）に嫁ぐことになった。この同盟は、最終的には起請文の取り交わしにより成立し、資胤宛ての同年六月二十一日付佐竹義重起請文〔金剛寿院文書〕が伝存している。

同盟にもとづいて、同年冬から翌年春にかけての佐竹・宇都宮両氏による皆川領侵攻に対し、資胤は援軍を送っている。彼は元亀四年二月、氏家《うじいえ》（同さくら市）で宇都宮広綱方の糟屋《かすや》・氏家両氏と、同年七月には乙畑《おつはた》（同矢板市）で塩谷氏（宇都宮方）と戦っているが、佐竹氏とは関係を保っていった。

## 「東方之衆」一揆との関わりと那須資晴の家督相続

天正年間（一五七三～九二）になると、上杉氏の勢力が関東から後退し、北条氏の外圧がますます強まり、北関東の領主層のなかで佐竹氏の台頭が目立ってくる。こうしたなか、那須資胤は、天正五年（一五七七）閏七月四日までに佐竹氏と断交のうえ、北条氏と和睦したものの〔黒田二〇一〇〕、同六年五月下旬、宇都宮氏・結城氏・佐竹氏・大掾《だいじょう》氏・江戸《えど》氏ら北関東の領主層と共に鬼怒川《きぬがわ》沿いの小河《おがわ》（茨城県筑西市小川）に出陣し、六月下旬まで北条軍と対峙した。この常陸小河合戦には資胤の嫡子資晴《すけはる》（一五五七～一六一〇）も出陣していた。以前から「東方之衆《とうほうのしゅう》」と呼ばれていた彼ら北関東の領主層は、合戦の最中、北条氏を共通の敵として誓約を交わし、佐竹氏を旗頭とした「東方之衆」一揆を結成した。合戦は決着を見ぬまま、北条軍が退却し終結となったが、同年七月五日、「東方之衆」一揆の面々は薬師寺《やくしじ》（栃木県下野市）経由で壬生城（同壬生町）を攻撃し、戦果をあげている。

那須氏は当主資胤と嫡男資晴が壬生城攻撃にも参加し、その後も甲斐の武田勝頼《たけだかつより》とも結びながら、天正十年（一五八二）冬頃までは「東方之衆」一揆寄りの動きをとっていた。この間、資胤は天正八年七月～八月初旬の頃、資晴に那須氏の家督を譲って隠居し（荒川善夫氏より御教示）、蘆錐《ろすい》と号して、近隣の領主から送付される書状の宛所には、「烏山南」や「那須南」と記載されることとなった（最近、資晴の家督相続の時期については、天正六年上半期に遡るという説〔戸谷二〇二三〕が提示されている）。隠居後も蘆錐（資胤）は、資晴の後見人として近隣の領主や上那須衆と書状を取り交わしており、天正九年

〜同十一年に比定される正月五日には、上那須衆の一人で黒羽城《くろばね》（同大田原市）の城主大関清増《きよます》（大関高増の二男）宛てに「思案・諷諫」を賞する書状〔大関家文書〕を発給している。

資晴は天正九年（一五八一）冬、佐竹義重の仲介により結城晴朝の娘を妻に迎えたと考えられ、この婚姻に際して蘆錐は那須氏の外交の一端を担っていた〔千葉二〇一七〕。資晴の代の家臣団については、大関高増が台頭してきたことと、天正十年代に側近の直臣団を登用し、当主専制的な体制を志向したことが特徴とされており〔荒川二〇〇二〕、資胤の代も含めて那須氏は、傘下の親類・家風ら領主層による分権的支配を容認する一方、彼らに対して軍役を賦課し、彼らの独自な外交権を否定するといった統制策を採っていた〔市村二〇一〇〕。

『那須記』（江戸期の編纂物）は、天正十年（一五八二）七月下旬から八月初旬にかけて、那須氏が片里坂《へぐりざか》（同那須烏山市）や武茂城などで松野《まつの》・武茂両氏（佐竹氏の目下の同盟者）との間で小競り合いを生じ、翌十一年二月には、那須領下境《しもざかい》（那須烏山市）まで侵攻してきた佐竹義重軍と那珂川の川原で戦い、これを撃退したことを記している。これに関して、天正十一年二月・三月頃、北条氏の上野侵攻への対応のため、佐竹義重が宇都宮国綱と共に上野方面へ出陣していたことに鑑みれば、『那須記』が記す同年二月の烏山川原合戦を歴史的事実と考えることは難しいとの説〔竹井二〇二二〕が提示されているが、天正十一年に比定される二月二十日付大関胤久宛て千本義紹書状〔滝田文書〕により、烏山川原合戦の存在は確認できる〔戸谷二〇二三〕。同年五月十日付佐竹義重起請文〔大関家文書〕に関しても、那須勢の大関清増が佐竹氏と直接起請文を取り交わして和睦し、那須・佐竹両氏に両属する道を選択した〔荒川二〇〇二〕という文脈のなかで理解してよかろう。この時期、那須家では、蘆錐が天正十一年（一五八三）二月十一日に死去していた（戒名は、江月院殿蘆錐雪公大禅定門《こうげついんでんろすいせっこうだいぜんじょうもん》）。

### 資晴と塩谷領

那須資晴は、宇都宮氏との間で両氏の勢力圏の境目たる塩谷領の帰属をめぐり抗争を続けており、天正十二年（一五八四）四月中旬、沢村（栃木県矢板市）で宇都宮国綱《くにつな》・塩谷義綱《よしつな》（川崎城主）と戦い、勝利した。両陣営は、翌年三月下旬にも薄葉《うすば》が原《はら》（同大田原市）で戦い、那須勢が勝利を得ている。この段階に至って、資晴は「東方之衆」一揆から離脱していたのである。

それでも天正十三年秋には、佐竹義重と結城晴朝の仲介により、資晴は宇都宮国綱と和睦し、再び「東方之衆」一揆に復帰している。一揆に復帰はしたものの、宇都宮・塩谷両氏との間の根本的な問題は解決されずに存在していたため、両陣営はまもなく武力衝突を迎えることになる。北条軍による宇都宮領への侵攻を目前に控えた同年十二月初め、資晴は、宇都宮氏寄りの那須衆千本資俊・資政《すけまさ》父子を太平寺《たいへいじ》（同那須烏山市）で粛清した。資晴は天正十三年もしくは同十四年の八月、中岫城《なかくき》（同小山市）に隠居して北条軍と対峙中の舅結城晴朝に鉄砲衆を派遣し、支援していたが、同十四年初めから塩谷領において宇都宮氏と戦闘に及んでいた。最終的に彼は、塩谷領問題によって同年七月下旬には佐竹氏との関係も断絶となり、北条方に靡くことになった。

## 豊臣政権への対応と那須氏の没落

この時期、天下人への階段を上り始めていた羽柴秀吉《はしばひでよし》（以下、豊臣《とよとみ》秀吉と表記）に対して、那須資晴は天正十四年（一五八六）十月、太刀や馬の代銀を献上して誼《よしみ》を通じていた。一方で同十五年および翌年には、北条氏と連携して宇都宮・塩谷両氏と戦闘に及んでいたのである。それに対して秀吉は、既に同十四年五月、塩谷義綱宛てに関東の領主間の境目を確定し静謐を実現する意向を伝え、十月には資晴宛てに関東・奥羽を対象とする仕置令の発令予定を伝達していた。さらに同十七年十月、資晴に対して直書《じきしょ》によって宇都宮国綱との紛争についての即時停戦を命令している。

それでも資晴は、天正十七年六月の摺上原《すりあげはら》の合戦以降、北条氏のみならず伊達政宗《だてまさむね》とも提携するところとなった。しかし、秀吉が同十八年四月、北条氏の本拠である小田原城《おだわら》（神奈川県小田原市）を包囲する事態となり、資晴は、秀吉への服属を決めた政宗との関係を断絶。同年五月中旬、秀吉から小田原への参陣を求められたにもかかわらず、資晴は参陣しなかった。那須衆の大関高増・晴増《はるます》父子や大田原晴清《はるきよ》が秀吉のもとに見参し、本領安堵を受けて豊臣大名となったのに対し、彼は同年七月下旬〜八月初旬頃に所領を没収され、改易《かいえき》となった。北条氏滅亡後、奥羽の地を目指して北上して来た秀吉に小山の陣所で見参したというが、遅参となり佐良土《さらど》館（栃木県大田原市）での蟄居を余儀なくされた。

## 那須氏の再興と資晴

小田原合戦後の奥羽の地では、大崎《おおさき》氏・葛西《かさい》氏の旧領（宮城県北部から岩手県南部）で天正十八年（一五九〇）十月、一揆が起こり、それはやがて奥羽全域に波及し、翌年になっても鎮圧できない状況となっていった。那須地域を奥羽に対する最前線として重視する豊臣秀吉は、大関・大田原・福原《ふくわら》・蘆野・伊王野《いおうの》各氏ら那須衆を一揆鎮圧のため動員するに際して、彼らほぼ同等の家格同士では結束させるのが難しいと判断したようで、大田原晴清らの要望を容れ、那須衆のかつての盟主であった那須氏を復活させることを決定した。すなわち同十八年十月二十二日、那須資晴の嫡子藤王丸《ふじおうまる》は、秀吉から那須領内で五千石を与えられたのである。その後、元服した彼は与一郎資景《よいちろうすけかげ》と名乗り、翌年四月二十三日には、同じく秀吉から那須領内で五千石を加増されている。これらは、豊臣政権が指出検地《さしだしけんち》によって那須地域の村々の石高《こくだか》を把握したうえでの給付であったと考えられる。再興なった那須氏は、資景（天正十九年時点で五歳ないし六歳）が当主となって、一万石の豊臣大名として再出発したのであり、その所領が結節点となり、那須氏と那須衆が結び付くようなかたちとなった〔荒川二〇〇二〕。

当時、秀吉から太郎という仮名《けみょう》で呼ばれていた那須資晴は、幼少の資景に代わり、那須氏の実質的な権限代行者として、秀吉に端午《たんご》・八朔・重陽《ちょうよう》・歳暮《せいぼ》などの祝儀というかたちで献上品を贈り、臣下の礼を尽くすところとなった。秀吉による第一次朝鮮侵略（文禄《ぶんろく》の役）に出陣し、実際に朝鮮に渡っており、文禄二年（一五九三）三月時点では、増田長盛《ましたながもり》に従い釜山《プサン》で城普請にあたっていた。その後、同年五月中旬までには朝鮮半島から帰国のうえ、肥前名護屋城《なごや》（佐賀県唐津市）近くの小松《こまつ》の陣所にいた〔荒川二〇〇二〕。

資晴は天正十四年（一五八六）以来、豊臣政権との交渉の際には増田長盛を取次としていたが、文禄二年十一月、秀吉の命により那須衆共々、浅野長政《あさのながまさ》・幸長《よしなが》父子に与力《よりき》大名として付属することになった。資晴と資景は、同五年閏七月～八月頃、慶長三年（一五九八）八月頃、および同四年冬～翌年夏頃には在京しており、慶長年間になると、当主資景が豊臣政権との折衝に登場し、資晴は資景の後見役となった。

## 関ヶ原合戦前後の資晴

豊臣秀吉死去（慶長三年八月十八日）後の主導権争いを制した徳川家康《とくがわいえやす》は、慶長五年（一六〇〇）、会津《あいづ》の上杉景勝《うえすぎかげかつ》打倒を企図する。そうした動きに備えて那須資晴は、同年七月二十四日以前には、長らく滞在していた京都から国許《くにもと》に戻っていた。徳川秀忠《ひでただ》が入城していた宇都宮城に出向き、秀忠配下の榊原康政《さかきばらやすまさ》に対して徳川方に同心する旨を表明したようだ。この後、同じく帰国して、白沢《しらさわ》（宇都宮市）で秀忠に、小山で家康に拝謁していた資景は、人質を江戸に送ったうえで、大田原城（大田原晴清の居城）に籠城し、皆川広照《ひろてる》・服部正就《はっとりまさなり》や那須衆らと共に上杉軍の南下に備えた。

関ヶ原合戦以前の那須氏嫡流は、当主資景と大屋形様と呼ばれる資晴がそれぞれ五〇〇〇石の領地を支配し、庶流の那須八郎《はちろう》（資忠《すけただ》）と重臣大田原弥次郎《やじろう》が豊臣氏からそれぞれ五三〇石、一四〇石の領地

佐良土館跡　栃木県大田原市

を給付されていた。戦後（慶長五年および同七年）には、彼らが加増を受けたのみならず、那須氏家臣の高瀬弥六《たかせやろく》・大田原周防《すおう》も領地を与えられ、那須氏全体としては一万四〇二〇石を領有することとなった。

この後、資景が公的な世界で徳川政権と相対していった一方、資晴は慶長七年、武辺の豊富な経験や中世以来の名家という特殊性が買われてか、家康の御咄衆《おはなししゅう》になった。資晴はいわば、家康との私的な関係によって徳川政権に仕えていったのであり（荒川二〇〇二）、同九年には従五位下《じゅごいのげ》・大膳大夫《だいぜんのだいぶ》に叙任され、同年改めて修理大夫《しゅりのだいぶ》に任じられた。同十二年九月には、正覚山法輪寺《しょうかくざんほうりんじ》（栃木県大田原市）に対して、佐良土村における五十石の所領を寄進している。この間、資晴は、父祖伝来の地たる烏山城に戻ることを宿願としており、宮原八幡宮《みやばらはちまんぐう》（那須烏山市）に慶長八年四月二十八日付願文《がんもん》（那須文書）を捧げていたが、夢の実現はならず、同十五年（一六一〇）六月十九日、五十四歳で死去した。戒名は不携院殿休山慶罷《ふけいいんでんきゅうざんけいひ》大禅定門と言い、福原（大田原市）の玄性寺《げんしょうじ》に葬られた。

（新井敦史）

**【主要参考文献】**

新井敦史「永禄六年における佐竹義昭と那須地域」(『歴史と文化』第三十号、栃木県歴史文化研究会、二〇二一年)
荒川善夫『戦国期北関東の地域権力』(岩田書院、一九九七年)
荒川善夫『戦国期東国の権力構造』(岩田書院、二〇〇二年)
荒川善夫『戦国・近世初期の下野世界』(東京堂出版、二〇二一年)
市村高男「戦国期の列島と下野―地域構造、地域権力、集権と分権―」(栃木県立文書館編『戦国期下野の地域権力』岩田書院、二〇一〇年)
江田郁夫「皆川俊宗の政治的立場―十六世紀後半の北関東情勢―」(『栃木県立博物館研究紀要―人文―』第二十九号、二〇一二年)
黒田基樹「下野国衆と小田原北条氏」(前掲『戦国期下野の地域権力』)
さくら市市史編さん委員会編『喜連川町史　第六巻　通史編1　原始・古代　中世　近世』(さくら市、二〇〇八年)
佐藤博信「室町・戦国期の下野那須氏に関する一考察―特に代替わりを中心に―」(『戦国史研究』第五十五号、二〇〇八年)
竹井英文「天正一〇年前後の下野国の政治情勢に関する一考察―那須資晴の動向を中心に―」(『千葉史学』第八十一号、千葉歴史学会、二〇二二年)
千葉篤志「「年未詳正月十三日付慮錐書状」について」(『戦国史研究』第七十四号、二〇一七年)
戸谷穂高「那須資晴の家督相続と対佐竹氏関係」(『研究論集　歴史と文化』第十一号、歴史と文化の研究所、二〇二三年)
丸島和洋『列島の戦国史5　東日本の動乱と戦国大名の発展』(吉川弘文館、二〇二一年)
山本隆志編著『那須与一伝承の誕生―歴史と伝説をめぐる相剋―』(ミネルヴァ書房、二〇一二年)

# 結城晴朝——結城家の存続と繁栄をめざして

## 小山氏より入嗣し家督継承

結城晴朝《ゆうきはるとも》は、結城氏関係の諸系図や小山氏関係の諸系図によると、小山高朝《おやまたかとも》の次男と記されている。晴朝の命日は慶長十九年（一六一四）七月二十日で、享年が八十一歳であるという〔結城系図・結城家過去帳など〕。逆算すると、晴朝は天文三年（一五三四）生まれとなる。法名は泰陽院殿宗静孝善大居士。

晴朝は、結城政勝《まさかつ》の嫡男明朝《あきとも》が天文十七年（一五四八）三月二十四日に夭折《ようせつ》し〔結城御代記〕、政勝に男の子がいなかったため、親戚筋の小山氏（晴朝の実父高朝は政勝の実弟）から結城氏に入嗣《にゅうし》する。弘治二年（一五五六）四月、晴朝が養父政勝に従い海老島《えびがしま》合戦（茨城県筑西市）に出陣し、小田氏治《おだうじはる》の居城小田城（茨城県つくば市）を陥《おとしい》れたと伝えられていることを考えると〔結城家之記〕、晴朝は天文末期に結城家に入ったと思われる。晴朝は、政勝が永禄二年（一五五九）八月に死去したことに伴い、結城氏の家督《かとく》（当主の地位）を継承する。

## 北条氏と上杉氏との抗争のなかで

晴朝が結城氏の当主に就いた頃の関東では、相模の北条氏康《ほうじょううじやす》が旧勢力である前古河公方足利晴氏《こがくぼうあしかがはるうじ》や扇谷《おうぎがやつ》・山内《やまのうち》両上杉《うえすぎ》氏の勢力を打倒・圧迫し、甥の古河公方足利義氏を前面に立て関東の覇権をめざし北関東への進出を図っていた。

ところが、永禄三年（一五六〇）八月下旬に越後の上杉謙信《けんしん》が越山し、本格的に関東に進出してくると、関東の政治情勢は一変する。北条氏康の擁立していた古河公方足利義氏に対抗して、謙信は異母兄足利藤氏《ふじうじ》を古河公方につけ、自らも関東管領《かんとうかんれい》上杉憲政《のりまさ》から関東管領職を譲られたため、関東は支配権をめぐって相模北条氏と越後上杉氏が争う戦場になっていく。

このように関東情勢が変化するなかで、晴朝は養父政勝の意志を継ぎ、古河公方足利義氏を擁立する北条氏と結んだ。しかし、謙信の影響力は大きく、永禄三年の上杉謙信の越山に際して謙信に味方した関東の武将名を書き上げた「関東幕注文《まくちゅうもん》」〔上杉家文書〕によると、実兄小山秀綱《ひでつな》や結城氏の目下《めした》の同盟者多賀谷政経《たがやまさつね》・水谷勝俊《みずのやかつとし》・山川氏重《やまかわうじしげ》などが謙信に属したことがわかる。晴朝が北条方の陣営に踏みとどまった背景には、結城氏歴代当主が古河公方足利氏と関係が深かったことや、結城氏と敵対していた常陸の小田氏や下野の宇都宮氏が上杉方に与《くみ》したことが考えられる。

ところが、謙信が越後に帰国すると、武田信玄と結ぶ北条氏康・氏政《うじまさ》父子が攻勢に出て、越後上杉方から離反し相

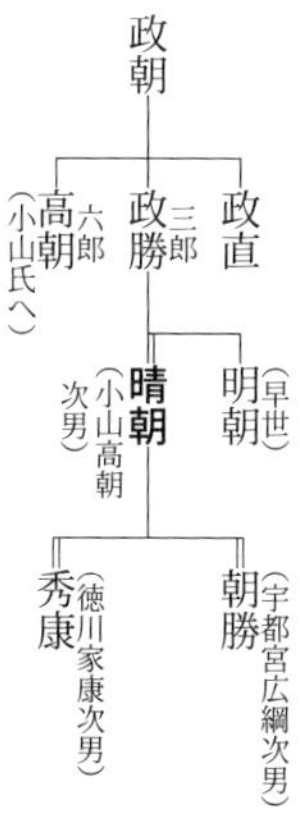

戦国期結城氏略系図

紙本著色結城晴朝肖像画　茨城県結城市・孝顕寺蔵　写真提供：結城市教育委員会

模北条方に属する関東の諸将が続出し、下野祇園《ぎおん》城〔別名小山城、栃木県小山市〕の城主小山秀綱も北条氏に服属する。こうした関東の諸将の動きに対し、永禄六年二月中旬以降、謙信は利根川流域の武蔵崎西《きさい》城〔埼玉県加須市〕など北条方諸城を攻略し、下野に進軍してくる。謙信は再帰属した佐竹義昭《さたけよしあき》と宇都宮広綱《ひろつな》を従え、三月下旬までには秀綱の祇園城を攻める〔御殿守資料室所蔵文書〕。このとき、晴朝は実兄秀綱を助けるため小山に出陣したが、謙信軍に敗れた。秀綱と晴朝は謙信の軍門に降り、北条方から上杉方に去就を変える〔御殿守資料室所蔵文書・東北大学国史研究室保管白河文書・伊藤本文書など〕。

永禄九年初頭、北条方の常陸小田氏や下総千葉《ちば》氏などを攻撃するために、謙信は関東の上杉方諸将に軍勢動員を命じ出陣してくる。このとき、謙信は結城城の結城晴朝に二百騎、祇園城の秀綱に百騎、榎《えの》本《もと》城〔栃木県栃木市〕の秀綱父高朝に三十騎を出すよう命じ、佐野・宇都宮・佐竹氏などにも軍勢催促し、関東の味方中のほぼすべてを動員し攻撃した〔上杉輝虎公記上所収文書〕。謙信は、二月中旬には小田氏治の小田城〔茨城県つくば市〕を攻略する〔別本和光院和漢合運〕。その後、三月下旬には下総千葉氏一族の原胤貞《はらたねさだ》の拠《よ》る臼井《うすい》城(千葉県佐倉市)を攻めるが、北条氏政の援軍もあり、上杉方は数千人の手負《ておい》(負傷者)・死人を出し大敗北を喫する〔諸州古文書信州十四〕。謙信は四月に越後に帰国し、五月から上杉方の関東の諸将が雪崩をうったようにあいついで離反し、北条方に従属していく。五月、晴朝は小田氏治・小山秀綱・宇都宮広綱と同様、服属の証として人質を差し出し北条氏に従属する〔小田部庄右衛門氏所蔵文書〕。これ以降、関東情勢は北条氏が優位になっていく。

このように、晴朝は、関東の覇権をめぐって争っていた北条氏康・氏政父子と上杉謙信との間で、自己の家と所領を必死に守るために去就を変転させたといえる。

## 反北条氏連合方への道

前記したように、関東における相模北条氏と越後上杉氏の抗争は、永禄九年(一五六六)の謙信による下総臼井城の攻略失敗を契機に、北条氏が地元の利もあり優勢になっていく。永禄十二年六月、甲斐の武田《たけだ》信玄《しんげん》を共通の敵として越後の上杉謙信と相模の北条氏康との間で越相同盟《えっそうどうめい》が締結されると、関東での対立構造は上杉・北条氏対武田氏になる。佐竹・宇都宮氏など北関東の反北条方は、信頼していた上杉謙信が自分たちの意向を無視して北条氏康・氏政父子と同盟を結んだことに反発し、上杉氏に不信感を持つようになる。その後、元亀二年(一五七一)十月、北条氏康が死去すると、子の氏政は謙信との同盟が有効に作用していなかったこともあり、同年十二月、甲斐の武田信玄と結び甲相《こうそう》同盟を成立させ、再び上杉氏と敵対するようになる。これにより関東の対立の図式が再び北条氏対上杉氏になるが、北関東の領主層は越相同盟成立以前のように真剣に上杉氏を支援しなくなる。北条氏は越相同盟の成立以前は古河公方を前面に立て北関東に侵攻していたが、こうした上杉謙信と北関東の領主層の足並みの乱れをつき、古河公方を前面にたてることなく武力による征服政策を進めていく。

晴朝もこうした北条氏の戦略の変化に危機感を抱き、元亀四年四月十九日付で、上杉方の上野厩橋城《まやばし》（群馬県前橋市）の城将北条景広《きたじょうかげひろ》に書状〔上杉家文書〕を送っている。そこには、「（北条）氏政麦秋《ばくしゅう》調義《ちょうぎ》として深谷《ふかや》・羽生《はにゅう》に向け出馬の由その聞え候。旧冬《きゅうとう》の如く越河《えっか》あるべく候哉《や》。当方物近の間、窮屈千万《きゅうくつせんばん》に候」（括弧内は筆者の補記）と記し、北条氏政が利根川を越えて来ることは恐ろしいと述べている。

北条氏政は、天正二年（一五七四）閏《うるう》十一月、一国に匹敵するほどの要害といわれていた簗田氏《やなだ》の下総関宿城《せきやど》（千葉県野田市）を攻略し〔賜蘆文庫文書〕、同城を北条氏照《うじてる》（氏政弟）の下総栗橋城《くりはし》（茨城県五霞町）と並んで北関東侵攻の前線基地化する。翌天正三年十二月には、氏政は小山秀綱の祇園城を開城させる〔岡本貞烋氏所蔵文書〕。さらに、氏政は一族の北条氏繁《うじしげ》に命じて、結城城の南方に北条方の結城・常陸方面侵攻の軍事拠点として飯沼城《いいぬま》（別名逆井城、茨城県坂東市）を築かせる〔橋本隆次郎氏所蔵文書〕。結城城の晴朝は、西の祇園城と南の飯沼城から北条氏の脅威に晒《さら》されることになり、天正五年五月には一族・重臣の山川・多賀谷・水谷氏をまじえた家中の合議で北条氏と手切れし、常陸佐竹氏と同盟を結ぶことを選択し〔小川岱状・稲葉安次郎家文書・吉川金蔵氏所蔵文書〕、佐竹氏を中心とした北関東の反北条氏連合方に与していく。

晴朝は、宇都宮・佐竹氏との関係をより強固なものとするために、男子がいなかったこともあり宇都宮国綱《くにつな》のすぐしたの弟朝勝《ともかつ》を結城氏の養嗣子《ようしし》として迎え入れる〔小川岱状〕。佐竹氏と宇都宮氏は、永禄期に佐竹義昭の娘が宇都宮広綱《ひろつな》に嫁《か》していたので、結果的に宇都宮氏を媒介として結城・宇都宮・佐竹氏との姻戚関係が形成され、三氏間の軍事的な連合関係も成立することになる。なお、結城氏と佐竹氏はこの後、晴朝の娘が佐竹氏配下の江戸氏に嫁し、婚姻を通じての結城・宇都宮・佐竹氏との連合関係はより強固なものとなっていく。

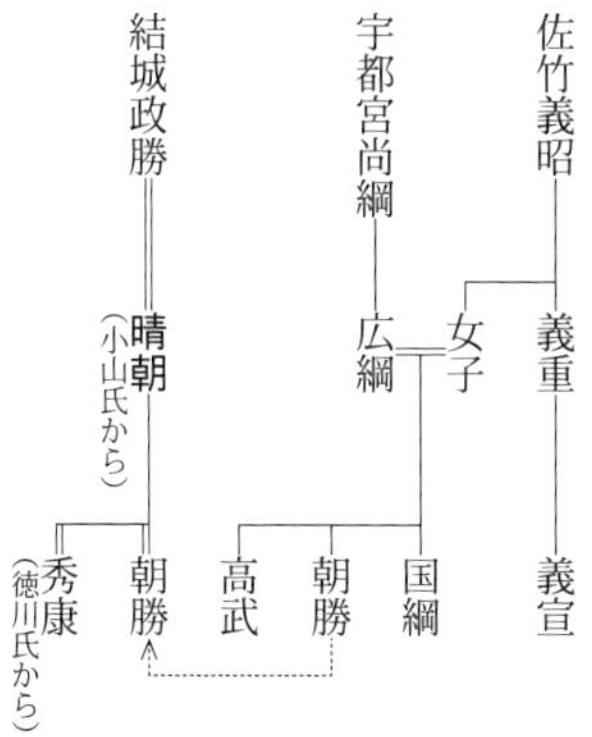

結城・宇都宮・佐竹氏関係系図

これに対して、北条氏は宇都宮氏配下の多功《たこう》一族の者〔孫四郎〕を誘うなど、反北条氏連合方の切り崩し工作を行う〔多功文書〕。また、出羽米沢城（山形県米沢市）の伊達氏や南奥羽会津の蘆名《あしな》氏と結び〔斎藤報恩会寄贈資料・芳賀文書〕、西の下野祇園城（別名小山城、栃木県小山市）及び南の飯沼城（別名逆井城、茨城県坂東市）方面から結城氏を攻めてくる。晴朝は、天正六年五月下旬から六月初旬にかけて北条氏と対峙するが、後詰として鬼怒川東岸の小河の地に陣を敷いた佐竹・宇都宮・

那須氏などの支援で北条氏を撃退する（常陸小河合戦）〔東北大学国史研究室保管白河文書・東京大学白川文書・小川岱状〕。

晴朝は、その後も佐竹氏を旗頭とした反北条氏連合方の一員として行動し、天正十二年の四月上旬から七月中旬まで北条氏対反北条氏連合方が対峙した下野沼尻《ぬまじり》合戦（栃木県栃木市）にも参陣し、北条氏を撃退した〔皆川文書・清浄心院文書・立石知満氏所蔵文書〕。

**豊臣秀吉の東国進出**

北関東地域で北条氏と佐竹氏を中心とした結城・宇都宮氏などの反北条氏連合方諸氏が抗争を繰り広げていたとき、畿内を中心とした中央では、羽柴《はしば》（豊臣）秀吉《ひでよし》が勢力を伸張させ、統一事業を推し進めていた。北条氏・反北条氏連合方諸氏はともに、こうした中央の動きを看過できず、先に記した天正十二年の沼尻合戦では、反北条氏連合方諸氏が羽柴秀吉と、北条氏が秀吉のライバル徳川家康《とくがわいえやす》と結び、互いに抗争を有利に展開させようとした。

秀吉は、沼尻合戦と連動して同年に起こった小牧《こまき》・長久手《ながくて》の戦いで家康と戦ったが、天正十四年十月末に家康を上洛させ臣従させることに成功すると、本格的に東国に進出してくる。こうした秀吉の動きに対して、晴朝は必死に独立の領主として生き延びようとし、佐竹氏など反北条氏連合方諸氏と同じように秀吉と結び北条氏と敵対していく。晴朝は、重臣の水谷正村《まさむら》を通じて天正十三年四月に秀吉に書状を送り、六月付で秀吉から正村宛に書状〔八代文書〕を送られ、「結城晴朝に対し自今以後疎意《そい》有るべからず候」と伝えられている。

晴朝は、翌天正十四年（一五八六）十二月には、秀吉から重臣多賀谷重経《しげつね》に宛てた直書《じきしょ》〔秋田藩家蔵文書一三〕で、臣従した徳川家康に「関東・奥両国までの惣無事《そうぶじ》」政策（東国の領主間の抗争を豊臣政権の裁定で和平に導く政策）を命じたことと、背いた者は成敗《せいばい》することを報じられている。この直書と同じ内容の秀吉直書が、南奥羽の岩城氏一族の白土《しらと》右馬助や出羽米沢の伊達氏重臣片倉景綱《かたくらかげつな》にも送られていることを考えると〔白土文書・伊達家文書〕、秀吉が家康の上洛・臣従を受けて東国の諸領主たちに安心して秀吉に属するようにと伝えた東国政策の一環であったといえよう。この後も晴朝は秀吉に東国情勢を伝え対北条氏戦への救援を依頼しているが、天正十六年九月には秀吉から多賀谷重経・水谷勝俊に宛てた直書〔秋田藩家蔵文書一三〕で「（北条氏直が）何様にも（秀吉の）上意に任《まか》すべきの旨《むね》」（括弧内は筆者の補記）を言ってきたことや、自分の使者を関東に遣わして境目画定をする意志を伝え、東国全体を服属させたので安心するようにと伝えられている。

ところが、事態は急展開を遂げる。天正十七年十一月、上野沼田城（群馬県沼田市）にいた北条氏邦《うじくに》の重臣猪俣邦憲《いのまたくにのり》が真田氏の支城上野名胡桃《なぐるみ》城（群馬県みなかみ町）を攻め取るという事件を起こす。秀吉は北条氏直《うじなお》に父氏政の早期上洛を要求していたが遅れていたこともあり、北条氏への攻撃を決意する。秀吉は、翌天正十八年三月一日に大軍を率いて京都を進発し、四月上旬には北条氏の本拠小田原城（神奈川県小田原市）を包囲する。

晴朝は、五月初旬に秀吉の動きに呼応して北条方への攻撃に出て、北条方の下野の祇園城と榎本城をたちまちのうちに攻略する〔古簡雑纂六・川連文書〕。その足で小田原の秀吉の陣所に参陣し、五月二十四日に秀吉に謁見し本領安堵の約束をとりつける〔家忠日記〕。ともかく、晴朝は小田原参陣をすることにより豊臣大名として生き延びていく道を開いたといえよう。

## 宇都宮仕置と秀康の結城氏継承

豊臣秀吉は、天正十八年（一五九〇）七月初旬に北条氏を降伏させる。その後、秀吉は天下統一の実を高めるために、小田原城から北上し、北関東の宇都宮城（宇都宮市）、次いで会津《あいづ》黒川《くろかわ》城（福島県会津若松市）へと進軍し、支配下に入った征服地に対しさまざまな施策である仕置《しおき》を行う。

秀吉は七月二十六日に宇都宮城に到着し、八月四日まで滞在し、会津からの帰途八月十四日と十五日に宇都宮城に滞在し、関東と奥羽の豊臣体制づくりを行う（宇都宮仕置）〔今宮祭祀録〕。晴朝は、宇都宮仕置で、秀吉から徳川家康の次男で秀吉の養子になっていた羽柴秀康《ひでやす》の結城氏への養嗣子入嗣《にゅうし》と自らの隠居を許される（養子朝勝は天正十八年春以前に廃嫡、養子縁組解消となり宇都宮に退去）。一方で、旧来の所領のほかに壬生氏・日光山・小山氏の旧領、小田氏やその重臣菅谷《すげのや》氏の旧領も加増され、関東の中央部を南北に縦断する形で新領国十一万一千石を領有することになる。結果として、結城氏の領国は大幅に拡大する。

晴朝は、結城城を秀康に譲り、自らは中久喜城《なかくき》（栃木県小山市）に隠居するが、満足であったようで、天正十九年（一五九一）九月付で南奥羽の白川義親《よしちか》に書状〔早稲田大学白川文書〕を送り、秀康が孝行してくれることや、安心して隠居していることなどを書き送っている。

## 隠居後の晴朝

慶長五年（一六〇〇）九月の関ヶ原合戦に先立って、秀康が下野の宇都宮城で西軍石田三成寄りの会津上杉景勝《かげかつ》と常陸佐竹義宣《よしのぶ》の動きを押さえ、父徳川家康の背後を固めた功が賞せられ、結城氏は家康から合戦後同年十一月までに越前北庄《きたのしょう》六十八万石（福井市）に加増・転封され、翌慶長六年四月に入部する。このとき、隠居した晴朝も秀康の母や妻たちと共に越前に入る。

越前に入った晴朝は、初め同国丹生《にゅう》郡片粕《かたかす》村（福井市）に館を構えて住んだが、やがて北庄城（福井城、福井市）の漆門のそばに漆《うるし》ヶ淵《がふち》屋敷が完成すると、そこに移り住んだという。しかし、晴朝は秀康に慶長十二年（一六〇七）閏四月に三十四歳の若さで先立たれてしまう〔結城系図など〕。晴朝は失意のうちに結城城への帰城を願いつつ、慶長十九年七月、北庄の地で八十一歳の生涯を閉じたという〔結城系図など〕。

ここに、平安時代末期以来の関東の名門結城氏は事実上終焉を迎える。

（荒川善夫）

【主要参考文献】

『結城市史』第四巻古代中世通史編（結城市、一九八〇年）
荒川善夫「下総結城氏の動向」（荒川編著『下総結城氏』戎光祥出版、二〇一二年）
市村高男「東国における戦国期地域権力の成立過程―結城・小山氏を中心として―」（市村『戦国期東国の都市と権力』思文閣出版、一九九四年）
市村高男『東国の戦国合戦』（吉川弘文館、二〇〇九年）
市村高男「近世成立期東国社会の動向―結城朝勝の動向を中心として―」（江田郁夫編著『下野宇都宮氏』戎光祥出版、二〇一一年、初出一九八三年）
市村高男「隠居後の結城晴朝」（荒川編著『下総結城氏』戎光祥出版、二〇一二年、初出一九九二年）

# 水谷正村・勝俊
## ――戦国・近世初期を生き抜き下館藩主へ

### 正村と勝俊のプロフィール

一次史料に見える水谷正村《みずのやまさむら》と同勝俊《かつとし》の初見史料は、管見の限り戦国時代の公家山科言継《やましなときつぐ》の日記「言継卿記」永禄九年（一五六六）三月九日条である。この記述によれば、山科言継が、朝廷から水谷正村と勝俊に与えられる永禄九年三月一日付の受領《ずりょう》（国司名）および官途《かんと》（律令《りつりょう》の官職名）の口宣案《くぜんあん》を受け取ったことが記され、朝廷から正村が前名政村の名で伊勢守に、勝俊が前名政久の名で兵部大輔《ひょうぶのたゆう》に任じられたことがわかる。両名が「政」の字を冠した実名を名乗っていた背景には、主家の結城《ゆうき》氏当主政勝《まさかつ》からの一字拝領が考えられる。

その後、政村は一次史料では確認できないが、「諸寺過去帳《しょじかこちょう》」所収「高野山《こうやさん》過去帳」・「寛永諸家系図伝《かんえいしょかけいずでん》」四所収「水谷家譜」・東京大学史料編纂所所蔵「水谷家譜」には政村と思われる人物が「正村」の名で見えるので、正村に改名した可能性が考えられる。また、政久は永禄十年三月八日付で下館定林寺《しもだてじょうりんじ》（茨城県筑西市）に寄進した梵鐘《ぼんしょう》（銅鐘）銘《めい》に「大檀那《おおだんな》水谷兵部大輔藤原《ふじわらの》勝俊」と刻まれているので、この頃までには勝俊と改名していたことがわかる。なお、その後、正村は永禄十二年（一五六九）に剃髪し、蟠龍斎《ばんりゅうさい》全珍《ぜんちん》と号したという〔東京大学史料編纂所所蔵「水谷家譜」〕。

正村の命日と享年は慶長元年（一五九六）ないし同三年の六月二十日・七十六歳で〔命日は諸寺過去帳所収「高野山過去帳」・寛永諸家系図伝四所収「水谷家譜」、享年は東京大学史料編纂所所蔵「水谷家譜」〕、逆算すると、正村は大永元年（一五二一）ないし同三年の生まれとなる。一方、勝俊の命日と享年は慶長十一年六月三日・六十五歳で〔寛永諸家系図伝四所収「水谷家譜」・東京大学史料編纂所所蔵「水谷家譜」〕、逆算すると天文十一年（一五四二）の生まれとなる。正村と勝俊は年の離れた兄弟ということになる。そうした事情や正村に嫡子がいなかったこともあり、勝俊はこの後、正村の跡目を継承し水谷氏の当主となる〔前記水谷氏関係諸系図〕。

## 「水谷蟠龍記」に見える正村の活躍

正村の輝かしい戦績は、「水谷蟠龍記」に詳しい。以下、「水谷蟠龍記」により記述する。正村は、天文十三年（一五四四）に宇都宮方の下野中村《なかむら》城（栃木県真岡市）の城主中村玄角《げんかく》を討ち取り落城させたという。その後、正村は、下野宇都宮氏との所領争いを有利に進めるために、同年主君の結城政勝の許可を得て常陸下館城（茨城県筑西市）北方約六キロメートルの地に久下田《くげた》城（筑西市）を築き、下館城は弟勝俊に任せ、自分は十一月初旬に久下田城に移る。この年十一月初旬には宇都宮氏配下の矢《や》岡《おか》伊《い》織《おり》が久下田城に攻めて来るが、討ち取ったと記されている。

天文十五年正月下旬、宇都宮方が久下田城を攻めるが、事前に宇都宮方の来襲を注進で知っていた正村は、挟み撃ち戦術で敗走させたという。

正村は、戦国末期天正十三年（一五八五）三月下旬、宇都宮氏一族笠間氏配下の田野《たの》城（栃木県益子町）の城主羽石《はねいし》内蔵允《くらのじょう》盛長《もりなが》を主君結城晴朝《はるとも》の命令で攻める。正村は羽石盛長と鑓で対戦し、傷を負いながらも討ち取ったという。推測するに、この田野合戦は、宇都宮氏一族の笠間氏と同氏重臣の益子氏との境目相論が背景にあり、益子氏が近隣の結城晴朝に援助を要請したことに対する代償として、益子氏が結城氏に「田野・山本《やまもと》・岩瀬《いわせ》・富谷《とみや》」の地を割譲（関八州古戦録巻十二）したことに対する、田野城主羽石盛長の反発であったことが考えられる。ともかく、「水谷蟠龍記」では正村の生涯で最も輝かしい戦果として田野合戦が記述されている。

水谷正村花押

水谷勝俊花押

「水谷蟠龍記」に記されている正村の戦いぶりは「無勢」で「多勢」の敵を撃破するもので、戦術が巧みであったと描かれている。その一方で、正村の人に対する接し方には慈悲の念があり、「老いたる者をば親のごとく、年の増《まさ》る者をば兄のごとく、若き者をば我が子のごとくになされ候」とあり、侍のみならず百姓・中間《ちゅうげん》・草履《ぞうり》取りに至るまで、正村のために命を惜しむ者はいなかったと記されている。

## 反北条方との提携及び織田・徳川両氏への接近

東国情勢は、永禄十二年（一五六九）六月の越相同盟《えっそうどうめい》の成立、元亀二年（一五七一）十二月の甲相同《こうそう》盟の成立を経て、関東の北条領国化をめざす相模北条氏《ほうじょう》と、それを阻もうとする常陸佐竹《さたけ》・下野宇都宮・下総結城氏などの反北条方との抗争が激化する。

結城氏は、永禄期から北条氏と結んでいたため、反北条方の常陸佐竹・下野宇都宮氏とは対立関係にあることが多い。水谷氏も主家の結城氏に同調する。この点は、たとえば永禄十二年三月二十一日付で北条氏康《うじやす》が細川藤孝《ほそかわふじたか》に宛てた書状〔綿考輯録巻二〕で、正村の弟勝俊と懇切な関係にあることを報じていること、および永禄十二年閏五月六日付で佐竹氏と敵対している常陸小田氏治《おだうじはる》が下野烏山《からすやま》城（栃木県那須烏山市）の那須資胤《なすすけたね》に書状〔那須文書〕を送り、久下田城の水谷氏を通して那須氏から常陸佐竹氏の情報を得たと記していること、さらには天正元年（一五七三）十一月四日付で甲斐の武田勝頼が下野佐野の天徳寺宝衍《てんとくじほうえん》に書状〔甲斐国志〕を送り、蟠龍斎（正村）が甲府（山梨県甲府市）に到着し滞在している旨を報じ、水谷氏が当時、北条氏と同盟関係にあった武田氏とも接触していたことよりうかがえる。

しかし、北条氏の北関東侵攻が活発化してくると結城・水谷氏ともに去就を変える。北条氏は、天正二年閏十一月には一国に匹敵するほどの要害といわれていた簗田《やなだ》氏の下総関宿《せきやど》城（千葉県野田市）を攻略し〔賜蘆文庫文書〕、同城を氏政弟北条氏照《うじてる》の下総栗橋《くりはし》城（茨城県五霞町）と並んで北関東侵攻の前線基地化する。また、同氏は、翌天正三年十二月には結城晴朝の実兄小山秀綱《おやまひでつな》の祇園城《ぎおん》（別名小山城、栃木県小山市）を開城させる〔岡本貞烋氏所蔵文書〕。さらに、北条氏は、一族の北条氏繁《うじしげ》に命じて結城城の南方に北条方の結城・常陸方面侵攻の軍事拠点として飯沼城《いいぬま》（別名逆井城、茨城県坂東市）を築かせる〔橋本隆次郎氏所蔵文書〕。結城城の晴朝は、西の祇園城と南の飯沼城から北条氏の脅威に晒《さら》されることになる。ここに至り、結城晴朝は、天正五年五月には一族・重臣の山川晴重《やまかわはるしげ》・多賀谷重経《たがやしげつね》・水谷蟠龍斎（正村）・水谷勝俊などをまじえた家中の合議で北条氏と手切れし、常陸佐竹氏と同盟を結ぶことを選択し〔小川岱状《たいのじょう》・稲葉安次郎家文書・吉川金蔵氏所蔵文書〕、佐竹氏を中心とした北関東の反北条氏連合方に与していく。水谷氏も主家の結城氏と同一歩調をとる。

天正六年五月、北条氏が下総結城方の結城・山川両城（両城、同結城市）を攻める。水谷蟠龍斎（正村）・勝俊兄弟は、結城氏重臣の多賀谷重経、従属下の諸将を従えた佐竹義重や宇都宮広綱重臣で代官の芳賀《はが》高継《たかつぐ》などとともに鬼怒川東岸の小河の地（同筑西市）に在陣し、結城氏の背後に反北条方諸将がいることを北条方に示す（小河合戦）〔小川岱状・東北大学国史研究室保管白河文書など〕。戦いは膠着状態となり、北条方が撤退し終わる。なお、反北条方の諸将は、小河合戦の最中に神名血判の誓約を結び、佐竹義重を中心とした反北条氏連合という広域軍事同盟を結ぶ〔小川岱状〕。

蟠龍斎（正村）は、天正八年（一五八〇）閏三月二十三日付で那須資胤に書状〔瀧田文書〕を送り、常陸佐竹義重《よししげ》が「西口」の北条方を攻めるために宇都宮に出陣してきたこと、および自分の主君結城晴

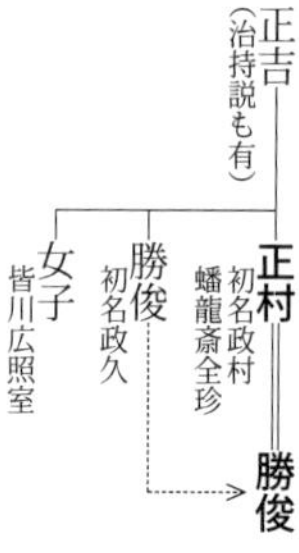


水谷氏略系図

朝に意見してほしいこと、さらには資胤が「西口」まで出陣してきたら資胤の陣下で報告することなどを報じている。この点からは、蟠龍斎（正村）が、那須氏に反北条方の佐竹・宇都宮・結城氏と結束して行動するよう勧めていたことがわかる。

北関東で相模北条氏と常陸佐竹氏を中心とした反北条方が抗争を激化させていた頃、畿内を中心とした中央では織田信長が勢力を拡大させ、統一事業を進めていた。信長は、天正三年五月の三河長篠《ながしの》合戦で甲斐の武田勝頼《かつより》を破った後、佐竹氏や小山氏など北関東の反北条方と接触を持っていた〔飯野文書・東京大学文学部所蔵日本史学研究室所蔵文書〕。その後、北条氏の北関東への侵攻が激しさを増すなかで、北関東の反北条方にとって信長との接触は彼らの危難を救う手立てになる。下野の宇都宮氏は、天正八年閏三月に家臣で商人的な側面を持っていた庭林《ていりん》氏を通じて馬好きの信長に駿馬《しゅんめ》を献上している〔信長公記〕。また、下野南西部の皆川《みながわ》城（栃木県栃木市）の皆川広照《ひろてる》も、「廿ケ年はかりねころ（紀伊の根来、和歌山県岩出市）へかくもん（学問修行）」〔皆川家文書〕（括弧内は筆者の注記）に行っている伯父智積《ちしゃく》院玄宥《いんげんゆう》を通じて畿内近国の情報を得ていた関係もあり、天正九年十一月に信長に名馬を三疋《びき》献上している〔信長公記〕。

水谷氏の場合、正村・勝俊の姉妹が皆川広照の室で〔東京大学史料編纂所所蔵「水谷家譜」〕、広照から信長の権勢を聞いていたためであろうか、勝俊は信長の盟友で東海の戦国大名徳川家康《とくがわいえやす》を通じて信長に接近しようと図る。この点は、勝俊が天正十年三月二十五日付で徳川家康から書状〔記録御用所本古文書〕を送られ、信長が武田勝頼を打ち果たしたことを伝えられ、路次が自由に通れるようになったので信長に馬を進上するように進められていることからわかる。さらに、勝俊が同年卯月《うづき》九日付で家康から書状〔記録御用所本古文書〕を送られ、信長が武田勝頼を「退治」したことを報じられ、信長に「御取合《おんとりあわせ》」（取次）すると述べられていることより指摘できる。

なお、水谷氏が家康を通じて信長に接近しようとした理由として、主君の結城晴朝が天正七〜八年頃から家康と直接に音信〔大阪城天守閣所蔵文書〕を交わしていたことも考えられよう。

信長は、天正十年六月二日に京都の本能寺《ほんのうじ》で重臣の明智光秀に襲撃され横死する（本能寺の変）。勝俊と家康との関係は信長が死去して以降も続く。勝俊は、この年の十月二十八日付で家康から書状〔記録御用所本古文書〕を送られ、家康と北条氏康が和睦（徳川・北条同盟）し、「それにつきて、信長御在世《おんざいせい》の時の節の如く、惣無事《そうぶじ》（和平状況）尤《もっと》も候の由、氏直へ申し理《ことわ》り候間」（括弧内は筆者の注記）と、主君の結城晴朝にも進言するようにと依頼される。さらに、勝俊は翌天正十一年九月十五日付で家康の重臣本多忠勝《ほんだただかつ》から書状〔中村不能斎採集文書〕を送られ、上方《かみがた》（畿内近国）の情勢を伝えられ、「旧冬」（天正十年の冬）、蟠龍斎が家康の所に来たが、あまり「馳走《ちそう》」（もてなし）しなかったと詫びを入れられている。

この後、水谷氏は豊臣秀吉が東国に進出してくると秀吉にも接近していく。

## 豊臣秀吉の東国進出

豊臣秀吉は、天正十二年（一五八四）三月から十一月にかけて宿敵徳川家康と小牧《こまき》・長久手《ながくて》で戦ったが、天正十四年十月末に家康を上洛・出仕させると、本格的に東国政策を展開させる。秀吉による関東・奥羽の「惣無事」実現への動きは、天正十三年から開始されており、秀吉はこの年の六月十五日付で水谷入道（蟠龍斎全珍）に書状〔八代文書〕を送り、蟠龍斎全珍から書状が届いたことや、「富士一見」の際に「初面を遂ぐべく候」と申し送り、主君の結城晴朝のために馳走するようにと述べていることからわかる。

秀吉は、天正十四年十二月になると、関東・奥羽に向け「惣無事」政策を本格化させる。北関東では北条氏および北条方対反北条方という対立構図で抗争が繰り返されていたが、秀吉の介入で反北条方が優勢になっていく。結城晴朝は、秀吉から天正十四年十二月三日付で重臣多賀谷重経経由で徳川家康に「関東・奥両国までの惣無事」政策（東国の領主間の抗争を豊臣政権の裁定で和睦に導く政策）を命じたこと、および背いた者は「成敗」する旨の直書《じきしょ》〔秋田藩家蔵文書一三〕を送られる。この直書と同じ内容の秀吉直書が、南奥羽の岩城氏一族の白土右馬助《しらとうまのすけ》や出羽米沢《よねざわ》の伊達《だて》氏重臣片倉景綱《かたくらかげつな》にも送られていることを考えると〔白土文書・伊達家文書〕、秀吉が家康の上洛・臣従を受けて東国の諸領主たちに安心して秀吉に属すようにと伝えた東国政策の一環であったといえよう。

この時期、水谷勝俊は秀吉には好意的で、徳川家康とは誼《よしみ》を通じつつ主君結城晴朝を補佐し、反北条方として行動する。この点は、勝俊が天正十四年七月二十七日付で南奥羽白川氏に書状〔新編会津風土記七〕を送り、京都の秀吉から山上道牛《やまがみどうぎゅう》を使者として結城氏や白川氏の所に派遣するとの「御内書《ごないしょ》」があったこと、および徳川家康が鷹の調達で鷹師を出羽仙北《せんぼく》筋に派遣するので路次の通行を保障するように依頼してきたこと、さらには病気の主君晴朝に代わって佐竹義重とともに反北条方の下野壬生《みぶ》氏の鹿沼城《かぬま》（栃木県鹿沼市）攻めに参陣したことなどを報じていることからわかる。

結城氏は、天正十六年九月二日付で、秀吉から多賀谷重経・水谷勝俊宛ての直書〔秋田藩家蔵文書一三〕で北条氏直《うじなお》と和議が成立し、氏直が一族の北条氏規《うじのり》を上洛させてきたことを伝えられる。ところが、事態は急展開を遂げる。天正十七年十一月、上野沼田《ぬまた》城（群馬県沼田市）にいた北条氏邦《うじくに》の重臣猪俣邦憲《いのまたくにのり》が真田氏の支城上野名胡桃《なぐるみ》城（同みなかみ町）を攻め取るという事件を起こす。秀吉は北条氏直に父氏政の早期上洛を要求していたが遅れていたこともあり、北条氏への攻撃を決意する。秀吉は、翌天正十八年三月一日に大軍を率いて京都を進発し、四月上旬には北条氏の本拠小田原城（神奈川県小田原市）を包囲する。秀吉は、天正十八年七月五日に北条氏を降伏させる。

その後、秀吉は天下統一の実を高めようと、小田原城から北上し、北関東の宇都宮城（宇都宮市）、次いで会津黒川《あいづくろかわ》城（福島県会津若松市）へと進軍し、支配下に入った征服地に対してさまざまな施策である仕置《しおき》を行う。秀吉は七月二十六日に宇都宮城に到着し、八月四日まで滞在した。その後、会津からの帰途八月十四日と十五日に宇都宮城に滞在し、関東と奥羽の豊臣体制づくりを行った〔宇都宮仕置〕

〔今宮祭祀録〕。勝俊は、佐竹義宣《よしのぶ》・宇都宮国綱《くにつな》・多賀谷重経など常陸や下野の領主たちと同様に、七月二十八日に宇都宮城に到着した秀吉に妻子を人質として差し出し、不要な城郭の破却命令を受けいれたうえで〔士林証文三〕、所領安堵を受けたと思われる。

九月下旬、家康から蟠龍斎に書状〔記録御用所本古文書〕が送られ、来春に蟠龍斎もしくは彼の養子となり水谷氏の当主の地位にあった弟勝俊のうち一人は必ず上洛し、秀吉に御礼を言上するように促されている。結果的に、水谷氏は豊臣政権期に結城氏に従属する与力領主として存続していくことになる。なお、前記したように、輝かしい戦績を残したと伝えられる蟠龍斎全珍は、慶長元年（一五九六）ないし同三年六月二十日に久下田城で七十六歳で死去したという。

## 関ヶ原合戦と勝俊

慶長五年の関ヶ原合戦では、勝俊は下野皆川城主皆川広照と共に下野北部鍋掛《なべがけ》の地〔栃木県那須塩原市〕に在陣し、西軍石田三成寄りの常陸佐竹義宣の動きを押さえる役を務め、合戦が終わるまでこの地にいたという〔寛永諸家系図伝四所収「水谷家譜」〕。

関ヶ原合戦の戦後処理で、慶長六年に結城秀康《ひでやす》が越前〔福井県〕北庄《きたのしょう》へ加増・転封《てんぽう》となり、一族の下総山川城〔茨城県結城市〕の山川晴重《はるしげ》と重臣の下総太田《おおた》城〔同八千代町〕の多賀谷三経《みつつね》が秀康の越前転封に家臣としてつき従っていき、関東の地から離れる。さらに、慶長七年、常陸の佐竹義宣が出羽秋田に減転封になり、常陸下妻《しもつま》城（同下妻市）の多賀谷宣家《のぶいえ》は佐竹氏につき従い出羽に移る。

このように、関ヶ原合戦後、結城氏及び同氏の有力な一族山川氏と重臣多賀谷氏が関東の地を離れるなかで、戦国期以来の旧領を領有していくのは水谷氏だけとなる。その後、勝俊は下館藩初代藩主になっていく。

（荒川善夫）

**【主要参考文献】**


高橋恵美子「水谷氏と『家伝』」（高橋『中世結城氏の家伝と軍記』勉誠出版、二〇一〇年）

『二宮町史』通史編Ⅰ古代中世（旧栃木県二宮町、二〇〇八年）

『結城市史』第四巻古代中世通史編（結城市、一九八〇年）

# 多賀谷重経
## ——家の存続を下総結城氏と常陸佐竹氏に託して

### 多賀谷氏当主に就任して

多賀谷重経《たがやしげつね》は、多賀谷氏歴代当主の事蹟を記す「多賀谷旧記《きゅうき》」（東京大学史料編纂所所蔵）や「多賀谷家譜《かふ》」（秋田県公文書館所蔵）によると、永禄元年（一五五八）二月二十三日の生まれで、命日が元和四年（一六一八）十一月九日で、享年が六十一歳であるという。父が常陸下妻《しもつま》城（別名多賀谷城、茨城県下妻市）の城主多賀谷政経《まさつね》であるという。天正四年（一五七六）五月八日に父政経が死去したことにより、重経は父の跡目を継承し多賀谷氏の当主に就く。重経の初名は下総守尊経《しもうさのかみたかつね》（茨城県下妻市の大宝八幡宮《だいほうはちまんぐう》本殿棟札銘《ほんでんむなふだめい》）で、天正八年（一五八〇）二月頃までに重経と改名する（水府志料一二）。

重経は父同様反北条《ほうじょう》方の常陸佐竹《さたけ》氏に属し、天正五年九月には佐竹勢の「先勢《さきぜい》」（先鋒）として下妻衆を率いて北条軍と戦う（大久保悦治家文書）。その一方で、前月八月には大宝八幡宮の遷宮《せんぐう》造営を行い（大宝八幡宮本殿棟札銘）、太刀《たち》を納め（多賀谷家譜）、十二月には大宝八幡宮本殿回廊高欄《かいろうこうらん》の擬宝珠《ぎぼうし》を新鋳《しんちゅう》する（大宝八幡宮本殿高欄擬宝珠銘）。重経は、領内で最重要な神社大宝八幡宮の遷宮造営などを実施し領内支配の安定と戦勝を祈願し、多賀谷氏の当主の地位に就いたことを内外に誇示した。

## 下総結城氏と常陸佐竹氏に両属して

　重経の主家《しゅけ》の下総結城《ゆうき》晴朝《はるとも》は、永禄九年（一五六六）三月下旬の越後上杉謙信《うえすぎけんしん》による下総臼井《うすい》城（千葉県佐倉市）の攻略失敗を契機に、相模北条氏が優勢になっていくなかで、北条氏に与《くみ》していく。その後、東国情勢は永禄十二年六月の越相同盟《えっそうどうめい》の成立、元亀二年（一五七一）十二月の甲相《こうそう》同盟の成立と大きく変化する。そうしたなかで、北条氏は越相同盟の成立以前は古河公方《こがくぼう》を前面に立て北関東に侵攻してきたが、古河公方を前面に立てることなく自らの武力で北関東への征服政策を進めていく。

　晴朝は、こうした北条氏の戦略の変化に危機感を抱いた。この点は、当時、北条方であった晴朝が元亀四年四月十九日付で、越後上杉方の上野厩橋《まやばし》城（前橋市）の城将北条景広《きたじょうかげひろ》に書状〔上杉家文書〕を送り、北条氏政が利根川を越えて来ることは恐ろしいと述べていることより指摘できる。北条氏政は、天正二年（一五七四）閏《うるう》十一月、一国に匹敵するほどの要害といわれていた簗田氏の下総関宿《せきやど》城（千葉県野田市）を攻略し〔賜蘆文庫文書〕、同城を氏政弟北条氏照《うじてる》の下総栗橋《くりはし》城（茨城県五霞町）と並んで北関東侵攻の前線基地化する。

多賀谷重経花押

　氏政は、翌天正三年十二月には、晴朝実兄小山秀綱《おやまひでつな》の祇園《ぎおん》城（別名小山城、栃木県小山市）を開城させる〔岡本貞烋氏所蔵文書〕。さらに氏政は、一族の北条氏繁《うじしげ》に命じて結城城の南方に北条方の結城・常陸

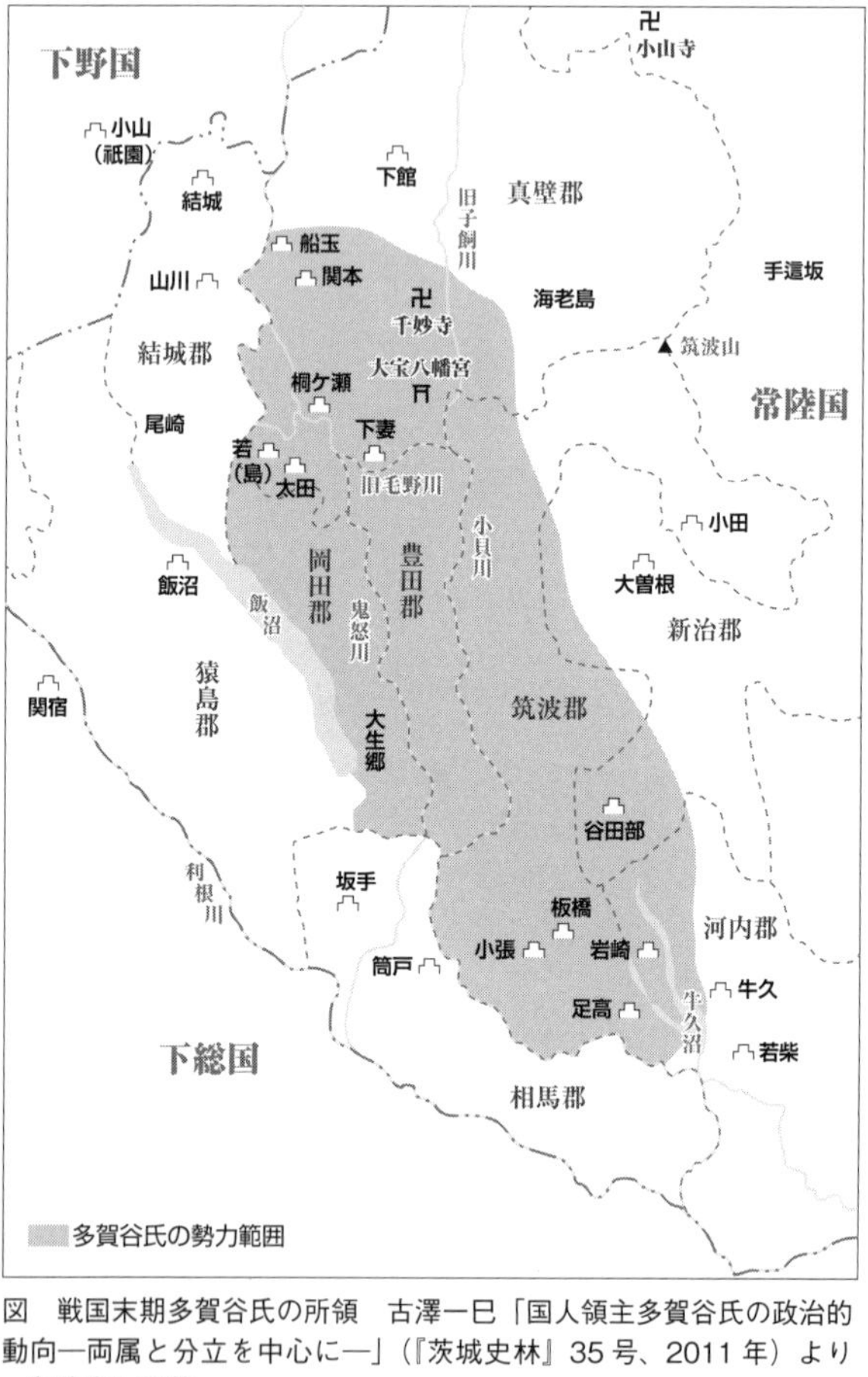


図　戦国末期多賀谷氏の所領　古澤一巳「国人領主多賀谷氏の政治的動向―両属と分立を中心に―」（『茨城史林』35号、2011年）より一部改変し転載

方面侵攻の軍事拠点として飯沼城《いいぬま》（別名逆井城、茨城県坂東市）を築かせる（橋本隆次郎氏所蔵文書）。結城城の晴朝は、西の祇園城と南の飯沼城から北条氏の脅威に晒《さら》されることになり、天正五年五月には一族・重臣の山川晴重《やまかわはるしげ》・多賀谷重経・水谷蟠龍斎《みずのやばんりゅうさい》全珍《ぜんちん》（正村《まさむら》の斎号《さいごう》）・水谷勝俊《かつとし》をまじえた家中《かちゅう》の合議で北条氏と手切れし、常陸佐竹氏と同盟を結ぶことを選択する（小川岱状・稲葉安次郎家文書・吉川金蔵氏所蔵文書）。こうした経緯を経て、重経は、以後は父政経以来目《め》

下《した》（格下）の同盟関係にあった常陸佐竹氏だけでなく、再び縒《よ》りを戻した主家結城氏にも属するという両属関係で対外情勢に対応していくことになる。

天正六年（一五七八）五月、北条氏が下総結城方の結城・山川両城（ともに茨城県結城市）を攻める。重経は、このとき結城氏重臣の水谷正村・勝俊兄弟、従属下の諸将を従えた佐竹義重《よししげ》、宇都宮広綱《うつのみやひろつな》重臣で代官の芳賀高継《はがたかつぐ》などとともに鬼怒川《きぬがわ》東岸の小河《おがわ》の地（同筑西市）に在陣し、結城氏の背後に反北条方諸将がいることを北条方に示した（小河合戦）〔小川岱状・東北大学国史研究室保管白河文書など〕。戦いは膠着《こうちゃく》状態となり、北条方が撤退し終わる。なお、反北条方の諸将は、小河合戦の最中に神名血判の誓約を結び、佐竹義重を中心とした反北条氏連合という広域軍事同盟を結ぶ〔小川岱状〕。

天正八年三月、北条氏照が常陸南部の土岐《とき》・岡見《おかみ》氏の連合軍とともに多賀谷政経の弟で重経の叔父経《つね》明《あき》の拠る谷田部《やたべ》城（同つくば市）を攻める。経明父子が戦死し城は陥落する。しかし、すぐさま到着した重経軍の攻撃で、多賀谷方は北条方を敗走させ城を取り戻す〔水府志料附録など〕。一方で、重経は主家結城氏のすきをねらい結城領の板橋《いたばし》・舟生《ふにゅう》・舟玉《ふなたま》・女方《おざかた》（以上、筑西市）を攻め取り、常陸関郡の大半を支配下に治める〔多賀谷家譜〕。なお、重経はこの年嫡女《ちゃくじょ》を佐竹義宣《よしのぶ》（義重の嫡男《ちゃくなん》）に嫁《とつ》がせ、後ろ楯である佐竹氏との関係を深めていく〔多賀谷家譜〕。

一方で、重経は政局を見る目が鋭く、巧みな外交手腕を発揮し、天下統一をめざす織田信長《おだのぶなが》や羽柴秀吉《はしばひでよし》（豊臣秀吉）との関係も構築していく。重経は、すでに天正七年四月には織田信長に駿馬《しゅんめ》を進上して誼《よしみ》を通じていたが〔信長公記〕、天正十一年六月には秀吉に書状を送り親交を開始する〔元禄家伝文書〕。その後、重経は秀吉ばかりではなく、徳川家康《とくがわいえやす》とも交流を進めていく〔諸名将古案〕。

常陸佐竹義重を中心とした反北条方の諸将は、天正十二年の四月下旬から七月上旬にかけて、下野南部の沼尻《ぬまじり》（栃木県栃木市）一帯で、北条氏直《うじなお》軍と対峙する（沼尻合戦）。この沼尻合戦は、上方《かみがた》の小牧《こまき》・長久手《ながくて》の戦いとも連動していて、北条氏が徳川家康と結び、佐竹氏などの反北条方が羽柴秀吉と連携して対戦する姿勢を示す。重経は、この合戦で佐竹義重の呼びかけに応じ、反北条方の一員として参陣する〔国典類抄〕。合戦は、北条方が長陣による兵力の限界を考え、和平を申し出て和睦が成立し双方撤兵して終わる〔皆川文書〕。

この後の重経は、天下人への道を歩み始めた秀吉との関係や佐竹・結城・宇都宮氏など反北条方の結束した動きに支えられ、常陸南部の北条方の岡見氏攻略に邁進《まいしん》し、常陸南部に勢力を拡大していく。重経は、天正十四・五年には北条方の岡見領に侵攻し〔岡見文書〕、岡見方の小張《おばり》・足高《あだか》・板橋・岩崎《いわさき》城（以上、茨城県つくばみらい市）などを攻略し、天正十六年には岡見治広《はるひろ》の牛久《うしく》城（同牛久市）を攻撃するに至る〔多賀谷家譜・岡見文書・常総遺文八〕。結果的に多賀谷氏は、戦国末期の常陸で佐竹・江戸氏に次ぐ第三の勢力に発展していく。しかし、重経のこうした栄光は、佐竹・結城両氏に両属しながら、その利点を最大限に活用し達成したものであった。それだけに、両氏と多賀谷氏との関係次第では崩れる危険性をあわせ持つものであった。その不安は豊臣政権のもとで現れる。

## 豊臣政権下の多賀谷氏

天正十七年（一五八九）十一月、上野沼田《ぬまた》城（群馬県沼田市）にいた北条氏邦《うじくに》の重臣猪俣邦憲《いのまたくにのり》が真田《さなだ》氏の支城上野名胡桃《なぐるみ》城（同みなかみ町）を攻め取るという事件を起こす。この事件は、秀吉の東国政策すなわち「関東《かんとう》・奥両国までの惣無事《そうぶじ》」政策（東国の領主間の抗争を豊臣政権の裁定で和睦に導く政策）に背《そむ》く行為であり、時の北条氏当主氏直が一旦は秀吉の沼田領裁定に従いながら違反したことを秀吉は重視し、氏直に父で隠居の氏政を即時上洛させ弁明するように命じた。しかし、氏直は強気の抗弁に出る一方で、防衛体制を強化するばかりで秀吉の命令を拒み続ける。そのため、秀吉は北条氏攻撃を決意する。翌天正十八年三月一日に秀吉は大軍を率いて京都を進発し、四月上旬には北条氏の本拠小田原城（神奈川県小田原市）を包囲した。

晴朝は、五月初旬に秀吉の動きに呼応して北条方の下野の祇園城（栃木県小山市）と榎本《えのもと》城（栃木市）を攻略し〔古簡雑纂六・川連文書〕、その足で小田原の秀吉の陣所に参陣した。五月二十四日に秀吉に謁見し本領安堵の約束をとりつける〔家忠日記〕。このとき、重経や水谷勝俊なども結城晴朝に同陣し、秀吉に拝謁したという〔武徳編年集成〕。

六月初め、重経は、佐竹義宣・宇都宮国綱・結城晴朝・水谷勝俊・佐野天徳寺宝衍《さのてんとくじほうえん》などとともに、秀吉から秀吉奉行人石田三成《いしだみつなり》の指揮に従い、北条方の武蔵忍《おし》城（埼玉県行田市）を攻撃するよう命じられ参陣する〔筑紫文書・諸将感状下知状并諸士状写三など〕。重経はこの後忍城が落城する七月十六日までは忍城近くに在陣していたと思われる。

豊臣秀吉は、天正十八年七月五日に北条氏を降伏させる。その後、秀吉は天下統一の実を高めるために、小田原城から北上し、北関東の宇都宮城（宇都宮市）、次いで会津《あいづ》黒川《くろかわ》城（福島県会津若松市）へと進軍し、支配下に入った征服地に対してさまざまな施策である仕置《しおき》（宇都宮仕置・会津仕置）を行う。重経は、佐竹義宣・宇都宮国綱・水谷勝俊など常陸や下野の領主たちと同様に、七月二十八日に宇都宮城に到着した秀吉に妻子を人質として差し出し、不要な城郭《じょうかく》の破却命令を受けいれたうえで〔士林証文三〕、所領安堵を受けたと思われる。多賀谷氏は、戦国後・末期には半ば独立の領主として存在していたが、一方では結城氏を主家とし、また一方では佐竹氏にも従属するという両属関係にあり、多賀谷氏家中には結城氏派と佐竹氏派がいたことが推測される。秀吉はこうした多賀谷氏の立場に対し、小田原合戦以前から水谷氏とともに結城氏の配下と見て直書《じきしょ》を送り、結城氏に伝達させていた。この点は、秀吉が天正十四年十二月三日付で重経を通じて「関東・奥両国迄の惣無事」政策を行う旨結城晴朝に伝え〔秋田藩家蔵文書一三〕、天正十六年九月二日付で秀吉が重経と水谷勝俊を通じて関東の領主の領土確定を行う旨結城晴朝に伝えていたことからわかる〔秋田藩家蔵文書一三〕。

こうした状況のもと、重経の嫡男三経《みつつね》は、天正十七年に常陸下妻城（茨城県下妻市）を出て下総岡田《おかだ》郡若郷《ぐんわかのごう》の島《しま》城（同八千代町）に移り、翌天正十八年には下総岡田郡太田《おおた》城（八千代町）に移り、重経から多賀谷領のうち下総の岡田郡・豊田《とよだ》郡及び下猿島《しもさしま》郡を分与されたという〔多賀谷家譜・多賀谷旧記〕。一方で、天正十八年には佐竹義重の四男宣家《のぶいえ》が重経の婿《むこ》として下妻城に入部してきたという〔多賀谷家譜・多賀谷旧記〕。この年の六月頃、太田多賀谷氏の領内に下妻多賀谷氏から「非分の儀」が懸《か》けられ、下妻多賀谷氏と太田多賀谷氏との間で紛争が起こっており〔多賀谷文書〕、下妻多賀谷氏の行動は重経が忍城攻めをしていた留守中の出来事であり、宣家の意向に基づく動きといえる。ともかく、多賀谷氏は、秀吉の宇都宮仕置以前には、三経（太田多賀谷氏）と宣家（下妻多賀谷氏）の二派に分裂していたことがわかる。

重経は、こうした二派の分裂に対して、三経が天正十八年六月五日付けで結城晴朝から書状〔多賀谷文書〕を送られているように親結城氏派であったことを踏まえ、三経を結城氏に属させ同氏の与力とした。一方、宣家については多賀谷氏の本城下妻城に迎え入れることで〔多賀谷家譜〕、自分の継嗣と定め、二派の分裂抗争を収めようとしたと思われる。ともかく、豊臣政権下の多賀谷氏は、下総太田城の親結城氏派の与力領主三経（太田多賀谷氏）と常陸下妻城の親佐竹氏派の与力領主重経・宣家（下妻多賀谷氏）の二派に分裂した。

秀吉は、天正二十年九月、重経が文禄の役に際し、病気と称し、蟄居《ちっきょ》し参陣しなかったことを責め、徳川秀忠《ひでただ》に命じて下妻城の破却と金子《きんす》千枚を提出させ赦免する〔下総文書坤〕。重経にとっては、多賀谷氏本宗家《ほんそう》のシンボルである下妻城を破却され、そのうえ金子を提出させられたわけで、衝撃は大きかったといえよう。

文禄の役の後の重経は、文禄三年（一五九四）七月、石塚彦五郎《いしづかひこごろう》と石塚彦六郎《ひころくろう》に知行宛行状《ちぎょうあてがいじょう》〔秋田藩家蔵文書一三〕を出すなど、勢力を縮小させられるも、下妻多賀谷氏当主として存在したことがうかがえる。慶長三年（一五九八）頃、重経は養嗣子の宣家に家督を譲り、翌慶長四年には下妻城下に覚心《かくしん》院《いん》を建立し、出家して祥円《しょうえん》と号しそこに住んだという〔多賀谷家譜〕。

## 関ヶ原合戦と晩年の重経

慶長五年（一六〇〇）の関ヶ原合戦では、重経の子で下総太田城の多賀谷三経は、会津上杉景勝《かげかつ》の南下を押さえる役を担った主家結城秀康《ひでやす》の先陣として下野大田原《おおたわら》城（栃木県大田原市）に在陣する〔多賀谷文書〕。結城秀康は、秀吉の死を契機に実父徳川家康に帰属し、関ヶ原合戦の前には宇都宮城で西軍石田三成寄りの会津上杉・常陸佐竹両氏と対峙し、家康とその子秀忠の背後を固めるという重要な任務を担当した。

一方、下妻城の多賀谷宣家は実兄佐竹義宣に属した。重経は既に隠居の身であり、下妻多賀谷氏が佐竹氏の与力となっていた関係で、宣家が佐竹氏に属することを容認したことであろう。関ヶ原合戦は家康の勝利で終わる。結城氏の与力であった三経は、関ヶ原合戦の戦後処理で家康により改めて結城秀康の家臣として位置づけられ、慶長六年には秀康に従い越前（福井県）に移住し、秀康の重臣として秀康から下総太田にいた時分の所領に見合う知行地《ちぎょうち》を与えられる〔多賀谷文書〕。

これに対して、宣家は、家康により改めて佐竹義宣の家臣として位置づけられ、義宣の出羽秋田《あきた》への減転封《げんてんぽう》に従い、常陸下妻を離れる。宣家は出羽白岩城《しらいわ》（秋田県仙北市）に入り、慶長十六年には檜山《ひやま》領一万石（秋田県能代市）に配置されたという〔多賀谷家譜〕。宣家の場合、三経の転出と違い減封で、戦国後・末期の多賀谷氏の栄光を思えば、あまりにも大きな変貌であったといえよう。

重経は、宣家の出羽転出に同行せず、各地を放浪した。最終的には近江彦根《ひこね》藩に仕官していた末子茂《しげ》光《みつ》を頼って彦根（滋賀県彦根市）に赴き、同地で元和四年（一六一八）十一月九日に六十一歳で死去したという〔多賀谷家譜・多賀谷旧記〕。

（荒川善夫）

**【主要参考文献】**
市村高男「豊臣・徳川政権と多賀谷氏の動向」（『関城町の歴史』三号、一九八三年）
『下妻市史』上（下妻市、一九九三年）
『関城町史』通史編上巻（関城町、一九八七年）
高橋恵美子「多賀谷氏における『家伝』」（高橋『中世結城氏の家伝と軍記』勉誠出版、二〇一〇年）
古澤一巳「国人領主多賀谷氏の政治的動向―両属と分立を中心に―」（荒川善夫編著『下総結城氏』戎光祥出版、二〇一二年、初出二〇一一年）

# 佐竹義重　――佐竹氏の全盛期を築いた智将

## 義重の誕生

佐竹義重《さたけよししげ》は天文十六年（一五四七）二月十六日、佐竹義昭《よしあき》の嫡男として生まれ、母は岩城重隆《いわきしげたか》（陸奥国大館《おおだて》城主）の娘である〔佐竹家譜〕。父と同じく、幼名は徳寿丸《とくじゅまる》、仮名は次郎と称した。義重の曾祖母も岩城氏出身であり、母の実家である岩城氏とは義重以前から血縁関係であった。このことから、義重の実名の「重」の字は母方の祖父である岩城重隆から実名の一字を与えられた可能性がある。

ところで、年代不明であるが、十一月二十七日付で徳寿丸が上遠野宮内大輔《かどのくないだゆう》秀隆に宛てた書状がある〔上遠野秀宣文書〕。また、同日付で上遠野秀隆に宛てた佐竹義昭の書状もある。宛先の上遠野氏は岩城氏の重臣であり、二つの書状の内容は、文面に差違はあるものの、今後の通交と馬の贈答に対する感謝を述べたことが記されているため、同年代に発給されたものと考えられる。そうなると、佐竹義昭と同日付で同内容の書状を発給した「徳寿丸」は、義昭との関係性を考えると、嫡男の義重といえる。

永禄二年（一五五九）三月五日、義重の母が二十八歳で死去した。法名を宮山玉芳という〔佐竹家譜〕。これによって、岩城氏と佐竹氏を直接的に結びつける紐帯が喪失することになった。同年十一月二十七日、義重は真崎彦三郎《まさきひこさぶろう》に実名の一字を与え、彦三郎は「義保《よしやす》」と名乗ることになった（秋田藩家蔵文書十七）。このときに発給された義重の一字状と書状の写しは、義重の署名と花押が確認できる現時点で最も古い史料で、このとき義重は十三歳であった。

したがって、義重は十三歳までに元服して義重を名乗り、「上遠野秀宣文書」の「徳寿丸」はそれ以前に発給されたもので、義重の元服前の政治的な活動を示す文書であることがわかる。父の義昭も、天文十四年の義篤の急死によって十四歳で常陸佐竹氏宗家の家督を継承し、まもなく岩城氏の支援を得るために義重の母と婚姻関係を結び、若年で政治的な活動を行っていた。

また、義昭の代に白河結城氏《しらかわゆうき》（白川氏）と陸奥国の南郷地域（陸奥国高野《たかの》郡南部のことで、のちに高野郡全体を指す地域呼称。現在の福島県矢祭町・塙町・棚倉町に相当する地域）の領有をめぐって抗争を繰り返していた状況と合わせて考えると、義昭は嫡男の義重を元服前から政治的な活動に参加させ、その途中で岩城氏との紐帯を喪失する事態が発生したこともあって、義重の政治的な地位を常陸佐竹氏の家督継承候補者として早急に確立することを模索したのかもしれない。

## 義重の家督相続

永禄五年頃に発給したとされる八月二十日付の和田昭為《わだあきため》に宛てた知行宛行状の写し（秋田藩家蔵文書十六）は、署名と花押は義昭と義重の連名になっている。この史料から、義重は永禄五年頃に常陸佐竹氏の家督継承者として義昭の後を継ぐことが明確になったといえる。

その頃、関東では越後の上杉輝虎《うえすぎてるとら》（のちの謙信）が関東への出兵を繰り返し、小田原北条《おだわらほうじょう》氏と対立していた。義昭は輝虎と手を組んで北条氏に対抗し、永禄七年正月には上杉・佐竹連合軍が常陸国小田《おだ》城（茨城県つくば市）を攻略し、城主の小田氏治《うじはる》は土浦《つちうら》城（茨城県土浦市）へ逃れた。この小田城攻略に義重も参加していたようで、小田城攻略後に軍勢を率いて土浦に出陣している〔芹沢文書〕。なお、永禄七年八月九日に義重は愛洲美作守宗通（元番斎）・修理亮を兵法師範として契約を結んでいる〔秋田藩家蔵文書五一〕。宗通は陰流の始祖である愛洲久忠（移番斎）の子で剣術であり、修理亮はその一族と考えられる。

こうして小田氏領は佐竹氏が支配することになったが、永禄八年十一月三日に義昭が三十五歳で死去し、義重は十九歳で本格的に常陸佐竹氏の家督を継承することになった。その直後の十二月十三日夜、小田氏治が義昭の死去に乗じて小田城を奪還し、佐竹氏の小田氏領支配は断絶した。

永禄九年に入ると、上杉輝虎が関東に出兵して小田城を攻撃し、氏治は結城晴朝《はるとも》を通じて二月十六日に降伏した〔松羅随筆所収文書・明光院記・安得虎子・吉備雑書抄書〕。これにより小田氏領は上杉氏の支配下となり、それに付随して六月二十七日に太田《おおた》資正《すけまさ》（三楽斎道誉。元武蔵国岩付城主）が片野《かたの》城（茨城県石岡市）に入城した〔烟田旧記〕。

義重の家督継承直後の小田氏領支配の断絶は、白川氏との抗争にも影響を及ぼしたのか、九月九日に佐竹氏は陸奥国の南郷地域の領有をめぐって抗争していた白川氏と和睦した〔佐竹義重等誓紙写〕。同時期に、下野方面では川崎城《かわさき》（栃木県矢板市）の塩谷義孝《しおのやよしたか》・義綱《よしつな》父子と烏山城《からすやま》（同那須烏山市）の那須《なす》資胤《すけたね》が抗争を展開し、義重は宇都宮広綱《うつのみやひろつな》と共に塩谷氏を支援し、那須氏と対立した〔江田二〇二〇〕。那須氏との抗争は翌年以降も続き、佐竹氏は那須氏の本拠地である烏山を攻撃するまでになっていた〔秋田藩家蔵文書二十〕。

この頃、上杉氏による関東出兵は不振な状態だった。永禄九年三月に輝虎が下総国臼井《うすい》城攻略に失敗して以降、関東では由良成繁《ゆらなりしげ》や北条高広《きたじょうたかひろ》など、上杉氏から離反する領主があいつぎ、佐竹氏や宇都宮氏なども上杉氏と距離を置くようになったのである。そこで、輝虎は佐竹氏家臣や江戸氏などを通じて、義昭の代と同様の好誼を義重へ要望し〔上杉家文書など〕、永禄十一年には下野国佐野《さの》（栃木県佐野市）から東の地域を佐竹氏と宇都宮氏の領域とすることを提案した〔謙信公御書集〕。

## 常陸南部の再進出と小田城攻略

永禄十一年十月中旬、小田原北条氏は下総国関宿《せきやど》城主（千葉県野田市）の簗田晴助《やなだはるすけ》の籠もる関宿城を包囲した（第二次関宿合戦）。義重はこれを救援するべく、真壁《まかべ》城（茨城県桜川市）の真壁氏・下妻《しもつま》城（同下妻市）の多賀谷《たがや》氏らと共に常陸南部に進出し、その途中で再び小田氏領に侵攻した。

永禄十二年正月、義重をはじめとする連合軍は海老島城（茨城県筑西市）の平塚《ひらつか》刑部大輔を降伏させ、

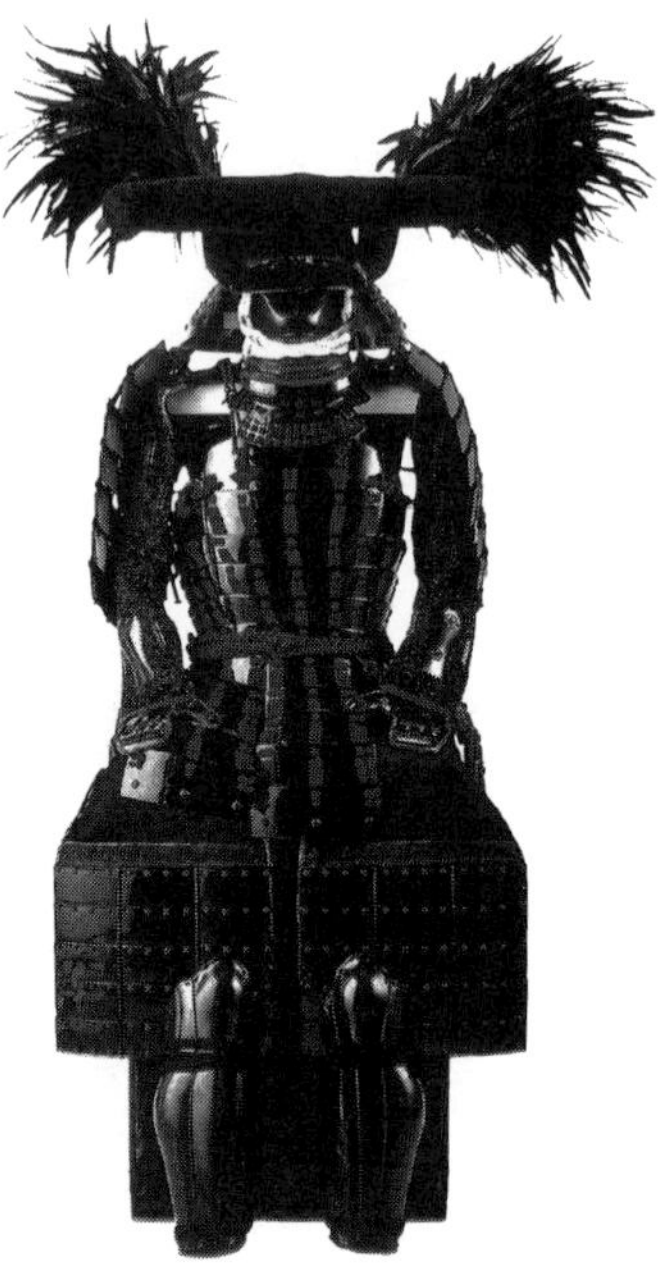

佐竹義重所用とされる黒塗紺糸威具足　秋田市立佐竹史料館蔵

その後に小田城周辺を攻撃した。この頃、甲相駿三国同盟《こうすんそうさんごくどうめい》を破棄して駿河へ侵攻した武田信玄《たけだしんげん》に対抗するため、小田原北条氏は長年にわたって関東で争ってきた上杉氏と同盟締結の交渉を行っていた。

　輝虎は、佐竹氏をはじめとする関東の反北条氏側の諸領主に北条氏との同盟について連絡したところ、佐竹氏を筆頭に、同盟締結に反対する意見が多く、逆に上杉氏の早急な関東出兵を要請した。これに対して、輝虎は同盟締結後も上杉氏側の諸領主を見捨てることはないと説得し、ついに永禄十二年閏《うるう》五月に上杉氏と小田原北条氏は同盟を結んだ（越相《えっそう》同盟）。しかし、武田信玄が北条氏の背後を衝くべく、佐竹氏や宇都宮氏と連絡を取り、さらに佐竹氏らは小田氏領の攻撃を続けた。

　これに対して、小田氏治は反撃のため太田資正の拠点である片野城を攻撃するべく出陣した。しかし、十一月二十三日に太田資正・梶原政景《かじわらまさかげ》（資正の次男。常陸国柿岡城主）や真壁氏・大掾氏らに手這坂《てばいざか》（茨城県石岡市）で反撃されて敗北し（手這坂の戦い）、土浦方面に逃れ、小田城は真壁氏の軍勢に攻略された。この佐竹氏を始めとする連合軍の小田氏領攻略で、佐竹氏は常陸・下野東部の諸領主（「東方之衆」）の中心的存在として存在感を強めることになった〔佐々木二〇一一〕。

佐竹氏らによって攻略された小田氏領は太田資正の統制下に入り、小田城には梶原政景が入城することになった。このように佐竹氏が常陸南部へ進出していたとき、陸奥南部方面では石川《いしかわ》城主（福島県石川町）の石川氏と手を組み、石川氏と対立する白川氏と緊張状態となっていた。また、下野方面では那須氏との緊張状態が続いており、永禄十二年十二月二十三日に白川氏と那須氏は起請文を交わした〔佐竹義重等誓紙写〕。

元亀元年（一五七〇）に入ると、義重は下野東部に出陣し、七月に武茂《むも》（栃木県那珂川町）・千本《せんぼん》（同茂木町）、八月に大山田《おおやまだ》（同那珂川町）で那須氏と衝突した。同時期に白川氏に味方する会津《あいづ》（福島県会津若松市）の蘆名《あしな》氏と三春《みはる》（同三春町）の田村《たむら》氏が、白川氏と共に陸奥国の南郷地域における佐竹氏の拠点である寺山《てらやま》城（同棚倉町）や羽黒《はぐろ》城（同塙町）を攻撃し〔会津四家合考所収文書・東大史料編纂所影写本白河文書〕、八月には石川郡でも合戦があった〔秋田藩家蔵文書四十四〕。なお、七月十六日に嫡男の義宣《よしのぶ》が誕生している〔佐竹家譜〕。

## 元亀・天正の攻防

元亀二年（一五七一）に入っても、陸奥南部では佐竹氏と蘆名氏・田村氏の衝突は続き、二月には三《さん》丁目《じょうめ》（三城目。福島県矢吹町）と滑津《なめつ》（同中島村）で合戦があった〔伊達家文書〕。結果は佐竹氏の敗北で、元亀元年から陸奥南部では佐竹氏の劣勢が続いていた。このような情勢下、七月に佐竹氏の宿老である和田昭為が佐竹氏から離反する事態が発生した。江戸時代の史料では車斯忠との対立が原因とされるが、元亀二年の陸奥南部における佐竹氏の劣勢も影響しているかもしれない。

　義重は、この情勢を脱却すべく元亀三年六月に那須氏と和睦し〔金剛寿院文書〕、ついで田村氏・蘆名氏・白川氏と八月に和睦したが、蘆名氏との和睦は不調に終わった〔東州雑記・上杉家文書〕。元亀三年末になると、義重は一転して下野方面へ出陣した。これは元亀三年正月に宇都宮広綱が皆川城主（栃木県栃木市）の皆川俊宗《みながわとしむね》に宇都宮城を乗っ取られたため、広綱を支援するものであった。

　義重は多功原《たこうがはら》（栃木県上三川町）で俊宗を支援する北条氏政を撃退し、天正元年（一五七三）正月には広綱と共に皆川氏の十一箇所の支城を攻略した〔秋田藩家蔵文書二十〕。八月に入ると、義重は常陸南部に侵攻し、戸崎《とさき》城・宍倉《ししくら》城（茨城県かすみがうら市）を攻略して、小田氏治が在城する木田余《きだまり》城（同土浦市）も攻略した。

　天正二年正月、白川氏家中で白川義親《よしちか》と白川常広《つねひろ》の内紛が発生し（白川氏天正の変）、これに乗じて義重は白川常広に味方して白川氏領へ侵攻し、二月十六日に赤館《あかだて》城（福島県棚倉町）を攻略した。このときに佐竹氏の白川氏領侵攻を手助けした者の中に、元亀二年に佐竹氏から離反していた和田昭為の姿があった。昭為は浅川廉純《あさかわかどすみ》（浅川城主）と協力して白川氏家中で佐竹氏側に付いた家臣と共に佐竹氏へ合流していた。そして、義重は天正三年に白川氏領を支配下に治めた。

一方、関東では天正二年正月に第三次関宿合戦が勃発し、上杉謙信が関宿を救援するべく関東へ出兵し、佐竹氏や宇都宮氏に関宿の救援を要請した。しかし、たび重なる謙信の関東出兵の不調もあって、佐竹氏と宇都宮氏は関宿城を包囲する北条氏との和睦を画策し、両氏の仲介で閏十一月に北条氏と簗田氏の間で和睦が成立し、関宿城は北条氏が掌握することになった。

## 陸奥南部と関東の「佐竹一統」へ

天正三年後半頃から義重は織田信長《おだのぶなが》に接近するようになり、その影響で天正四年六月十日に従五位下《じゅごいのげ》常陸介《ひたちのすけ》に叙任された。同年、白川氏領の大半が蘆名氏や断交した田村氏に攻略されたため、天正六年八月に白川義親と和睦した。翌年には蘆名氏とも和睦し、以後は陸奥南部の諸領主とあいついで和睦した。田村氏とは、天正八年の御代田合戦で衝突するものの、天正九年に和睦した。天正九年六月七日付で真田昌幸に宛てた武田家朱印状で、この様子を「佐竹奥州一統」と表現している〔真田家文書〕。

一方、関東では第三次関宿合戦終結後に北関東へ進出する小田原北条氏と本格的に敵対するようになり、天正六年六月に佐竹氏を始めとする下野・常陸の反北条氏の諸領主と連合して、常陸国小川《おがわ》（小河。茨城県筑西市）で鬼怒川《きぬがわ》を挟んで北条軍と対陣した（小川台合戦、常陸小河合戦）。この合戦で佐竹氏は天正六年三月に死去した上杉謙信に替わる反北条氏勢力の中心となった。

陸奥南部の諸領主とあいついで和睦した義重は、関東方面では天正七年頃から甲斐の武田勝頼《たけだかつより》と手を組み、引き続き織田信長とも外交交渉を行っていた。天正十年三月に甲斐武田氏が滅亡し、六月二日の本能寺の変で信長が死去すると、小田原北条氏は上野の領国化を進めた。北条氏に反抗する佐野宗綱（下野国唐沢山城主）らは、北条氏に属した小泉《こいずみ》城（群馬県館林市）の冨岡《とみおか》氏と対立し、佐野氏らを支援する佐竹氏・宇都宮氏と北条氏・冨岡氏が天正十二年五月初旬から七月二十三日まで下野国藤岡《ふじおか》・沼尻《ぬまじり》（栃木県栃木市）で対陣した（沼尻合戦）。このときに佐竹氏らと羽柴秀吉《はしばひでよし》（豊臣《とよとみ》秀吉）が連携し、北条氏は徳川家康と連携している。

その頃、陸奥南部では蘆名氏と伊達氏で家督交代が行われ、とくに伊達政宗《だてまさむね》（出羽国米沢城主）は、現在の福島県の中通り北部方面へ侵攻を開始したが、天正十三年十一月の人取橋《ひととりばし》合戦（本宮合戦）で佐竹・蘆名連合軍と戦って敗北した。天正十五年二月、蘆名亀若丸死後の蘆名氏の家督を白川義広《よしひろ》（義重の次男で白川義親の養子）が継承することになった。

天正十六年になると、正月から五月まで江戸氏と大掾氏の抗争である第二次府中合戦が行われ、このときに義重は義宣と共に大掾氏領へ侵攻し、大崎氏や最上氏への対応に追われていた伊達政宗は佐竹氏領国内の混乱によって、佐竹氏が「仙道口」に手を回せなくなることを期待している〔遠藤広家文書など〕。そして、天正十四年十月九日の田村清顕《きよあき》の死去によって発生した田村氏家中の内紛を原因として、天正十六年六月から七月まで伊達氏と佐竹氏の間で郡山合戦が勃発した。この合戦は双方による防御施設の建設と激しい鉄砲の撃ち合いが展開された合戦でもあった。

## 義重から義宣への家督交代と晩年

天正十三年から天正十四年の間、義重は主に下野方面で戦っていたが、その間に嫡男の義宣《よしのぶ》が壬生《みぶ》氏攻撃で初陣を果たした。それと同時に天正十三年から天正十六年の間に義重と義宣が連署した起請文や知行宛行状などの存在〔秋田藩家蔵文書七・四十など〕、壬生・鹿沼攻め・第二次府中合戦で義重と義宣が共に出陣していることなどから、義重はこの頃から徐々に義宣へ家督を譲渡するようになったようだ。

そして、天正十七年に義重は義宣へ家督を譲った。義重は、豊臣政権が小田原合戦に勝利して天下統一を達成した後に政権への人質として上洛することもあったが、天正十八年に佐竹氏が本拠地を水戸城に移動した後も水戸城の北に位置する太田城（茨城県常陸太田市）に留まり続けた。このことから、義重は「北城様」と呼ばれるようになった。

家督譲渡後の義重は完全に政治の表舞台から姿を消したわけではなく、佐竹氏領国のなかで前当主として一定の政治的地位を維持していた。

その例として、文禄の朝鮮出兵で義宣が肥前国名護屋へ出陣した際に、常陸へ残った和田昭為に留守中に政務で迷ったら速やかに義重に相談するように指示したこと〔秋田藩家蔵文書十六〕、文禄四年（一五九五）六月十九日に豊臣政権が佐竹氏領を五四万五八〇〇石と確定したときに、五万石を義重領の石高として認定したこと〔佐竹文書一乾〕、慶長五年（一六〇〇）の関ヶ原合戦後に伊達政宗が佐竹氏の徳川家康《とくがわいえやす》への服属を示すために義重を江戸へ向かわせるべきと述べたこと〔天理図書館所蔵伊達家文書〕などがあげられる。

慶長七年に佐竹氏が秋田へ転封したとき、義重は出羽国六郷（秋田県美郷町）に入った。慶長十七年四月十九日、義重は六十六歳で死去した。『佐竹家譜』によると、前年に腫物を患い療養中であったが、回復してきたため狩猟に出かけたところ、落馬して気絶し、息を吹き返すことなく死去したという。法名を通庵闐信《つうあんてんしん》といい、万固山天徳寺《てんとくじ》に葬られた後、義宣は義重のために闐信寺を建立した〔佐竹家譜〕。

（千葉篤志）

**【主要参考文献】**

『茨城県史料』中世編Ⅱ・Ⅳ・Ⅴ（茨城県、一九七四年・一九九一年・一九九四年）
『牛久市史料』中世Ⅰ・古文書編（牛久市、二〇〇二年）
『牛久市史』原始古代中世（牛久市、二〇〇四年）
『上越市史』別編1・上杉氏文書集一（上越市、二〇〇三年）
『白河市史』第一巻通史編1（白河市、二〇〇四年）
『仙台市史』資料編11・伊達政宗文書2（仙台市、二〇〇三年）
『常陸大宮市史』資料編2　古代・中世（常陸大宮市、二〇二三年）

荒川善夫『戦国期北関東の地域権力』（岩田書院、一九九七年）
荒川善夫ほか編『戦国遺文　下野編』第一巻・第二巻（東京堂出版、二〇一七年・二〇一八年）
市村高男『戦国期東国の都市と権力』（思文閣出版、一九九四年）
江田郁夫「戦国時代の下野塩谷氏―系譜・本拠・政治的な動向を中心に―」（『栃木県立博物館研究紀要―人文―』第三七号、二〇二〇年）
遠藤巌「上遠野氏と上遠野古文書―南奥国人の一存在形態―」（小林清治先生還暦記念会編『福島地方史の展開』所収、名著出版、一九八五年）
黒田基樹編『北条氏年表　宗瑞・氏綱・氏康・氏政・氏直』（高志書院、二〇一三年）
佐々木倫朗『戦国期権力佐竹氏の研究』（思文閣出版、二〇一一年）
佐々木倫朗「佐竹義重・義宣代替り考」（小此木輝之先生古稀記念論文集『歴史と文化』所収、青史出版、二〇一六年）
佐々木倫朗・千葉篤志編『戦国期佐竹氏研究の最前線』山川出版社、二〇二一年）
高橋修編『佐竹一族の中世』（高志書院、二〇一七年）
新田英治「中世文献調査報告（五）」（『茨城県史研究』五五号、一九八五年）
原武男校訂『佐竹家譜』上（東洋書院、一九八九年）
村井章介・戸谷穂高編『新訂白河結城家文書集成』（高志書院、二〇二二年）
森木悠介「戦国期佐竹氏の代替わりについて〜義重から義宣への家督交代を中心に〜」（『茨城県立歴史館報』第四三号、二〇一六年）
森木悠介「常陸府中合戦の実態と大掾氏」（『常総中世史研究』第九号、二〇二一年）
山田邦明『上杉謙信』（人物叢書三〇七、吉川弘文館、二〇二〇年）

# 佐竹義久
## ――佐竹氏家中の要人から豊臣政権の直臣へ

### 佐竹東家の成立

佐竹義久《さたけよしひさ》は、常陸佐竹氏の一族で、佐竹東家の第四代当主である。佐竹東家は、常陸佐竹氏の一族の中でも戦国時代から分流した家で、「佐竹」を名字としていた。また、北家・南家と共に「佐竹三家」と呼ばれ、戦国期の佐竹氏の家臣団の中で、一族衆の最高位に位置する家柄だった〔市村一九九四・佐々木二〇一一〕。東家の由来は、宗家の館の東側に館があったことからと言われている。

東家の初代当主である政義《まさよし》は佐竹義舜《よしきよ》の同母弟で、最初は僧侶となって周悦《しゅうえつ》と称し、のちに還俗《げんぞく》して左近大夫将監《さこんのだいぶしょうげん》の官途を名乗った。永正十四年三月十三日に義舜が四十八歳で死去し、嫡男の義篤《よしあつ》が十一歳で宗家の家督を継承するにあたり、兄の義信《よしのぶ》と共に幼少の義篤を補佐することになった。政義は天文三年（一五三四）に五十一歳で死去し、その後は子の義堅《よしかた》が継承した。

義堅は幼名を喝食丸《かっしきまる》、仮名を九郎と名乗り、のちに父と同様に官途名を左近大夫将監と称した。天文十四年四月九日、従兄弟にあたる本宗家当主の義篤が三十八歳で死去し、嫡男の義昭《よしあき》が十五歳で宗家の家督を継承するにあたり、北家の佐竹義廉《よしかど》、南家の佐竹義里《よしさと》（義篤の弟。初名は義隣）と共に若年の義昭を補佐することになった。なお、東家は政義あるいは義堅の代に、常陸国山方城《やまがた》（茨城県常陸大宮市）を居城としている。

義堅の生没年は不明であるが、永禄年間後半頃に義堅の子である義喬《よしたか》が後を継ぎ、東家の第三代当主となった。義喬は、父と同じく幼名を喝食丸、仮名を九郎と名乗り、のちに受領名を薩摩守《さつまのかみ》と称した。義喬が東家の当主となった頃、佐竹氏では永禄八年（一五六五）十一月三日に、宗家当主の義昭が三十五歳で死去し、その後を義昭の嫡男である十九歳の義重《よししげ》が継承した時期であった。

また、佐竹氏は義篤の代から白河結城氏《しらかわゆうき》（白川氏）の領域である陸奥国の南郷地域（陸奥国高野郡《たかののぐん》南部のことで、のちに高野郡全体を指す地域呼称）へ本格的に侵攻するが、その支配の中核となったのが東家当主の義堅であり、その地位は義堅の後を継いだ義喬にも引き継がれた。

東家による南郷地域の支配は、宗家当主の影響下にありつつも、東家当主が白川氏の麾下にあった南郷地域の諸領主たちへ直に知行安堵を行うなど、一定の自立性が見られた。これと「佐竹三家」の佐竹氏家臣団における家格の高さから、「佐竹三家」は宗家当主の「分身的存在」〔市村一九九四〕と評価されている。

## 義久の家督継承

佐竹義久は義喬の弟で、天文二十三年（一五五四）に義堅の三男として生まれた〔東家家伝抄〕。最初は佐竹氏一族の酒出《さかいで》氏を継承し、仮名を源六郎《げんろくろう》、中務大輔《なかつかさだゆう》の官途を称した。

元亀二年（一五七一）四月十三日に家臣の伊藤甚九郎《いとうじんくろう》に「久」の一字を偏諱として与え〔秋田藩家蔵文書二十二〕、翌三年閏《うるう》正月六日に宗家家臣の大縄監物丞と指南関係を結んだ起請文、同年三月二十四日には家臣の石井蔵人佐《いしいくろうどのすけ》の進退を保証することを伝えた文書〔大縄久照文書・秋田藩家蔵文書十五〕では、「酒出義久」と署名していることから、少なくともこの頃から政治的な活動が見られた。天正元年（一五七三）三月十九日朝、義喬が二十六歳で死去し、義久が義喬の後継者として、東家の第四代当主となった〔佐々木二〇一一・常陸大宮市史資料編2〕。

義久が東家の当主となった頃、佐竹氏は関東方面では上杉謙信《うえすぎけんしん》と手を組んで小田原北条《おだわらほうじょう》氏と対立し、陸奥南部方面では石川氏と手を組み、白川氏や会津《あいづ》の蘆名《あしな》氏、三春《みはる》の田村《たむら》氏と対立していた。特に元亀二年から翌三年頃に白川氏を支援する蘆名氏と田村氏の連合軍に敗北し、元亀二年七月に佐竹氏の宿老である和田昭為《わだあきため》が佐竹氏から離反するなど、佐竹氏は劣勢に立たされていた。

そのような状況下、義久は義喬と同様に佐竹氏の南郷地域の支配の中核として活動していた。天正二年正月、白川氏の家中で内紛が勃発し、白川隆綱《しらかわたかつな》（のちに義親、不説）の弟である白川常広《つねひろ》（善七郎）が離反し、これに浅川廉純《あさかわかどずみ》（陸奥国浅川城主）や元亀二年七月に佐竹氏から離反した和田昭為が加勢した。昭為はこのときの功績によって佐竹氏に帰参することになるが、その仲介役となったのが義久であった。

天正三年になると、白川氏領は佐竹氏の支配下に入り、義久は河東田《かとうだ》氏などの白川氏家臣を傘下に組み込むが、その後、蘆名氏や田村氏による白川氏への軍事支援によって、佐竹氏は天正五年閏七月には白河城（福島県白河市）から撤退した。翌年八月、佐竹氏は白川氏と和睦し、義重の次男である喝食丸が白川義親の養子となることが決定した。このときに両氏の間で起請文が交わされるが、義重と共に起請文を提出したのが義久であった。

この白川氏との和睦でも見られるように、佐竹氏の外交において、「佐竹三家」が宗家に準じる立場にあり、他の家臣と比べて、より主体的に他勢力との外交交渉を行っていたと指摘されている〔市村一九九四〕。義久は上杉氏・武田《たけだ》氏・那須《なす》氏・岩城《いわき》氏・白川氏・石川《いしかわ》氏・蘆名氏（天正七年に佐竹氏と和睦）・伊達《だて》氏など、南郷地域の支配の中核であったことと関連して、とくに陸奥方面の諸領主との外交交渉で多く登場している。

## 統一政権と義久

天正四年（一五七六）六月十二日、義久は織田《おだ》政権の斡旋によって朝廷から山城守《やましろのかみ》に任じられた〔秋田藩家蔵文書四〕。これは、織田政権の斡旋によって、同年六月に宗家当主の義重が従五位下《じゅごいのげ》常陸介に叙任されたことにともなって任官されたものである〔柴二〇二一〕。そして、天正十九年正月二日には、従五位下中務大輔に正式に叙任されるが〔秋田藩家蔵文書四〕、これは佐竹氏が豊臣《とよとみ》政権へ服属したことにともなうものだった〔佐々木二〇一一〕。

このような義久の叙位任官の背景には、室町《むろまち》幕府に替わる新たな統一政権として登場した織田政権・豊臣政権と佐竹氏の外交交渉で、義久が佐竹氏側の交渉窓口となっていたことがあげられる。これは、それまで義久が陸奥方面の諸勢力との外交交渉などで活動していた延長線上に形成されたものといえるだろう。

とくに、義久と豊臣政権側の外交交渉は史料上で顕著に見られる。たとえば、五月十五日付の義久の書状には小田原北条氏と佐竹氏が対陣していること〔沼尻合戦〕が書かれている。これに対して羽柴秀《はしばひで》吉《よし》（豊臣秀吉）は、天正十二年七月八日付で、当時敵対していた徳川家康の領国である遠江・三河に出陣しようとしていることを義久に伝えている〔奈良文書〕。

天正十六年九月二日には、秀吉が佐竹氏に従属する太田資正《おおたすけまさ》・梶原政景《かじわらまさかげ》父子、下総結城氏に従属する多賀谷重経《たがやしげつね》・水谷勝俊《みずのやかつとし》の連名宛に朱印状を送った〔潮田文書・秋田藩家蔵文書十三〕。そこでは、小田原北条氏が豊臣政権への服属の使者として一族の北条氏規《うじのり》（氏政の弟、氏直の叔父）を派遣したことを伝えている。また、同内容のものが義久と北家の佐竹義斯《よしつな》の連名宛に発給されている〔佐竹義尚文書・秋田藩家蔵文書四〕。

その後、豊臣政権と小田原北条氏は上野の沼田《ぬまた》領の領有問題を契機に対立は決定的となる。天正十七年十一月二十八日、秀吉は太田資正・梶原政景に対して朱印状を送り〔専宗寺文書・太田文書〕、来春早々に小田原北条氏を討伐することを宣言しているが、この時にも同内容のものを義久と義斯に送っている

〔佐竹義尚文書・秋田藩家蔵文書四〕。

なお、義久は秀吉だけでなく、その家臣からも書状が送られ、とくに石田三成《いしだみつなり》と増田長盛《ましたながもり》から送られた書状が多く見られる。そのなかでも、天正十八年五月二十五日に三成が義久に送った書状の写し〔秋田藩家蔵文書四〕によると、三成は若年で本宗家当主となった義宣《よしのぶ》が秀吉への進物など諸事にわたって見苦しくないように義久が意見するべきと主張し、佐竹氏家中の中で秀吉がよく知っているのは義久一人であるとも述べている。ここから、豊臣政権が義久を佐竹氏家中の要となる人物と認識していたといえる。

## 豊臣政権の直臣となった義久

天正十八年七月、秀吉は小田原合戦に勝利して天下統一を達成した。豊臣政権下の大名となった佐竹氏は、同年八月一日に豊臣政権によって常陸国の大半と下野国の一部である「当知行分」二一万六七五八貫文の領有を認められた〔佐竹文書〕。その中で、義久も東家の本領を安堵されるが、陸奥国の南郷地域と依上保《よりかみほ》〔茨城県大子町〕の知行地は返還することになり、その代わりとして新たに常陸国の内、鹿島郡を与えられた〔奈良文書〕。

豊臣政権に服属後、佐竹氏は政権下の大名として、九戸政実《くのへまさざね》の乱〔天正十九年三月〜九月〕、文禄の朝鮮《ちょうせん》出兵〔文禄元年四月〜文禄二年五月〕、伏見《ふしみ》城の建設〔文禄三年〕など、政権が課す軍役〔城郭建築は平時の軍役に相当する）に参加した。なかでも、文禄の朝鮮出兵で、義久は宗家当主の義宣《よしのぶ》に従って肥前国名護屋《なごや》（佐賀県唐津市）へ駐留し、そこから朝鮮半島へ渡海して、豊臣軍の拠点の一つとなった熊川城（韓国の慶尚南道鎮海市）の普請に参加している〔奈良文書・大和田重清日記〕。

文禄四年（一五九五）六月十九日、佐竹氏は太閤検地の結果、五四万五八〇〇石の領有を認められた〔佐竹文書一乾〕。そのなかで、義久は六万石を領有することを認められ、その内訳は、鹿島《かしま》郡で一万五千余石、那珂《なか》郡で一万九〇〇余石、茨城《いばらき》郡で五八〇〇余石、新治《にいはり》郡で五千余石、筑波《つくば》郡で一万二千余石、義久の直轄領一万石であった〔秋田藩家蔵文書四〕。さらに、太閤蔵入地（豊臣政権の直轄領）千石を、政権の代官として支配することを認められた。

これにより、義久は佐竹氏の家臣でありながら、豊臣秀吉の直臣として政権に直属する政治的位置についたことになった。そのことを反映してか、長束正家・石田三成・増田長盛・浅野長吉・前田玄以ら（いわゆる豊臣五奉行）から、政権の命令を伝える連名の書状が義久宛に送られている〔秋田藩家蔵文書四〕。

さらに、豊臣秀吉・豊臣秀次《ひでつぐ》（秀吉の甥。関白）・大蔵卿局《おおくらきょうのつぼね》（秀吉の側室である茶々の側近）・徳川家康《とくがわいえやす》・徳川秀忠《ひでただ》（家康の三男）へ歳暮や端午の節句の際に贈答品を贈り、そのお礼が述べられた朱印状や書状を送られている〔奈良文書〕。

秀吉の死後、慶長五年の関ヶ原合戦のときに、佐竹氏は石田三成や上杉景勝《うえすぎかげかつ》と手を組んだことなどの理由で、慶長七年（一六〇二）七月二十七日に出羽国秋田《あきた》郡・仙北《せんぼく》郡（秋田県北部・中部一帯）に転封となるが、義久はその前年の慶長六年十一月二十八日、四十八歳で死去した。法名を覚阿《かくあ》という（佐竹家譜）。法名から時衆《じしゅう》との繋がりもあったことがわかる。（千葉篤志）

**【主要参考文献】**

『茨城県史料』中世編Ⅲ・Ⅳ・Ⅴ（茨城県、一九九〇年・一九九一年・一九九四年）
『白河市史』第一巻通史編１（白河市、二〇〇四年）
『牛久市史料』中世Ⅰ・古文書編（牛久市、二〇〇二年）
『常陸大宮市史』資料編２　古代・中世（常陸大宮市、二〇二三年）
市村高男『戦国期東国の都市と権力』（思文閣出版、一九九四年）
今井雅晴「水戸神応寺と時宗・遊行三十二代他阿普光」（『茨城県史研究』第四〇号、一九七九年）
佐々木倫朗『戦国期権力佐竹氏の研究』（思文閣出版、二〇一一年）
佐々木倫朗「佐竹氏の小田原参陣と豊臣政権」（『戦国遺文　下野編』第２巻　月報２、二〇一八年）
佐々木倫朗・千葉篤志編『戦国期佐竹氏研究の最前線』（山川出版社、二〇二一年）
柴裕之「信長と佐竹氏は、いかなる関係を築いたか」（佐々木倫朗・千葉篤志編『戦国期佐竹氏研究の最前線』第十章、二〇二一年）
高橋修編『佐竹一族の中世』（高志書院、二〇一七年）
戸谷穂高「天正期における白河一族善七郎と南陸奥の地域秩序」（『戦国史研究』第七九号、二〇二〇年）
新田英治「中世文献調査報告（五）」（『茨城県史研究』五五号、一九八五年）
原武男校訂『佐竹家譜』上（東洋書院、一九八九年）
村井章介・戸谷穂高編『新訂白河結城家文書集成』（高志書院、二〇二二年）

# 佐竹義斯——軍事・外交で本家を支えた重鎮

## 佐竹北家の成立

佐竹《さたけ》義斯《よしつな》は常陸佐竹氏の一族で、佐竹北家の第四代当主である。佐竹北家は、常陸佐竹氏の一族の中でも戦国時代になって分流した家で、「佐竹」を名字としていた。東家・南家と共に「佐竹三家」と呼ばれ、戦国期の佐竹氏の家臣団の中で、一族衆の最高位に位置する家柄であった〔市村一九九四・佐々木二〇一一〕。北家の由来は、宗家の館の北側に館があったことからといわれ、常陸国久米《くめ》（茨城県常陸太田市）を本拠地として周辺領域を支配し、久米城を居城にしたとされる〔今泉一九九九・佐々木二〇一一〕。

北家の初代当主である義信《よしのぶ》は佐竹義舜《よしきよ》の同母弟で、仮名《けみょう》を又次郎《またじろう》といい、官途《かんと》を左衛門尉《さえもんのじょう》、のちに左衛門督《さえもんのかみ》と称した。永正十四年（一五一七）三月十三日に義舜が四十八歳で死去し、嫡男の義篤《よしあつ》が十一歳で宗家の家督を継承するにあたり、弟の政義《まさよし》と共に幼少の義篤を補佐することになった。天文二年（一五三三）八月十二日に義信が五十八歳で死去すると、嫡男の義住《よしずみ》が後を継いだ。しかし、義住は部垂《へたれ》の乱の最中である天文八年年七月七日、「佐竹小場部垂兵乱」で戦死した〔東州雑記・佐竹家譜〕。

義住の後を継いだのは、義信の次男で、義住の弟の義廉《よしかど》であった。義廉は、生没年は不明であるが、幼名を乙菊丸《おときくまる》、仮名を又七郎《またしちろう》といい、官途を左衛門尉、のちに左衛門督と称した。天文十四年四月九日、宗家当主の義篤が三十八歳で死去し、嫡男の義昭《よしあき》が十四歳で常陸佐竹氏宗家の家督を継承することになったため、東家の佐竹義堅《よしかた》、義篤の弟である義里《よしさと》（初名は義隣。のちに南家の初代当主となる）と共に義昭を補佐することになった。

新田英治氏の研究によると、義廉の発給文書に据えられた花押型から、義廉は天文十八年十二月二十九日から天文二十二年二月十八日までの間に出家し、源統《げんとう》と号した〔新田一九八五〕。さらに、のちに斎号を恵悟斎《けいごさい》、法名を但阿とするが、永禄六年九月二十七日に家臣の矢野藤七《やのとうしち》に宛てた知行宛行状で「但阿」と署名しており、この頃に法名を変え、阿号を用いていることから、時衆《じしゅう》との繋がりが考えられる〔新田一九八五〕。

永禄七年（一五六四）正月、佐竹義昭は越後の上杉輝虎《うえすぎてるとら》（謙信《けんしん》）と協力して、敵対する常陸国小田《おだ》城主（茨城県つくば市）の小田氏治《うじはる》を攻撃するために、常陸南部の小田氏領に侵攻した。佐竹・上杉の連合軍から攻撃を受けた氏治は、小田城から土浦方面へ逃亡し、小田氏領は佐竹氏の支配下に入ったが、このときに義廉は小田城に入り、小田氏領の支配を任されている。

## 義斯の家督継承

佐竹義斯は、義廉の子として天文十四年（一五四五）に生まれた。母は佐竹義篤の娘であることから、宗家当主の佐竹義重《よししげ》（義昭の嫡男）は従兄弟にあたる。父と同様に仮名を又七郎、官途を左衛門尉、のちに左衛門督と称した。

永禄五年（一五六二）十二月十日、義斯は真崎弥三郎《まさきやさぶろう》に名字状を発給し、「義寄《よしより》」の実名を与えた。この名字状は義斯の発給文書の初期のものであり、この頃から義斯は政治的な活動を開始したようだ〔新田一九八四・今泉一九九九・佐々木二〇一一〕。父の義廉が永禄六年頃に出家したことと合わせて考えると、義斯は十代後半ぐらいの年齢から政治的な活動を開始したといえよう。

この頃、先述のように佐竹義昭は越後の上杉輝虎と手を組み、自身は常陸南部に侵攻していた。永禄六年三月一日付で義斯に宛てた上杉氏重臣の北条高広《きたじょうたかひろ》書状の写し〔彰考館所蔵古簡雑纂六〕は、その頃の佐竹氏と上杉氏の外交に義斯が関わっていることがわかる史料で、永禄六年春頃に輝虎が下野国祇《ぎ》園《おん》城（小山城。栃木県小山市）を攻撃するときに発給されたものである。

このなかで、北条高広は佐竹義昭が上杉氏に加勢するために下総国結城《ゆうき》（茨城県結城市）と下野国小山（栃木県小山市）の間に在陣し、その軍勢に義斯が同行し、さらに義廉も参加していることに謝意を述べている。冒頭で近日は音信が途絶えていたことを高広が述べているので、高広と義廉・義斯は少なくとも永禄六年三月以前から接点を持っており、この頃には義斯が上杉氏と佐竹氏の間の外交で活動していることがわかる。

永禄七年正月、佐竹義昭は上杉輝虎と協力して小田城を攻略すると、検地や知行宛行などを行い、義廉に小田氏領の支配を任せた。このときに義斯も父と共に小田氏領の支配に関わっていたと考えられる。

そのことがわかる史料として、永禄七年四月十四日付の義斯宛て義昭書状と、八月二日付の義廉宛て義昭書状があげられる〔茂木文書〕。二つの書状の内容をまとめると、茂木筑後守《もてぎちくごのかみ》へ知行地を与えることについて、以前から筑後守からの要望もあり、今回の功績についてはとくに問題はないので、府内（常陸府中。茨城県石岡市）において知行地を与えるように、義昭が義廉と義斯に伝達している。

つまり、永禄七年の佐竹氏の小田城攻略をはじめとする常陸南部侵攻において、筑後守が何らかの功績をあげた結果、知行地が与えられようとしている。茂木筑後守は下野国茂木（栃木県茂木町）を本拠地とした茂木氏の当主で、佐竹氏に従属しながらも、一定の自立性を保持した国衆と呼ばれる領主であった。

この二通の書状で注目すべきは、義昭は義廉と義斯を通じて茂木筑後守への知行宛行を実行しようとしていることである。つまり、佐竹氏家臣団の中で一族衆の最高位に位置する義廉と義斯が、佐竹氏当主と国衆の間を取り次ぎ、それは佐竹三家が一定の自立性を保持する国衆を従属させる役割を担っていたことを示しているという〔市村一九九四・佐々木二〇一一〕。そのことから考えると、義斯は若くして佐竹氏という領域権力の重責を担う位置にいたといっても過言ではないだろう。

## 小田城からの撤退と下野方面の外交

永禄八年（一五六五）五月十九日、京都では室町幕府《むろまちばくふ》第十三代将軍である足利義輝《あしかがよしてる》が三好義継《みよしよしつぐ》・三好三人衆（三好長逸・三好宗渭・石成友通）・松永久通によって殺害される事件が発生した（永禄の変）。この知らせは佐竹氏にも伝わり、同年十一月二十日に義輝の弟・一乗院覚慶《いちじょういんかくけい》（のちの足利義昭）が義斯に対して、義重に自身の支援を要請する御内書を発給したことを伝え、それについて義重へ意見することを要請している〔佐竹義尚文書〕。なお、佐竹氏では同年十一月三日に佐竹義昭が三十五歳で死去し、その後を義昭の嫡男である十九歳の義重が継承している。

なお、義斯は年代不明ながら八月六日に足利義昭から左衛門督の官途を与えられている〔秋田藩家蔵文書三〕。このときの官途授与についての詳細は不明であるが、足利義昭と佐竹氏との外交交渉に付随するものであろう。

その頃、前年の佐竹氏と上杉氏の攻撃によって小田城を逐われていた小田氏治が巻き返しを図り、同年十二月に小田城を奪還した。これにより、小田城に入っていた義廉と義斯は小田城から撤退し、佐竹氏による小田氏領支配は断絶した。

永禄九年に入ると、佐竹氏は下野国烏山《からすやま》城主（栃木県那須烏山市）の那須資胤《なすすけたね》と抗争を展開し、それは翌年になっても続いていた。このときに下野国川崎《かわさき》城（同矢板市）を本拠地としていた塩谷義孝《しおのやよしたか》・義《よし》綱《つな》父子は、資胤と対立し、宇都宮《うつのみや》氏や佐竹氏と連携していた〔江田二〇二〇〕。永禄九年十月十六日に義斯が家臣の延生彦八郎《のぶひこはちろう》に対して、塩谷における功績の恩賞として「玄番《げんばの》（蕃）亮《すけ》」の官途を与えている〔秋田藩家蔵文書三〕。

これに関係して、義斯は永禄十年六月十六日に「塩地」（塩谷の土地という意味か）の中で三貫文の土地を新恩として延生玄番亮に与えている〔秋田藩家蔵文書三〕。このことから、義斯は永禄九年から同十年における佐竹氏と那須氏の抗争に詳細不明ながら関わっていたといえる。

元亀元年（一五七〇）に嫡男の義憲《よしのり》が誕生している。義憲の母は小野崎従通《おのざきつぐみち》（額田小野崎氏）の娘で、義憲の生年から、遅くとも永禄年間には義斯と婚姻関係を結んでいたようだ。

元亀二年には、佐竹氏の宿老である和田昭為《わだあきため》が佐竹氏から離反する事件が発生し、このときに義斯は義重の命令により昭為の一族を追討したとされる〔佐竹家譜〕。これに関して、元亀二年と推定される年未詳の四月二十五日に、義斯が下野の松野《まつの》氏に宛てた書状のなかで、昭為の進退について話し合うために、翌日に義斯が常陸国太田《おおた》城（茨城県常陸太田市）へ帰ることを述べている〔松野文書〕。

## 義斯の出家

天正年間に入ると、佐竹氏は関東方面では上杉謙信と手を組んで小田原北条氏と対立し、陸奥南部方面では石川氏と手を組み、白河《しらかわ》結城氏（白川氏）や会津《あいづ》の蘆名《あしな》氏、三春《みはる》の田村《たむら》氏と対立していた。このような佐竹氏と諸勢力の外交において、「佐竹三家」が外交交渉で登場する。これは、「佐竹三家」が佐竹氏家臣団の中でも宗家に準じる政治的地位にあって、他の家臣よりも主体的に外交交渉を行っていたことを意味していた〔市村一九九四〕。

そのような政治的地位にあった義斯は、常陸では大塚《おおつか》氏・大山《おおやま》氏・江戸《えど》氏・笠間《かさま》氏・真壁《まかべ》氏・太田氏、下野では宇都宮氏・茂木氏・小山《おやま》氏・松野氏、そのほかの地域では上杉氏・里見《さとみ》氏など、おもに関東方面の諸領主と佐竹氏の外交活動で登場している。この義斯の外交活動は、のちに豊臣《とよとみ》氏にまで広がり、天正末期には東家の義久《よしひさ》と共に、秀吉から直に朱印状を与えられるほどであった〔佐竹義尚文書〕。

元亀四年（天正元年。一五七三）四月十一日、義斯は愛洲美作守宗通（元番斎）を兵法師範として契約を結んでいるが〔秋田藩家蔵文書五一〕、天正四年（一五七六）頃までに出家して夢庵賢哲《むあんけんてつ》と名乗った。義斯が出家した理由や時期の詳細は不明であるが、天正四年十月十日付の延生《のぶ》長門守《ながとのかみ》に宛てた官途状の写し〔秋田藩家蔵文書三〕では、賢哲と署名して花押も変えているので、少なくともこれ以前までに出家していたと考えられる〔新田一九八四〕。

しかしながら、義斯の政治的活動がまったく行われなくなったわけではない。天正十三年から翌十四年に行われた佐竹氏と宇都宮氏による壬生《みぶ》・鹿沼《かぬま》への攻撃では、天正十四年七月六日に江戸重通《しげみち》（常陸国水戸《みと》城主）へ援軍を要請し〔佐竹文書五乾〕、天正十三年から天正十四年に勃発した第一次府中合戦では、佐竹義久と共に結城晴朝《はるとも》・多賀谷《たがや》重経《しげつね》・真壁氏幹《うじもと》らと合同で大掾《だいじょう》氏と江戸氏の和睦の仲介を行っている〔森木二〇二一〕。また、天正十四年七月に勃発した佐竹氏一族の大山氏と小場氏の抗争に対しても和睦を仲介している。

天正十五年十二月二十日、義斯は嫡男の義憲と連名で家臣の矢野斯重《つなしげ》（平次右衛門尉《へいじえもんのじょう》）に竹内小七郎《たけしちこしちろう》の名代を務め、小七郎の娘にも手落ちがないように命じ、また、「在郷一騎公役」も務めるように命じている〔秋田藩家蔵文書三〕。義憲は天正十年頃から政治的な活動がみられるが、このときに父子で連名の書状を発給していることから、天正十五年頃に義斯は義憲に家督を譲ったと考えられる〔今泉一九九九〕。

天正十八年の小田原合戦に豊臣秀吉《ひでよし》が勝利して天下統一を達成すると、佐竹氏は豊臣政権下の大名として存続し本拠地を水戸（水戸市）に移すが、義重をはじめとする佐竹氏家中の一部は常陸太田に居住した。義斯は佐竹氏家臣の大和田重清《おおわだしげきよ》と文禄二年閏《うるう》九月十日・十月二十二日・十一月六日に常陸太田で会っていることから〔大和田重清日記〕、義斯も常陸太田に居住していたようだ。慶長四年（一五九九）四月十八日、義斯は五十五歳で死去した。

（千葉篤志）


【主要参考文献】
『茨城県史料』中世編Ⅳ・Ｖ（茨城県、一九九一年・一九九四年）
『牛久市史料』中世Ⅰ・古文書編（牛久市、二〇〇二年）
『高根沢町史』史料編Ⅰ・原始古代・中世（高根沢町、一九九五年）
荒川善夫ほか編『戦国遺文　下野編』第一巻・第二巻（東京堂出版、二〇一七年・二〇一八年）

市村高男『戦国期東国の都市と権力』（思文閣出版、一九九四年）
今泉徹「佐竹北家の所領支配」（『戦国史研究』第三七号、一九九九年）
江田郁夫「戦国時代の下野塩谷氏―系譜・本拠・政治的な動向を中心に―」（『栃木県立博物館研究紀要―人文―』第三七号、二〇二〇年）
佐々木倫朗『戦国期権力佐竹氏の研究』（思文閣出版、二〇一一年）
佐々木倫朗・千葉篤志編『戦国期佐竹氏研究の最前線』山川出版社、二〇二一年）
新田英治「中世文献調査報告（三）」（『茨城県史研究』第五三号、一九八四年）
原武男校訂『佐竹家譜』上（東洋書院、一九八九年）
茂木文書研究会編『茂木文書の世界』（ふみの森もてぎ開館3周年記念特別展、茂木町まちなか文化交流館ふみの森もてぎ、二〇一九年）
森木悠介「常陸府中合戦の実態と大掾氏」（『常総中世史研究』第九号、二〇二一年）
山田邦明『上杉謙信』（人物叢書三〇七、吉川弘文館、二〇二〇年）

# 江戸重通
## ——巧みな戦略で難敵に立ち向かった常陸国衆

江戸《えど》重通《しげみち》は、弘治二年（一五五六）に江戸通政《みちまさ》の子として生まれた。幼名は宮房丸《みやふさまる》、仮名《けみょう》は祖父・忠《ただ》通《みち》や父・通政と同様に彦五郎《ひこごろう》と称した。父の通政は天文七年（一五三八）生まれなので、重通は通政が十九歳のときに生まれた子ということになる。永禄七年（一五六四）六月五日、忠通が五十七歳で死去し、その後を受けて二十七歳の通政が江戸氏の家中を取り仕切ることになった。このときに重通は九歳であった。

### 江戸重通の家督継承

当時、関東では小田原北条《おだわらほうじょう》氏と越後上杉《うえすぎ》氏が抗争を繰り広げていたが、その最中の永禄九年九月二十七日、上杉輝虎《てるとら》（謙信《けんしん》）は江戸通政と江戸遠江守《とおとうみのかみ》（江戸氏の一族）へ書状を送り、近日中に関東へ出兵するにあたって、佐竹義重《さたけよししげ》との間を周旋するように要請した〔歴代古案・上杉家文書〕。

通政は生まれつき病弱であったとされ、永禄十年七月十六日に三十歳で死去した。「六地蔵寺過去《ろくじぞうじかこ》帳《ちょう》」によると、通政は「内城」（水戸《みと》城、水戸市）に移らずに死去したとされ、その場所は水戸城から離れた武熊《たけくま》城（水戸市）であったという〔藤木一九七七〕。これにより、重通は弱冠十二歳で江戸氏の

江戸重通花押

家督を継承することになった。

　永禄十一年十二月二十一日、烟田《かまた》通幹《みちもと》（常陸国烟田城主）と江戸氏一族の女性が婚姻関係を結び、永禄十三年（元亀元年。一五七〇）二月二十七日には鹿島義清《かしまよしきよ》（治時の三男。治時は常陸国鹿島城主）と江戸忠通の娘が婚姻関係を結んだ〔烟田旧記〕。烟田氏は鹿島氏の一族で、両家とも常陸南部の霞ヶ浦《かすみがうら》周辺に割拠する領主であった。鹿島氏一族と江戸氏の婚姻は重通より前の代からみられるが、重通が若年で家督を相続したこともあって、周辺領主と婚姻関係を結び、江戸氏領周辺の安定化を図ったようだ。「烟田旧記」では、天正三年八月二十二日に「嶋崎と江戸御祝言」とあり、行方郡の嶋崎氏と江戸氏の間で婚姻関係が結ばれたようである。

　元亀元年十一月二十日、十五歳となった重通は元服し、祝儀として吉田神社《よしだじんじゃ》に太刀一腰を奉納した〔吉田神社文書〕。また、この頃には、室伏某《むろふしなにがし》や「右衛門大夫《うえもんのだいぶ》」に官途や受領を与えている。元服後、重通は結城晴朝《ゆうきはるとも》（下総国結城城主）の娘と婚姻関係を結ぶが、それにあたって江戸通長《みちなが》（兵部少輔《ひょうぶのしょう》。江戸氏一族）は佐竹氏家臣の岡本禅哲《おかもとぜんてつ》（梅江斎）と話し合っている〔乗国寺文書〕。

　その後、この婚姻を祝って天正二年五月十三日に烟田忠幹《ただもと》（通幹の父）から銭一貫文が贈られた〔烟田旧記〕。また、重通の岳父となった結城晴朝は、天正六年三月十五日に高橋神社《たかはしじんじゃ》に所領を寄進した際に娘の無病息災・男子と女子の誕生・将来の繁栄を祈願している〔高橋神社文書〕。

晴朝の娘と重通の間に愛千代《あいちよ》（のちの通升《みちます》）が生まれた後、晴朝は十一月十日（年代は不明）に愛千代の袴着《はかまぎ》を祝う使者を送り〔水府志料附録二〕、天正十年八月二十三日と十月二日には娘と愛千代の無病息災を祈願している〔大輪寺文書・結城御代記所収文書〕。

## 重通の但馬守叙任と結城氏支援

天正年間に入ると、江戸氏領で天台宗《てんだいしゅう》と真言宗《しんごんしゅう》の素絹衣《そけんのころも》の着用をめぐる相論（絹衣相論）が発生し、それは朝廷を巻き込む事態にまで発展した。この相論は、正親町《おおぎまち》天皇の綸旨により真言宗側の素絹衣着用が禁止されて終結している。また、その決定を遵守させるように、天正三年（一五七五）八月十四日に朝廷から重通へ綸旨と甘露寺経元《かんろじつねもと》・庭田重保《にわたしげやす》・勧修寺晴右《かじゅうじはれみぎ》・中山孝親《なかやまたかちか》・三条西実枝《さんじょうにしさねき》の伝奏《てんそう》五人連名の添状《そえじょう》が発給された〔願泉寺文書〕。

天正四年八月四日、重通は朝廷から従五位下《じゅごいのげ》但馬守《たじまのかみ》に叙任された。先の絹衣相論や朝廷による官位叙任は江戸氏と京都の交流を示しつつ、重通が佐竹氏に属しながらも常陸中部の水戸を拠点とする領域権力として内外に認められる存在となったことを示すものであった〔藤木一九七七〕。

天正五年六月十一日、海老沢弾正忠《えびさわだんじょうのちゅう》（江戸氏家臣か）と小幡知貞《おばたともさだ》（常陸国小幡城主〈茨城県茨城町〉である小幡氏の一族か）が日頃から重通の命令に背くことがあったため、重通の命令により知貞が大洗の磯崎神社《いそざきじんじゃ》の祭礼中に毒殺されたという〔常陸編年など〕。しかし、この事件は天正十七年という説もあり、詳細不明な部分が多い。

同年九月、重通は佐竹氏や小山氏を支援するべく、下野国小山《おやま》（栃木県小山市）に出兵した。このときに戦功のあった館右京進《たちうきょうのしん》・立原将監《たちはらしょうげん》・吉川肥後守《よしかわひごのかみ》・吉川民部少輔《みんぶのしょう》・河上内記助《かわかみないきのすけ》に重通から官途状が発給されている〔水府志料所収文書など〕。天正三年十二月に小山氏の拠城である祇園城は小田原北条氏に攻略されていたが、当時の小山氏当主である小山秀綱《ひでつな》は結城晴朝の兄であり、佐竹氏のもとにかくまわれていた。そのため、晴朝は天正五年六月上旬に小田原北条氏と断交して佐竹氏と手を組むようになり、晴朝の縁戚にあたる重通もこの時の出兵に応じたものと考えられる。なお、「烟田旧記」では天正五年九月の重通の小山出兵を「御代始」の出馬と記している。

晴朝と断交して以降、北条氏は結城氏領の攻撃を続けていたが、これに対抗するために佐竹氏を中心とする北関東の諸領主は連合し、天正六年六月に両軍は常陸国小川（小河。茨城県市筑西市）で鬼怒川《きぬがわ》を挟んで対陣した（小川台合戦。常陸小河合戦）。「小川岱状」によると、このときに重通も軍勢を率いて参加し、一五〇〇騎と鉄砲一〇〇〇挺を用意したといい、宿老の江戸通澄《みちずみ》（信濃守《しなののかみ》）・谷田部重胤《やたべしげたね》・篠原通知《しのはらみちとも》は、真壁氏幹《まかべうじもと》と共に戦場を視察して、水谷政村《みずのやまさむら》・勝俊《かつとし》父子ら結城氏家中に意見を述べている。

## 鹿島氏の内紛と第一次府中合戦

天正七年正月二十二日、鹿島氏家中で「津賀殿《つがどの》」（江戸通澄の子の津賀大炊頭《おおいのかみ》）の暗殺計画があるという噂があり、これを聞いた「津賀殿」は江戸氏を頼って逃走した〔烟田旧記〕。天正九年に入ると、二月十三日に鹿島義清が林氏《はやし》によって暗殺され、翌十四日には「江戸右衛門」と篠原通知をはじめとする軍勢が一〇〇騎ほどで鹿島郡へ侵攻したが、二月十五日の明け方に撤退した〔烟田旧記〕。

天正九年五月十四日酉刻《とりのこく》（午後六時頃）、重通自身が軍勢を率いて夏海《なつみ》（茨城県大洗町南部・鉾田市北部一帯）に出陣し、翌十五日早朝に鹿島氏領へ入った。江戸氏の軍勢は額賀弾正《ぬかがだんじょう》・木滝四郎右衛門《きだきしろうえもん》をはじめとして鹿島城（同鹿嶋市）を攻撃し、二月十七日に鹿島城を占拠していた鹿島貞信《さだのぶ》・清秀《きよひで》兄弟（義清の弟）は下総国矢作《やはぎ》（千葉県香取市）の国分《こくぶ》氏のもとへ逃れた。天正十年三月二十七日、義清の弟である鹿島通晴《みちはる》が江戸氏の支援を受けて鹿島氏当主となり〔今泉一九九七〕、鹿島氏の内紛は終結した。

このように、天正年間後半に江戸氏の常陸南部への出兵がみられるようになるが、今度は常陸国府中城主（茨城県石岡市）の大掾清幹《だいじょうきよもと》と江戸氏の間で抗争が勃発した（第一次府中合戦）。大掾氏との抗争の原因は、大掾氏領の田木谷《たぎや》村（茨城県小美玉市）の百姓と江戸氏に属している園部《そのべ》氏領の小川（同小美玉市）の百姓の境界争い、江戸氏に属していた小幡対馬守《つしまのかみ》（小幡氏一族）が大掾氏へ内通したことなど諸説あるが、領域が隣接する両氏の間に以前から何かしらの問題を抱えていたのかもしれない〔森木二〇一二〕。

両氏の本格的な抗争は、遅くとも天正十三年十一月には開始しており、大掾清幹は天正十三年十一月二十二日に片倉（茨城県小美玉市）で戦功をあげた小松崎豊後守《こまつざきぶんごのかみ》に受領を与え〔水府志料所収文書〕、十一月二十四日には江戸通長・通澄（江戸氏一族・宿老）が大塚弥三郎《おおつかやさぶろう》と小幡孫二郎《まごじろう》に小幡城（同茨城町）や片倉城の普請を指示している〔水府志料所収文書〕。十二月には小河（小川）で戦闘があった模様で、十二月十一日に芹沢国幹《せりざわくにもと》に宛てた大掾清幹書状に「先日小川においても」という文言があり〔芹沢文書〕、十二月十八日に重通が戦功をあげた五上与三左衛門尉《ごがみよさざえもんのじょう》に官途を与えている〔水府志料所収文書〕。

このような情勢のなか、天正十四年二月二十五日に下総国矢作に逃れていた鹿島貞信・清秀兄弟が国分氏の支援によって鹿島通晴を殺害して鹿島城に入った〔烟田旧記〕。二月二十七日には烟田通幹が貞信兄弟から鹿島帰還の交換条件として安塚《やすつか》郷（茨城県鉾田市）の領有を認められ、鹿島氏家臣団の面々が貞信のもとに参礼した〔烟田旧記〕。

### 江戸氏と大掾氏の和睦

天正十四年七月六日、佐竹義斯《よしつな》（佐竹北家）は重通に対して、宇都宮国綱《うつのみやくにつな》（下野国宇都宮城主）と共に佐竹氏が壬生《みぶ》・鹿沼《かぬま》方面へ出兵するので、江戸氏も人数を出すように軍勢催促を行なった〔佐竹文書五乾〕。七月九日、義斯は太田資正《おおたすけまさ》（三楽斎《さんらくさい》）に書状を送り、そのなかで大掾氏と江戸氏の早急な和睦を図ろうとしていることを述べた〔磯山家文書〕。

これにより、義斯は下野の壬生氏を攻撃するために、江戸氏と大掾氏を早急に和睦させようとしていたが、この時点で和睦は成立しなかったらしく、八月六日に重通は小幡（茨城県茨城町）へ出陣し、翌七日に竹原《たけはら》の弓削《ゆげ》砦（同小美玉市）を攻撃し、砦側は多くの戦死者を出した〔安得虎子六〕。

また、八月七日には小川・常陸府中（府内。茨城県石岡市）・行里川《なめりがわ》（茨城県石岡市）でも戦闘があった〔六地蔵寺文書・水府志料附録一所収文書〕。とくに、行里川の戦闘では真壁久幹《ひさもと》（常陸国真壁城主）が大掾氏を支援し〔稲葉安次郎家所蔵文書〕、常陸府中の戦闘では芹沢氏が大掾氏に加勢し〔安得虎子所収文書〕、江戸氏側では津賀大炊頭が戦死した〔和光院過去帳〕。八月十四日にも常陸府中で戦闘があり、その戦功によって中山五郎右衛門《なかやまごろうえもん》が重通から官途を与えられている〔水府志料附録一所収文書〕。

しかし、十月から十一月にかけて、佐竹氏の申し出によって両氏の和睦が図られ、佐竹氏からは佐竹義斯と佐竹義久《よしひさ》を、江戸氏の縁戚にあたる下総結城氏からは多賀谷重経《たがやしげつね》を代表として和睦を仲介することになり、大掾清幹の岳父にあたる真壁久幹もこれに加わった〔秋田藩家蔵文書十七・五〇、芹沢文書〕。和睦の具体的な条件は不明であるが、「玉里旧文」によると大掾氏領にあって江戸氏領に近接する玉里城（玉里砦。茨城県小美玉市）の破却が行われたという〔森木二〇二一〕。

大掾氏と和睦した重通は、天正十五年三月十九日に家臣の篠原縫殿丞《しのはらぬいのじょう》と共に烟田（茨城県鉾田市）を攻撃した〔烟田旧記〕。これは、前年に江戸氏が支援する鹿島通晴を殺害した鹿島貞信と烟田氏が手を組んだためであった。

三月二十六日に縫殿丞は烟田へ到着し、四月十六日夜には調略によって江戸氏に属した額賀上野《こうずけ》と石《いし》崎近江《ざきおうみ》が鉾田城将の田山市正《たやまいちのかみ》を始めとする一族を殺害し、額賀小五郎を始めとする烟田氏家臣を江戸氏に服属させ、貞信側と対決する情況となった〔烟田旧記〕。ところが、五月十五日夜に心変わりした石崎近江によって額賀上野と同小五郎が鉾田城を逐われ、五月二十七日夜には篠原縫殿丞も烟田氏領から撤退した〔烟田旧記〕。

**第二次府中合戦**

天正十六年に入ると、江戸氏と大掾氏の抗争が再開した（第二次府中合戦）。再開の契機は不明だが、正月三日に大掾氏は玉里《たまり》城の修築を開始し〔森木二〇一二〕、正月二十五日以前には重通と佐竹氏家臣の前小屋氏が連絡を取り合っている〔秋田藩家蔵文書十八〕。そのため、正月の時点で江戸氏と大掾氏は合戦の準備をしていたことになり、前年の和睦後も両氏の緊張状態は続いていたのかもしれない。

二月十六日、佐竹義宣の軍勢が常陸国那珂西《なかさい》（茨城県城里町）まで進軍し、これを聞いた真壁氏幹は二月十七日付の書状で大掾清幹に伝え、それには佐竹義重も二月二十日に常陸太田から出陣予定であることが記されていた〔真壁文書〕。二月二十三日に重通は小幡（茨城町）まで進軍し、翌二十四日に竹原で佐竹軍と合流した〔烟田旧記〕。

なお、江戸氏と大掾氏の抗争再開の情報は北条氏政《うじまさ》にも伝えられたようで、二月二十八日付の岡見治広《おかみはるひろ》に宛てた北条氏政書状の写しでは、江戸氏と大掾氏の「随身の面々」を記した書付を確認したことが記されている。

三月一日、佐竹氏と江戸氏の連合軍は大掾氏側の玉里城を攻撃し、このときに付近の郷村を放火し、敵側に付いた人々を常陸府中の宿町まで追い詰めた〔烟田旧記・佐竹文書・関文書〕。

このときの玉里城攻撃に際しては、岩城《いわき》氏から鉄砲衆と数百張の弓が連合軍を支援するために送られており、これについて、重通は三月三日付の書状で岩城常隆《つねたか》（陸奥国大館城主）に感謝の意を示している〔佐竹文書〕。

三月から始まった佐竹・江戸連合軍の玉里城攻撃は約二ヵ月間続き、その間の三月二十八日には重通は玉里や常陸府中で戦功のあった複数の家臣達に官途や受領を与えている〔水府志料所収文書〕。四月二十四日には重通が在陣中の玉里から鹿島神宮へ戦勝祈願を依頼している〔鹿島神宮文書〕。そして、ついに四月二十五日から翌二十六日にかけて行われた連合軍の攻撃で玉里城は陥落した〔烟田旧記、和光院過去帳〕。

玉里城の陥落後も常陸府中で戦闘があったようで、五月二日に重通は戦功のあった家臣の海老沢弾正忠と片岡和泉守《かたおかいずみのかみ》に官途を与えた〔水府志料所収文書・水府志料附録一所収文書〕。そして、五月十五日に佐竹氏は常陸府中から撤退するが〔烟田旧記〕、五月二十日に片倉で戦闘があり、江戸氏家臣の小澤《おざわ》藤三郎《とうざぶろう》と神生《かんのう》善《ぜん》九郎《くろう》が戦死している〔和光院過去帳〕。第二次府中合戦で江戸氏と大掾氏が和睦した時期については今後の検討課題だが、五月頃に合戦は終息に向かいつつも、両氏の緊張状態は少なからず継続していたのだろう。

## 晩年の重通

天正十六年十二月五日、以前から領内の徳政の実施をめぐって対立していた、江戸氏宿老の江戸通澄と神生右衛門大夫の間で抗争が勃発した（神生の乱）。この日、通澄は神生氏の館を襲撃し、右衛門大夫は那珂川を渡って本拠地の常陸国大部（水戸市）に逃れた。「和光院過去帳」によると、このときの襲撃で天王小屋《てんのうごや》彦一郎《ひこいちろう》・武熊信濃守・笠間《かさま》左近大輔《さこんのだいぶ》（大夫）が戦死している。

十二月六日になると、重通は通澄の支援を決めて、子の通升（愛千代。小五郎）を大部攻撃に派遣したが、通升は戦死した。しかし、神生氏も江戸氏側の攻勢に持ちこたえられず、右衛門大夫は常陸国額田城主（茨城県那珂市）の小野崎篤通《おのざきあつみち》・昭通《あきみち》父子（額田小野崎氏）を頼って落ち延びて、神生の乱が終結した。「和光院過去帳」によると、六日の戦闘で神生氏側に付いた江戸内匠助《たくみのすけ》と空悦房宥源《くうえつぼうゆうげん》（内匠助の弟。神先寺住持）が戦死している。十二月七日に江戸通長が家臣の叶野大学《かのうだいがく》に官途を与えているが（「水府志料所収文書」）、神生の乱のときの戦功によるものと考えられる。

天正十七年春、重通は神生右衛門大夫を匿い、引き渡しを拒否した額田小野崎氏への攻撃を開始した（額田小野崎氏の乱）。四月十八日付で江戸氏家臣の平戸通国《ひらどみちくに》と嶋田《しまだ》中務《なかつかさの》少輔《しょう》に宛てた重通の書状の写しでは、額田攻撃のために足軽・鉄砲・弓・鑓・鍬・鎌・鉞の準備をするように命じている。また、中妻《なかつま》（水戸市）との境目における不測の事態に備えて、今晩から河和田城（水戸市）の守備を行うため、「天神林京兆《てんじんばやしけいちょう》」に最初の番を命じ、上野《うえの》（植野）・長岡《ながおか》・大戸《おおと》（いずれも茨城県茨城町）の兵を集めるように命じている〔石川氏文書〕。

この合戦で佐竹氏が江戸氏を支援したこともあり、劣勢に立たされた額田小野崎氏は五月九日に佐竹・江戸両氏と和睦した。重通は五月十一日に打越刑部少輔《うちこしぎょうぶのしょう》らに対して、今回の合戦の感状を与えている〔藤木一九七七〕。なお、このときに神生右衛門大夫は額田から下総国結城（茨城県結城市）へ逃れ、江戸通澄は五月二十日に死去した〔六地蔵寺過去帳〕。

天正十八年八月一日、佐竹氏は天下統一を達成した豊臣秀吉《とよとみひでよし》から常陸国と下野国内の当知行分の所領二十一万石余を安堵された〔佐竹文書〕。これにより、佐竹氏は領国支配の統制を図り、そのなかで江戸氏と対立し、十二月中に江戸氏領に侵攻した。「烟田旧記」によると、「太田御みたい様（義宣の妻か）」が十二月十三日に江戸（水戸）へ移ったと記されているので、この頃には水戸城を中心とした江戸氏領は佐竹氏が掌握していたと考えられる。

こうして、佐竹氏に水戸を逐われた重通は、岳父である結城晴朝を頼って結城へ落ち延び、慶長三年（一五九八）十月一日に結城で死去した。四十三歳であった。法名を心厳唱安といい〔和光院過去帳など〕、結城の乗国寺《じょうこくじ》に葬られた。

（千葉篤志）

【主要参考文献】


『茨城県史料』中世編Ⅱ・Ⅳ（茨城県、一九七四年・一九九一年）
『結城市史』第一巻・古代中世史料編（結城市、一九七七年）
『群書類従』第二九輯・訂正3版・雑部（続群書類従完成会、一九七九年）
『鉾田町史』中世史料編・烟田氏史料（鉾田町、一九九九年）
『牛久市史料』中世Ⅰ・古文書編（牛久市、二〇〇二年）
泉田邦彦「戦国期常陸江戸氏の領域支配とその構造」（『常総中世史研究』第七号、二〇一九年）
茨城県立歴史館史料部編『鹿島神宮文書』Ⅰ（茨城県立歴史館、二〇〇八年）
今泉徹「戦国期常陸南部における在地領主の動向―烟田氏を中心に―」（『七瀬　鉾田町史研究』7、一九九七年）
佐々木倫朗・千葉篤志編『戦国期佐竹氏研究の最前線』山川出版社、二〇二一年）
柴辻俊六「常陸江戸氏の発展と滅亡」（『歴史手帖』第十巻第三号、一九八二年）
鈴木芳道「戦国期常陸国江戸氏領絹衣相論に窺う都鄙間権威・権力・秩序構造」（『鷹陵史学』第二五号、一九九九年）
名古屋市博物館編『豊臣秀吉文書集』四（吉川弘文館、二〇一八年）
中根正人『常陸大掾氏と中世後期の東国』（岩田書院、二〇一九年）
藤木久志「常陸の江戸氏」（萩原龍夫編『江戸氏の研究』名著出版、一九七七年。初出は一九六三年）
森木悠介「常陸府中合戦の実態と大掾氏」（『常総中世史研究』第九号、二〇二一年）

# 大掾清幹——若年ながら懸命に戦った大掾家最後の当主

## 清幹の出自

府中を拠点に中世を通じて活動してきた常陸大掾《だいじょう》氏。その最後の当主となった大掾清幹《きよもと》は、天正元年(一五七三)、貞国《さだくに》の嫡男として誕生した。母については、貞国の室を真壁久幹《まかべひさもと》の娘とする説があり(『正宗寺本諸家系図』所収「宍戸氏系図」)、彼女の可能性はあるが明確ではない。また姉が二人おり、天正前半頃にそれぞれ烟田通幹と林氏に嫁いでいることから、二人との年齢はそれなりに離れていた可能性が高い(「烟田旧記」)。系図類によれば、幼名は「松久丸《まつひさまる》」とされる(『常陸誌料』所収「平氏譜 一二」)。

## 父の死と幼少の清幹による家督継承

天正五年(一五七七)十月、父の貞国が没した(「常陸日月牌過去帳」)。具体的な死因は不明だが、系図類には、下野小山《おやま》における北条《ほうじょう》氏と佐竹《さたけ》氏ら「東方之衆」の戦いに貞国が参陣したことを記すものがあり、一部にはその戦いで討ち死にしたとみえる(『常陸誌料』所収「平氏譜 二」・『常陸三家譜』所収「常陸大掾氏譜 上」)。この年の九月に小山で合戦があったことは、江戸氏や真壁氏の感状や北条氏政《うじまさ》の書状などから間違いない〔栃木県立博物館所蔵文書・石島文書〕。あるいは、この戦いで貞国は負傷し、それが原因で没したことも考えられる。彼の没年齢は明確ではないが、その父慶幹の活動時期などとあわせて考えるならば、三十代後半から四十代前半とみられる。

貞国の死により、家督を継いだのは元服前の清幹であった。当時五歳であった彼が政務を取ることなど当然できるはずもなく、大掾氏の政務は叔父にあたる竹原義国《たけはらよしくに》や家臣団によって担われることとなったとみられる〔佐竹文書・佐々木二〇一〇〕。たとえば、天正六年五月、常陸小河岱《おがわだい》における北条氏と「東方之衆」の合戦（小河岱合戦）に際し、『小河岱状』には「大掾殿ハ御幼稚故御代ト聞ケリ、」、すなわち幼少であるため、代理の家臣が参陣したと記されており、「東方之衆」の一員として、家臣団を中心とする軍勢が合戦に加わったことがわかる。

清幹の元服時期は不明だが、天正九年十二月、彼は真壁氏幹《うじもと》の娘を室に迎えており、おそらくこの頃ではないかと思われる〔烟田旧記〕。とはいえ、婚姻の時点でも彼は九歳であり、その活動が表にみえるようになるのはもう少し時間が必要であった。

### 清幹の活動と「東方之衆」

清幹の発給・受給文書は、天正十二年（一五八四）から天正十八年まで、発給文書が要検討のものを含め三十一通、受給文書は一通が確認できる。ここからは、彼の発給・受給文書を中心に、彼の活動をみていくこととする〔中根二〇一九〕。

現存する清幹の発給文書の年次がわかる初見は、天正十二年四月、行方主馬正《なめかたしゅめのじょう》（玉造幹佐《たまつくりもとすけ》）に宛てた感状である〔水府志料十三〕。ここで清幹は、芹澤《せりざわ》（茨城県行方市）における幹佐の戦功を賞している。このとき玉造氏らが戦った相手について、近世所伝では佐竹氏であったとされるが、この時期の佐竹義《よし》重《しげ》は後述のとおり下野へ出陣しており、実際の相手は不明といわざるをえない。

天正十二年四月に下野に出陣した佐竹氏ら「東方之衆」は、翌月には沼尻《ぬまじり》（栃木県栃木市）に陣を敷き、以降、二ヶ月にわたって北条氏と対峙する〔齋藤二〇〇五・戸谷二〇一三〕。のちに清幹が片野《かたの》城の太《おお》田源介《たげんすけ》（資正の子景資）に宛てた書状で、「南陣」以来の無沙汰を詫びているが〔平成十三年古典籍展観大入札会目録〕、「南陣」はこの沼尻の対陣を指すとみられる。この時点で清幹は十二歳であり、前述の芹澤での戦いか、沼尻の対陣のどちらかが、彼の初陣であった可能性が高い。

沼尻の対陣後、その戦後の対応で優位に立った北条氏が下野への進出を強化した一方で、「東方之衆」内では、下野で宇都宮国綱《うつのみやくにつな》と那須資晴《なすすけはる》が、境目である塩谷《しおのや》領をめぐって激しく争う状況にあった。すでに天正十二年春に沢村《さわむら》（同矢板市）で衝突していた両者は、一年後の天正十三年（一五八五）三月にも薄葉原《うすばがはら》（矢板市）で激しい合戦を繰り広げている〔荒川一九九七・江田二〇二〇〕。北条氏の脅威が強まる状況での宇都宮―那須の対立を憂えた「東方之衆」は、両者の和睦を積極的に図った〔立石知満氏所蔵文書〕。清幹も天正十三年四月、国綱に対し、北条氏が壬生へ進出を図っている状況であるため、資晴と和睦することが簡要であることを伝える書状を送っている〔小田部好伸家文書〕。

しかし、まもなく清幹自身も、同じ「東方之衆」である、水戸城《みと》（水戸市）の江戸重通《えどしげみち》と対立、衝突することとなるのである。

## 江戸氏との対立

大掾氏と江戸氏は、十五世紀半ば以来、対立と融和を繰り返しながら、共に勢力を保持する関係にあった。なお、清幹の叔母（貞国の姉妹）は江戸重通の父通政に嫁いでおり〔『常陸誌料』所収「平氏譜 二」〕、重通と清幹は従兄弟の関係にあたる。

両者が対立した具体的な理由は諸説あるが、隣接所領をめぐる争いであったとみられる。この点、検討を要する史料だが、大掾氏の家臣十六名が傘連判をした条書が江戸氏重臣篠原《しのはら》氏に宛てられている〔賜蘆文庫文書四十五〕が、そのなかには「小川」（茨城県小美玉市）について記されており、同地が係争地の一つであったのかもしれない。

いずれにせよ、天正十三年（一五八五）の冬、大掾氏と江戸氏は遂に武力衝突に至った。両者の戦いは「府中合戦」といわれ、和睦を挟んで二度にわたって繰り広げられることとなる〔中根二〇一三、森木二〇二一〕。

## 第一次府中合戦

まずは和睦前の大掾氏と江戸氏の戦いをみていく。合戦に関する初見は、天正十三年（一五八五）十一月、被官小松崎氏の堅倉《かたくら》（茨城県小美玉市）における戦功を賞した清幹の受領状である〔小松崎八右衛門家文書〕。なお、このときまでに、清幹は花押を改めている。堅倉は江戸氏方がおさえたとみられ、江戸氏の重臣江戸通長《みちなが》、通澄《みちずみ》は小幡《おばた》弥二郎《やじろう》らに同地の普請を指示している〔鳥羽田文書〕。なお、この書状では、小幡城（同茨城町）の小幡対馬守《つしまのかみ》の逆心について記しており、彼が大掾方に離反したことも、直接衝突のきっかけであった可能性がある。

十二月には小川で合戦が繰り広げられ、また行方郡の白浜《しらはま》でも合戦が繰り広げられた。これについては江戸氏方の感状が何点かみられ、清幹も芹澤城の芹澤国幹《くにもと》に宛てて、小川や白浜、また江戸氏方である宍戸義綱による攻撃に対する彼の戦功を賞し、「羽生領くらかせの郷一ヶ所」（小美玉市）を〔芹沢文書〕、また被官の市河氏に対して、その活躍を称し所領を与えている〔常陸国市川家文書・中根二〇一二〕。

年が明けても、両者の対立は続いていたとみられるが、この年の上半期については、具体的な合戦を示す史料は確認できない。背景には、北条氏の下野への更なる勢力拡大があったとみられる。天正十三年十二月、北条氏は宇都宮へ攻撃を仕掛けた。この頃までに宇都宮氏は多気山（宇都宮市）に本拠を移していたが、宇都宮まで攻めるだけの勢力を、北条氏は東関東に展開していた〔荒川二〇〇二〕。

また天正十四年（一五八六）正月には、下野西部における「東方之衆」の有力者であった佐野宗綱《さのむねつな》が戦死し、佐野家中は北条氏派と反北条氏派の間で内紛が勃発、最終的に北条氏方に転じ、北条氏から氏《うじ》忠《ただ》（氏堯《うじたか》の子、氏康《うじやす》の養子）を当主に据えることとなる〔黒田二〇一〇〕。さらに、皆川城の皆川広照《ひろてる》も北条氏の攻勢を支えきれず、五月までに北条氏へ降伏するなど、下野における北条勢力の拡大が顕著になっていた。この時、清幹は芹澤国幹や佐竹義重に書状を送り、皆川の降伏と北条氏の富田《とみた》への出陣について、引き続き油断なく対応することが重要だと述べている〔南行雑録二〕。下野戦線の急な変化もあり、この頃の大掾氏―江戸氏間の争いも一時小康状態になっていた可能性があるだろう。

また、このような状況を受けてであろうか、七月頃からは「東方之衆」諸氏による大掾―江戸氏間の和睦調停が行われた。佐竹北賢哲《きたけんてつ》・東義久《ひがしよしひさ》・真壁氏幹が当初から和睦に関わり、その後、太田氏や多賀谷氏らも加わったが、結果として物別れに終わったという〔森木二〇二二〕。このときに関わった人々をみると、真壁氏幹は清幹の岳父、太田資正《おおたすけまさ》は府中にほど近い片野城主、多賀谷重経《たがやしげつね》は江戸重通の岳父下総結城晴朝《ゆうきはるとも》に近い国衆であり、両者に近しい人々が和睦に関わったとみられる〔森木二〇二一〕。

しかし、結果として和睦はまとまらず、秋に入ると再び両者の争いが繰り広げられる。八月、江戸方は一気に南下し、弓削砦《ゆげ》（茨城県小美玉市）を攻略、さらに園部川《そのべ》を渡って府中近郊まで攻め込み、応戦する大掾方と行里川《なめりかわ》（同石岡市）で激突した。真壁氏被官の中原吉親《なかはらよしちか》が後年にまとめた戦功覚書によると、真壁道無《どうむ》（久幹）の指揮下で戦った彼は深手を負ったが、道無はその場で彼に感状を出したとみえ、大掾方として真壁氏が参陣したことがわかる〔稲葉安次郎家文書〕。また清幹が太田源介《げんすけ》（景資《かげすけ》）に送った書状では、江戸氏との戦いに際し、太田氏から助力を得た御礼を述べており、太田氏からも援軍を得ていたようである〔平成十三年古典籍展観大入札会目録〕。とはいえ、状況としては、江戸氏に府中城近くまで攻め込まれており、江戸氏が有利な状況にあったといえる。

　対する大掾方も、九月に行方郡の江戸氏方である行方武田《たけだ》氏を攻撃した。このとき、郡内の玉造氏や山田《やまだ》氏が大掾方として武田氏を攻めたとみられ、清幹は山田左近将監《さこんのしょうげん》に書状を送り、行方武田氏への対応の御礼を述べている〔安得虎子六〕。行方郡では、玉造氏と山田氏が大掾方、行方武田氏が江戸氏方についていたことがいえる。

　そしてこの年の十月頃、ようやく和睦が締結された。その仲裁者は前述の人々であったとみられる。和睦の条件について、「玉里旧文」〔佐竹氏旧記九〕をもとに、玉里砦（小美玉市）の破却が条件であったのではないかとする説もあるが〔森木二〇二一〕、同地が第一次合戦の舞台になったことは他の史料で確認できず、むしろ堅倉や弓削、竹原といった園部川以北の大掾方所領のうち、江戸氏が奪った所領の割譲などが主たる和睦条件であったと思われる。この点、清幹は芹澤国幹に、やむをえないがおおむねその条件を飲む旨を述べており、清幹にとっては苦しい条件であったのだろう〔芹沢文書〕。

　いずれにせよ、これにより一年近くに及ぶ大掾―江戸氏の争いは終結した。江戸氏の攻勢の前に、周囲の勢力の支援を受けて応戦した清幹であったが、結果としては所領の多くを失い、苦しい条件で和睦を結んだといえるだろう。

### 清幹と鹿島社七月大祭

和睦を結んだ翌天正十五年（一五八七）の清幹の動向については、史料が少なくよくわからないが、この年の七月、佐竹家臣矢野重里《やのしげさと》に宛てて、江戸氏との和睦に際し使者として往来してくれたことの御礼を述べている〔秋田藩家蔵文書三〕。この書状で、清幹は署名のみで花押を据えず、名前の横に「神役之間□《(無)》判形」と記した。このことから、清幹がこの年に「神役《しんやく》」を勤めたことがわかる。神役とは、鹿島神宮《かしまじんぐう》の七月大祭における大使役という役であり、鎌倉期以来、大掾氏を中心とする常陸平氏の七つの流れが、巡役で勤仕するものであった〔水谷一九七九〕。戦国期の巡役については、史料が少なく不明な点も多いが、清幹はこれまでの慣習に基づき、役を勤めたと考えられる。

大掾氏の当主として、鹿島社の神役を担った清幹だが、一方で江戸氏との関係は和睦こそ結んでいたものの、けっして良化したわけではなかったとみられる。そして年が明けて天正十六年（一五八八）、和睦が破れ、両者は再び戦うこととなるのである。

### 第二次府中合戦

大掾・江戸氏間の和睦は、一月～二月初め頃に破棄されたとみられる。再度合戦に至った背景について、江戸氏や佐竹氏は大掾氏側に非があったとするが、当事者の主張であり、全面的に鵜呑みにすることは難しい〔森木二〇二一〕。大掾氏側については、十四～五歳に過ぎない清幹が若さに任せて旧領回復を図ったとも考えられるが、そのような動きは史料からはうかがえない。「烟田旧記」では、二月初めに大掾方が田余砦（茨城県小美玉市）の修築に入ったとみえるが〔烟田旧記〕、大掾方が防戦を重視していることを考えると、大掾氏が主体的に動いたとも考えにくい。

第一次合戦と第二次合戦の大きな差異として、第一次合戦では和睦仲介を図った佐竹氏が、江戸氏方として参陣したことが挙げられる。この点、佐竹氏は早くも二月中旬には軍を南下させており、これは江戸氏からの要請を受けての動きとみられる〔真壁文書〕。この動きについて、佐竹氏傘下である大掾氏による裁定を無視した行動への制裁の意味合いが強いとする説もある〔森木二〇二一〕。

一方で、北条氏もこの動きを掴んでおり、北条氏政は牛久《うしく》城（同牛久市）の岡見治広《おかみはるひろ》に対し、当主の氏直が常陸へ出陣する予定であることを伝えている。この後、北条氏は実際に常陸方面に出陣したが、その標的は小田や下妻方面であり、「東方之衆」の内紛に乗じて勢力を伸ばそうとしたとみられる〔稲葉安次郎家文書〕。

さて、江戸氏、そしてそれを支援する佐竹氏は、二月下旬に竹原で合流した〔烟田旧記〕。同地は大掾氏一族竹原義国の居城であったが、第一次合戦後は江戸氏の手中に在ったとみられる。そして江戸・佐竹勢は、園部川を渡って府中城を攻撃し、並行して田余《たまり》砦（玉里砦）にも攻撃を仕掛け、三月一日には府中城下を焼くなど、優勢に戦いを進めたとみられる〔関文書〕。またこのとき、江戸・佐竹方には鹿島郡の鹿島清秀《きよひで》や烟田通幹《かまたみちもと》、中居秀幹《なかいひでもと》らが参陣しており、大掾方を取り巻く環境は相当に厳しいものであった〔烟田旧記〕。そのなかで、清幹はなおも自身を助けてくれる真壁氏らの支援を受け、江戸・佐竹方の攻撃に応戦したのであった。

この戦い最大の激戦地となったのが、田余砦であり、三月に始まった戦いは、およそ二ヶ月に渡って繰り広げられた。江戸・佐竹方は小川城を拠点としながらこの砦に猛攻を仕掛け、結果として四月二十五日、大掾方の防戦も空しく砦は陥落し、城兵ら二〇〇余人が討ち死にしたといわれる〔常陸国田嶋村伝灯山和光院過去帳〕。この砦跡については、平成二十四年度に道路工事に伴う発掘調査が行われたが、土器などと共に未使用・使用済の鉄砲玉がみつかるなど、戦いの痕跡が色濃く残っていた〔小美玉市二〇一三〕。なお、田余砦での戦功を賞し、清幹は真壁氏被官桜井氏に感状を発給しているが、この文書の花押は、天正十四年（一五八六）のものとは異なる〔桜井啓司家文書〕。

田余砦の落城により、さらに苦境に立たされた大掾氏は、五月初めに江戸・佐竹方と和睦を結んだとされる。しかし、明確な和睦を示す史料がないこと、その後、八月頃に佐竹氏・江戸氏と大掾氏が合戦を繰り返していることなどから、佐竹氏らは田余砦攻略後に一時撤兵し、周辺事情が落ち着いた後に再び大掾氏を攻撃し、和睦に至ったのは九月頃ではないかという説も出されている〔森木二〇一二〕。後述の通り、五月以降も小競り合いがあったことは間違いないが、「烟田旧記」や「玉里旧文」などの史料で、五月に佐竹氏が兵を退いたことが明記されていることから、結果として一時的であったとはいえ、その段階で和睦が結ばれたと考えた方がよいだろう。

前述した通り、少なくとも八月には、再び大掾氏と江戸・佐竹氏の合戦が繰り広げられており、清幹や重通の感状などが多数確認できる。このうち、九月に玉造氏被官とみられる貝塚《かいづか》氏に対し「義重当方へ調儀」の際の戦功を賞して豊後守《ぶんごのかみ》の受領を与えたが〔水府志料十二〕、ここから、佐竹氏との合戦があったことがいえる〔森木二〇二一〕。清幹の発給文書では、少なくとも天正十七年三月に、被官小松崎《こまつざき》氏に宛てた官途状まで合戦が確認でき、大掾氏と江戸・佐竹氏の戦いはこの頃まで行われたものとみられる〔水府志料十二〕。なお、この小松崎氏宛官途状までに、清幹は花押を改めており、わずか六年で四種類の花押を使ったことになる。このほか、年未詳の佐谷貞幹宛一字状に別の花押がみえ〔秋田藩家蔵文書十五〕、現在のところ確認できる清幹の花押は五種類に及ぶのであった〔中根二〇一九〕。

## 和睦後の清幹と周辺勢力

天正十七年三月以降の清幹について、発給文書からみていくと、まず四月に、鹿島氏の被官木滝《きだき》氏に書状を送り、使者として府中に来てくれたことの御礼を述べ、また「又六郎方」への取次を要請している〔烟田文書〕。又六郎は鹿島清秀のことで、前述の通り、第二次府中合戦では江戸・佐竹氏方に参陣していた。清幹は先に戦った相手を含め、周辺勢力との関係の立て直しを図ったとみられる。

また、九月には芹澤国幹に書状を送り、「奥口」での在陣を慰労している〔芹沢文書〕。ここから、芹澤氏が佐竹氏による南奥の対伊達氏の戦線に参加し、南奥に出陣していたことがわかる。

そして十二月には、芹澤氏などと共に南奥で戦っていた佐竹義宣に書状を送り、長期に渡る南奥在陣を慰労する旨を伝えている〔佐竹文書〕。府中合戦とその後の小競り合いを経て、両者の関係は元通りになったといえるだろう。

## 豊臣政権への対応と滅亡

天正十七年（一五八九）十一月、豊臣秀吉《とよとみひでよし》は北条氏との交渉を打ち切り、戦線布告状を突き付けると共に、関東の諸氏にも出陣する旨を通知した〔北条文書・佐竹北家伝来史料〕。常陸へは年が明けて天正十八年正月中〜下旬に秀吉出陣の情報が届いたとみられ〔佐竹文書〕、南奥で伊達《だて》氏らと対峙していた佐竹義宣《よしのぶ》は太田へ戻り、軍備を整えて二月中旬から三月頃に出陣、常陸南部や下野の北条方諸城を攻略しながら小田原へ向かい、五月末に石垣山で秀吉に拝謁した〔佐竹文書〕。この時、真壁氏や嶋崎氏といった常陸平氏の諸氏も拝謁し、また烟田氏も、六月の武蔵忍《おし》城攻めに加わったという〔烟田旧記〕。

これに対し、大掾氏や江戸氏、鹿島氏などについては、この軍事行動に同陣せず、居城に残っていたとみられる。近世の所伝では、北条氏の重臣松田憲秀が府中を訪れ、大掾氏と盟約を結ぼうとし、また高浜に一族が集まって連判したという話がある〔『常陸三家譜』所収「常陸大掾氏譜 上」〕が、一次史料から北条氏との連携を確認することはできない。また、清幹は四月に軍事行動中の佐竹義宣に書状を送ったが、その内容から、当時、清幹が秀吉の動きを認識していること、秀吉への取り成しを義宣に依頼したことがわかる〔松蘿随筆集古一・中根二〇一三〕。ここまで分かっていながら、清幹が府中城に残っていた背景には、依然として江戸氏との対立があり、所領を離れられなかったことがあるのかもしれない。

その後、清幹は石田三成《いしだみつなり》の重臣島左近《しまさこん》を通じて、豊臣政権との間で人質の拠出などについて交渉をしていたとみられる〔個人蔵文書〕。しかし、ここで人質の拠出などで不手際があったとみられ、八月一日には、豊臣政権は佐竹氏に「常陸国并下野国之内、所々当地行分弐拾壱万六千七百五拾八貫文」を安堵した〔佐竹文書〕。数字から、佐竹氏の本領だけでなく、江戸氏や鹿行諸氏のように小田原へ参陣しなかった勢力の所領も含まれたとみられ〔市村一九九九〕、大掾氏の所領についても同様の扱いをされた可能性が高い。彼らはなおもそれぞれの居城にあったが、その存在は結果として無視されたことになるだろう。

そして、豊臣政権という強大な後ろ盾を獲得した佐竹氏は、これまで自らの直接支配下になかった地域の攻略に着手する〔秋田藩家蔵文書十七〕。天正十八年十二月のことであり、その標的は江戸氏、そして大掾氏であった。手始めに江戸氏をあっという間に粉砕し、重通を下総結城氏のもとへ逐うと、そのままの勢いで大掾氏を攻撃する。応戦した大掾氏だが、木沢の戦いで多くの武将を失い、府中城に籠もったものの、守り切れずに落城した。清幹は城を脱出したものの逃げ切れず、城下で自害した。自害の地は、平福寺《へいふくじ》とも宮部不動院《みやべふどういん》ともいわれる。このうち、宮部で自害した説では、脱出した清幹が坂で振り返ると、落ちた府中城がみえ、彼は「嗚呼《ああ》残念!」と慨嘆したという「残念坂」の所伝が残っている。享年は十八歳、法名は宗真《そうしん》と伝わる(『諸寺過去帳 中』所収「高野山過去帳」)。

父の死により、五歳で家督を継いだ清幹は、激しい戦乱のなかで大掾氏の勢力を守るべく、当主として懸命に戦った。しかし、第一次府中合戦当時十三歳、第二次でも十六歳、そして滅亡時に十八歳に過ぎなかった若年の彼に、どこまでの力があったであろうか。少なくとも、同時期に三十代から四十代に差し掛かり、脂の乗った歴戦の武将であった佐竹義重や江戸重通と争ったり、豊臣政権の動きへの対応を取ったり、あるいは家中を取りまとめたりするには、本人の知識や経験が絶対的に不足していたようにも思われる。大掾氏の滅亡の遠因には、天正年間という激動の時期に、若い当主を立てざるをえなかったという事情もあったのではないか。

なお、彼の子については、系図上何人かみえるが、実在は確認できない。近世に安藤氏に仕えた村上氏が清幹の末裔を称し、正徳《しょうとく》年間に村上貞国なる人物が鹿島参詣の途中で府中を訪れたと伝わるが(府中雑記)、系図以外に大掾氏との関係を示すものは確認できないのが現状である。

(中根正人)

【主要参考文献】
荒川善夫「国綱の時代―地域権力から豊臣大名へ―」(同『戦国期北関東の地域権力』第一部第四章、岩田書院、一九九七年)
荒川善夫「宇都宮氏の本城移転―宇都宮城から多気山城へ―」(同『戦国期東国の権力構造』第二編第六章、岩田書院、

二〇〇二年）
江田郁夫「戦国時代の下野塩谷氏―系譜・本拠・政治的な動向を中心に―」（『栃木県立博物館研究紀要』三七、二〇二〇年）
黒田基樹「下野国衆と小田原北条氏」（同『戦国期関東動乱と大名・国衆』第4部第一章、戎光祥出版、二〇二〇年、初出二〇一〇年）
齋藤慎一『戦国時代の終焉　「北条の夢」と秀吉の天下統一』（吉川弘文館、二〇一九年、初刊二〇〇五年）
佐々木倫朗「史料紹介「佐竹文書　一」」（『鴨台史学』一〇、二〇一〇年）
戸谷穂高「沼尻合戦―戦国末期における北関東の政治秩序―」（江田郁夫・簗瀬大輔編『北関東の戦国時代』高志書院、二〇一三年）
水谷類「鹿島大使役と常陸大掾氏」（同『中世の神社と祭り』第一章、岩田書院、二〇一〇年、初出一九七九年）
森木悠介「常陸府中合戦の実態と大掾氏」（『常総中世史研究』九、二〇二一年）
中根正人「戦国期常陸大掾氏の位置づけ」（同『常陸大掾氏と中世後期の東国』第二部第二章、岩田書院、二〇一九年、初出二〇一三年）
中根正人「戦国初期の常陸南部―小田氏の動向を中心として―」（同第二部第一章、二〇一九年）
中根正人「「常陸国市川家文書」所収の大掾氏文書」（『戦国史研究』八二、二〇二一年）

# 真壁久幹・氏幹
## ――類いまれな外交手腕で生き残った国衆

### 「鬼真壁」

本項の主人公の一人である真壁氏幹《まかべうじもと》は、塚原卜伝《つかはらぼくでん》に師事し、樫木棒《かしのき》を獲物に戦うなど、武勇に優れた将といわれ、現代では「鬼真壁」とあだ名され、一定の知名度がある。しかし、その所伝のなかには事実と確認できないものや、父である久幹《ひさもと》の事跡と考えられるものもある。本項では、久幹・氏幹父子の活動を、史料にもとづいて見直すことで、この時期における真壁氏の実態を考えていくこととする。

### 久幹の誕生と当該期の真壁氏

久幹は大永二年（一五二二）に生まれた。父は真壁氏の当主であった家幹《いえもと》である。近世の系図では「宗幹《むねもと》」とされるが、雨引楽法寺《あまびきらくほうじ》（茨城県桜川市）の大般若経《だいはんにゃきょう》奥書の署名に「家幹」とみえ、「宗」と「家」の崩しが似ていたことによる誤記とみられる〔寺崎二〇一四・中根二〇一六A〕。母については、確たる史料がなく不明である。

久幹が生まれた頃の真壁氏周辺では、古河公方足利高基《こがくぼうあしかがたかもと》と小弓《おゆみ》公方足利義明《よしあき》の間で抗争が繰り広げられていた。父家幹は大掾《だいじょう》忠幹《ただもと》と共に、足利基頼《もとより》（高基・義明の弟）と関係を築きつつ、古河方として小弓方の小田氏などと戦っていた。戦線が徐々に房総方面に移ると、常陸における抗争の影響は小さくなり、代わってそれまで公方間の対立に包摂されてきた近隣諸家間の対立に巻き込まれることとなる。常陸南部では、主に大掾氏・小田《おだ》氏・江戸《えど》氏の三つ巴の争いが繰り広げられ、真壁氏を含む周辺勢力は情勢をみながら、それぞれの立ち位置で関わることとなる。また、隣国下野や下総の情勢も、真壁氏を取り巻く環境変化に大きな影響を及ぼしていた〔中根二〇一九〕。

こうしたなかで久幹は成長したとみられる。十五歳で元服とすれば天文五年（一五三六）頃かと思われるが、元服を含め、天文年間頃の彼の活動については、父家幹が当主として前面に出ていたためか、史料から確認できないのが現状である。

紙本著色伝真壁道無像　画像提供：桜川市教育委員会

### 久幹の活動開始と文化・武芸

成長した久幹の活動が確認できる初見は、実は連歌会の記録である。藤沢《ふじさわ》清浄光寺《しょうじょうこうじ》二十九世体光上人《たいこうしょうにん》の句集『石苔 下』によれば、弘治三年（一五五七）六月、筑波山の麓で「真壁樗膈軒」「真壁右衛門佐《えもんのすけ》」の興行があいついで行われた。前者はこの頃までに出家していた家幹（樗䑃軒道俊）を指すが、後者は家幹が安芸守《あきのかみ》を名乗る以前の名乗りと同じことから、後継者である久幹と考えられる。当時三十六歳となっており、真壁氏当主として興行を行ったこと、彼自身も連歌に造詣があったことがいえる。

また、被官であった桜井氏の文書に残る兵法伝書によると、永禄二年（一五五九）までに、久幹は小《お》神野定勝《かのさだかつ》から兵法を学び、免許を受けていたことが確認できる〔桜井啓司家文書〕。この兵法は、飯篠《いいざさ》長威《ちょうい》―松本政信《まつもとまさのぶ》と伝わる天真正伝香取神道流《てんしんしょうでんかとりしんとうりゅう》に連なるとみられる。また別の伝書には、桜井《さくらい》氏をはじめ、榎戸《えのきど》氏や小倉《おぐら》氏など真壁氏被官の名がみえており、真壁家中において、当主と家臣の間で兵法が伝えられたと考えられる〔桜井啓司家文書〕。

これらから、連歌に兵法にと、久幹が文武に造詣の深い優れた人物であったことがいえる。なお、子の氏幹については、これらの伝書に名前を確認できず、父や被官たちから学んだ可能性はあるものの、所伝で語られる塚原卜伝との関わりとあわせ、史料から追うことはできないのが現状である。

## 北条―上杉の抗争と真壁氏

前述の連歌・兵法以外での久幹の初見は、永禄二年（一五五九）六月の足利義氏《よしうじ》書状である〔真壁文書〕。この書状で義氏は、久幹に真壁氏名字の地を安堵する一方で、北郡上曽《ほくぐんうわそ》（茨城県石岡市）をめぐる大掾慶幹《のりもと》との抗争について、和睦を命じている。北郡は真壁から峠を挟んだ近地だが、戦国初期より、小田・

大掾氏らの係争地域であり、この頃は大掾―真壁間で合戦を含む対立があったらしい。

この頃の久幹について、北条氏康《ほうじょううじやす》からの書状が注目される〔真壁文書〕。長尾景虎《ながおかげとら》（以下、本項では上杉謙信《うえすぎけんしん》で統一）率いる軍勢が上野入りし、氏康自身が河越《かわごえ》に在城していたという内容から、これは永禄三年のものといえる。また、この書状は氏康からの返信であり、これ以前に久幹から注進が送られていたことが確認でき、この頃の真壁氏は北条氏と音信を通じる立場にあった。同年十二月、足利義氏は真壁氏被官榎戸氏に、久幹に従っての戦功を賞する感状を送っている〔榎戸克弥家文書〕が、これは上杉勢との軍事行動に対するものと思われ、当初真壁氏は公方義氏―北条方として上杉勢と戦ったとみられる。

しかし、このとき越後から関東に攻め込んできた上杉勢は、破竹の勢いで小田原まで攻め込む状況であり、永禄四年初めには、久幹も上杉方に転じることとなる。この頃の上杉方参陣者の幕紋をまとめた「関東幕注文《かんとうまくちゅうもん》」〔上杉家文書〕には「真壁安芸守　ハりひし」とみえ、真壁氏が上杉方についたことは間違いない。また、久幹が右衛門佐から安芸守に名乗りを改めたこと、真壁氏がこのときに割菱《わりびし》の幕紋を用いたことがわかる。

古河公方家や北条氏と結びつつ、小田氏や大掾氏と所領をめぐって争っていた久幹だが、上杉勢の越山と攻勢を受け、これに味方することで自領の維持を図ったのだろう。

## 佐竹氏と真壁氏

上杉方に転じたのと時を同じくして、久幹は常陸北部の佐竹《さたけ》氏とも音信を通じ、関係の構築を図った。永禄四年二月、久幹の次男九郎は元服に際し、佐竹義昭《よしあき》の一字を貰い、義幹《よしもと》と名乗ることを認められた〔真壁文書〕。このとき、義昭は久幹に宛てた書状で、一字を九郎が強く懇望したので覚悟を決めて与えたと述べている〔真壁文書〕。天文二十一年（一五五二）生まれとされ、当時十歳であった九郎が自分から懇望したとは考えにくく、実際は父久幹の主導によるものであろう。

なお、嫡男氏幹はこれ以前に元服していたとみられ、「氏」の一字を北条氏政《うじまさ》から受けたとする所伝がある〔真壁町一九九八〕。前述の通り、上杉方に転じる以前に北条氏との音信があったことは事実だが、むしろそれ以前より、真壁氏が古河公方家と深い関わりを持っていたことを考えるならば、公方義氏からの一字である可能性が高い〔中根二〇一八〕。

佐竹氏としても、この頃は岩城《いわき》氏や江戸氏との争いを克服し、南奥や下野北部など、奥七郡の外へ進出を図っている時期であった。そのなかでの真壁氏との関係構築は、常陸南部への進出を視野に入れた動きとみられる。そしてその相手となったのが、小田城の小田氏治《うじはる》であった。これ以前は比較的友好関係にあった佐竹―小田氏間だが、永禄六年（一五六三）、氏治が府中城の大掾貞国《さだくに》（慶幹の子）を破って勢力を拡大したのに対し、佐竹義昭は大掾氏を支援する動きをみせ、これにより両者は本格的に対立に転じる。そして真壁氏も、佐竹―小田氏の争いに直接、間接的に巻き込まれることとなる。

永禄七年か八年のものとみられる佐竹義重《よししげ》書状で、義重は久幹に対して、柿岡城（茨城県石岡市）を真壁氏に預けることと城の普請を求めている〔真壁文書〕。この段階の佐竹―真壁の関係をどう捉えるかは難しいが、このとき柿岡城に入ったのは義幹とみられ、久幹は義幹を通じて佐竹氏との関係を深めようとしたようだ。対する佐竹氏側も、常陸南部に拠点を獲得したものの、決してそれは安定した状況ではなく、実際、永禄八年十二月には土浦に居た小田氏治の逆襲を受けて小田城を奪還されている。太田から離れた常陸南部の所領を、信頼する同盟者真壁氏に預け、またその近隣の片野《かたの》城に、この頃佐竹氏を頼ってきていた太田資正《おおたすけまさ》・梶原政景《かじわらまさかげ》父子を入れることで、小田氏を牽制しようとしたと考えられる〔中根二〇一八〕。なお、久幹は太田父子とも友好関係を保ち、政景に自分の女を嫁がせている。

## 手這坂合戦と佐竹―真壁氏

佐竹―小田氏間の対立関係に大きな変化があったのは、永禄十二年（一五六九）のことであった。正月、佐竹氏・大掾氏・真壁氏・太田氏らが小田氏や下総結城《ゆうき》氏を攻撃し、海老島《えびがしま》（茨城県筑西市）を奪い、また小田の城下を焼いた〔上杉家文書〕。氏治は小田城を守り切ったものの、佐竹勢は五月にも小田城を攻撃するなど、連続した攻勢を展開している〔那須文書、桂木文書〕。

これに対し、同年十一月、氏治は北郡へ侵攻する。太田資正の片野城を狙ったとみられる。この連絡を受け、太田・梶原親子・真壁氏や援軍に駆けつけた大掾貞国の軍勢は、小田から片野への経路にあたる手這坂《てばいざか》で小田勢を待ち構え、ここで激突した。合戦の結果は太田・真壁氏らの勝利に終わり、小田勢は重臣の多くが討ち死にする事態となった。さらに追撃に転じた太田氏らは、小田城の接収に成功し、氏治を土浦城へ逐った〔烟田旧記〕。

この頃、佐竹義重の軍勢も到着し、義重は小田周辺の防備を固めると共に、一連の戦いの戦功を賞し、自身の家臣だけでなく、真壁義幹やその被官にも感状を発給した〔榎戸克弥家文書・秋田藩家蔵文書十二など〕。この感状発給から、この段階での佐竹氏から真壁氏への影響力の高さを指摘する見方もあり〔市村一九九四〕、その側面があったことは否定できないが、義重は彼らに「真壁方」としての戦功を賞しており、小田氏への勝利への感謝という程度に考えた方が良いかもしれない。また、真壁氏としても佐竹氏の影響力を利用しつつ、被官層への支配を強めようとしたとも考えられるだろう〔中根二〇一八〕。

## 小田氏治起請文と真壁氏

ここまでみたように、佐竹氏との積極的に関係を結んできたようにみえる久幹だが、けっして佐竹氏一辺倒であったわけではない。それを示すのが、元亀四年（一五七三）十二月に小田氏治が久幹に宛てた起請文《きしょうもん》の存在である〔真壁文書〕。手這坂合戦の後、小田氏治は土浦《つちうら》を経て木田余《きだまり》（茨城県土浦市）へ入った。また、この頃越相同盟《えっそうどうめい》を締結し、北条氏と和睦した謙信とも音信を通じて佐竹氏に対抗しようと図っており、元亀二年冬には謙信へ「東方御調儀」即ち佐竹方を攻めることを求めた。それに応じて謙信が越山したことも確認できるが、その際の条書の中に「真壁事、口上」とみえ、真壁氏のことについて口頭で謙信に何かを伝えており〔歴代古案四〕、元亀二年頃から真壁―小田の間でなんらかの交渉が行われた可能性がある。

しかし、越相同盟が破棄されると、謙信と佐竹氏の関係も再接近が図られることとなる。元亀四年八月には、佐竹氏らが戸崎《とざき》城・宍倉《ししくら》城（ともに茨城県かすみがうら市）などを攻略し、小田氏はさらに劣勢に追い込まれた〔佐竹文書・烟田旧記〕。この状況の中で結ばれたのが、前述の起請文である。取り決めを外部に漏らさないことや、佐竹氏との和睦の際は事前に伝えることなどを誓約したこの起請文については、北条氏と上杉氏や佐竹氏の抗争に左右されず、小田氏と真壁氏が共に主体的に地域平和の形成を図ったことを示すと評価されている〔黒田二〇〇四・中根二〇一八〕。

佐竹氏だけでなく、近隣であるとともに、古くから関係の深い小田氏とも交渉のパイプを保持することで、久幹は自領の安定を図っていたといえるだろう。

### 氏幹への家督相続

明確な時期は不明だが、天正年間に入り、久幹は出家し闇礫軒道無《あんれきけんどうむ》と名乗った。おそらくこの段階で隠居し、家督を氏幹に譲ったとみられる。

その氏幹は、系図では天文十九年（一五五〇）生まれという。久幹二十九歳のときの子で、母は不明である。元服時期は不明だが、弟義幹が前述の通り永禄四年（一五六一）に十歳で元服しており、同じ年齢での元服とすれば永禄二年のことであろうか。

元服後の彼の活動については、父久幹が前面に出ていたためか、やはりあまり史料に現れない。前述の手這坂合戦について、近世の所伝では、小田家臣の袋田掃部助《ふくろだかもんのすけ》の首を取ったと伝わるが、弟と異なり一次史料から活動を確認できない〔手這坂合戦記〕。史料上の初見は、永禄十二年（一五六九）のものとみられる、上杉謙信宛の氏幹書状である〔上杉家文書〕。ここでは越相同盟に向けた取り組みについて、書状で連絡をくれたことを感謝しているが、おおむねこの頃には、久幹の後継者として独り立ちを始めたようだ。その後、元亀二年（一五七一）には、被官飯塚氏に、飯塚郷内鹿島社領の年貢や諸役をしっかり納めることを指示し〔水府志料附録三十二〕、翌年には、被官深谷《ふかや》氏に北条（茨城県つくば市）での戦功を賞しており〔深谷文書〕、徐々に当主としての権限が委譲されていったのだろう。

## 天正年間の真壁氏——氏幹と道無・義幹

氏幹が当主となった天正年間前半の真壁氏について、まずは弟の義幹の活動からみていこう。この頃の彼については、主に佐竹義重《よししげ》からの受給文書が多く残っており、その内容から、佐竹氏の軍事指揮下にあり、その軍事行動に積極的に関わっていたことがわかる。ただし、義幹は真壁家中にも自身の立ち位置を残しており、「甲佐同盟《こうさどうめい》」を背景とした佐竹氏による土浦城攻めに際し、氏幹が体調を崩し出陣できないため、義重は義幹に真壁勢を率いて参陣して欲しい旨を述べている〔真壁文書〕。この頃の義幹は当主の弟として、兄の代理となりうる立ち位置を持っていたといえる〔中根二〇一八〕。

また、佐竹氏による軍事行動に義幹が呼ばれる際、ときに父道無の参陣を求められることもあり、前述の「甲佐同盟」に基づく土浦攻めに際し、道無の出陣を義幹からもお願いして欲しい旨の書状が義重から義幹に送られている〔真壁文書〕。さらに、下って天正十三年（一五八五）のある時期から十四年の始めにかけて、道無は佐竹氏の居城太田に滞在していたことが確認できる〔真壁文書〕。この滞在の背景は不明だが、この滞在期に佐竹北賢哲と道無が交わした起請文も残っており〔真壁文書〕、佐竹氏が真壁氏を大事にしていくことを示したものといえる。

以上のように、隠居後の道無と義幹は、天正年間を通じ、佐竹氏と積極的に結びついていたといえるだろう。

これに対し、当主となった氏幹も、佐竹氏を中心とする東関東の諸勢力の間で結ばれた軍事同盟「東方之衆」の一翼を担い、勢力拡大を図る北条氏と対峙しており、天正六年の小河岱合戦や同十年秋の上野攻めへの参陣が確認できる〔小河岱状・佐竹文書〕。一方で、天正七年頃からは、同じ「東方之衆」の一員宇都宮氏の重臣である、真岡城《もおか》（栃木県真岡市）の芳賀氏と、おそらくは境目相論から対立し、最終的に武力衝突に発展した。これは佐竹氏等の仲裁を受け、和睦に至っている〔集古文書リ〕。またこの頃の氏幹について、文書史料上にみえるのは、自身の被官への感状類が中心であり〔榎戸克弥家文書〕、この点は義幹と大きく異なる。

さらに、天正十年三月に、「東方之衆」と同盟を結んできた甲斐武田《たけだ》氏が滅亡し、織田権力が関東まで進出すると、真壁氏もこれに対応して音信を結ぶなど〔真壁文書〕、一個の勢力としての外交活動がうかがえる。また、天正十二年の沼尻の対陣に際し、北条氏と「東方之衆」の間で和睦が結ばれたが、直後に北条氏は「東方之衆」と結ぶ上野の由良《ゆら》・館林《たてばやし》長尾《ながお》氏を攻撃し、戦況を優位に進めた。由良氏らの進退は和睦条件の一つであったが、それを無視した北条氏の攻撃が行われたことについて、氏幹は佐竹義重に書状を送り、「手抜之刷、前代未聞存候」（不手際は前代未聞である）と、和睦時の義重の対応を強く非難している〔佐竹文書〕。

これらの動きから、この時期の氏幹が佐竹氏らと共に「東方之衆」として戦っていたことは間違いないが、一方で近隣や遠方の勢力とも独自に外交を展開し、ときには武力衝突に至りながらも、自領の維持を図っていたことがわかる。その姿勢は、ときには自身にとってプラスとならない佐竹氏の動きを非難することにもつながったと考えられる。そしてそれは、同じ佐竹氏寄りの立場にあったとはいえ、真壁家中に立場を残しつつ、佐竹氏とより近しい関係を築く弟義幹の動きとは異なり、氏幹は真壁氏当主として自らの被官と関係を築きながら、一個の領主として、佐竹氏と関係を結ぶ姿勢を取っていたといえるだろう〔中根二〇一八〕。

## 府中合戦と真壁氏――佐竹氏との合戦

天正十年代に入り、常陸国内では、共に「東方之衆」の一員である、大掾氏と江戸氏の対立が激化し、天正十三年（一五八五）より戦端が開かれることとなる〔中根二〇一三・森木二〇二二〕。大きく二度にわたって繰り広げられたこの合戦に際し、真壁氏は大掾氏に味方していたことが確認できる。先に天正九年、氏幹は自分の女を大掾氏の当主清幹に嫁がせており、舅の立場という縁も関係していたのかもしれない。

第一次合戦（天正十三～十四年）については、被官中原吉親《なかはらよしちか》が後年に書き記した戦功覚書のなかで、敵将春秋氏と槍を合わせて戦ったことを賞され、大掾方から判形を貰ったこと、行里川《なめりがわ》（茨城県石岡市）の戦いで深手を負った際に、道無からその場で戦功を賞して感状を貰ったことが述べられている〔稲葉安次郎家文書〕。ここから、真壁氏が明確に大掾氏方として江戸氏と戦ったことと、合戦に際し道無が自ら参陣したことが確認できる。前述の通り、天正十四年春頃まで彼は太田城に滞在しており、真壁に戻った後の行動と考えられよう。

続く第二次合戦（天正十六年）については、同年二月半ば、氏幹が大掾清幹《きよもと》に宛てた書状のなかで、太田城へ送った使者からの情報として、佐竹勢の出陣を伝えている〔真壁文書〕。また、第二次合戦における最大の激戦地となった玉里《たまり》砦（田余とも、同小美玉市）の戦いで、被官である桜井氏が活躍し、その戦功を大掾清幹に賞されている〔桜井啓司家文書〕。第二次合戦に際して、佐竹氏は江戸氏に味方して大掾氏を攻撃したが、真壁氏は引き続き大掾氏を支援し、結果として佐竹氏と対峙することとなった。

第二次合戦は同年五月に和睦が成立したが、その後も佐竹・江戸氏と大掾氏は衝突しており、前述の中原吉親の戦功覚書には、同年九月に竹原《たけはら》（茨城県小美玉市）における佐竹氏と大掾氏の合戦に参加したことがみえ、真壁氏も両者の小競り合いに絡んでいたようである。

府中合戦に際し、氏幹は大掾氏を支援し、最終的には佐竹氏と対峙する選択を取ったが、これにより両者の関係が悪化したわけではない。それは前述の佐竹勢出陣の一方を伝えた使者が太田に送られていたことや、佐竹北義憲《きたよしのり》が氏幹に書状を送り、合戦後に氏幹が義憲の陣労を労う書状を送っていること〔真壁文書〕、江戸―大掾氏の対立を受け、北条氏が筑波山麓まで進出してきた際に、氏幹が梶原氏らと共に応戦していることからも間違いない〔桜井文書〕。

一連の氏幹の行動は、真壁氏の当主として、婿でもある大掾清幹を支援することが真壁氏にとって大事と考えたうえでの行動であり、そのためには、近しい関係にある佐竹氏と対峙することも辞さない姿勢を示したといえよう。

## 久幹の死と小田原合戦

天正十七年（一五八九）三月、道無は真壁城で没した。享年は六十八、真壁照明寺《しょうみょうじ》（茨城県桜川市）に葬られたと伝わる〔当家大系図〕。彼と交流のあった連歌師の猪苗代兼如《いなわしろけんにょ》は、道無の死を悼んで追善の歌を詠んでおり、道無の文化人としての一面がここからもうかがえよう〔真壁道無闍礫軒追善〕。

天正十八年（一五九〇）の小田原合戦に際し、真壁氏は佐竹義宣に従い出陣し、五月二十七日に秀吉に拝謁した〔佐竹文書〕。この頃、豊臣《とよとみ》方が作成した「関東八州城之覚書《かんとうはっしゅうしろのおぼえがき》」〔毛利家文書〕では、真壁氏は佐竹氏とは別立てで記載されており、豊臣政権からみて、真壁氏は一個の国衆としてみられていたようだ。

その後、豊臣政権より常陸の多くを安堵された佐竹氏は、同年十二月に江戸氏・大掾氏、翌年二月～三月にかけて、「南方三十三館」および額田《ぬかだ》小野崎《おのざき》氏を、それぞれ武力をもって滅ぼし、その所領を手中に収めた〔中根二〇一六B〕。しかし、真壁氏はとくに攻撃を受けず、そのまま豊臣政権に属した佐竹氏の家臣として存続した。背景には、これまでの佐竹氏との関係があったと考えられる。

## その後の真壁氏と氏幹

氏幹については、文禄四年（一五九五）頃まで当主として活動し、文禄の役に際しては、義幹と共に佐竹勢の一員として参陣し、朝鮮に渡海している〔大和田重清日記〕。その後、男子のいなかった彼は、義幹の長男房幹《ふさもと》を養子とし、彼に家督を譲ったとみられるが、一方でその後も、真壁氏被官への判物・

官途状等を発給していることが確認できる〔安得虎子十一など〕。また、義幹については、文禄四年に筑波《つくば》郡大嶋《おおしま》（茨城県つくば市）周辺に所領を獲得し、柿岡城から大嶋城へ移っている〔秋田藩家蔵文書十二〕。

そして慶長七年（一六〇二）、佐竹氏は関ヶ原合戦の戦後処理により常陸を離れ秋田へ移封となる。このとき、義幹は子の房幹・重幹《しげもと》と共に移封に従った。その後、房幹の後を弟重幹が継ぎ、彼の系統が秋田藩士となり、家老職に就くなど活躍するとともに、真壁氏の家伝文書を保持していった。

これに対し、氏幹は移封に従わず、常陸に留まったとみられ、史料上は慶長二十年（一六一五）まで、かつての被官層で真壁に残ったとみられる者への判物などの発給による交流が確認できる〔勝田貞家文書・石島文書など〕。その後、氏幹は真壁から下館に移ったとされ、元和八年（一六二二）三月にその生涯を終えた。享年七十三とされ、下館《しもだて》定林寺《じょうりんじ》（茨城県筑西市）に葬られたというが〔当家大系図〕、寺伝などに真壁氏に関するものは残っていないという〔真壁町一九九八〕。また、下館に移った背景には、慶長十一年（一六〇六）に浅野長政《あさのながまさ》が真壁に入部したことが関係した可能性もあるが、推測の域を出ない。

戦国後期の関東は、北条氏の勢力拡大、上杉氏の越山、織田権力の進出を経て豊臣政権による小田原攻めと、大きな動きがあいついだ。そのなかで各地の領主は、ときに大勢力に従い、ときに周囲と結んでそれに対抗するなど、さまざまなかたちで自らの所領を守ろうとした。真壁氏についても、先代以来の古河公方家との関わりを通じ、北条氏と結んだかと思えば、上杉氏の攻勢を受けてこれに従い、また東関東では、佐竹氏を中心とする「東方之衆」の一翼を担い、各地の合戦に参加した。

その佐竹氏とは、氏幹の弟義幹を介して関わりを強め、久幹も隠居後は太田に逗留するなど、深い交流を結んだ。一方で、氏幹はあくまでも真壁氏の当主として自領を守ることを優先しており、ときに佐竹氏を非難したり、立場の違いから対峙することを辞さない姿勢をみせたりしている。これは久幹も同様で、当主段階では佐竹氏と結びつつ、密かに小田氏治と起請文を取り交わしており、彼らの姿勢はけっして佐竹氏一辺倒ではなかった。それはすなわち、この頃の真壁氏が、佐竹氏に完全に従う存在であったわけではなく、利害に応じて関係を持つ、「国衆」と呼んで然るべき立場であったといえるだろう（中根二〇一八）。

（中根正人）

【主要参考文献】

『真壁家の歴代当主―史実と伝説―』（寺崎大貴氏執筆分、真壁町歴史民俗資料館、一九九八年）

市村高男「戦国期常陸佐竹氏の領域支配とその特質」（同『戦国期東国の都市と権力』第一編第三章、思文閣出版、一九九四年）

黒田基樹「戦国動乱と小田氏」（同『戦国期関東動乱と大名・国衆』第5部第一章、戎光祥出版、二〇二〇年、初出二〇〇四年）

寺﨑理香「関東足利氏発給文書にみる戦国期常陸の動向―基頼・晴氏文書を中心に―」（『茨城県立歴史館報』四一、二〇一四年）

森木悠介「常陸府中合戦の実態と大掾氏」（『常総中世史研究』九、二〇二一年）

中根正人「戦国期常陸大掾氏の位置づけ」（同『常陸大掾氏と中世後期の東国』第二部第二章、岩田書院、二〇一九年、初出二〇一三年）
中根正人「古河公方御連枝足利基頼の動向」（同第三部第二章、二〇一九、初出二〇一六年A）
中根正人「「南方三十三館」謀殺事件考」（同第二部第四章、二〇一九年、初出二〇一六年B）
中根正人「戦国期の東関東――真壁氏と佐竹氏の関係を中心に」（戦国史研究会編『戦国時代の大名と国衆――支配・従属・自立のメカニズム』第2部Ⅱ、戎光祥出版、二〇一八年）
中根正人「戦国初期の常陸南部―小田氏の動向を中心として―」（同第二部第一章、二〇一九年）

# 小田氏治
## ——逆境の荒波を何度も乗り越えた不屈の名将

常陸の戦国武将として、小田《おだ》氏治《うじはる》はおそらく佐竹《さたけ》義重《よししげ》と並び、一、二を争う知名度を持っているだろう。常陸南部の名族小田氏の当主であり、近年ではテレビ番組などで取り上げられる機会も多い。そこでは「戦国最弱」とか「不死鳥」などといわれる彼の生涯について、史料からその実像を追っていくこととしたい。

### 氏治の誕生

氏治は、享禄四年（一五三一）生まれとされる。父は政治《まさはる》、母については諸説があり、明確ではない。幼名は不明だが、仮名は太郎である〔歴代古案十二〕。元服時期は明確ではないが、初陣の時期から天文十五年（一五四六）以前、十五歳で元服したとするならば同十四年か。氏治の「氏」の字は、時の古《こ》河《が》公方《くぼう》足利《あしかが》晴氏《はるうじ》の一字とみられる。

なお、近世成立の系図類で、氏治は左衛門督《さえもんのかみ》、讃岐守《さぬきのかみ》、左京大夫《さきょうのだいぶ》、常陸介《ひたちのすけ》などを称したとされるが、一次史料ではいずれも確認できない〔黒田二〇〇四〕。この点、『光源院殿御代当参衆并足軽以下衆覚』（『永禄六年諸役人附』とも）の「関東衆」の項には「小田讃岐守常陸」とみえるが、「関東衆」の項には不正確

小田氏治画像　茨城県土浦市・法雲寺蔵
写真提供：土浦市立博物館　住友財団助成修復品

な点が多く、同書の諸本を検討された黒嶋敏氏は、当該部分が近世段階で系譜や軍記などに通じた人物によって追加されたものと指摘する〔黒嶋二〇〇四〕。この点、常陸の武将に限っても、佐竹義昭《よしあき》が修理大夫《しゅりのたいふ》を名乗ったことは確認できず、また大掾清幹《だいじょうきよもと》は永禄六年（一五六三）当時誕生さえしていないことを考えるならば、この記述から、氏治が讃岐守を名乗っていたということはできない。

系図以外では、法雲寺《ほううんじ》および北斗寺《ほくとじ》の氏治寿像の賛に「讃岐守左衛門督源氏治朝臣」、「従五位上《じゅごいのじょう》讃岐守源氏治」とみえる。前者は天正十六年（一五八八）の大蟲宗岑《だいちゅうそうしん》、後者は天正六年の月航玄津《げっこうげんしん》の賛だが、寿像の賛に記される人物の情報が当時の名乗りと同一とは限らない。たとえば、法雲寺の小田政治寿像に記された大永二年（一五二二）の叔悦禅懌《しゅくえつぜんえき》の賛で、政治について「源朝臣左京大夫政治法諱長伊」と、彼の法名が記されている（法雲寺所蔵）。この頃に政治が出家したことは確認できず、賛自体は叔悦禅懌のものだが、そのほかの情報については後補された可能性がある。同様のことを想定すると、氏治寿像に記された官途・受領や位階についても、近世段階で後補された可能性があるだろう。

## 初陣と家督相続

氏治は天文十五年（一五四六）に行方小高《なめがたおだか》氏を救援するため、一軍の大将として行方郡へ出陣した。これが彼の初陣とされる。このとき、小田勢は小高氏と対立する玉造《たまつくり》氏や手賀《てが》氏、そして彼らを支援する大掾氏の軍勢と戦ったが敗北し、行方方面への勢力拡大に失敗した〔大山守大場家文書〕。

天文十七年（一五四八）二月、父政治が死去し、氏治が家督を相続する。当時、十八歳であった。年次の分かる発給文書の初見は、翌年十月、被官中原《なかはら》氏・古尾谷《ふるおや》氏への所領等の安堵である〔中原文書・秋田藩家蔵文書四八〕。

## 下総結城氏との対立と海老島合戦

氏治が家督を継いだ頃、小田氏は下総結城《ゆうき》氏と緊張関係にあった。天文年間前半より、下野の那須《なす》氏や宇都宮《うつのみや》氏の内紛のなかで、両者は対立する陣営に立っていた。父政治は下野の戦乱に関わりつつ、常陸西部の小栗《おぐり》（茨城県筑西市）や中郡庄《ちゅうぐんのしょう》（同桜川市）へ進出し、また結城氏に近い下妻《しもつま》の多賀谷《たがや》氏を服属させるなど、勢力を西へ伸ばしていた〔中根二〇一九〕。対する結城政勝《まさかつ》は、政治の死去を好機と捉え、真壁家幹《まかべいえもと》と結び、多賀谷氏を再帰属させた。また、並行して大掾慶幹《のりもと》や白河《しらかわ》結城晴綱《はるつな》、そしてこの頃勢力を伸ばしていた北条氏康《ほうじょううじやす》とも結びつき、小田氏への対抗を図った〔黒田二〇〇四〕。この結城氏の北条氏との関係構築は、大掾氏と共に東関東の諸氏のなかではかなり早い方であった。対する氏治は、佐竹氏や宇都宮氏などと連携して結城方を牽制しており、両者の衝突は時間の問題であった。

そして、弘治二年（一五五六）四月、結城勢は小田方の拠点であった海老島《えびがしま》城（筑西市）を攻撃、救援に駆けつけた氏治率いる小田勢と海老島・大島台で激突した。海老島合戦と呼ばれるこの戦いに際し、結城方には北条氏や下野壬生氏、佐野氏などが援軍として参陣しており〔大藤文書・野田家文書・集古文書リ〕、また小田領の東では大掾慶幹が牽制の動きをみせていたとみられる。結果として結城方が勝利を収め、氏治は敗走し、土浦城に逃れた〔烟田旧記〕。

戦いの結果、結城勢は海老島の他、小栗・富屋《とみや》・大島《おおしま》など常陸西部の小田氏の所領を奪取し、さらに本拠の小田城まで獲得する大戦果を挙げた〔結城家之記〕。しかし、これは北条氏などからの大きな援軍を背景に達成したものであり、彼らが帰国すると、その広い所領の確保は困難であった。早くも八月には、土浦にいた氏治は小田城に攻撃を仕掛け、城の奪還を果たすと共に、佐竹氏や下野那須氏の支援を受け、海老島を奪い返し、また結城方の真壁氏攻撃などを進めることで、勢力を回復したとみられる〔東京大学白川文書・茂木文書〕。

なお、海老島合戦と前後して、氏治は佐竹方の江戸忠通《えどただみち》の女を娶り、佐竹氏らとの関係を強めた。時期は明確ではないが、嫡男守治《もりはる》は弘治三年誕生とされ、それ以前の婚姻であろう〔黒田二〇〇四〕。この段階では、小田–佐竹間は良好な関係にあり、北条氏と結ぶ下総結城氏に対し、小田氏は佐竹氏らと結んで対抗を図ろうとしていた。

## 上杉謙信の越山と小田氏

永禄三年（一五六〇）は、関東の諸氏にとって大きな変化のあった年であった。この年の九月、越後の長尾景虎《ながおかげとら》（本項では上杉謙信《うえすぎけんしん》で統一する）が、前関東管領《かんとうかんれい》山内上杉光哲《こうてつ》（憲政《のりまさ》）を擁して越山し、関東へ侵攻してきたのである。これ以後、彼はたびたび越山して関東へ進出してくることとなり、関東の諸氏は北条氏と上杉氏の間を揺れ動くこととなる。

謙信の越山に際し、氏治は北条氏や結城氏、大掾氏との対立関係から、上杉方に味方し、結城城攻めや小田原城包囲、その後の鶴岡八幡宮《つるがおかはちまんぐう》参詣に参加した〔蕪木文書、結城家之記〕。しかし謙信の帰国後、北条氏は逆襲に転じ、また上杉方についた諸氏との交渉を進めた。氏治もそれに応じ、永禄五年七月、北条氏らと和睦が結ばれた〔佐竹文書〕。これにより、それまでの結城氏や大掾氏との対立関係も一時的に解消されたのであった。

ところが、翌永禄六年二月、氏治は大掾貞国《さだくに》を攻撃し、両軍は三村《みむら》（茨城県石岡市）で激突する。先の和睦は早々に破棄されたとみられるが、背景としては、大掾貞国の父慶幹がこの頃没し、貞国が家督を継いだ混乱を突いたと思われるものの、明確ではない。三村の戦いは結果として氏治が勝利し、府中城下まで攻め込む戦果を挙げた〔百家系図五三・記録御用所本古文書・秋田藩家蔵文書四八〕。これにより大掾氏の勢力を削いだ氏治は、勢力拡大の機会を獲得したといえる。

これに対し、危機感を抱いたのは、数年前まで友好関係にあった佐竹義昭であった。義昭の母は小田政治の妹であり、実は義昭と氏治は従兄弟の関係にあたる。この頃、嫡男義重に家督を譲った義昭は、小田氏の勢力拡大に対し、大掾氏を取り込むことでこれに対抗を図ったのである。

さらに、北条氏と和睦したことで、北条氏方の立場となった小田氏は、越山してきた上杉勢の攻撃を受けることとなった。永禄七年正月、謙信と佐竹勢は小田城を攻めてこれを落とし、小田氏の重臣信太《しだ》治房《はるふさ》が討ち死にし、氏治は先の海老島合戦後と同じく土浦城へ逃れた。このときは小田城のほか、木田《きだ》余《まり》城や北郡の拠点も奪われ、これらには佐竹氏らが入ることとなる〔烟田旧記・和光院和漢合運〕。

しかし、翌八年十二月、氏治は小田城を攻撃し、城将の佐竹北義斯《きたよしつな》を逐い、大山義近《おおやまよしちか》を討って同地を奪い返すことに成功する〔烟田旧記・和光院和漢合運〕。この直前の十一月に佐竹義昭が没しており、その混乱を突いた可能性もあろうか。ところが、翌年二月頃に越山していた上杉勢に小田城をまたも攻められ、氏治はこれに降伏し、所領を安堵されたようである〔上杉家文書・明光院記〕。

謙信への従属は一時的なものとみられ、永禄九年三月の謙信の下総臼井《うすい》攻め失敗を受け、関東諸将があいついで北条氏に従うのに合わせ、氏治も再び北条氏に転じた〔楓軒文書纂六十六〕。一方で、佐竹氏や大掾氏、真壁氏との対立関係はこの後も続いており、次に述べる手這坂合戦《てばいざか》に繋がっていくこととなる。

## 手這坂合戦と小田城失陥

永禄十二年(一五六九)正月、佐竹氏・大掾氏・真壁氏・太田氏らが小田氏・結城氏を攻め、海老島を奪い、小田の城下を焼いた〔新編会津風土記十五・上杉家文書〕。五月にも佐竹勢は小田城を攻撃し、これは氏治が撃退したものの、この頃、佐竹氏らの攻勢があいつぐ状況にあった〔桂木文書・那須文書〕。

これに対し、氏治は反撃のため、十一月に北郡《ほくぐん》(茨城県石岡市)へ進出する。狙いは同郡に位置する太田資正《おおたすけまさ》父子のいる片野《かたの》城であったとみられる。これに対し、太田父子や真壁氏、大掾氏が連携して応戦し、両者は手這坂(茨城県石岡市)で激突した。これが手這坂合戦である。合戦の結果、小田氏は重臣の岡見治資《おかみはるすけ》をはじめ多くの武将が討ち死にする大敗を喫し、さらに小田への退路を断たれ、またも土浦城へ逃れることとなった〔歴代古案一・烟田旧記〕。その後、小田城は太田氏らに接収され、これ以降、氏治はたびたび小田城への復帰を狙うものの、ついに果たすことはできなかった。

敗走して土浦城に入った氏治は、直後の元亀元年(一五七〇)二月、重臣の信太伊勢守《いせのかみ》を謀殺し、その居城木田余城(同土浦市)へ拠点を移した〔明光院記〕。理由は不明だが、前述した永禄七年の小田失陥に際し、伊勢守は一時佐竹方に転じ、氏治の小田復帰後に帰参しており〔烟田旧記〕、今回の敗走にともなう再びの離反を恐れての行動であろうか。

また、並行して氏治は、上杉謙信と音信を結んだ。この頃、越相同盟《えっそうどうめい》により北条氏と上杉氏が同盟を結び、一方の佐竹氏は上杉氏との関係を断つこととなる。元亀年間に入っても、佐竹氏らの土浦城攻撃が行われており、それに対抗するため、劣勢の氏治は上杉、北条らの支援を求めたと考えられる。

## 木田余時代の氏治――佐竹氏の侵攻と氏治の外交努力

木田余城へ移った氏治は、元亀二年（一五七一）秋に謙信に対し、「東方御調儀」すなわち佐竹氏らの攻撃を求め、これに応じた謙信の越山が確認できる〔伊佐早謙採集文書六〕。しかし、越相同盟が同年十二月に崩壊、北条―上杉の争いが再燃し、氏治は新たな立ち位置を模索する必要に迫られた。また、これにより上杉氏と佐竹氏の関係は良化に転じるが、佐竹氏ら東関東の諸氏の間には、北条氏と結んだ謙信に対する不信感が根強く残ることとなった。

越相同盟崩壊後の氏治について、謙信の下には佐竹氏と関係の修復を図ったという噂が届いているが、具体的な交渉の有無は不明である〔上杉家文書〕。また、謙信との関係も、元亀四年四月頃まで確認できるが〔歴代古案十二〕、その後は北条方に転じたとみられる。

同年八月、佐竹氏らは小田氏との戦端を開き、木田余城を攻め、並行して小田方の拠点である戸崎《とざき》・宍倉《ししくら》の両城（茨城県かすみがうら市）を攻略した。城将であった菅谷《すげのや》氏は佐竹氏に降伏し、小田氏の勢力は更に狭められることとなった〔佐竹文書・烟田旧記〕。これに対し氏治は、外交に活路を見出そうとしたとみられ、この年の十二月には、真壁久幹《ひさもと》と起請文《きしょうもん》を取り交わし、取り決めを外部に漏らさないことや、佐竹氏との和睦の際は事前に伝えることなどを誓約している〔真壁文書〕。真壁氏との交渉は、元亀二年十一月に謙信へ氏治が送った条書に「真壁事、口上」とみえ、その頃から何らかの動きがあった可能性が考えられる〔伊佐早謙採集文書六〕。この起請文については、北条氏と佐竹氏の抗争に左右されず、小田氏と真壁氏が共に主体的に地域平和の形成を図ったことを示すと評価されている〔黒田二〇〇四、中根二〇一八〕。

この後も、氏治は北条氏方にあったようで、天正二年閏十一月、要衝関宿《せきやど》城陥落の一報を北条氏政《うじまさ》から受け〔賜蘆文庫文書四十五〕、また、天正四年(一五七六)には足利晴氏十七回忌の追善について足利義氏《よしうじ》より連絡を受けている〔喜連川文書〕。氏治自身も、佐竹氏と南奥で対峙する田村清顕《たむらきよあき》に宛てて書状を送り、関東情勢について情報を伝えている〔佐竹文書〕。

そして天正五年頃になると、北条氏が離反した結城氏への攻撃を行うのに合わせ、氏治は小田への攻撃を求め、これを受けて北条氏も小田城近くまで進出した〔早稲田大学図書館所蔵文書〕。この圧力を背景に、氏治は先に佐竹氏に降伏した戸崎・宍倉の菅谷氏や海老島の平塚氏らを取り込む計略を図り、疑心暗鬼に陥った佐竹氏は彼らの救援要請を信じず、結果として彼らは氏治のもとに帰参を果たし、氏治は一時的ではあるが勢力を回復したのであった。また氏治は、蘆名《あしな》氏家臣の佐瀬氏に書状を送り、北条氏と連携して佐竹氏へのけん制を求めるなど〔歴代古案十五〕、計略や外交を駆使して、佐竹氏の圧迫から逃れようとしていたといえる〔黒田一九九八〕。

## 佐竹氏との和睦と氏治の出家――土浦滞在期の氏治

ところが、翌天正六年(一五七八)の半ば頃になると、先に圧力をかけていた北条氏は、小河《おがわ》岱《だい》合戦における佐竹氏ら「東方之衆」との対峙を経て、越後で勃発した御館《おたて》の乱に介入するため上野方面に軍を向けてしまう。手薄になった隙を突き、七月には小田城の梶原政景《かじわらまさかげ》を中心とする軍勢が、木田余城を攻め、これに敗れた氏治は同地を失陥し、またも菅谷氏の土浦城へ逃れたのであった〔常陸遺文二〕。

その後、越後における「御館の乱」をめぐる北条氏と武田氏の関係悪化から、佐竹氏は武田氏と「甲佐《こうさ》同盟《どうめい》」を結び〔丸島二〇一一〕、それに基づき、佐竹氏は土浦城へ攻撃を仕掛けており〔真壁文書〕、劣勢となった氏治は、南奥の蘆名盛氏を介して佐竹氏との和睦を図った〔続常陸遺文十〕。最終的に佐竹―小田間で和睦が成立したようで、これ以後しばらくの間、佐竹氏による小田氏攻撃は確認できない。

佐竹氏との和睦が成立した後、天正十年閏十二月までに氏治は出家し、天庵《てんあん》と名乗った。この号について、「天正竜輯戊寅林鐘吉」(天正六年六月)に洛北竜安寺の月航玄津が記した氏治の賛には、「梧館東構高閣自称天庵、」とあり、城(木田余城か)の東に自らが建てた高閣の名に由来した可能性がある(北斗寺所蔵)。また、出家とあわせて隠居し、家督を嫡男の守治に譲ったらしいが、この後も彼の活動は小田氏の第一線で確認でき、実権は彼の手元にあったとみられる。さらに天正十一年二月、天庵は五歳の実子を佐竹氏のもとに送った〔烟田旧記〕。背景は不明で、人質であったと思われるが、これにより、天庵は永禄年間以来戦ってきた佐竹氏に事実上従属すると共に、この出来事は小田氏の政治勢力の衰退を決定づけることとなった〔黒田二〇〇四〕。

小田氏が佐竹氏と和睦したのに対し、小田氏の被官やそれまで小田氏と結んでいた、牛久《うしく》の岡見治広《はるひろ》や足高《あだか》の岡見宗治《むねはる》、江戸崎《えどさき》の土岐治綱《はるつな》・頼英《よりふさ》、土浦の菅谷範政《のりまさ》などは、独自に北条氏と結び、佐竹氏や多賀谷氏と対峙するようになっていた。ここからも、小田氏の影響力低下が否定しようのない事実だったといえよう〔黒田二〇〇四〕。

さて、木田余からの敗走後、天庵は五年余の間土浦城に身を寄せていた。このことは、土浦から安房《あわ》の里見義頼《さとみよしより》へ送った書状で「天庵」とみえ、出家段階でも土浦に居たことからも間違いない〔藩中古文書十二〕。しかし、天正十三年九月になり、天庵は藤沢城《ふじさわ》（茨城県土浦市）の再建を開始し、翌年正月には同地へ移った〔大蔵卿筆記〕。藤沢はこれまでの氏治が拠点としてきた城のなかでは最も小田城に近い立地であるが、人質を佐竹氏に出すなどの行動を取りつつも、天庵は依然として小田城への復帰を諦めてはいなかったのだろうか。

## 小田氏の潜在能力——藤沢時代の天庵

藤沢に移った後も、佐竹氏との関係は継続していた。藤沢に移る前後も、たびたび義重から書状が届き、佐竹氏の動静を伝えられている〔来栖文書・友部文書〕。また天正十七年（一五八九）には、天庵が義重に書状を送り、北条氏が下野足利に出陣していることや、江戸崎の土岐治綱と龍ヶ崎《りゅうがさき》の土岐胤《たね》倫《とも》の兄弟が争っていることなど、関東情勢について伝えている〔佐竹文書〕。

一方で、年未詳だが、天庵段階で足高城の岡見宗治から瓜を送られたお礼を述べており、北条方とはいえ、元の被官である岡見氏との音信も継続していたことが確認できる〔岡見文書〕。また、行方郡の芹澤《せりざわ》氏にも年頭祝儀の御礼を伝えたり、白河結城義親《よしちか》から南奥の情報を獲得したりするなど、積極的な外交が確認できる〔芹沢文書・東京大学白川文書〕。

さらに、天正十七年と比定できる大掾清幹書状から、行方小高氏が天庵を頼みとした軍事行動を企図していたという情報が確認できる〔芹沢文書〕。前述のとおり、佐竹氏に事実上従属していたこの頃の小田氏の影響力低下は間違いないが、一方で、この状況に至ってもなお、小田氏が周辺勢力から支援を期待されるだけの存在感を持ち続けていたといえよう。

## 最後の小田攻めと天庵の没落

天正十八年（一五九〇）正月下旬、天庵は突如として挙兵し、藤沢城を出陣、梶原政景の籠もる小田城を攻撃した。この頃、西からは豊臣政権が北条氏に宣戦布告を突き付け、出陣の準備を進めている段階であった。東関東の佐竹氏や宇都宮氏には、おおむね正月半ば頃に参陣要請が届いたが〔佐竹文書〕、天庵のもとにその情報が届いていたかは不明であり、また岡見氏・土岐氏ら北条方と連携しての動きも確認できず、小田氏単独での軍事行動だったようだ。

しかし、天庵率いる小田勢は小田城を攻め落とせず、逆に梶原氏やその援軍に駆けつけた真壁氏らに藤沢城を攻められることとなった〔石島文書〕。藤沢攻めについて、梶原政景は「手前無衆故藤沢不付是非儀無念候」と述べており〔武州文書十八〕、兵力不足もあって落城には至らなかったようだが、結果として、天庵による小田城への復帰は叶わなかった。

その後、二月末に宇都宮国綱《くにつな》の重臣君島高親《きみしまたかちか》が、佐竹一族小場《おば》義宗《よしむね》に「天庵へ之御調儀念願被申候」と〔佐竹文書〕、三月段階で、佐竹北義憲《よしのり》が多賀谷重経《しげつね》に「一、当日中ニ藤沢へ可及調儀由存候」と述べている〔続常陸遺文一〕。これらを考えるならば、小田原へ参陣しようと出陣した佐竹・宇都宮の軍勢が藤沢攻めを進めたと考えられ、この戦いで城が落ちた可能性が高い。この点、年次の分かる天庵の発給文書の終見は、同年六月、石島大膳正《いしじまだいぜんのしょう》に大貫《おおぬき》・杉木郷《すぎのき》（茨城県つくば市）を与えた判物だが〔石島文書〕、同氏は小田―真壁の境目に所領を持つ真壁氏被官であり、大膳正と同族とみられる駿河守《するがのかみ》は、先の天庵との戦いで真壁氏幹《うじもと》に従って活躍していた〔石島文書〕。石島氏に与えた所領の立地や判物の実効性を考えると、藤沢で敗れて没落した天庵が一時的に石島氏のもとに滞在し、その御礼として与えた判物なのかもしれない。

いずれにせよ、この天正十八年の天庵没落をもって、八田知家《はったともいえ》以来四百年余に及び活動を続けてきた、地域権力としての小田氏は滅亡したといえる。

### その後の天庵と小田氏

没落した天庵は、下総結城氏の当主となった結城秀康《ひでやす》（徳川家康《とくがわいえやす》次男）のもとに身を寄せたという。系図類では、秀康の側室となった氏治の娘がみえるが、これは結城氏に従って以降の動きであろう〔岡見徹男氏所蔵岡見系図〕。

その秀康は、慶長五年（一六〇〇）十一月までに越前北庄《えちぜんきたのしょう》（福井県福井市）を拝領し、翌年八月までに入部したとされる〔黒田一九九五〕。この転封に天庵も同道したが、まもなく彼は病床に伏し、慶長六年閏十一月十三日、越前で没した。享年七十一、法名は南江道薫《なんこうどうくん》と伝わる。

小田氏の家督は、すでに嫡男の守治が継いでいた。彼については、没落後も父と行動を共にし、越前松平家に仕え、父没後の段階で千石を知行する立場にあった〔福井県立図書館所蔵源秀康公御家中給帳〕。彼の系統はその後、嫡流は出雲松江《まつえ》藩で存続し、庶流には牢人となった系統もあったようだ。

また、前述した通り、天正十一年（一五八三）に佐竹氏のもとに送られた当時五歳の子（天正七年生まれ）がいる。同十五年正月に天庵の下に戻ったとされるが、彼のその後はまったく不明である。このほか、前述した結城秀康の側室となった娘が確認できる。

彼らとは別に、近世に氏治の子孫を称した系統が存在する。元和三年（一六一七）の作成とされる「小田友重先祖由緒書上草案」（常総市地域交流センター所蔵文書）には、友重の父友治について記されているが、彼は氏治と芳賀貞利娘の間に生まれた「妾腹之嫡子」で、守治の誕生により状況が変わったため、祖父貞利と共に北条氏に仕え、八田左近を称した。同氏滅亡後は豊臣秀次に仕え、伊勢員弁郡（三重県いなべ市）に千石を与えられ、文禄の役で御船奉行を命じられた際に二千石を加増された（安得虎子六）。秀次の自害後は父や異母弟と同じく結城秀康に仕えたという（牛久市二〇〇四）。

氏治の庶長子という友治の系統の主張については、現在のところ、氏治と友治を同時に確認できる史料がないことや、由緒書の記述への疑問点があり、どこまでその主張を信じて良いかは難しい。ここでは、氏治の庶長子の子孫を称した系統が近世にあったという事実のみを記すこととし、今後新たな史料の発見に期待したい。

小田氏の当主となった氏治は、周辺勢力との対立のなか、合戦によって勢力拡大を図ったが、たびたび本拠地の小田城を奪われる事態となった。結城氏・上杉氏・佐竹氏らによる小田奪取に対し、家臣団の手厚い支援を受けた彼は、何度となく小田城を取り返しており、けっして「戦国最弱」などといわれるような武将ではなかったといえる。手這坂合戦で、多数の重臣を失う大敗を喫し、小田氏の勢力は大きく衰退したが、菅谷氏など彼を支える家臣は多く残った。彼らの支援を受けつつ、居城を転々としながら、北条氏・佐竹氏・真壁氏らとの外交努力も駆使し、小田城への復帰をめざした。しかし、ついに小田城へ帰ることは叶わず、氏治の代で小田氏は没落し、彼自身も本貫地を離れることとなった。異郷の地越前で、生涯を終えた彼の心中はどのようなものであっただろうか。

（中根正人）

**【主要参考文献】**


『牛久市史 原始古代中世』第八章第八節（荒垣恒明氏執筆、牛久市、初出二〇〇四年）
黒嶋敏「足利義昭の政権構想―「光源院殿御代当参衆并足軽以下衆覚」を読む―」（同『中世の権力と列島』第四部第九章、高志書院、二〇一二年、初出二〇〇四年）
黒田基樹「結城秀康文書の基礎的研究」（同『近世初期大名の身分秩序と文書』第五章、戎光祥出版、二〇一六年、初出一九九五年）
黒田基樹「常陸小田氏治の基礎的研究――発給文書の検討を中心として」（同『戦国期関東動乱と大名・国衆』第5部第二章、戎光祥出版、二〇二〇年、初出一九九八年）
黒田基樹「戦国動乱と小田氏」（同第5部第一章、二〇二〇年、初出二〇〇四年）
丸島和洋「武田氏の対佐竹氏外交と取次」（同『戦国大名武田氏の権力構造』第二章、思文閣出版、二〇一一年）
中根正人「戦国期の東関東――真壁氏と佐竹氏の関係を中心に」（戦国史研究会編『戦国時代の大名と国衆　支配・従属・自立のメカニズム』第2部Ⅱ、戎光祥出版、二〇一八年）
中根正人「戦国初期の常陸南部―小田氏の動向を中心として―」（同『常陸大掾氏と中世後期の東国』第二部第一章、岩田書院、二〇一九年）

# 土岐治英――越前朝倉氏とも交流があった常陸の名族

## 常陸土岐氏（土岐原氏）について

土岐《とき》氏は、清和《せいわ》天皇の子孫で、平安時代中期に藤原摂関家《ふじわらせっかんけ》へ臣従し、「京武者《きょうむしゃ》」として京都の治安維持で活躍した源頼光《みなもとのよりみつ》を祖先とする武士団である。頼光の父である源満仲《みつなか》が摂津守《せっつのかみ》に任官し、摂津国多田荘《ただのしょう》（兵庫県川西市）を本拠地と定め、その後を頼光が継承したことから、頼光以降の子孫は摂津源氏（多田源氏）と称された。頼光の子孫である光衡《みつひら》は、平安時代末期に美濃国土岐郡を本拠地として、美濃国に勢力を築き、土岐を名字とした（土岐氏の始祖については光衡より前の世代にあたる国房《くにふさ》、光信《みつのぶ》とするなど諸説あり）。こうして土岐氏は、美濃源氏の嫡流として、鎌倉時代には美濃国内を中心に一族を分流させ、南北朝時代に土岐頼貞《よりさだ》が足利尊氏《あしかがたかうじ》に従って活躍したことから、美濃守護《しゅご》に任命され、一時期は美濃・尾張《おわり》・伊勢《いせ》の三ヵ国の守護を兼任していた。

常陸土岐氏は室町時代に美濃守護を務めた美濃土岐氏の一族である。十四世紀末頃に山内上杉《やまのうちうえすぎ》氏の被官となり、その代官として常陸国信太庄《しだのしょう》（茨城県稲敷市・土浦市・牛久市・つくば市の一部にまたがる地域）に入部したが〔平田一九八〇〕、このときに名字を土岐原と称している。

応永十八年（一四一一）九月六日、天台宗《てんだいしゅう》寺院の円密院《えんみついん》に対して土岐原秀成《ときはらひでなり》（浄瑞《じょうずい》）が紛失状を発給しているが、これが土岐原氏について現時点で明確に確認できる最初の史料とされている〔平田一九八〇〕。ここでは、円密院領の田四段（信太庄下条佐倉郷古渡村にある）の支配について、至徳三年（一三八六）二月二十五日の類火で文書が焼失したため、その支配の実態を確認し、その結果、田四段の円密院の支配を認めている。ここで、円密院領の支配について、その実態を確認する主体が土岐原氏であることは注目すべきであろう。すなわち、この時点で土岐原氏の政治的地位が、少なくとも信太庄において上層に位置するものであり、それは「円密院文書」の中の某覚書にある「惣政所《そうまんどころ》」に相当するものであった〔平田一九八〇〕。

秀成の後、憲秀《のりひで》（修理亮《しゅりのすけ》、美作守《みまさかのかみ》）、景秀《かげひで》（修理亮、美作守）、景成《かげしげ》と続き、とくに景成は、年代は不明であるが、室町幕府第八代将軍の足利義政に年頭の祝儀として太刀一腰・馬一匹・銭三十貫を献上し、義政から返礼として太刀一振を下賜されている〔御内書案〕。これは、土岐原氏が山内上杉氏の被官となりつつも、美濃守護である土岐氏の一族として、室町将軍から直々に贈答を受けるほど社会的な地位を高めていたことを示すものであった。

### 源次郎・治頼の動向

景成の後、源次郎《げんじろう》という人物が後継者となっていた。この人物の実名は不明であるが、その存在は次の二つの史料から確認できる。

一つは、永正元年～四年（一五〇四～七）の間と思われる十二月十四日付で土岐源次郎に宛てた関東《かんとう》管領《かんれい》上杉顕定《あきさだ》書状である〔臼田文書〕。内容は、小田政治《おだまさはる》に内通した臼田弥次郎《うすだやじろう》と宮原内匠助（近藤八郎三郎の家臣）をはじめとする勢力が要害を乗っ取ろうとしたところ、源次郎が備えを固めて対処したので、顕定がこの功績を賞賛し、感状を与えることを伝えたものである。

もう一つは、永正九年十一月十三日付で土岐源二郎（源次郎）に宛てた小笠原氏隆《おがさわらうじたか》書状の写しで〔記録御用所本古文書二〕、差出人の小笠原氏隆は京都から関東に流浪していた武家故実家である。内容は「源氏弓馬の道」を伝えたことを氏隆が証明したので、源次郎がこれを他人に伝えるときは器用の人を選んで伝えるように述べたものである。

これ以降の源次郎の足跡は今後の研究成果に委ねるが、源次郎の後を継いで常陸土岐氏の当主となったのは、美濃守護の土岐政房《まさふさ》の三男である治頼《はるより》であった。治頼は幼名を増寿丸《ますじゅまる》、仮名を三郎《さぶろう》、のちに源次郎と名乗り〔土岐系図〕、永正年間末期から大永年間初期までに常陸土岐氏の本拠地である江戸崎《えどさき》（茨城県稲敷市）へ移った〔龍ケ崎市史〕。

治頼の実名の「治」の字は、常陸国小田城主（茨城県つくば市）の小田政治の偏諱を受けたものであるが、やがて政治とは常陸国信太荘・東条荘《とうじょうのしょう》（茨城県稲敷市）の支配をめぐって対立するようになった。大永三年（一五二三）閏三月九日、治頼は小田氏側に属した東条荘の屋代《やしろ》氏の居城である屋代要害（八代城。

同龍ケ崎市）を攻撃した（屋代合戦）〔真壁文書・臼田文書〕。その後、治頼と小田政治の間で合戦があり、結果は小田氏の大敗北で、政治の加勢に来た多賀谷氏をはじめとして、多くの戦死者を出すほどであった〔東京大学史料編纂所所蔵文書〕。

大永五年四月二十六日、治頼は常陸国信太荘久野郷（茨城県牛久市）にある観音寺《かんのんじ》の十一面観音堂を再興し、このときの棟札に大檀那として「当庄守護土岐原源次郎源治頼」の名前が見える〔観音寺所蔵史料〕。天文年間なかば頃に発給されたと思われる十一月十六日付の臼田河内《かわち》入道《にゅうどう》に宛てた上杉憲政《のりまさ》書状で〔臼田文書〕、治頼は次男の小増丸を近藤丹波守《こんどうたんばのかみ》の養子とすることを辞退している。

こうして、源次郎から治頼の代にかけて、常陸土岐氏は小田氏に対峙するほどの勢力を持つようになった。それは、自らを「当庄」（信太荘）の「守護」（ここでは支配者に相当する意味）と名乗り、それは対等関係であった近藤氏への養子を辞退するほど周辺領主より抜きんでたものとなっていた〔牛久市史〕。

## 土岐治英の誕生と家督継承

土岐治英《はるふさ》は、大永元年（一五二一）に土岐治頼の子として生まれた。幼名は大進で、仮名は源次郎と称した。母は土岐原景成の娘とされる〔土岐系図〕。弟に龍ケ崎の大統寺《だいとうじ》の開基となった天岩《てんがん》、江戸崎の管天寺《かんてんじ》（茨城県稲敷市）に入った対応がいる。また、一説によると土岐頼勝《よりかつ》という弟もいて、頼勝は岡見氏の家督を継承して岡見越前守と名乗り、足高《あだか》城主（同つくばみらい市）となったとされる。

治英は天文年間なかば頃に元服し、実名を「治英」と名乗った。「治」の一字は父と同様に小田氏から与えられたものと思われ、同時期に宇都宮興綱《うつのみやおきつな》（下野国宇都宮城主）の娘で小田政治の姪にあたる女性と婚姻関係を結んでいる〔牛久市史〕。なお、天文年間後半頃にこの妻との間に明若丸《めいわかまる》（のちの治綱《はるつな》）が生まれている〔牛久市史〕。

天文二十二年（一五五三）十月、治英は家臣の岡澤又二郎《おかざわまたじろう》に「英」の一字を与え、又二郎は実名を「英定《ひでさだ》」と名乗った〔岡澤家文書〕。岡澤氏は常陸国東条庄高田郷〔茨城県稲敷市〕の鍛冶を統率した一族で、金属加工によって刀剣・具足・鉄砲などを製造し、神社仏閣の建立の際に金属装飾を監督・統括する立場でもあった。

常陸国馴馬《なれんま》の来迎院《らいごういん》（茨城県龍ケ崎市）にある弘治二年（一五五六）五月付の多宝塔《たほうとう》の九輪《くりん》に刻まれた銘文に「土岐美作守治頼嫡男大膳大夫《だいぜんのだいぶ》治英朝臣」とあり、この頃には治頼の嫡男として後継者の地位にあったと考えられる。そして、この頃から治頼は名字を「土岐」と名乗り、治英以降も名字として定着した。その治頼は同年十二月四日に死去した。享年は不明であり、管天寺に葬られた〔龍ケ崎市史〕。

父の死後、三十六歳で常陸土岐氏当主となった治英は、永禄四年（一五六一）三月二十八日に岡澤九郎兵衛に「福田前さん田」として六貫文を与えている〔岡澤家文書〕。「福田」は現在の茨城県稲敷市の地名である。このときに「指南」として横瀬《よこせ》将監《しょうげん》と秋元《あきもと》五郎兵衛《ごろうひょうえ》の名前があり、九郎兵衛は常陸土岐氏家臣の中で彼らの管轄下にあったことがわかる。永禄五年二月二十二日申刻、天文年間に妻となった宇都宮興綱の娘が死去し、法名を花蓮妙栄という〔常陸日月牌過去帳〕。

永禄五年十月晦日、江戸忠通《えどただみち》（常陸国水戸城主）から治英に書状が送られてきた〔記録御用所本古文書三〕。そのなかで、佐竹義昭《さたけよしあき》が十月晦日朝に常陸国宍戸《ししど》（茨城県笠間市）の境目まで陣を移動し、一両日中に話し合って合戦を行うつもりなので、治英も佐竹氏と手を組むように要請してきて、忠通はこれに同意するべきであると伝えている。永禄年間に入り、常陸国太田城主（同常陸太田市）の佐竹義昭は陸奥国高野郡・下野国東部・常陸国南部へ勢力を拡大していったが、この書状の背景には、常陸南部で佐竹氏と対立する小田氏に対抗しようとしたことが考えられる。

## 永禄年間の治英

佐竹氏の常陸南部進出に対抗する小田氏治《うじはる》（政治の子）は、永禄前半頃の七月一日付で治英に書状を送り、敵方である佐竹氏や多賀谷氏の動向はわかり次第に知らせることを伝えている〔記録御用所本古文書二〕。上杉家文書に「小田みかたのちり」と書かれた箇条書きの書付があり、永禄七年正月の上杉・佐竹連合軍による小田城攻撃に際して、小田氏領の主な拠点と城主・上杉氏側の陣営について記したものである。この史料で治英は「一、とき　大せんの大夫」と表記されている。これらのことから、この時期に治英は治頼の代に敵対した小田氏と手を組んでいたと考えられる。

永禄八年四月二十四日、治英は常陸国乙原《おとはら》郷（茨城県阿見町）の百姓たちに宛てて、上条《かみじょう》郷（阿見町）

と乙原郷の原野の境目については、半分ずつに分けるように命じている〔小松沢文書〕。上条郷を知行していたのは大越氏で、乙原郷を知行していたのは小松原氏であり〔牛久市史〕、おそらく、同様の命令が上条郷の百姓たちにも伝えられているだろう。このときに「役人」として名前がある板橋《いたばし》左近《さこんの》将監《しょうげん》は、この命令の前に発生したと思われる相論を担当した常陸土岐氏家臣と考えられる。

永禄九年七月二十四日、上杉輝虎《てるとら》（のちに謙信《けんしん》）は関東へ出兵するために越後府内《えちごふない》（新潟県上越市）を出発し、二十八日に小池屋《おぢや》（小千谷。同小千谷市）へ到着した。そのときに治英に対して輝虎が倉内（群馬県沼田市）に到着したら参陣するように要請する書状を送ってきた〔記録御用所本古文書二〕。永禄九年三月の下総国臼井《うすい》城攻略に失敗した輝虎は、これを打開すべく関東へ出兵し、治英にも参陣を要請したのだろう。

永禄十一年五月二日、治英は常陸国東条庄古渡の智福院《ちふくいん》・熊野権現《くまのごんげん》の宝閣一宇を再建した〔続常陸遺文八〕。このときの棟札の写しに大檀越として「土岐大膳大夫源朝臣治英」と名前が見える。なお、永禄年間半頃に治英は下総千葉《ちば》氏の一族の女性を後妻として迎えた〔牛久市史〕。この女性との間に信濃《しなの》丸《まる》（のちの胤倫《たねみち》）が生まれるが、その時期は永禄年間後半頃と考えられる〔牛久市史〕。この胤倫がのちに城主となる常陸国龍《りゅう》ケ崎《がさき》城（茨城県龍ケ崎市）は、永禄十年十月から翌年二月の間に改築されたといわれ〔諸岡武男氏所蔵文書〕、これ以前に築城されたのだろう〔龍ケ崎市史〕。

## 上杉謙信・朝倉義景との交流

元亀元年（一五七〇）十一月、治英は常陸国東条庄の高田神社《たかだじんじゃ》（茨城県稲敷市）に長刀を一本奉納した〔牛久市史〕。この長刀は岡澤英定が作製し、銘文に「守護大膳大夫治英」と刻まれている。奉納先の高田神社は常陸国高田郷の中心に位置する総鎮守社で、常陸土岐氏が東条庄を掌握する上で重要な神社であるため、奉納された長刀は実戦用ではなく、神社に納める宝物として作製されたようだ〔牛久市史〕。元亀四年（天正元年。一五七三）二月二十九日、治英の母が死去した。法名を和仙清融という〔常陸日月牌過去帳〕。

元亀四年三月八日、越前国一乗谷《いちじょうだに》城主の朝倉義景《あさくらよしかげ》から治英に書状が送られた〔松平文庫文書〕。宛先が「土岐大膳大夫入道」と記されていることから、この頃に治英は出家していたらしい。内容は、まず冒頭で、義景が去年の秋頃に治英から送られた書状を今年の三月六日に確認して返信が遅くなったことを詫び、その原因は加賀方面や織田信長との合戦であることを述べている。

次に、越前と常陸が遠距離で、しかも合戦などで治英が返信もままならないところに、治英から返信が来たことに義景は礼を述べ、その返信に治英の領内が平穏であること、義景が信長と戦って毎回勝利したことを治英も喜んでいることが書かれており、これに対して義景はたいへん満足している。そこで、信長に勝利したことは玄東斎《げんとうさい》（日向宗立）から兵法を伝授された結果であり、それについて義景は治英に礼を述べている。

最後に、治英のもとに残っている軍書（兵法書）があることを聞いた義景は、自分も伝授を希望していることを伝えている。追而書《おってが》き（追伸）の部分では、治英から鞦《しりがい》と三懸《さんがい》が贈られたので義景は礼を述べ、その返礼として絹を三疋贈り、近年に花押を変更したので不審に思わないように述べている。この書状から、治英に朝倉氏の政治情勢が知らされると共に、鞦・三懸・絹の贈答品の交換、兵法伝授の希望など、朝倉氏と常陸土岐氏の文化交流の様子がうかがえ、それは天正元年以前から行われていたと推測できる。

天正二年三月十八日、上杉謙信が治英に書状を送り、関東に出兵して敵対した地域を掌握し、「東方の諸士」（佐竹氏を始めとする北関東の諸領主のことか）も謙信のもとに参陣する予定なので、治英も同様に謙信のもとに参陣するように要請している〔土岐文書〕。

この書状の後半に治英が山吉豊守《やまよしとよもり》に送った書状の内容を謙信が確認し、そのなかで治英の母と幼い息子が死去したことが記されていた。治英の母は前年に死去しているので、そうなると治英は謙信の書状を受け取る以前に上杉氏へ書状を送っていたことになる。

なお、このときの謙信は、上野の新田《にった》方面に侵攻し、金山《かなやま》城主（群馬県太田市）の由良成繁《ゆらなりしげ》の軍勢と戦い、三月十日には由良氏側の赤堀《あかほり》城（同伊勢崎市）・善《ぜん》城（膳城。前橋市）・山上《やまがみ》城（群馬県桐生市）・女淵《おなぶち》城（前橋市）を攻略し、その後に由良氏が支配する桐生《きりゅう》領の深沢《ふかざわ》城（桐生市）を攻撃して、三月十日に御覧田《ごらんだ》城（五覧田城。群馬県みどり市）を攻略していた。

先述したように、永禄年間にも謙信は治英に対して書状を送り、自身の関東出兵に参陣するように要請している。謙信は関東出兵の際に各地の領主に参陣を要請しているが、常陸土岐氏に参陣を要請した背景には、治英の先祖である土岐原秀成の事績が関係しているかもしれない。推測ではあるが、秀成が山内上杉氏の被官として信太荘に入り、信太荘惣政所として信太荘を支配したことから、そのときの主従関係を謙信が想起して、山内上杉氏の家督を継承した謙信が景秀の子孫にあたる治英に参陣を要請したのかもしれない。

## 晩年の治英

天正五年十月十三日、久野《くの》郷の観音寺の御堂を修理した〔観音寺所蔵史料〕。このときの棟札に大檀那として「当地頭《じとう》源水尾苗家土岐大膳大夫治英」、久野郷の領主として「土岐越前守」（卜千。治英の一族で治頼の妻の兄弟）の名前が見える。

天正八年（または天正九年か）三月二十五日、治英は岡見《おかみ》治広《はるひろ》（彦五郎。常陸国牛久城主）と共に常陸国谷田部《やたべ》城（茨城県つくば市）を攻撃したが、城を守備する軍勢と合戦になり、多くの戦死者が出た。当時の谷田部城は多賀谷《たがや》氏の支城となっており、多賀谷重経《しげつね》（常陸国下妻城主）は陸奥方面に在陣中の佐竹義重《よししげ》へこのことを知らせている〔水府志料附録四十六所収文書〕。岡見氏はこのときには小田原北条氏に味方して多賀谷氏と対立していることから、この頃から治英も北条氏側にも通じるようになったのかもしれない。

天正八年から同十年頃、治英の伯父である土岐頼芸《よりのり》が治英を訪ねて江戸崎を来訪した。頼芸は美濃国主であったが、天文二十一年（一五五二）に斎藤道三と対立して美濃を逐われた後、各地を流浪していた。江戸崎の滞在は短期間であったようで、その後は上総国万木《まんぎ》城主（千葉県いすみ市）の土岐頼定《よりさだ》のところに移動した〔龍ケ崎市史〕。

土岐氏の墓所　茨城県稲敷市・管天寺境内

これに関連する史料として、年代不明の九月一日付で治英に宛てた頼芸の書状の写しがある〔諸岡武男氏所蔵文書〕。署名は頼芸の号である徳秀斎宗芸《とくしゅうさいそうげい》となっており、『龍ケ崎市史』では年代を天正九年頃と比定している。内容は、江戸崎逗留中の礼を述べ、美濃土岐氏の「継図」（系図）一点と治英が所望していた「鷹の絵」（鷹の絵のことか）を治英に贈ることを述べ、あわせて去年に治英から黄金を二つ贈られたことに対して礼を述べている。上総の万木に移動した後、頼芸は美濃へ戻り、天正十年十二月四日に美濃国岐礼《きれ》村（岐阜県揖斐川町）で八十一歳の生涯を閉じた（八十二歳ともいう）。

天正十二年四月二五日、治英は六十四歳で死去した〔土岐系図〕。法名は大雄長岩。江戸崎の管天寺に葬られた。

（千葉篤志）

【主要参考文献】

『龍ケ崎市史』中世史料編（龍ケ崎市教育委員会、一九九三年）
『龍ケ崎市史』中世編（龍ケ崎市教育委員会、一九九八年）
『東町史』史料編　古代・中世（東町史編纂委員会、一九九八年）
『東町史』通史編（東町史編纂委員会、二〇〇三年）
『牛久市史料』中世Ⅰ・古文書編（牛久市、二〇〇二年）
『牛久市史』原始古代中世（牛久市、二〇〇四年）
『特別展　稲敷魂！稲敷市の文化財　中世文書の世界～懸命に守り候もの～』（稲敷市立歴史民俗資料館、二〇二〇年）
石川美咲「戦国期越前朝倉氏発給文書にみられる横内折書状」（川岡勉編『中世後期の守護と文書システム』所収、思文閣出版、二〇二二年）
市村高男「戦国期常陸南部における地域権力と北条氏～土岐・岡見・菅谷氏の消長～」（『地方史研究』第二三一号、一九九一年。のちに同著『戦国期東国の都市と権力』に収録）
佐藤圭「史料紹介　土岐大膳大夫入道宛朝倉義景書状」（『龍ケ崎市史研究』第九号、一九九六年）
飛田英世「戦国期信太荘西部における秩序と権力～安見郷・若栗郷の境界相論をめぐって～」（『常総の歴史』第八号、一九九一年）
平田満男「土岐原氏と南常陸の国人層の動向」（東国戦国史研究会編『関東中心戦国史論集』所収、名著出版、一九八〇年。黒田基樹編『山内上杉氏』に収録）
山田邦明『上杉謙信』（人物叢書三〇七、吉川弘文館、二〇二〇年）

## 【執筆者一覧】（掲載順）

**黒田基樹**　別掲

**長塚 孝**
一九五九年生まれ。現在、公益財団法人馬事文化財団参与・学芸員。
【主な業績】「氏康と古河公方の政治関係」（黒田基樹編著『北条氏康とその時代』戎光祥出版、二〇二一年）、『足利成氏』（編著、戎光祥出版、二〇二二年）、「成氏期の宿老・奉行・側近」「政氏期の宿老・側近」（黒田基樹編著『足利成氏・政氏』戎光祥出版、二〇二二年）

**浅倉直美**
一九六〇年生まれ。現在、駒澤大学文学部歴史学科准教授。
【主な業績】『後北条領国の地域的展開』（岩田書院、一九九七年）、『小田原北条氏一門と家臣』（岩田書院、二〇二三年）、『北条氏照』（編著、戎光祥出版、二〇二一年）

**新井浩文**
一九六二年生まれ。現在、埼玉県立文書館学芸主幹。
【主な業績】『関東の戦国期領主と流通―岩付・幸手・関宿―』（岩田書院、二〇一一年）、『史料纂集古文書編安保文書』（共著、八木書店、二〇二三年）、『旧国中世重要論文集成 武蔵国』（編著、戎光祥出版、二〇二三年）、「織豊政権と太田三楽斎道譽父子―発給・受給文書を中心に―」（橋詰茂編『戦国・近世初期西と東の地域社会』岩田書院、二〇一九年）

**駒見敬祐**
一九八七年生まれ。現在、埼玉県立文書館学芸員。
【主な業績】「鎌倉公方の発給文書」（黒田基樹編著『鎌倉府発給文書の研究』戎光祥出版、二〇二〇年）、「鎌倉府の権力構造と棟別銭」（『駿台史学』一六八、二〇二〇年）、「応安大火後円覚寺造営における室町幕府と鎌倉府」（『鎌倉』一二四、二〇一八年）

**青木裕美**

一九七五年生まれ。現在、埼玉県立文書館学芸員。

【主な業績】「黒澤文書とその伝来について」（『群馬県立歴史博物館紀要』四十四号、二〇二三年）、『戦国史―上州の150年戦争』（共著、上毛新聞社、二〇一二年）、『ぐんまの城30選―戦国への誘い―』（共著、上毛新聞社、二〇一六年）、『戦国人―上州の150傑』（共著、上毛新聞社、二〇二一年）

**森田真一**

一九七四年生まれ。現在、群馬県立歴史博物館学芸員。

【主な業績】「戦国期越後上杉氏の軍装について」（『戦国上州の刀剣と甲冑』群馬県立歴史博物館、二〇二二年）、「中世鑁阿寺の祈祷文書について」（『新潟大学』八十四号、二〇二三年）、「中世の鑁阿寺からみた災異と祈祷」（『群馬学研究・ＫＵＲＵＭＡ』創刊号、二〇二三年）

**石橋一展**

一九八一年生まれ。現在、千葉県教育委員会指導主事。

【主な業績】『下総千葉氏』（編著、戎光祥出版、二〇一五年）、「千葉胤持の家督継承と死去」（『室町遺文』月報５　関東編第四巻、二〇二一年）、「小弓公方足利義明の動向」（黒田基樹編著『足利高基・晴氏』戎光祥出版、二〇二三年）

**滝川恒昭**

一九五六年生まれ。現在、敬愛大学経済学部特任教授。

【主な業績】『房総里見氏』（編著、戎光祥出版、二〇一四年）、『旧国中世重要論文集成　安房国 上総国』（編著、戎光祥出版、二〇二二年）、『里見義堯』（吉川弘文館、二〇二二年）

**細田大樹**
一九八九年生まれ。現在、里見氏研究会会員。
【主な業績】「越相同盟崩壊後の房総里見氏―対甲斐武田氏「外交」の検討を通じて―」（佐藤博信編『中世東国の政治と経済』岩田書院、二〇一六年）、「北条氏康の房総侵略とその制約」（黒田基樹編著『北条氏康とその時代』戎光祥出版、二〇二一年）、「房総における天正の内乱と里見義頼の「外交」―その挙兵時期との関連性について―」（『里見氏研究』創刊号、二〇二二年）

**荒川善夫**
一九五四年生まれ。現在、栃木県立文書館古文書管理員。
【主な業績】『戦国期東国の権力と社会』（岩田書院、二〇一二年）、『戦国遺文　下野編』第一巻・第二巻・第三巻（共編著、東京堂出版、二〇一七年・二〇一八年・二〇一九年）、『戦国・近世初期の下野世界』（東京堂出版、二〇二一年）

**江田郁夫**
一九六〇年生まれ。現在、宇都宮短期大学人間福祉学科教授。
【主な業績】『下野の中世を旅する』（随想舎、二〇〇九年）、『中世東国の街道と武士団』（岩田書院、二〇一〇年）、『奥大道　中世の関東と陸奥を結んだ道』（共編著、高志書院、二〇二一年）

**新井敦史**
一九六七年生まれ。現在、大田原市黒羽芭蕉の館学芸員（同市文化振興課主幹兼学芸企画担当）。
【主な業績】『下野国黒羽藩主大関氏と史料保存』（随想舎、二〇〇七年）、『武士と大名の古文書入門』（天野出版工房発行、吉川弘文館発売、二〇〇九年）、「室町期日光山の組織と運営」（『古文書研究』四〇号、一九九五年）

**千葉篤志**

一九八一年生まれ。現在、日本大学文理学部人文科学研究所研究員。

【主な業績】『戦国佐竹氏研究の最前線』（共編、山川出版社、二〇二一年）、「文禄期の結城朝勝の政治的位置について～『大和田重清日記』における朝勝の表記を中心として～」（『研究論集 歴史と文化』第五号、二〇一九年）、「永禄十一年九月から天正八年八月における蜂屋頼隆の政治的位置について」（渡邊大門編『織田権力の構造と展開』所収、二〇一七年）

**中根正人**

一九八六年生まれ。現在、国立大学法人筑波技術大学職員。

【主な業績】『常陸大掾氏と中世後期の東国』（岩田書院、二〇一九年）、「戦国期の東関東―真壁氏と佐竹氏の関係を中心に」（戦国史研究会編『戦国時代の大名と国衆―支配・従属・自立のメカニズム』戎光祥出版、二〇一八年）、「「南方三十三館」と内海」（地方史研究協議会編『海洋・内海・河川の地域史―茨城の史的空間―』雄山閣、二〇二二年）

【編者略歴】

黒田基樹（くろだ・もとき）

1965年生まれ。

早稲田大学教育学部卒。駒沢大学大学院博士後期課程満期退学。

博士（日本史学、駒沢大学）。

現在、駿河台大学教授。

主な著作に、『太田道灌と長尾景春』（戎光祥出版、2020年）、『戦国期関東動乱と大名・国衆』（戎光祥出版、2020年）、『図説 享徳の乱』（戎光祥出版、2021年）、『戦国武将列伝2 関東編 上』（編著、戎光祥出版、2022年）、『家康の正妻 築山殿』（平凡社、2022年）、『武田信玄の妻、三条殿』（東京堂出版、2022年）、『下剋上』（講談社、2021年）、『戦国大名・伊勢宗瑞』（ＫＡＤＯＫＡＷＡ、2019年）、『徳川家康と今川氏真』（朝日新聞出版、2023年）など多数。

**戦国武将列伝《せんごくぶしょうれつでん》3　関東編《かんとうへん》　下《げ》**

2023年9月20日　初版初刷発行

編　者　黒田基樹

発行者　伊藤光祥

発行所　戎光祥出版株式会社

〒102-0083 東京都千代田区麹町1-7 相互半蔵門ビル8F

TEL：03-5275-3361（代表）　FAX：03-5275-3365

https://www.ebisukosyo.co.jp

編集協力　株式会社イズシエ・コーポレーション

印刷・製本　モリモト印刷株式会社

装　丁　堀 立明



ISBN：978-4-86403-442-5

## 〈弊社刊行書籍のご案内〉

各書籍の詳細及び最新情報は戎光祥出版ホームページをご覧ください。
https://www.ebisukosyo.co.jp
※価格はすべて刊行時の税込

【列伝】 四六判／並製

戦国武将列伝1 東北編　遠藤ゆり子・竹井英文 編　408頁／3080円

戦国武将列伝2 関東編【上】　黒田基樹 編　465頁／3080円

戦国武将列伝7 畿内編【上】　天野忠幸 編　401頁／3080円

戦国武将列伝8 畿内編【下】　天野忠幸 編　424頁／3080円

戦国武将列伝9 中国編　光成準治 編　368頁／3080円

戦国武将列伝10 四国編　平井上総 編　380頁／3080円

戦国武将列伝11 九州編　新名一仁 編　504頁／3300円

---

図説 享徳の乱
――新視点・新解釈で明かす戦国最大の合戦クロニクル
黒田基樹 著　166頁／1980円

図説 常陸武士の戦いと信仰
茨城県立歴史館 編　144頁／1980円

図説 戦国里見氏
房総の海・陸を制した雄族のクロニクル
滝川恒昭・細田大樹 編　176頁／1980円

図説 武田信玄
クロニクルでたどる〝甲斐の虎〟
平山 優 著　182頁／1980円

図説 上杉謙信
クロニクルでたどる〝越後の龍〟
今福 匡 著　184頁／1980円

千葉一族の歴史
全国に広がる系譜・史跡・伝承
鈴木 佐 編著　352頁／2530円

【戦国大名の新研究】 A5判／並製

第2巻 北条氏康とその時代
黒田基樹 編著　364頁／5280円